Larry Burkett

Management auf biblischer Grundlage

Erfolgsstrategien aus dem Buch der Bücher

Schulte & Gerth

Die amerikanische Originalausgabe erschien im Verlag
Thomas Nelson Publishers, Nashville, Tennessee,
unter dem Titel *Business By The Book*

Aus dem Amerikanischen übersetzt von Gregor Waller

Best.-Nr. 815 848
ISBN 3-89437-848-4
3. Auflage 2003
Umschlaggestaltung: Hanni Plato
Satz: Projektion J
Druck und Verarbeitung: Ebner & Spiegel, Ulm
Printed in Germany

INHALT

VORWORT ZUR NEUAUFLAGE

Haben Sie schon einmal Wildgänse beobachtet? Im Herbst, wenn sie in den Süden ziehen, fliegen sie in Formationen davon. Mit jedem Flügelschlag erzeugt die Wildgans einen Aufwind für den direkt hinter ihm fliegenden Vogel. Indem sie in einer V-Formation fliegen, erreichen die Vögel eine um mindestens 71% höhere Fluggeschwindigkeit, als wenn jeder Vogel alleine fliegen würde. Wenn eine Gans aus der Formation ausbricht, versucht sie so schnell wie möglich wieder dorthin zurückzukehren, um die Vorteile der Gemeinschaft zu nutzen. Wenn eine leitende Gans müde wird, reiht sie sich einfach hinten ein und eine andere fliegt vorneweg. Interessant ist auch die Tatsache, dass eine kranke oder verwundete Gans von zwei weiteren begleitet wird, die sie schützen. Erst wenn sie wieder gut fliegen kann oder aber tot ist, fliegen die anderen Gänse weiter bzw. schließen sich einer anderen Formation an.

Neue Ideen sind heute mehr denn je gefragt. Die „Management-by“ – Neuerfindungen nehmen nicht ab; dafür nehmen sie oft eher skurrile Formen an. Aus der Not wie auch aus ungezügelter Innovationslust heraus geboren, gaukeln sie dem Orientierungssuchenden regelmäßig vor, dass er endlich das Ei des Kolumbus gefunden habe.

Könnte es sein, dass die meisten neuen Management-Methoden nur an der Oberfläche kratzen? Nicht selten sind zudem Esoterik-Elemente untergemischt, durch die die Führenden langfristig geistlich ausbluten, aber auch gesellschaftlich ins Abseits rücken; denn Macht- und Habgier und der Umgang mit okkulten Kräften führen den Menschen auf Dauer in die Leere der Einsamkeit. *„Mich, die lebendige Quelle, verlassen sie, und graben sich löchrige Brunnen, die doch kein Wasser geben*“, klagt Gott schon vor Jahrtausenden (Jeremia 2,13). Das zeigt, wie erschreckend wenig sich der Mensch geändert hat. Aber – zum Glück – auch die Quelle des Lebens sprudelt nach wie vor; und zwar für jeden. Ob wir unser Leben, unseren Geschäftsalltag mit frischem Lebenswasser füllen lassen, liegt an uns! *Wer sich dafür öffnet, wird für seine Umgebung selbst zu einer Quelle des Wassers werden, das ins ewige Leben quillt* (Johannes 4,14). *Die Freude am Herrn ist dann seine Stärke* (Nehemia 8,10); er erfährt kostbare Gemeinschaft unter Christen und kann auch im Berufsleben den christlichen

Werten zur Geltung verhelfen. So wird er ein Teil der Lösung für die Probleme seines Landes sein.

In diesem Sinne wünsche ich Ihnen, dass Sie lernen, nach biblischen Prinzipien zu handeln und die Wildgänse als Leitbild für Ihr Leben zu wählen.

Andreas Schnabel
Geschäftsführer von Christen in der Wirtschaft e.V.
April 2003

VORWORT ZUR ERSTAUFLAGE 1991

Es gibt bereits viele wertvolle Bücher, die verschiedene biblische Wahrheiten in bezug auf das Thema Geschäft und Geschäftsleute herausstellen. Die meisten dieser Bücher beleuchten aber nur den einen oder anderen Schwerpunkt der göttlichen Ordnung.

Larry Burkett legt nun mit seinem Titel „Management auf biblischer Grundlage“ (engl. Originaltitel „Business by the Book“) erfolgreich ein breites Fundament für die Geschäftsführung nach biblischen Grundsätzen, ohne dabei ein „Checklisten-Denken“ zu fördern.

Er erläutert zunächst Gottes unumstößliche und harmonische Ordnung. Aus dieser Perspektive heraus soll der Leser die unsichtbare, d. h. die geistliche Dimension seiner Aktionen und Reaktionen erkennen und verstehen. Schließlich lädt Larry Burkett den Leser ein, sich in seinem Handeln bewußt vom Wort Gottes und dem Heiligen Geist abhängig zu machen.

„Management auf biblischer Grundlage“ ist ein mit außerordentlicher Weisheit geschriebenes Buch und zeigt, wie Jesus Christus die geschäftlichen Angelegenheiten regeln würde, wenn er in „unseren Schuhen“ stünde. Jesus tat ausschließlich nur, was er den Vater tun sah. Sein Sehen war ein Schauen des unsichtbaren Gottes. Larry Burkett schöpft aus seiner langjährigen und vielfältigen Erfahrung als Unternehmensberater. Er ermutigt den Leser zu einer Haltung des Vertrauens zum Vater, so wie Jesus sie hatte.

Wer Jesus Christus nachfolgen und ihn in all seinem Handeln verherrlichen möchte, findet in dem vorliegenden Buch wichtige Schlüssel, um die Führung Gottes in jeder geschäftlichen Situation zu erkennen und mit Weisheit verantwortlich zu handeln.

„Management auf biblischer Grundlage“ ist ein Buch für alle, die uneingeschränkt nach Gottes Prinzipien leben möchten.

Claus Philippin
International Christian Chamber of Commerce
ICCC Deutschland e. V.
Oktober 1991

TEIL I

Management auf biblischer Grundlage

Kapitel 1

Eine radikale Art, ein Unternehmen zu führen

1984 zog ich mit meiner Firma »Christian Financial Concepts« in eine Kleinstadt Nord-Georgias, in der wir gerade ein Trainingszentrum errichteten. Dort mietete ich von einem christlichen Geschäftsmann, den ich dort kennengelernt hatte, Büroräume an. Das Gebäude sollte für uns beide zu einem Alptraum werden. Weil es das Bauunternehmen versäumt hatte, das Fundament richtig auszuheben, begann das Haus langsam in dem zu weichen Boden zu versinken. Während wir in unseren Büros saßen, hörten wir dann plötzlich die Wände knacken, weil sich das Gebäude wieder einmal um einige Zentimeter verschoben hatte. Unser Entschluß, die Versandabteilung im Obergeschoß unterzubringen, beschleunigte das Absinken des Hauses nur noch zusätzlich. Jedesmal wenn unsere Besucher die Geräusche hörten, die das Gebäude verursachte, bekamen sie panische Angst, weil sie ein Erdbeben befürchteten. Schließlich ragte der Bürgersteig etwa zehn bis fünfzehn Zentimeter über unsere Hausschwelle hinaus.

Also rief ich den Eigentümer an, den ich hier einfach Ben nennen werde. »Ben, hier ist nochmal Larry. Ich glaube, wir haben wieder ein Problem. Die Wand im Erdgeschoß hat jetzt einen so großen Riß, daß du deine Kinder darin verstecken könntest.«

»Glaubst du, daß das Gebäude in sich zusammenfallen wird?« fragte Ben seufzend.

»Das nicht gerade, Ben«, antwortete ich. »Aber ich habe meine Leute trotzdem vorsichtshalber auf der Hangseite des Hauses untergebracht – nur für den Fall, daß es doch passiert.«

»Was soll ich denn machen?« fragte Ben.

»Ich denke, du mußt den Bürgersteig aufreißen und neu eingießen lassen, bevor jemand stolpern und sich ein Bein brechen kann.«

»In Ordnung. Ich schicke dann in den nächsten Tagen jemanden vorbei«, stöhnte Ben. Dann fragte er noch: »Willst du nicht vielleicht ein Gebäude kaufen – billig?«

»Vielen Dank, Ben, aber ich glaube, da lasse ich lieber meine Finger davon.«

»Das hatte ich befürchtet.«

Frustriert gab Ben das Gebäude schließlich einem Verwandten. Im Gegensatz zu Ben empfand dieser weder eine moralische Verpflichtung die Reparaturen durchzuführen, noch hielt er es für notwendig, auf unsere zahlreichen Anrufe zu reagieren. Wir hatten also nur die Wahl, ihn entweder zu verklagen oder die Reparaturen selbst durchzuführen. Wir entschlossen uns für letzteres. Als wir dann zunehmend mehr Platz brauchten, machten wir sogar noch weitere Teile des Hauses bezugsfertig.

Sie werden wahrscheinlich denken, daß wir den Mietvertrag hätten kündigen und ausziehen sollen. Doch leider war das nicht ganz so einfach. Ein erneuter Umzug hätte eine Adressenänderung und eine weitere Unterbrechung der gewaltigen Wachstumsphase unseres Betriebes bedeutet. Deshalb zogen wir es trotzdem vor zu bleiben. Die Reparaturkosten zogen wir zwar von der Miete ab, aber das deckte keinesfalls die Aufwendungen , die wir aufgrund von Stromausfällen, beschädigten Leitungen, zwei Wochen ohne Wasser und Toiletten (wegen kaputter Wasser- und Abwasserleitungen) und anderen Zwischenfällen hatten.

Als der Mietvertrag nach drei Jahren abgelaufen war, verlängerten wir ihn solange um einen weiteren Monat, bis sich für uns endlich eine Gelegenheit zum Umzug bot. Zwei Monate nachdem wir ausgezogen waren, rief mich der zweite Eigentümer an und verlangte von uns die Renovierung des gesamten Gebäudes, da es in diesem Zustand unverkäuflich war.

Ich antwortete ihm, er brauche doch nur so lange zu warten, bis das Gebäude nicht mehr stehe. Dann könne er es ja steuerlich als Verlust abschreiben. Er selbst fand meine Idee überhaupt nicht komisch, rief mich wiederholt an und wurde zunehmend unangenehmer.

Ich ging die Angelegenheit mit unserem Anwalt durch. Er teilte meine Meinung, daß wir keine andere rechtliche Verpflichtung hätten, als das Gebäude, wie jeder andere Mieter auch, in einem akzeptablen Zustand zurückzulassen.

Mittlerweile war ich an dem Punkt angelangt, daß ich bereit war, es sogar auf einen Prozeß ankommen zu lassen, falls der Eigentümer mehr von uns verlangen sollte als im (inzwischen ja abgelaufenen) Vertrag vereinbart worden war. Kein Anwalt hätte darin ein Problem gesehen.

Statt dessen aber benutzte Gott meinen ältesten Sohn, um mir einen Rat zu geben. Er erinnerte mich daran, daß der neue Hauseigentümer und seine Frau vor einigen Jahren ihr einziges Kind verloren hatten und noch sehr unter diesem Schlag litten. Wir hatten zwar öfters darüber gesprochen ihnen zu helfen, aber es hatte sich nie eine Gelegenheit dazu geboten. Mein Sohn meinte, daß dies jetzt eine Möglichkeit wäre, die zusätzliche Meile mitzugehen, von der Jesus gesprochen hatte.

Nachdem ich über seinen Vorschlag nachgedacht hatte, kam ich zum gleichen Ergebnis. Wir beschlossen also, mehrere tausend Dollar in die Renovierung eines eigentlich unbrauchbaren Gebäudes zu stecken.

Spätestens jetzt fragen Sie sich sicherlich: »Welche Busineß-Schule hat dieser Kerl denn eigentlich besucht?« Ich kann Ihnen versichern, daß die Busineß-Schule, die ich besucht habe, uns nicht beigebracht hat, tausende Dollars unnötig auszugeben. Der mir beigebrachte Grundsatz war: Wenn es kein Geld bringt – vergiß es.

Nachdem ich jedoch die Busineß-Schule absolviert hatte, habe ich noch ein anderes Lehrbuch studiert – die Bibel. Und ihr Ansatz bezüglich wirtschaftlicher Fragen unterscheidet sich radikal von denen, die heutzutage an den meisten Busineß-Schulen gelehrt werden – ein Ansatz der sich zwar auch mit Gewinnen beschäftigt, dessen Schwerpunkt aber auf Unvergängliches gerichtet ist.

Wirtschaften damals und heute

Ich bin bei weitem nicht der erste Geschäftsmann, der die ökonomischen Prinzipien entdeckt hat, die im Wort Gottes stecken. In den USA wird die Bibel schon seit Jahrhunderten auch als ein Buch behandelt, das wichtige Aussagen bezüglich des gesamten Wirtschaftslebens macht.

Sie wären begeistert, wenn Sie einmal das Lehrbuch einer Busineß-Schule aus dem 19. Jahrhundert durchlesen und dabei feststellen würden, daß die meisten Firmen privatwirtschaftlich geführte Einzelunternehmen waren. Durch die Gründung von Aktiengesellschaften wuchsen die Unternehmen, und dabei waren die Steuern so gering, daß man heute sicher glauben würde, sie seien damals im Jahresabschluß ein vernachlässigbarer Posten gewesen.

Die Grundsätze der allgemeinen Geschäftsführung waren ebenfalls andere als heute. Damals wurden im Rahmen der Ausbildung an allen größeren Wirtschaftsschulen Prinzipien wie Ehrlichkeit sowie ethische und moralische Werte vermittelt, und die Professoren betonten sehr stark die Verantwortung, die Firmen gegenüber ihren Angestellten, Kunden und Gläubigern haben.

Warum? Weil vor dem 20. Jahrhundert sowohl Wirtschaftsseminare als auch die Wirtschaftsschulen auf biblische Prinzipien aufbauten. So gesehen wäre es sogar falsch, sie »Wirtschaftsschulen« zu nennen. In Wirklichkeit waren es biblische Schulen, die zukünftige Unternehmer ausbildeten.

Kurz nach dem Bürgerkrieg änderte sich jedoch die gesamte Situation. Die Regierung begann, auf den privaten Sektor stärker Einfluß zu nehmen. Unter dem Druck von Industriellen, die durch den Krieg reich geworden waren, verabschiedeten die Politiker wettbewerbsfeindliche Gesetze. Eine Folge davon waren die Monopolbildungen in Eisenbahn-, Stahl-, Öl- und Versorgungsindustrie. Da die führenden Männer dieser Industriezweige auf immer größere Vorteile aus waren, benutzten sie ihren wirtschaftlichen Einfluß, um durch

Gesetze Strafen für Arbeiter durchzusetzen, die Mindestlohn, kürzere Arbeitszeit, bessere Arbeitsbedingungen und das Verbot von Kinderarbeit forderten. Der Kongreß und die Gerichte gaben zwar vor, Gesetze zum Arbeitnehmerschutz zu verabschieden, aber in Wirklichkeit mißbrauchten sie die Rechtsprechung dazu, die Industrie zu schützen und die wachsende Arbeiterbewegung unter Kontrolle zu halten.

Vor dem Ersten Weltkrieg waren die USA wirtschaftlich eine eher isolierte Nation, obwohl einige Unternehmen in Entwicklungsländern große Gewinne erzielt hatten. Bis zum Ende des Ersten Weltkriegs im Jahre 1918 waren die Vereinigten Staaten dann zu einer wirtschaftlichen Großmacht aufgestiegen, vielleicht sogar zu der Wirtschaftsmacht schlechthin. Das Land befand sich auf stetigem Wachstumskurs. Die Produktionskapazität der USA wurde für jedes andere Land zum Maßstab, und der Dollar entwickelte sich zur internationalen Leitwährung.

Doch schon bald zogen dunkle Wolken am Horizont auf. In der Bibel findet man ein geistliches Gesetz, das besagt, daß man das, was man gesät hat auch ernten wird; und die führenden Unternehmer der USA hatten in der Tat zwischen Chefetage und Arbeitern Mißtrauen und Feindschaft gesät. Als sich die Machtkonstellation änderte und die Gewerkschaften politische Macht erlangten, begann für die Unternehmer die Stunde, in der sie mit der destruktiven Seite des Gewerkschaftswesens konfrontiert wurden. Die Beziehungen zwischen Arbeitern und Unternehmern verschlechterten sich so sehr, daß die Regierung eine Vermittlerrolle einnehmen mußte. Das bedeutete, daß nun die Unternehmer zur Kasse gebeten wurden. Zum ersten Mal mußte ein großer Anteil des Jahresgewinnes als Steuer abgeführt werden.

Zwischen 1930 und 1950 wuchs der staatliche Anteil an den Unternehmensgewinnen auf über 20 Prozent der Bruttogewinne. Parallel dazu wurden die Gewerkschaften stärker, und der Kongreß begann damit, die Arbeitergesetze der vergangenen Jahrzehnte rückgängig zu machen. Amerika behielt seinen Wettbewerbsvorsprung auf dem Weltmarkt in erster Linie deshalb, weil es die am weitesten industrialisierte und unternehmerisch aktivste Nation der Welt war. Bis Anfang der 60er Jahre galt das Warenzeichen »Made in U.S.A.« als Gütesiegel.

Nach dem Zweiten Weltkrieg bildete sich jedoch eine noch bedrohlichere Wolke: die Verschuldung. Vor der Weltwirtschaftskrise war Amerika eine Nation, die solide finanziert war, das bedeutet, daß sich Betriebe vor allem durch den Verkauf von Firmenanteilen erweiterten. Die Große Depression verursachte einen generellen Vertrauensverlust in die Börse, so daß nach dem Zweiten Weltkrieg die Schulden größer als der Wert der Firmenanteile waren. Für die meisten Firmen war es billiger und leichter, sich Geld zu leihen, als es sich durch Eigenfinanzierung zu beschaffen.

Zwischen den 50er und den 70er Jahren erreichte die Verschuldung in den Vereinigten Staaten ihren Höhepunkt. Kredite wurden zur gängigen Form bei der Finanzierung von Unternehmen.

Bis Mitte der 70er merkte man nichts von den Kosten dieser wachsenden Verschuldung. Zunehmend aber machte sich die Niedrigzinspolitik durch Inflation bemerkbar - das bedeutet nichts anderes, als daß zu viel billiges Geld in den Händen von kauffreudigen Konsumenten ist. Solche Ausgaben lassen die Preise für Güter und Dienstleistungen unvermeidlich in die Höhe schnellen. Kredite können wie Drogen wirken; sie benebeln den Verstand.

Einnahmen und Ausgaben - die biblische Perspektive

Schon kurz nachdem ich 1970 Christ geworden war, begann ich, die Bibel auf Prinzipien hin zu untersuchen, nach denen man ein Unternehmen führen kann. Gottes Wunsch, daß sein Volk schuldenfrei sein sollte, erregte dabei meine größte Aufmerksamkeit. Die meisten Christen waren das leider nicht - und wollten es auch gar nicht sein. Ein Freund, der Autos verkaufte und selbst Christ war, sagte mir einmal: »Schuldenfrei leben macht keinen Sinn. Ich kann meine Autos mit 6 Prozent pro Jahr finanzieren und dann 12 Prozent Gewinn machen, wenn ich sie verkaufe.«

Mein Freund machte den gleichen Fehler, den viele Christen machen. Wenn uns unsere Logik etwas anderes als das Wort Gottes sagt, denken wir sofort, daß das Wort Gottes sicherlich etwas anderes meint, als es sagt. Als die Zinsen einige Jahre später auf fast 22 Prozent stiegen, begann mein Freund zu verstehen, warum es Gottes Wunsch ist, daß *wir die Schrift wörtlich* nehmen.

Von 1950 bis 1970 stiegen die durchschnittlichen Löhne um 50 Prozent und die Staatsausgaben auf fast 40 Prozent. Daraufhin stiegen die Preise und ebneten der ausländischen Konkurrenz den Weg. Es wurde zunehmend teurer, Firmen zu gründen, die Gewinne erwirtschaften konnten, denn das Kapital als Schlüsselelement bei der Unternehmensgründung war zum größten Kostenfaktor geworden. Die Summe der Löhne, Betriebskosten und Kredite versetzte vielen ehemalig ausschließlich US-eigenen Branchen den Todesstoß. Ohne staatliche Unterstützung wären viele der übriggebliebenen Firmen weder wettbewerbsfähig noch rentabel gewesen.

Im darauffolgenden Jahrzehnt stiegen die Löhne um weitere 10 Prozent. Der Staat wurde - im wahrsten Sinne des Wortes - zu einem Wirtschaftspartner. Zahllose Eingriffe in den Wirtschaftsablauf verschafften ihm einen Anteil an Gewinnen, für die er nie gearbeitet hatte. Der Staat diktierte der Landwirtschaft, was anzubauen war, den Werbeleuten, was sie verkaufen durften, und den Schulen, was sie zu unterrichten hatten. Um den Überblick zu behalten, wuchs der Staatsapparat so massiv, bis er fast 20 Prozent aller Bürger auf seiner Gehaltsliste hatte. Ohne es zu wollen, hatten wir geholfen, eine faschistische Staatsform entstehen zu lassen – vorausgesetzt man definiert Privatbesitz unter zentraler Kontrolle als Faschismus.

Als die Zinsen zu Beginn der 80er Jahre in die Höhe schossen, wurden viele Betriebe unter ihrer Schuldenlast strukturell unwirtschaftlich. Dieser Trend beschleunigte sich derart, daß laut einer Statistik 60 Prozent aller US-Betriebe unrentabel arbeiten, sobald der Zinssatz 15 Prozent überschreitet. Unsere mangelnde Disziplin im finanziellen Bereich und unsere Besessenheit, schnelle Gewinne zu erzielen, haben letztendlich doch ihren Tribut gefordert.

In der Zeit, in der sowohl Staat als auch Arbeitnehmer immer mehr gegen die Betriebe arbeiteten, war der plötzliche Wirtschaftsaufschwung in Ländern wie Japan und Deutschland ungeheuerlich. In den nächsten zehn Jahren werden wir unsere Berater nach Japan schicken, um ihre Geschäftspraktiken zu erlernen, Praktiken, die eigentlich wir ihnen beigebracht haben. Und was war unsere primäre Quelle gewesen? Die Bibel.

Nach dem Zweiten Weltkrieg ernannte Präsident Truman General Douglas McArthur zum Militärgouverneur von Japan. Aufbauend auf der japanischen Achtung gegenüber Autorität, konnte General McArthur viele grundlegende biblische Prinzipien in der japanischen Wirtschaftsethik verankern. Diese hocheffiziente Kooperationsform zwischen Arbeitnehmern und Management wurde durch die typisch japanische, absolute Loyalität zusätzlich unterstützt – mit dem Ergebnis, daß die Japaner ihre amerikanischen Lehrer im Laufschritt überholten.

Unglücklicherweise verankerte General McArthur zwar die richtigen Prinzipien, vergaß jedoch, auch deren Ursprung mitzuteilen: Gott. Es gilt noch abzuwarten, ob zügelloser Kapitalismus ohne den ausgleichenden Einfluß des Christentums langfristig Erfolg haben wird. Am Ende, so befürchte ich, wird sich die menschliche Natur durchsetzen.

Funktionieren die biblischen Geschäftsprinzipien? Sie funktionieren zweifellos – langfristig. Wenn Sie nur an schnellen Gewinnen interessiert sind, dann ist Gottes Weg für Sie uninteressant. Aber wenn Sie langfristiges Wachstum und Stabilität anstreben, so ist Gottes Weg der einzige Weg. Wie Jesus in Matthäus 7,24–25 sagt: »Darum, wer meine Rede hört und sie befolgt, der gleicht einem klugen Mann, der sein Haus auf Fels baute. Als nun ein Platzregen fiel und die Wasser kamen und die Winde wehten und stießen an das Haus, fiel es doch nicht ein; denn es war auf Fels gegründet.«

Ich habe gesehen, wie diese Prinzipien in Einzelunternehmungen mit 40 000 Dollar Jahresumsatz und in Konzernen mit 12 000 Beschäftigten und 800 Millionen Dollar Jahresumsatz funktionierten.

Unser Unternehmen wuchs seit 1976 von einem 40 000-Dollar-Haushalt auf heute über drei Millionen Dollar im Jahr – alles, ohne Schulden zu machen. Und selbst diese Zahl ist irreführend, weil wir zusätzlich noch auf fast 800 Radiosendern täglich auf Sendung sind. Normalerweise würde das noch zusätzliche zehn bis zwölf Millionen Dollar im Jahr verschlingen, aber wir müssen dafür nichts bezahlen. Wir haben über 7000 geschulte Berater, die im ganzen Land auf über 500 Seminaren Gottes Prinzipien für den Umgang mit Geld lehren.

Mit all dem will ich sagen, daß Gott Frauen und Männer sucht, die er machtvoll unterstützen kann. Unser großes Problem heute ist jedoch, daß Er nicht genügend Menschen mit diesen Fähigkeiten findet, mit denen er arbeiten kann.

In den letzten Jahren habe ich landesweit Unternehmern und Managern diese Prinzipien durch meine »Management auf biblischer Grundlage«-Seminare nähergebracht. Hunderte von Unternehmen wurden dabei modernisiert und das Leben von Tausenden hat sich verändert. Sie werden viele Berichte davon lesen, während wir miteinander die verschiedenen biblischen Grundlagen durchgehen. Ich habe zwar die Namen geändert, aber alle diese Begebenheiten sind wahr.

Welche Perspektive haben wir?

Was für ein wirtschaftliches Umfeld findet ein christlicher Geschäftsmann heutzutage vor? Mit Sicherheit kein allzu günstiges.

Jedes Mitglied früherer Generationen würde bei einem Blick auf unsere heutige Wirtschaftslage sofort erkennen, daß wir möglicherweise vor katastrophalen Finanzproblemen stehen. Wenn unser wirtschaftlicher Erfolg von einer Zinsschwankung von drei Prozent abhängig ist, dann steckt diese Wirtschaft wirklich in der Klemme. Es ist nur zu offensichtlich, daß der Schuldenkreislauf sein Rennen schon fast beendet hat.

Es ist statistisch erwiesen, daß der Staat den Grad unserer Verschuldung beschleunigt hat. Die Schulden der amerikanischen Regierung belaufen sich derzeit auf etwa sechs Billionen Dollar. Die meisten Amerikaner arbeiten die ersten fünf Monate im Jahr nur, um ihre Steuern bezahlen zu können, doch nicht einmal das reicht aus. Obwohl die Steuereinnahmen mehr als eine Billion Dollar im Jahr betragen, muß die Regierung jährlich bis zu zwei Billionen Dollar aufnehmen, um wenigstens die Zinsen ihrer Verbindlichkeiten bezahlen zu können. Das heißt, wir müssen uns verschulden, um die Zinsen unserer Gesamtschulden überhaupt bezahlen zu können.

Meiner Meinung nach ist dies die Erfüllung zweier Verheißungen, die Gott seinem Volk schon vor etwa dreitausend Jahren gegeben hat. Erstens verhieß er dem Volk, das er bei seinem Namen gerufen hatte, daß er sie reicher als jede andere Nation auf der Erde machen würde – wenn sie seine Gesetze und Gebote befolgen würden (5. Mose 28,8–13). Aber er warnte sie auch davor, daß Fremde über sie herrschen würden, wenn sie seine Gesetze und Gebote nicht hielten. Der Fremde würde zum Gläubiger, und sie würden zu Schuldnern werden (5. Mose 28,43–45). Genau das ist der Punkt, an dem unsere Nation heute steht.

Gibt es Hoffnung? Kann man diesen Kreislauf rückgängig machen? Ich glaube, ja. Aber nur, wenn das Volk Gottes umkehrt, sich Gottes Wegen zuwendet und kompromißlos bereit ist, zu ihm zu gehören. Im weiteren Verlauf dieses Buches werde ich versuchen, Gottes Plan für sein Volk im Wirtschaftsleben zu umreißen. Manche von uns sind Besitzer eines Unternehmens, andere sind Manager oder Angestellte. Aber um die Situation zu verändern, muß jeder von uns bereit sein, egal auf welcher Ebene, nach Gottes Richtlinien und Geboten zu leben. Die Frage lautet nicht, ob wir fähig sind, eine Veränderung herbeizuführen, sondern ob wir eine wirkliche Veränderung haben wollen.

Kapitel 2

Die wichtigsten biblischen Grundlagen

Die allermeisten Menschen denken erst einmal an die Zehn Gebote, wenn sie über die wichtigsten biblischen Grundlagen des Christentums nachdenken. In der Tat hat Gott gesagt, daß das die Kennzeichen sind, die sein Volk von den umliegenden Völkern unterscheiden werden. In der Geschäftswelt gelten diese Gebote natürlich ebenfalls. Aber es gibt noch andere, ganz grundsätzliche Richtlinien, die Christen von anderen in der Geschäftswelt unterscheiden.

Ich meine nicht die hochgesteckten, verschwommenen Ziele, über die wir uns so gerne unterhalten. Ich spreche von konkreten Merkmalen an denen man ablesen kann, ob wir unser Christentum auch in unserem eigenen Unternehmen ernst nehmen. Für mich ist es eine andauernde Herausforderung, diese zentralen Grundsätze auch in die Tat umzusetzen. Und wenn unsere Geschäftspartner oder sogar unsere eigenen Mitarbeiter, nicht die gleiche Einstellung haben, fällt es mir besonders schwer. Dennoch ist es Gottes Wille, daß wir andere genau so behandeln, wie wir es selbst gerne hätten, und daß wir sie eben gerade nicht so behandeln, wie sie *uns behandeln*.

Sechs Grundregeln für das Geschäftsleben

1. Spiegeln Sie Christus in Ihrem Handeln wider

Lassen Sie es mich gleich zu Anfang sagen. Ich bin mir sicher, daß es Sie Geld kosten wird, wenn Sie sich entschließen, dieses eine Prinzip in ihre Geschäftspraktiken aufzunehmen. Wir leben in einer Gesellschaft, die von Täuschung und zweideutigen Verträgen lebt. Jeder, der auf eine Art und Weise handelt, die auf Christus verweist, wird mit vielen Gelegenheiten konfrontiert werden, in denen er leiden kann.

Nehmen wir doch einmal als Beispiel absolute Ehrlichkeit. In Sprüche 3,32 steht: »Denn wer auf Abwegen geht, ist dem Herrn ein Greuel, aber den Frommen ist er Freund.« Und Sprüche 4,24 lautet: »Tu von dir die Falschheit des Mundes und sei kein Lästermaul.« Beide Verse enthalten den gleichen Grundansatz: Ehrlichkeit wird belohnt – Unehrlichkeit wird bestraft. Wenn es nur um Stehlen oder Nichtstehlen ginge, hätten die meisten Christen keine Probleme mit der Befolgung dieses Grundsatzes. Aber im wirklichen Leben ist es ziemlich kompliziert, dieses Prinzip in die Tat umzusetzen.

Paul war ein ehemaliger Geschäftsführer, der nach seiner Pensionierung nach Mexiko zog und dort eine große Rinderfarm betrieb. Die Farm florierte, weil er seine mexikanischen Angestellten gut bezahlte und seine Ranch in einer Art und Weise führte, die Gottes Maßstäben entsprach. Das einzige Problem war, Maschinen in den USA zu kaufen und sie danach nach Mexiko zu bringen. Er fand bald heraus, daß wenn er den Grenzpolizisten und Beamten keine Bestechungsgelder gab, die Maschinen kaum eine Chance hatten, jemals die Farm zu erreichen.

Paul wußte, daß Bestechung in Mexiko illegal war. Er wußte aber auch, daß es einfach dazugehörte und dort eine gängige Geschäftspraxis war – natürlich nur außerhalb offizieller Instanzen.

Während Paul wieder einmal in den USA war, ging er auf ein »Management auf biblischer Grundlage«-Seminar in Texas. Er empfand, daß Gott mit diesem Bereich seiner Geschäftspraxis nicht einverstanden war, und beschloß daraufhin, für die Maschinen die er gerade gekauft hatte, keine Schmiergelder mehr zu bezahlen. Wie erwartet, kamen die Maschinen wegen angeblicher »Unregelmäßigkeiten« nicht weiter als bis zur ersten Grenzkontrolle. Nach mehreren erfolglosen Versuchen, die Maschinen durch den Zoll zu bekommen, fragte Paul den Zollbeamten, was es denn kosten würde, die Papiere in Ordnung zu bringen.

Dieser meinte, die Verzögerung könne gegen eine »Gebühr« von 200 Dollar beendet werden – verglichen mit dem Gesamtwert der Maschinen war das billig.

Weil Paul aber beschlossen hatte, um keinen Preis in der Welt mehr Schmiergelder zu bezahlen, nahm er das Angebot nicht an. Als die Maschinen nach mehreren Tagen immer noch nicht angekommen waren, stellte Paul einige Nachforschungen an. Mit sehr viel Mühe fand er schließlich heraus, daß die Geräte zerlegt und die Einzelteile auf dem Schwarzmarkt verkauft worden waren. Was er am Ende zurückbekam, war nur noch einen Bruchteil des ursprünglichen Kaufpreises wert.

Nach diesem Vorfall beschloß Paul, seine Farm zu verkaufen und in den USA neu aufzubauen. Der Umzug kostete ihn mehrere tausend Dollar und beim Grenzübergang verlor er einen weiteren Teil seines Maschinenparks. Aber er war davon überzeugt, daß er keine andere Wahl hatte, wenn er nach wie vor seinem Entschluß treu sein wollte, keine weiteren Schmiergelder mehr zu bezahlen.

Übrigens nahm das Ganze doch noch ein gutes Ende. Einige Monate nach dem Umzug erfuhr er, daß die mexikanische Regierung genau in der Gegend, in der er gelebt hatte, mehrere Farmen enteignet hatte, die im Besitz von Ausländern waren. Wäre er also geblieben, so hätte er nur noch einen Bruchteil vom Wert seiner Farm erhalten.

2. Legen Sie immer wieder jemandem Rechenschaft über ihr Handeln ab

Wahrscheinlich gibt es in unserer Gesellschaft für Menschen in Machtpositionen nichts Wichtigeres, als daß sie jemand haben, dem sie hin und wieder Rechenschaft über ihr Tun ablegen. Allzuoft kommt es vor, daß sich Menschen in Machtpositionen mit Personen umgeben können (und wollen), die ihre Entscheidungen kritiklos hinnehmen. Das kann man zunächst als Erfolg werten, aber es wird langfristig ein Nachteil sein. Warum? Weil jeder, der keine Kontrollinstanzen hat, irgendwann die Richtung verlieren wird. Sollten Sie das nicht glauben, so versuchen Sie doch jemanden zu finden, der es ohne jemand, dem er immer wieder Rechenschaft ablegen mußte, geschafft hat, auf seinem ursprünglich eingeschlagenen Kurs zu bleiben.

Selbst der von Gott auserwählte König David kam vom Weg ab, als er auf seine Generäle hörte. Diese hatten ihn davon überzeugt, daß sein Leben viel zu wertvoll sei, um es in einer Schlacht riskieren zu können. Er hörte auf dieses Lob und vergaß dabei, wie oft und problemlos Gott ihn durch viele Kämpfe geführt hatte. (Man glaubt einem Lob vor allem dann, wenn man es gerne hört!) Während seine Armee kämpfte, blieb er in der Stadt, und was war das Ergebnis? Die berüchtigte Affäre mit Batseba, die am Ende großes Leid mit sich brachte.

Viele Geschäftsleute glauben, daß sie Rechenschaft über ihr Handeln ablegen, wenn sie einen Vorstand haben und regelmäßig Mitarbeitersitzungen abhalten. Ich war bei vielen Vorstandssitzungen dabei, in denen ein Vorstandsvorsitzender mit einer starken Persönlichkeit den Ton angab, und daher weiß ich, daß diese Vorstände in der Regel nichts anderes als Marionetten sind. Und die meisten Mitarbeiter konfrontieren ihren Chef mit der Tatsache, daß er oder sie vom Kurs abgekommen ist, selbst dann nicht, wenn der neue Kurs nichts mehr mit den eigentlichen Zielen und Vorstellungen der Firma zu tun hat.

Gibt es eine Lösung? Ich glaube, daß uns Gottes Wort mehrere anbietet. Eine davon ist, den Ehepartner um Rat zu fragen. Dies ist sehr wichtig für jeden Verheirateten, der in leitender Position arbeitet. Da es mehr Männer sind, die Geschäfte leiten, richte ich mich direkt an sie, wobei diese Prinzipien auch ebenso für Geschäftsfrauen gelten. In der Praxis ignorieren die meisten Männer den Rat ihrer Frauen, wenn es um Geschäftsentscheidungen geht. Und das, obwohl Gott in seinem Wort deutlich sagt, daß Mann und Frau eins sein sollen: »Darum wird ein Mann seinen Vater und seine Mutter verlassen und seinem Weibe anhangen, und sie werden sein ein Fleisch« (1. Mose 2,24). Reduziert sich diese Beziehung nur auf die außergeschäftliche Ebene? Falls

Sie dieser Meinung sind, dann versuchen Sie doch, Ihre Ansicht in Gottes Wort wiederzufinden!

Ein häufiges Argument ist, daß die Ehefrau nichts vom Geschäftsleben versteht. Lassen Sie sie doch an wichtigen Entscheidungen teilhaben, damit sie etwas wissen *kann,* wenn Sie ihren Rat bitter nötig haben. Allzuoft *will* die Ehefrau aber nichts über das Geschäftsleben wissen. Darauf würde ich antworten: »Wenn sie sich nach dem Wort Gottes richtet, dann hat sie diese Wahlmöglichkeit nicht. Wenn eine Ehefrau dazu bereit ist, die Verantwortung auf sich zu nehmen, die ein Partner nun einmal hat, dann muß sie auch bereit sein, genügend zu lernen, um helfen zu können.«

Ich bin immer wieder von den Ideen beeindruckt worden, die Frauen während Diskussionen zu einem Thema einbrachten, über das sie angeblich nichts oder kaum etwas wußten. Vor einigen Jahren zum Beispiel habe ich einen Fabrikbesitzer beraten, der Christ war, und vor dem Problem stand, sein Geschäft verkaufen zu müssen. Die gesamte Branche hatte gegen die chinesische Konkurrenz zu kämpfen, und es sah so aus, als ob viele der großen Hersteller nach Taiwan umsiedeln wollten, um die Kosten zu senken. Die Ehefrau dieses Mannes, die auf mein Drängen hin auch an der Sitzung teilnahm, war gegen den Verkauf des Unternehmens.

»Warum denn nicht?« fragte er gereizt, wobei schon seine ganze Haltung verriet, daß er seiner Frau nicht allzuviel Kompetenz in geschäftlichen Dingen zutraute. Daraufhin zog sie sich in die Rolle einer Frau zurück, die es gewohnt ist sich unterzuordnen, und sagte keinen Ton mehr.

»Na los, Jackie«, sagte ich zu ihr, »wenn du etwas zu sagen hast, dann hülle dich nicht in Schweigen. Das ist keine Bescheidenheit, sondern Schwäche.« Ihr Mann saß schweigend da und wich meinem Blick aus.

»Nun, ich glaube, daß Gott uns dieses Geschäft in einer Branche gegeben hat, die vor allem von Juden beherrscht wird«, sagte sie und schaute vorsichtig zu ihrem Mann hinüber. »Wenn wir das nicht durchstehen, schafft es wahrscheinlich keiner. Wenn unser Geschäft auf einer soliden Grundlage steht, dann können wir auch mit den Chinesen konkurrieren. Möglicherweise finden wir etwas, das wir besser herstellen können als sie.«

»Was meinst du damit?« fragte ich, während sich ein schockierter Ausdruck auf der Miene ihres Mannes breitmachte.

»Ich glaube, wir sollten uns darauf konzentrieren unsere eigene Produktlinie im Baumwollbereich zu entwickeln«, empfahl sie und wurde dabei immer begeisterter. »Die kommunistischen Länder importieren immer mehr Jeans und ähnliche Produkte. Wir könnten doch die Regierung bitten, uns beim Export solcher Produkte ebenso zu unterstützen, wie sie es bei Lebensmitteln tut.«

Ich sagte, daß die Idee sehr gut sei, wenn man die ganzen Einzelheiten ausarbeiten würde.

Der Gesichtsausdruck ihres Ehemannes wurde wieder etwas heiterer, und er sagte, daß er auch schon einmal daran gedacht, aber die Idee nie weitergeführt habe. Dann verfinsterte sich seine Miene wieder.

»Was ist denn los?« fragte ich.

»Wir können nicht überleben bis wir irgendwann ein gutes Produkt gefunden haben, außerdem besitzen wir nicht das Kapital, um eine Umstrukturierung finanzieren zu können«, sagte er niedergeschlagen. »Und keine Bank wird mir für eine solche Spekulation Geld zur Verfügung stellen.«

»Und was meinst du, Jackie?« fragte ich.

»Ich denke, daß wir Anteile der Firma an die Angestellten verkaufen sollten«, sagte sie aufgeregt. »Schließlich stehen ihre Jobs auf dem Spiel. Wir können die Fabrik und unsere Marken verkaufen und für immer davon leben. Sie aber werden auf dem immer schwieriger werdenden Arbeitsmarkt klarkommen müssen.«

»Daran hatte ich nicht gedacht«, sagte Jackies Mann nachdenklich. »Ich kann mir gut vorstellen, daß unsere Angestellten bereit sind, Anteile der Firma zu kaufen. Wenn es aber trotzdem nichts wird, werden wir viel von unserem Besitz verlieren.«

»Vor zwanzig Jahren haben wir mit nichts angefangen«, antwortete sie sanft. »Das können wir jederzeit wiederholen. Außerdem gehe ich lieber mit fliegenden Fahnen unter, als einfach so sang- und klanglos die Zelte abzubrechen und zu verschwinden. Es gibt nun mal nicht viele Firmen in der Bekleidungsindustrie, die Christus dienen wollen. Wir dürfen diese Möglichkeit einfach nicht verpassen.«

»Woher hast du denn plötzlich Ahnung von der Textilbranche?« fragte der Ehemann. »Und wo hast du jemals etwas von Arbeitnehmerbeteiligungen an Firmen gehört?«

Mit einem leichten Lächeln antwortete Jackie: »Du hast wohl schon vergessen, daß ich deine einzige Hilfe war, als wir angefangen haben. Und nur weil ich zu Hause geblieben bin, um unsere Kinder zu erziehen, ist mein Gehirn noch lange nicht verkümmert.«

Jackie und ihr Ehemann haben fast die Hälfte ihres Unternehmens an ihre Angestellten verkauft und ein florierendes Exportgeschäft in den Ostblock aufgebaut. Sie haben sich zur Ruhe gesetzt und verbringen jetzt mehrere Monate im Jahr damit, mit anderen christlichen Geschäftsleuten aus dem Ostblock Gemeinschaftsunternehmen zu gründen. Gott hat ihren wagemutigen Schritt dazu gebraucht, um bisher unerreichbare Menschen zu erreichen.

Knüpfen Sie Kontakte mit Geschäftsleuten, denen Sie vertrauen

Als Geschäftsmann kann man versuchen, eine Gruppe von unabhängigen Beratern um sich herum aufzubauen, deren Mitglieder Christen sind. Ich weiß, daß es in manchen Regionen schwer sein kann, qualifizierte Christen zu finden, die bereit sind, ihre Fähigkeiten in einer solchen Gruppe einzubringen. Wenn man in einem solchen Fall mit einem oder mehreren Geschäftsleuten einer ähnlichen Branche in Kontakt tritt und sich bei größeren Entscheidungen mit diesen Kollegen beratschlagt, kann dies ein guter Ausweg sein.

Ich war selbst schon in solchen Gruppen und telefoniere auch heute noch hin und wieder, vor allem bei konkretem Bedarf, mit diesen Kollegen. Ich habe festgestellt, daß meine Bereitschaft, Menschen um Rat zu fragen, auch deren Bereitschaft wachsen läßt, das gleiche bei anderen zu tun.

Unsere Vertrauensgruppe half sogar dabei, ernsthafte Streitigkeiten zu lösen. So gingen zum Beispiel zwei christliche Geschäftsleute eine Partnerschaft ein, um Immobilien zu erwerben, ohne dies vorher vertraglich abzusichern. Der eine, Ralph, übernahm die Finanzierung, während der andere, Gene, den Ausbau und die Verwaltung der Grundstücke leitete. Nach einiger Zeit stellte Ralph fest, daß von seinem Firmenkonto zwar hohe Summen abgeflossen waren, jedoch kaum Gelder auf sein Konto eingegangen waren. Als er nach dieser Entdeckung Gene um eine Abrechnung bat, war dieser beleidigt und nicht mehr dazu zu bewegen über die Angelegenheit zu sprechen.

Danach verlangte Ralph eine Abrechnung und drohte damit, sie notfalls auch gerichtlich einzuklagen, worauf Gene antwortete: »Nur zu! Ich weiß, daß ich nichts falsch gemacht habe. Ich habe dir dein Geld schon längst überwiesen.«

Weil Ralph keinen Mitchristen verklagen wollte, bat er mich um meinen Rat, und da Gene und ich zufällig in der gleichen Vertrauensgruppe waren, beschloß ich, ihn direkt darauf anzusprechen. Gene reagierte auf mein Einschreiten aber so gekränkt, daß er den Telefonhörer mitten im Gespräch auflegte. Später rief er mich dann zurück, um sich zu entschuldigen und um mir auch seinen Standpunkt zu erklären.

»Eigentlich tue ich Ralph einen Gefallen, indem ich kostenlos die Grundstücke verwalte, und es hat mich fürchterlich geärgert, als er mich verdächtigt hat, Geld veruntreut zu haben«, erklärte mir Gene. »Der gesamte Betrag ist bereits auf unser Gesellschaftskonto überwiesen worden. Wenn sich Ralph einmal die Mühe gemacht hätte, die Überweisungen zu kontrollieren, dann hätte er schon längst gemerkt, daß alles in Ordnung ist.«

Zwei grundverschiedene Wesenszüge machten diese formlose Geschäftsbeziehung so schwierig. Da Gene lange als Einzelunternehmer tätig gewesen war, fiel es ihm sehr schwer auf Kritik gegenüber seinen Entscheidungen oder Motiven einzugehen. Ralph wiederum hatte eine Firma geführt, die monatlich Tausende von Überweisungen machen mußte. Deshalb war es für Ralph völlig normal, daß Beträge falsch überwiesen werden konnten, und daß man deshalb bei Überweisungen am besten einfach nachhakt.

Die Überprüfung aller bei Ralph eingegangener Überweisungen ergab, daß das Geld auch in der Tat (sogar mit Gewinn) auf seinem Konto verbucht worden war. Die Freundschaft war gerettet. Trotzdem lösten sie ihre Geschäftsbeziehung auf. Aber ohne das Forum in unserer Vertrauensgruppe wäre es zu einem Prozeß gekommen, und es wäre ein bleibender Riß entstanden. Jeder braucht Menschen, denen er vertraut und denen er auch Rechenschaft ablegen muß. Das gilt vor allem für jene, die glauben, keine solche Menschen nötig zu haben!

3. Bieten Sie Qualitätsprodukte zu fairen Preisen an

Der Wert der Güter und Dienstleistungen, die eine Firma anbietet, sagt mehr über den Charakter dieses Unternehmens und ihrer Mitarbeiter aus, als irgendein anderer Gesichtspunkt es je tun könnte. Der Wert von Gütern kann als der effektive Nutzen definiert werden, den man von einem Kauf hat. Niedrige Anschaffungskosten sind nicht unbedingt mit Wert gleichzusetzen. Wenn ein christliches Unternehmen die biblischen Standards für Güter und Leistungen übernimmt, so wird das Endprodukt das beste Gut zum günstigsten Preis sein.

Einmal las ich einen Artikel über einen Arzt, der keine Arztrechnungen mehr erstellte, sondern zu einer »Schreiben-Sie-Ihre-eigene-Rechnung-Philosophie« übergegangen war. Jedesmal wenn Patienten in seine Sprechstunden kamen, händigte ihnen die Sekretärin genaue Informationen über die Zahlungsmodalitäten sowie eine Aufstellung der gesamten Betriebskosten und Versicherungsbeiträge der Praxis aus. Danach wurde der Patient gebeten, den ihm als fair erscheinenden Betrag zu bezahlen.

Natürlich gab es solche, die viel zu wenig bezahlten, weil sie den Arzt für einen Blutsauger hielten. Trotzdem stieg sein Einkommen danach um fast zehn Prozent. Anscheinend hatten die Patienten das Gefühl, durch seine Dienstleistung etwas Wertvolles erhalten zu haben.

Ein weiteres großartiges Beispiel für dieses Prinzip ist die Chic-Fil-A AG aus Atlanta. Die christliche Leitung dieses Unternehmens ist zu Recht auf die Qualität ihrer Produkte stolz. Obwohl sie kaum Geld für Werbung ausgeben, sind sie eine der drei am schnellsten wachsenden Fast-food-Ketten der Vereinigten Staaten.

Im Gegensatz zu den sonstigen Geschäften in Einkaufszentren hat Chic-Fil-A am Sonntag geschlossen, und bezahlt seine Angestellten gut (Chic-Fil-A vergibt sogar Hochschulstipendien). Wie ist es diesem Unternehmen dann möglich, nicht nur zu überleben, sondern sogar noch zu wachsen? Ganz einfach: Bei den Neueröffnungen ihrer Läden verteilen sie im jeweiligen Einkaufszentrum Gratisproben von ihren Hähnchenspezialitäten. Sie tun das, weil die Geschäftsleitung die Erfahrung gemacht hat, daß wenn Hähnchenfans ihr Essen erst einmal probiert haben, sie mit hoher Wahrscheinlichkeit mit ihren Freunden wiederkommen. Ein zufriedener Kunde macht eben die beste Werbung.

In unserer Gesellschaft scheint es jedoch zum Ziel geworden zu sein, das schlechtmöglichste Produkt zum höchstmöglichen Preis zu verkaufen. Aber diese Strategie funktioniert nur in Zeiten, die so gut sind, daß es kaum oder gar keine Konkurrenz gibt.

Wenn Christen dazu bereit sind, die Philosophie »hohe Qualität zu fairen Preisen« zu einem ihrer Unternehmensziele zu machen, dann sagt dies viel über ihre Hingabe an Jesus aus. Wenn Sie Ihren Nächsten wirklich mehr als sich selbst lieben, dann sind Sie auch daran interessiert, daß Ihre Kunden das bestmögliche Geschäft machen. Und auf diesem Weg wird Ihr Betrieb auch anfangen zu blühen.

4. Respektieren Sie Ihre Gläubiger

Gläubiger sind Menschen, die Ihnen entweder Waren oder Geld geliehen haben. In unserer modernen Geschäftswelt werden Lieferanten zu oft nur als Quelle betrachtet, aus der zinslose Kredite sprudeln. Sobald die Geschäfte nicht so gut laufen, ist es weit verbreitet, die Lieferantenzahlungen zu verzögern, um auf diese Art die Liquidität zu erhöhen.

Wenn Ihr finanzieller Engpaß durch äußere Umstände verursacht ist, dann ist das eine andere Sache. Aber wenn Sie nur einen billigeren Weg suchen, um Ihren Betrieb am Laufen zu halten, dann verstößt dies gegen ein biblisches Prinzip.

In Sprüche 3,27–28 steht:

»Weigere dich nicht, dem Bedürftigen Gutes zu tun,
wenn deine Hand es vermag.
Sprich nicht zu deinem Nächsten:
Geh' hin und komm wieder; morgen will ich dir geben,
wenn du es doch hast.«

Wenn ein Christ, obwohl er mit anderen Rechnungen noch im Zahlungsverzug ist, neue Waren bestellt, dann begeht er einen Betrug. Vielleicht hören Sie das nicht gerne, aber versetzen Sie sich einmal in die Lage des Lieferanten. Wie würden Sie sich fühlen, wenn jemand bei Ihnen Waren bestellt, diese zwar prinzipiell gerne bezahlen würde, dessen Geschäft aber schon seit längerer Zeit ganz offensichtlich Verluste erwirtschaftet? Oder – würden Sie es nicht eher vorziehen, wenn ihr Kunde, anstatt zu spät zu bezahlen, zum üblichen Zinssatz einen Kredit aufnimmt, um seine Schulden pünktlich bei Ihnen begleichen zu können?

Auf einem Seminar für Geschäftsleute erwähnte ich wieder einmal, daß es nicht korrekt sei, Lieferantenzahlungen zu verzögern, nur weil Kunden unpünktlich bezahlen. Einer der Teilnehmer fragte daraufhin: »Wollen Sie damit sagen, daß es eine Sünde sei, meine Rechnungen nicht zu bezahlen, obwohl ich selber mein Geld nicht bekomme?«

»Nein, das meine ich nicht«, antwortete ich. »Es ist nur dann eine Sünde, wenn Sie wissen daß es falsch ist und es trotzdem tun.«

»Aber was ist, wenn ich mein Geschäft gefährde, wenn ich alle Rechnungen bezahlen würde?« fragte er leicht herausfordernd.

In solchen Situationen habe ich eine Standardantwort parat: »Handelt es sich hier um eine wirkliche Situation, oder fragen Sie rein hypothetisch?«

»Was meinen Sie damit?« fragte er, nachdem er merkte, wonach ich eigentlich gefragt hatte.

»Nun, wenn Sie Ihr Geschäft tatsächlich ruinieren würden, falls Sie alle Ihre Lieferanten pünktlich bezahlen, sonst aber weiterexistieren könnten, dann schlage ich Ihnen vor, Ihre Lieferanten darüber in Kenntnis zu setzen und sie an dieser Entscheidung zu beteiligen. Ich bin sicher, daß die meisten lieber mit Ihnen zusammenarbeiten, als daß sie zusehen, wie Ihr Unternehmen bankrott geht.«

»Nun, das wäre bei mir ja nicht der Fall«, räumte er zögernd ein, fügte jedoch hinzu, »aber vielleicht bei einem anderen Unternehmen.«

»Das ist richtig«, stimmte ich ihm zu, »und wenn das der Fall ist, muß man sich dieser Tatsache stellen. Gott macht uns nur für Dinge verantwortlich, die wir tun können, nicht umgekehrt. Ist die Entscheidung aber rein wirtschaftlicher Natur und darin begründet, daß es billiger ist, dem Lieferanten Geld zu schulden als der Bank, so ist sie falsch.«

Im Anschluß sagte mir dieser Seminarteilnehmer: »Sie haben mich überzeugt. Ich werde einen Kredit aufnehmen und die offenen Rechnungen bei meinen Lieferanten begleichen. Meine Firma kann die Zinsen problemlos bezahlen. Ich habe es bisher nur nicht getan, weil mir mein Buchhalter geraten hatte, unsere Lieferanten ›anzupumpen‹.«

Integrität ist in unserer Generation selten und wird noch seltener, wenn es um das Geld anderer geht. Wenn ein Christ glaubwürdig sein möchte, dann muß er sich darum bemühen, wenigstens dieser Mindestanforderung gerecht zu werden. Ich erinnere mich noch an einen Brief, den ich 1976 vom Vorsitzenden einer der größten Papierwerke der USA bekam. Er schrieb mir unter anderem auch die Zeile: »Vielen Dank für die Integrität, die Sie immer wieder beim Bezahlen unserer Rechnungen bewiesen haben.«

Ich fand das deswegen bemerkenswert, weil die Höhe unserer Einkäufe im vergangenen Jahr unter 10 000 Dollar lag – ein Bruchteil des Gesamtumsatzes dieses Papierwerkes. Deswegen beschloß ich, den Vorsitzenden anzurufen, um ihn zu fragen, warum er mir diesen Brief geschrieben habe.

Er sagte: »Sie sind eine der wenigen christlichen Organisationen, die ihre Rechnungen bei uns immer pünktlich bezahlen. Ich bin auch Christ, aber über die vielen offenen Rechnungen von Gemeinden und anderen christlichen Organisationen wird auf unseren Vorstandssitzungen bereits regelmäßig gespottet.«

Ist es nicht eigenartig, daß der Chef eines Großunternehmens den Spott seiner Vorstandsmitglieder ertragen muß, nur weil christliche Organisationen nicht rechtzeitig ihre Rechnungen bezahlen. Wen wundert es da noch, daß viele Leute mit Christen keine Geschäfte mehr machen wollen.

5. Behandeln Sie Ihre Angestellten korrekt

Ein Unternehmer ist dafür verantwortlich, daß er zumindest in seinem Berufsalltag fair und gerecht handelt. Manchmal hat man an dieser Verantwortung schwer zu tragen, aber sie bedeutet auch eine Chance.

Ein Arbeitgeber, der sich seinen Angestellen gegenüber korrekt verhält, ist auch in der Lage mit seinen Angestellten über Gott zu reden, weil er »das was er predigt auch tut«, wie es ein altes Sprichwort so schön sagt. Natürlich wird es Angestellte geben, die, ganz gleich was der Geschäftsführer oder Arbeitgeber tut, immer etwas an ihm auszusetzen haben. Aber das ist deren Problem. Menschen die hohe Positionen innehaben, dürfen sich bei ihrem Handeln nicht nach anderen richten.

Fairneß wird normalerweise mit Bezahlung und verbesserten Arbeitsbedingungen assoziiert. Das ist jedoch nicht alles. Fairneß schließt ebenso unsere Haltungen und Beziehungen mit ein. Wenn Manager beispielsweise die Tendenz haben, auf Arbeiter aus niedrigeren Schichten herunterzuschauen (sozial oder intellektuell), so ist diese Haltung nach außen hin erkennbar, denn sie wird auch nonverbal kommuniziert. Haben Angestellte diese Einstellung erst einmal als soziale Schranke erkannt, wird jeder Versuch, ihnen das Evangelium zu verkünden, auf Ablehnung stoßen.

Wenn Sie das Prinzip Fairneß in Ihr Unternehmen einführen wollen, dann besteht der erste Schritt darin, daß Sie selbst erkennen, daß alle Menschen, unabhängig von ihrer Herkunft, wertvoll sind. Ich erkannte dieses Prinzip zum ersten Mal während meiner Zeit bei der Luftwaffe. Die Schranken zwischen Offizieren und Wehrdienstleistenden waren real und unumstößlich, denn die Armee hatte diese Schranken bewußt geschaffen, um der leitenden Gruppe (den Offizieren) eine Aura von Unfehlbarkeit zu geben, denn sie war davon überzeugt, daß dies notwendigerweise dazugehört, um Befehle auf Leben und Tod erteilen zu können.

Leider hat sich die gleiche Einstellung auch in innerbetrieblichen Beziehungen durchgesetzt. Vielleicht spiegelt sich hier eine Herren-Sklaven-Mentalität wider, auch wenn wir die Sklaverei bereits vor über hundert Jahren abgeschafft haben. Aber Jesus hat niemals solche künstlichen Schranken zwischen sich und seinen Jüngern errichtet, und er ließ es auch nicht zu, daß sie Schranken zwischen sich und den Menschen aufbauten, die sie erreichen wollten.

Wenn Sie Ihren einfachsten Angestellten nicht mit dem ihm gebührenden Respekt behandeln können, dann sollten Sie an dieser Stelle innehalten und Gott bitten, Ihnen bei der Lösung Ihres Problems zu helfen. Das zweite Kapitel des Jakobusbriefes befaßt sich gründlich mit diesem Thema und faßt es in Vers 9 wie folgt zusammen: »Wenn ihr aber die Person anseht, tut ihr Sünde und werdet überführt vom Gesetz als Übertreter.«

Als junger Christ erlebte ich einmal, was geschehen kann, wenn sich Christen wirklich nach diesem Prinzip richten. Es ging damals um eine Gehaltserhöhung für unseren Pastor. Der Vorsitzende des Ältestenrates schlug der Gemeinde eine Erhöhung um mehrere tausend Dollar im Jahr vor, was auch einstimmig akzeptiert wurde. Dann schlug er vor, auch das Gehalt unseres Hausmeisters zu erhöhen, das um mehrere tausend Dollar niedriger war als das unseres Pastors.

Daraufhin unterbrach unser Pastor die Versammlung und fragte: »Warum wollen Sie mein Gehalt stärker erhöhen als das des Hausmeisters, der nicht nur mehrere Kinder zu versorgen hat, sondern sowieso ein geringeres Gehalt bekommt als ich?«

Seine Frage verwirrte den Vorsitzenden sichtlich. Der Grund war zwar naheliegend, wurde aber nicht ausgesprochen: Man zahlt einem Hausmeister nicht das gleiche wie einem Pastor. Das ist das »Indianer-Häuptling-Prinzip«. Der Vorsitzende antwortete: »Herr Pastor, wir können uns weitergehende Lohnerhöhungen nicht leisten.«

»Dann geben Sie ihm einen Teil meiner Lohnerhöhung«, erwiderte der Pastor. »Ich brauche wirklich nicht noch mehr Geld, er kann es aber mit Sicherheit brauchen.«

Die Versammlung ging an diesem Abend ergebnislos zu Ende und letztendlich bekam der Hausmeister eine erhebliche Gehaltserhöhung (fast in der Höhe des Pastors). Aber die Ereignisse an jenem Abend hatten einen großen Einfluß auf die Haltungen der gesamten Gemeinde. Für mich selbst bedeutete dies eine Herausforderung, meine Verhaltensweisen an Gottes Wort zu messen und nicht an dem, was »normal« ist.

6. Behandeln Sie ihre Kunden fair

Wenn Sie wirklich glauben, daß Ihre größte Verantwortung darin besteht, ein treuer Zeuge Gottes zu sein, dann haben Sie bei den Menschen die größte Chance etwas zu erreichen, die Ihnen am nächsten stehen. In dem Umfeld ihres Unternehmens sind das Ihre Gläubiger, die dann auf Ihr Wort etwas geben werden, wenn Sie ihre Rechnungen pünktlich bezahlen und mit Ihnen korrekt umgehen. Das sind Ihre Angestellten, die dann auf Sie hören werden, wenn sie geachtet und gut bezahlt werden. (Kapitel 9 behandelt gerechte Entlohnung.) Und selbstverständlich gilt das auch für Ihre Kunden, die Sie dann ernst nehmen werden, wenn Sie ihnen ein gutes Produkt zu einem fairen Preis verkaufen und zu Ihrem Wort stehen.

Vor mehreren Jahren habe ich in der Elektronikbranche am eigenen Leib erlebt, daß dieser Grundsatz Wirkung trägt. Ich telefonierte bezüglich eines elektronischen Schaltungsprüfers, der von uns hergestellt wurde, mit einem potentiellen Kunden. Das Produkt war sehr teuer und kostete etwa 25 000 Dollar, konnte aber einem qualifizierten Anwender jedes Jahr ein Mehrfaches dieser Anschaffungskosten einsparen. Dieser Kunde brauchte das 25 000 Dollar teure Testgerät aber nicht unbedingt. Er war einfach ein »Testgerät-Fanatiker«, der stets die neuesten Produkte haben wollte. Bevor ich überhaupt fertig war, ihm das Gerät zu erklären, wollte er schon über den Kauf reden. Der Tester hätte ihm ohne Zweifel geholfen. Seine Investition hätte sich aber niemals amortisiert.

Zu jener Zeit waren wir auf jeden Verkauf angewiesen, und er wollte das Gerät unbedingt erwerben. Als ich aber die Vertragsunterlagen aus meinem Aktenkoffer nahm, erinnerte ich mich an die Worte des Apostels Paulus: »Tut nichts aus Eigennutz oder um eitler Ehre willen, sondern in Demut achte einer den anderen höher als sich selbst« (Phil. 2,3). »Ich kann Ihnen die Ausrüstung nicht verkaufen«, sagte ich ihm.

»Warum denn nicht?« fragte er entrüstet. »Ich habe das Geld. Oder wollen Sie einen Vorschuß?«

»Nein«, erwiderte ich, »das Geld ist nicht das Problem. Aber ich weiß, daß sich die Kosten bei Ihrem Auftragsvolumen unmöglich amortisieren können. Sie würden es noch bereuen, und ich hätte das Gefühl, Ihnen unser Gerät angedreht zu haben.«

Sein Ausdruck wechselte von Entrüstung zu Verblüffung, dann lächelte er. Er ließ mich wissen, wie sehr er meine Bereitschaft, auf den Verkauf zu verzichten, schätzen würde, und daß er bereits zum gleichen Ergebnis gekommen sei. Er erzählte mir dann, daß er das Gerät zum Aufbau eines neuen Geschäftszweiges benutzen wolle. (Er plante nämlich eine Reparaturwerkstatt für die Maschinen anderer kleiner Unternehmen aufzubauen.) Ich stimmte ihm sofort zu, daß unser Gerät für diesen Anwendungsbereich wie geschaffen war, und wir schlossen den Vertrag ab.

In den folgenden Jahren trafen wir uns immer wieder und wurden gute Freunde. Nach dem Tod seines jüngsten Kindes suchte er bei mir Hilfe, und ich durfte miterleben, wie Gott mich bei seiner Bekehrung gebrauchte. Ich glaube aber, daß alles damit begonnen hatte, daß ich seine Interessen an erste Stelle setzte und ihn fair behandelte.

Heute, zwanzig Jahre später, sind die 25 000 Dollar, die unsere Firma bekam, längst ausgegeben und das ihm verkaufte Testgerät längst abgenutzt. Das einzige, was übriggeblieben ist, ist unsere gemeinsame Liebe zu Gott. Der Verkauf wird eine Ewigkeit halten.

Kapitel 3

Vom Unternehmen gefangen

Auch schon bevor ich Christ wurde, habe ich es immer vermieden, Schulden zu machen. Ich hasse es, Zinsen bezahlen zu müssen, und selbst wenn ich mir geschäftlich Geld leihen mußte, habe ich immer versucht es so schnell wie möglich zurückzubezahlen. Ich war aber auf eine andere Art und Weise an mein Geschäft gebunden.

Da ich aus ärmlichen Verhältnissen stamme, war ich seit dem Beginn meiner Karriere davon besessen, Erfolg haben zu müssen. Deshalb widmete ich meiner Arbeit praktisch jede Stunde meines Lebens. In erster Linie war ich nicht am Geld interessiert, sondern an der Sicherheit, die es einem bieten konnte. Ich gab mein Geld nicht gedankenlos aus und wurde auch nicht von Egoismus oder Stolz aufgefressen, und trotzdem war ich ein Gefangener. Mein pausenloses Streben nach Sicherheit raubte mir jede Zeit mit meiner Familie und später auch mit Gott.

Man kann auf die unterschiedlichste Art an sein Geschäft gebunden sein. Die Bandbreite geht von übertriebener Sorge wegen Schulden bis hin zu »Workaholismus«. Diese Gebundenheit kann durch alles verursacht werden, was sich zwischen uns und Gott oder die Familie stellt und uns, nach dem Maßstab der Bibel, aus dem Gleichgewicht geraten läßt.

Diese Gefangenschaft zeichnet sich dadurch aus, daß uns die realistischen Richtlinien fehlen, die uns sonst dabei helfen, unser Leben ausgewogen zu gestalten.

Vor einigen Jahren sah ich einen Werbespot, der dieses Prinzip sehr treffend darstellte. Die erste Szene zeigte einen jungen Mann und einen kleinen Jungen, die sich unterhielten. Der Junge fragte seinen Vater, ob er Zeit habe, mit ihm zum Fischen zu gehen.

Der Mann schaute von seinem mit Arbeit überhäuften Schreibtisch auf und sagte: »Das würde ich sehr gerne, mein Sohn, aber wir haben gerade eine neue Anlage eröffnet, und ich habe gerade wirklich keine Zeit.«

In der nächsten Szene fragte ein Teenager seinen Vater, ob er Zeit zum Fischen habe.

Der Mann antwortete: »Es tut mir leid, mein Sohn, aber wir haben gerade eine neue Anlage in Europa eröffnet, und ich muß sie unbedingt besichtigen. Ich verspreche dir, daß ich mir nach meiner Rückkehr Zeit nehmen werde.«

Die letzte Szene zeigte dann einen alten Mann, der einen um einiges jüngeren Mann fragte: „Mein Sohn, meinst du, du könntest dir ein bißchen Zeit nehmen und mit mir zum Fischen gehen? Seit dem Tod deiner Mutter ist es hier sehr einsam geworden.«

»Ich wünschte, daß ich könnte, Vater, aber du weißt ja, daß wir soeben die neue Anlage in Japan eröffnet haben, und ich muß unbedingt dort hinfliegen. Aber ich verspreche dir, daß ich mir nach meiner Rückkehr Zeit nehmen werde.«

Vom ersten Gespräch an war dieser Vater an sein Geschäft gebunden. Diese Art von Bindung ist nicht nur auf Geschäftsleute begrenzt, die ihre Rechnungen nicht bezahlen können, sondern Sie umfaßt alles, was unsere Beziehung zu anderen oder zu Gott stört.

Oft kommen ältere Leute nach meinen Vorträgen auf mich zu und sagen: »Hätte ich das vor vierzig Jahren gehört, dann hätte ich mein Leben anders geführt.« Das muß nicht unbedingt so sein. Es ist immer sehr einfach, zurückzuschauen und Fehler zu entdecken. Wieviel besser ist es jedoch, nach vorne zu sehen und Fehler zu vermeiden! Es ist nie zu spät, schlechte Angewohnheiten und Haltungen zu verändern, aber je früher Sie damit anfangen, desto einfacher wird es sein.

Normalerweise sagen Christen: »Ich möchte Gott dienen, ganz gleich was er mit mir vorhat.« Dieser Entschluß wird jedoch schnell hinfällig, sobald sie merken, daß Gott von ihnen einen höheren Preis verlangen könnte, als sie zu zahlen bereit sind.

Wir sind eine Generation, die vor allem Sicherheit haben möchte und ihre Bereitschaft, Gott nachzufolgen, oft von der finanziellen Absicherung ihrer Zukunft abhängig macht. Wir sagen: »Gott, ich werde dir dienen, aber . . .«, oder: »Gott, ich werde dir dienen, wenn . . .«

Jesus Christus war in der gleichen Situation, als er Kafarnaum verließ. Ein Mann wollte mit ihm gehen, sagte aber: »Herr, erlaube mir, daß ich zuvor hingehe und meinen Vater begrabe.« (Lukas 9,59).

Dieser Satz war offensichtlich eine Antwort auf die herausfordernden Worte Jesu: »Folge mir nach!« Weniger deutlich ist, daß der Vater dieses Mannes höchstwahrscheinlich nicht tot war. Den traditionellen hebräischen Bestattungsbräuchen entsprechend, wäre der Sohn beim Tod des Vaters bei seiner Familie im Haus gewesen und hätte nicht am Straßenrand den Worten Jesu gelauscht. Was der junge Mann wirklich meinte war, daß er noch so lange daheim bleiben müsse, bis er seinen Anteil am Erbe bekommen habe.

Jesus war also nicht gefühllos, als er daraufhin sagte: »Laß die Toten ihre Toten begraben« (Vers 60). Er verkündete eine einfache Wahrheit, die auch heute noch gültig ist: Du mußt dich entscheiden, ob du dem Weg Gottes oder dem der Welt folgen willst.

Wenn es uns in unseren Entscheidungen nur um Sicherheit und um unseren eigenen Wohlstand geht, wird es schwer für uns werden, dem Weg, den Gott für uns bereitet hat, zu folgen, denn nur selten ist Gottes Ruf identisch mit unseren eigenen menschlichen Wünschen.

Wie der Prophet des Alten Testaments sagte: »Entscheidet heute, wem ihr dienen wollt . . .«

Die meisten Christen sind damit zufrieden ihr Leben zu leben und sich mit den materiellen Gegenständen unserer Welt zu umgeben, anstatt das Risiko einzugehen, diese, wenn sie Jesus radikal nachfolgen, eventuell auch zu verlieren. Ein radikaler Christ ist (nach meiner Definition) jemand, der Gott bei allen Entscheidungen an die erste Stelle setzt – selbst wenn der Preis dafür hoch ist. In die Geschäftswelt übertragen heißt das, Gott auch dann an die erste Stelle zu setzen, wenn es Sie viel Geld kostet. Das ist, im Gegensatz zu der Gefangenheit im eigenen Unternehmen, wahre Freiheit – eine geistliche Freiheit.

Was sind die Anzeichen dafür, daß jemand von seinem Betrieb gefangengehalten ist? Lassen Sie mich Ihnen einige Symptome dieser geistlichen Krankheit erklären. Ein Symptom ist nur ein äußeres Erscheinungsbild dessen, was sich innerhalb einer Person abspielt. Wenn man eines der Symptome bei sich feststellt, leidet man an der Krankheit.

Symptome, anhand derer Sie erkennen können, ob Sie von Ihrem Unternehmen gefangengehalten werden.

Symptom 1: Sie halten sich für wichtig und überlegen

Der traurige Zustand unserer Gesellschaft wird wahrscheinlich durch kein anderes Phänomen treffender illustriert, als durch die egoistische Einstellung vieler, wenn nicht sogar der meisten »Selfmade-Unternehmer«. Niemand ist »selfmade«. Nur die gemeinsame Anstrengung vieler einzelner kann jemandem zum Erfolg verhelfen. Und Erfolg ist sicherlich das Resultat davon, daß Gott uns gesegnet hat.

Ich finde es interessant, wie wir in Krisenzeiten (finanziell, innerhalb der Ehe, gesundheitlich) plötzlich demütig und für jede Hilfe dankbar werden. Aber sobald die Probleme verschwinden und sich der gewohnte Erfolg wieder einstellt, kommt bei den meisten von uns wieder die »Ich-habe-es-selbst-geschafft«-Haltung zum Vorschein.

Vor einigen Jahren habe ich einen sehr erfolgreichen Christen kennengelernt, der mich bat, zu einem offiziellen Abendessen zu sich nach Hause zu kommen. Er hatte dazu auch andere bekannte und wichtige Unternehmer und Gemeindeleiter eingeladen. Nach dem Essen erzählte er uns, wie er es geschafft hatte, so erfolgreich zu werden und versuchte danach deutlich zu unterstreichen, daß alles eigentlich Gottes Verdienst gewesen sei.

Als er damit begonnen hatte, fragte ich mich, ob seine Erfolgsstory irgend jemanden ernsthaft beeindrucken würde, denn viele von ihnen waren weitaus erfolgreicher als er. Ich dachte bei mir: »Das Abendessen wäre doch viel eindrucksvoller gewesen, wenn er auch einige der Ärmsten dieser Stadt eingeladen und einen Plan präsentiert hätte, einen Teil des Reichtums, den Gott ihm geschenkt hatte, mit diesen zu teilen.«

Statt dessen hatte er eine Gruppe von seinesgleichen eingeladen und versucht, sie damit zu beeindrucken, daß Gott auf seiner Seite war.

Vielleicht ist das ein zu hartes Urteil. Aber der Punkt, auf den es mir ankommt, ist in einer Passage des Jakobusbriefes enthalten, die ich vorher schon erwähnt habe: »Wenn ihr aber die Person anseht, tut ihr Sünde, und werdet überführt von dem Gesetz als Übertreter« (Jak. 2,9).

Das Phänomen, daß man sich gerne selbst gut darstellt, kommt leider auch in christlichen Kreisen vor. Einige Christen versuchen, sich dadurch wichtig zu machen, daß sie mit erfolgreichen, bekannten oder in Leitungspositionen stehenden Christen entweder zusammenarbeiten oder Zeit verbringen. Irgendwie glauben sie, daß sie dadurch »geistlicher« werden.

Es kommt vor, daß die Bürgermeister, die unsere Konferenzen unterstützen, mich zu Essen und anderen Treffen, die sie für ihre Freunde geben, einladen. Dagegen habe ich nichts einzuwenden, solange sie nicht eine sogenannte »christliche Berühmtheit« vorzeigen wollen. Erstens braucht Gott keine Berühmtheiten, und zweitens habe ich nie solche kennengelernt.

Christliche Leiter, die es zulassen, sich zu »christlichen Stars« machen zu lassen, stellen oft fest, daß Gott dann einfach an ihnen vorbeigeht. Am Ende leben sie von ihrer Vergangenheit. Und jene, die sich an den Rockzipfel erfolgreicher Christen hängen, um sich selbst wichtig zu machen, haben die Botschaft einfach nicht verstanden. Es gibt keine »Selfmade«-Christen!

Ich gestehe gerne ein, daß ich nicht sehr begabt darin bin, das Image eines christlichen Leiters zu pflegen. Ich bin, wer ich bin, und könnte genausogut Automechaniker sein. Statt dessen hat Gott es mir ermöglicht, meine Fähigkeiten zum Schreiben und Lehren zu gebrauchen. Gott hat mir diese Fähigkeiten gegeben, denn für keine einzige mußte ich hart arbeiten. Aber ich will Ihnen nichts vormachen. Auch wenn Gott mir die Ideen dafür schenkt, bedarf es doch einer gewissen Anstrengung, um Vorträge zu halten und Bücher zu schreiben. Ich kann es nicht alleine schaffen! Ich brauche viele freiwillige Mitarbeiter im ganzen Land, die mir dabei behilflich sind, Menschen zu lehren, wie Gött sich unseren Umgang mit Finanzen vorstellt, und ich schätze diese Mitarbeiter wirklich sehr. Wenn ich auf Konferenzen spreche, kommt es vor, daß ich in Vorträge und Beratungsgespräche so eingespannt bin, daß ich es vergesse, meinen Helfern angemessen zu danken. Ich kann nur darauf vertrauen, daß Gott sie dafür belohnen wird.

Viele helfen uns seit Jahren ehrenamtlich, und sie sind deshalb damit zufrieden, weil sie wissen, daß sie Gott durch ihre Arbeit gedient haben und daran beteiligt waren, daß er die Leben von Menschen verändern konnte.

Ich erinnere mich jedoch an einen Geschäftsmann, der bei der Kongreßorganisation in seiner Stadt mithalf. Während meines Aufenthaltes wurde ich mit einer schwierigen Situation konfrontiert. Es drehte sich um den Pastor einer Kirche, der kurz davor stand, sich von seiner Frau scheiden zu lassen und darum bat, sich mit mir treffen zu können. Ich sagte zu, bemerkte aber schon bald, daß seine Probleme wohl fast meine gesamte Freizeit während der Vortragsreihe beschlagnahmen würde. Das war auch der Grund, warum ich mich nicht mit dem Geschäftsmann treffen konnte, der alles organisiert hatte (obwohl mein Teamleiter sich mit ihm traf). Als ich es dann noch versäumte, ihm vom Podium aus zu danken (was mir leider oft passiert), muß ich wohl das Faß bei ihm zum Überlaufen gebracht haben. Zwar hatte ich nach der Abendveranstaltung noch Zeit für ein kurzes Gespräch mit ihm, aber es kamen der Pastor und seine Frau hinzu, so daß wir wieder nur eine kurze Zeit unter vier Augen hatten. Trotzdem versuchte ich in der kurzen Zeit, mich für alles zu bedanken und ihm meine Anerkennung für seine Arbeit auszusprechen.

Einige Wochen später bekam ich einen Anruf von einem unserer Vorstandsmitglieder, der in dieser Stadt wohnte. Er erzählte mir, daß der Geschäftsmann sehr verärgert über mich sei und es vor einer Gruppe von Unternehmern bedauert habe, mir dabei geholfen zu haben, in seiner Gemeinde die Vortragsreihe über Finanzen zu halten. Ich rief ihn sofort an, um zu erfahren, was ihn derart verärgert hatte.

Ich habe gelernt, daß es bei meinen Vorträgen über Finanzen schnell passieren kann, daß mich jemand falsch interpretiert und sich oder seinen Beruf angegriffen fühlt. Dem war aber in seinem Fall nicht so. Er war nur beleidigt, weil ich während meines Aufenthaltes nicht genug Zeit mit ihm verbracht hatte. Er hatte anderen prominenten Leuten ein gemeinsames Essen mit mir angekündigt und jeden Abend vom Podium aus Anerkennung für seine Hilfe erwartet. Mit anderen Worten: Er wollte seinen Egoismus nähren und benutzte die Konferenz dazu. Ich befürchte, daß dieser Mann eines Tages auf dieses und ähnliche Ereignisse zurückblicken und es bereuen wird, nicht nach der größeren Belohnung gestrebt zu haben, die Gott ihm anbot.

Symptom 2: Überarbeitung

Unser heutiger Lebensstil verlangt immer mehr Annehmlichkeiten, um uns zumindest für den Augenblick zufriedenzustellen. Oft zwingen uns unsere Wünsche dazu, daß beide Ehepartner einem Beruf nachgehen und Überstunden leisten müssen.

Im Vergleich zu Geschäftsfrauen und Geschäftsmännern, die ihr kleines Imperium aufbauen wollen, ist der normale Arbeitnehmer jedoch ein Faulpelz. Es ist nichts Außergewöhnliches, wenn jemand in der Aufbauphase seiner Firma regelmäßig 80, manchmal sogar 100 oder noch mehr Wochenstunden arbeitet. Leider verstehen viele Menschen nicht, daß dies notwendig und normal ist.

Aber es ist kein Wunder, daß Geschäftsleute zu Extremen neigen, und leider projizieren sie diese Anforderungen oft auch auf die Menschen in ihrer Umgebung.

Es stimmt, daß man mit einer 40-Stunden-Woche selten, wenn überhaupt, eine erfolgreiche Firma aufbauen kann. Aber eine 100-Stunden-Woche spiegelt lediglich ein großes Ungleichgewicht bei der Prioritätensetzung wider und hat nichts damit zu tun, ein guter Unternehmer zu sein! Ich behaupte, daß niemand die goldene Mitte zwischen Arbeit, Familie und Gott gefunden hat, der wöchentlich mehr als 60 Stunden arbeitet. Es kann Zeiten geben, in denen sich eine 100-Stunden-Woche nicht vermeiden läßt, aber auch dann leiden die Beziehungen darunter.

Ich erinnere mich immer wieder an meine Studienzeit, als ich neben dem Studium noch zehn bis vierzehn Stunden täglich auf Kap Canaveral in Florida arbeitete. Das waren lange Tage und Wochen! Zu jener Zeit sah ich keine andere Alternative, da ich keine Bank kannte, die so verrückt gewesen wäre, mir mein Studium zu finanzieren.

Ich habe fast sechs Jahre für mein Studium gebraucht, dann fing ich an, bei einem Freund zu arbeiten, der eine Elektrofirma gegründet hatte. Die Stunden, die ich früher studiert hatte, arbeitete ich jetzt auch noch. In diesem Tempo ging es dann einige Jahre weiter. Ich war davon überzeugt, daß dies der normale Weg zum Erfolg sei. Die meisten erfolgreichen Unternehmer, die ich kannte, waren auch diesen Weg gegangen. Damals war mir nur noch nicht aufgefallen, daß sehr viele von ihnen schon das zweite oder dritte Mal verheiratet und auf dem besten Weg waren, durch ihre alten Verhaltensmuster auch ihre jetzige Partnerschaft zu zerstören.

Ich glaube, daß keiner von ihnen Christ war, obwohl der eine oder andere ab und zu auch in eine Kirche ging.

Ich war ebenso auf dem besten Weg, nach den Maßstäben unserer Gesellschaft Erfolg zu haben, als mir Gott begegnete und ich meinen Erlöser kennenlernte. Ich mußte danach erkennen, daß die Prioritäten in meinem Leben aus dem Gleichgewicht geraten waren. Ich nahm mir nun den halben Sonntag frei, um zur Kirche gehen zu können, aber schon bald war ich wieder in meinen alten Trott zurückgefallen. Alle Versuche, meine lebenslangen Angewohnheiten zu ändern, blieben erfolglos. Dann entwickelten wir eine neue Produktlinie, was im Klartext noch mehr Zeit von mir verlangte.

Ich hatte mehrere Monate lang 20 Stunden pro Tag gearbeitet und nebenbei etwas geschlafen, als ich ein Erlebnis hatte, das mich aufrüttelte. Ich kam gegen zwei Uhr morgens nach Hause, kroch ins Bett, aber wachte einige Minuten später wieder auf und hatte eine dieser »Offenbarungen«. Ich spürte, daß Gott ganz deutlich zu mir durch einen Vers in der Bibel sprach, den ich plötzlich ganz klar in meinem Kopf hatte. Ich verbrachte die nächsten zwei Stunden damit, diese Stelle zu finden. (Zu jener Zeit hatte ich noch so wenig Ahnung im Umgang mit der Bibel, daß ich gar nicht wußte, daß es Konkordanzen gibt, die immer wieder hilfreich sind, wenn man Schriftstellen sucht.)

Schließlich fand ich sie – Psalm 127, Vers 2 – und ich werde sie nie mehr vergessen:

»Es ist umsonst, daß ihr früh aufsteht und hernach lange sitzet und esset euer Brot mit Sorgen; denn seinen Freunden gibt er es im Schlaf.«

Deutlicher geht es nicht. Als ich Christ wurde, versprach ich Gott, ihn nie wieder mit meinem Ungehorsam zu belästigen (vielleicht war es auch mehr Unwissenheit als Ungehorsam).

Ich bat ihn damals nur darum, mir seinen Plan für mein Leben so deutlich zu zeigen, daß ich ihn einfach nicht mehr falsch verstehen kann. Das geschah, als ich Psalm 127, Vers 3 las: »Siehe, Kinder sind eine Gabe des Herrn, und Leibesfrucht ist ein Geschenk.«

Von diesem Augenblick an beschloß ich, nicht mehr endlos Stunden damit zu verbringen, noch erfolgreicher zu werden, und ich setzte mir eine Grenze von maximal 48 Wochenstunden. Diesem Entschluß bin ich seither treu geblieben, erreiche heute mehr und nutze die Zeit effektiver als damals, als ich noch doppelt soviel gearbeitet habe.

Ich werde auch nicht in die Verlegenheit kommen, auf 65 oder 70 Jahre meines Lebens zurückblicken zu müssen, um mir dann zu sagen: »Warum habe ich das nicht schon vor 20 Jahren gemacht.«

Sollte es auch Ihnen nicht leichtfallen, Ihre Zeit richtig einzuteilen, dann empfehle ich Ihnen eine Methode, die mir ein Freund schon vor Jahren empfohlen hat. Bitten Sie Gott darum, daß er Ihnen die Weisheit gibt, um den richtigen Prioritäten treu bleiben zu können. Wenn das nicht funktioniert, hilft nur noch eine Radikalkur. Schließen Sie Ihren Betrieb.

Der schlimmste Fall, den ich diesbezüglich kennengelernt habe, war ein Pastor. Er hatte eine große, evangelikale Gemeinde und verbrachte dort jede Minute. Selbst als er zu Hause war, konnte er seine Gedanken nicht von der Arbeit lösen. Aber er fühlte sich prächtig, weil er ja alles »für Gott« tat (das ist übrigens eine der Hauptausreden von Menschen, die ihre Arbeit im Reich Gottes dazu mißbrauchen, um ihre Selbstsucht zu befriedigen).

Obwohl dieser Pfarrer Probleme in seiner Ehe und Familie hatte, war er stolz darauf, daß seine privaten Probleme ihn nicht von seiner Arbeit abhalten konnten.

Eines Sonntag morgens rief die Polizei an. Der sechzehnjährige Sohn des Pastors war schon zum wiederholten Mal wegen Drogenbesitz festgenommen worden. Am Tag zuvor hatte seine Frau einen Nervenzusammenbruch gehabt und war in die psychiatrische Station des örtlichen Krankenhauses eingeliefert worden. Aber unbeeindruckt von alledem bereitete der Pastor für den Sonntagsgottesdienst eine Predigt über »Leiden« vor.

Aber als er an diesem Sonntagmorgen mit irgend jemandem telefonierte, realisierte er ganz plötzlich, daß sein ganzes Leben aus einer einzigen Lüge bestand. Sein eigener Stolz und Egoismus hatten ihm alle Freiheit genommen. Jedem anderen Mitglied seiner Gemeinde hätte er geraten, alles stehen- und liegenzulassen und so schnell wie möglich sein Leben wieder in Ordnung zu bringen.

Kurz darauf stand er auf der Kanzel und gestand der ganzen Gemeinde: »Mein Leben ist ein einziges Durcheinander, und ich bin ein Schwindler. Meine Frau steht unter psychiatrischer Aufsicht, mein Sohn ist wegen Drogenbesitz im Gefängnis, und ich weiß nicht mehr sicher, ob Gott mich noch in diesem Amt haben möchte. Deswegen lege ich mein Amt als euer Pastor nieder. Ich werde versuchen, meine Beziehung zu Gott und zu meiner Familie zu retten. Wenn es mir gelingt, komme ich gerne wieder zurück – wenn ihr mich dann noch haben wollt. Ansonsten gehe ich davon aus, daß Gott andere Pläne für mein Leben hat.«

Als der Pastor die Kirche verließ, herrschte eine drückende Stille. Einer der Diakone ging auf das Podium und sagte: »Ich glaube, daß dies Gottes Werk ist. Meine Frau und ich beten schon seit langem dafür, daß so etwas Ähnliches geschieht. Laßt uns für unseren Pastor und seine Familie beten.«

Der Pastor war sechs Monate lang weg. In der Zwischenzeit predigten in der Gemeinde mehrere eingeladene Pastoren und Gastredner. Er verbrachte seine Zeit damit, seiner Frau Seelsorge zu geben und mit seinem Sohn im Jugendgefängnis wieder in Kontakt zu kommen. In dieser Zeit wuchs in ihm die Sicherheit, daß sich die Prioritäten in seinem Leben neu geordnet hatten, und deswegen bat er den Gemeindevorstand, sich Gedanken darüber zu machen, ob sie ihn nicht wieder als ihren Pastor anstellen wollten. Für seine Rückkehr stellte er jedoch eine Bedingung. Jeder Diakon mußte sich ihm gegenüber und auch untereinander verpflichten, regelmäßig über die Prioritäten in ihrem Leben Auskunft zu geben – einschließlich Finanzen, Zeit, Bibelstudium und Gebet. Zweitens beantragte er eine Umfrage in der Gemeinde, um festzustellen, wer wirklich Christ war, denn er wollte jene, deren Leben kein Anzeichen eines christlichen Lebensstils zeigten – ganz gleich wie lange sie schon in der Gemeinde waren oder welchen sozialen Status sie hatten – auffordern, einen Glaubensgrundkurs zu besuchen.

Nach langen Debatten akzeptierten sie seine Bedingungen, und er kam zurück. Seine erste Handlung nach dem Amtsantritt war, daß er ein Schild über dem Eingang des Gottesdienstraumes anbringen ließ, auf welchem zu lesen war: »Nur Sünder sind hier willkommen. Alle anderen sind Lügner. Und das macht sie auch zu Sündern.«

Die Gemeinde war danach nicht wiederzuerkennen. Die größte Veränderung in der Gemeindestruktur war, daß der Pastor die Diakone aufforderte, ihre leitende Aufgabe ernst zu nehmen und ihn in seiner Tätigkeit als Seelsorger bei der Entwicklung und Planung zu unterstützen. Dieser Pastor hatte eine Lektion begriffen, die viele andere Christen erst lernen, wenn es schon zu spät ist: Gott will nicht, daß wir uns für ihn ausbrennen lassen. Er hat es viel lieber, wenn wir konstant und ausdauernd arbeiten, ohne uns selbst dabei zu kurz kommen zu lassen.

Symptom 3: Zu hohe Kreditaufnahme
Keine andere finanzielle Einrichtung hat das Wirtschaftsleben unserer Generation so geprägt wie das Kreditwesen. Vor kaum sechzig Jahren wurde das ganze Land, sogar die ganze Welt, bis auf ihre Grundpfeiler erschüttert, als weltweit das gesamte Geldwesen zusammenbrach. Millionen verloren ihre Arbeit, als Betriebe bankrott gingen, und Banken mußten schließen. Damals war man sich sicher, daß die Weltwirtschaftskrise langanhaltende Folgen haben würde und daß normale Menschen nie wieder bereit sein würden, ihr Haus und andere Sicherheiten durch hohe Kreditaufnahmen zu riskieren. Heute, nur sechs Jahrzehnte später, sind wir höher verschuldet als je zuvor.

Können Sie sich eine Situation vorstellen, in der eine zweiprozentige Änderung des Zinssatzes ausschlaggebend dafür ist, ob eine Volkswirtschaft wächst oder in eine Phase der Rezession eintritt, eine Situation in der eine weitere zweiprozentige Zinsänderung die Hälfte aller Betriebe zerstören und fast dreißig Millionen Menschen auf die Straße setzen würde? Klingt das für Sie unglaublich? Täuschen Sie sich nicht, schon während ich dieses Buch schreibe, stehen wir vor diesem Abgrund.

Die Wende kann jeden Augenblick eintreten. Normalerweise würde man denken, daß die Geschäftswelt in so einer Situation verzweifelt versucht ihre Schulden abzutragen, um den unvermeidbaren Zusammenbruch zu verhindern.

Statt dessen werden weiterhin Kredite aufgenommen, als ob es kein morgen gäbe. Die Zeitungen sind mit Meldungen von Übernahmen und Fusionen von hochverschuldeten Firmen, die zum Schleuderpreis verkauft werden, gespickt. Hunderte von Milliarden Dollar in »junk-bonds« werden an der Wall Street gehandelt und warten nur darauf, sich bei der nächsten Rezession in Luft aufzulösen.

Das Thema »Verschuldung« wird in Kapitel 10 noch ausführlicher erörtert. Deswegen möchte ich hier nicht weiter darauf eingehen, als kurz auf das Problem der Bindungen aufmerksam zu machen, die durch Kreditmißbrauch entstehen können.

In den frühen 70ern war in Atlanta ein Immobilienmakler bei der Erschließung und dem Verkauf von »Grundstücken für Interessensgemeinschaften« (ein phantasiereicher Name, um eine Gruppe von Investoren davon zu überzeugen, daß sie schon bald ihr viel zu teuer erstandenes und dazu nutzloses Land zu noch höheren Preisen an andere Gruppen weiterverkaufen können) sehr erfolgreich.

Er hatte durch den Verkauf solcher Grundstücke an Christen sehr viel Geld verdient. Von Verkauf zu Verkauf stieg sein Verschuldungsgrad. Der Grundstücksmakler machte mit einer Interessensgemeinschaft ein Grundstück aus (das meistens einem Farmer gehörte) und versprach diesem einen bestimmten Betrag. Diese Gruppe leistete eine niedrige Anzahlung und finanzierte in der Regel den Rest durch einen Kredit bei einer örtlichen Bank. Meistens war vertraglich festgelegt, daß in den ersten zwei Jahren nur Zinsen zu bezahlen waren und der Kredit danach in einer Zahlung getilgt werden mußte.

Das erlaubte dem Initiator solcher Interessensgemeinschaften, sehr viele Grundstücke mit sehr geringem eigenen finanziellen Aufwand zu erwerben. Alles, was er brauchte, war eine Gruppe gutgläubiger (oder gieriger) Interessenten, welche die Zinsen bezahlen konnten, bis das Grundstück an eine andere Interessentengruppe zu einem noch höheren Preis weiterverkauft werden konnte. Oft geschah es, daß der Initiator einer solchen Interessensgemeinschaft auch die Gruppe von Menschen anwarb, die dann der ersten Gruppe das Grundstück abkaufte. Es war wie »Die Reise nach Jerusalem« spielen. Wenn die Musik aufhört, steht ein Stuhl zuwenig da, und einer muß ausscheiden.

Als ich von diesem »Investitionsplan« hörte, dachte ich an das Werk skrupelloser Männer, die nur die Absicht verfolgten, ihre Kunden übers Ohr zu hauen. Ich fand jedoch heraus, daß die meisten Initiatoren solcher Interessensgemeinschaften wirklich davon überzeugt waren, daß ihre Geschäfte ewig so weitergehen würden. Und in der Tat investierten viele ihre gesamten Gewinne in die eigenen Geschäfte.

Das Ganze begann sich zu entwirren, als Regierungsbeamte eine Buchprüfung bei einer größeren Bank in Atlanta durchführten. Es stellte sich heraus, daß die meisten Kredite nur scheinbar gedeckt waren. Die einzigen Sicherheiten waren die überbewerteten Grundstücke und die Privateinlagen der Mitglieder der Interessensgemeinschaften.

Daraufhin wurde der Bank und ihren Filialen verboten, weitere Kredite an solche Interessensgemeinschaften zu vergeben, wenn die Initiatoren die Kredite nicht mit erstklassigen Sicherheiten abdecken konnten.

Plötzlich brach alles wie ein Kartenhaus in sich zusammen. Die Interessensgemeinschaften bekamen immer weniger Mitglieder, denn Verkäufe können bei einem so hohen Verschuldungsgrad nur solange gemacht werden, wie Menschen da sind, die bereit sind, immer noch mehr Schulden auf sich zu nehmen.

Früher hatten die Initiatoren an jedem Verkauf mehrere hunderttausend Dollar verdient. Nun standen sie plötzlich ohne einen Pfennig da, hatten kein Einkommen mehr und waren mit mehreren tausend Dollar im Zahlungsverzug.

Eine kurze Zeit lang glaubten die Initiatoren noch an eine Wende und nahmen auf ihre Häuser und andere Vermögensgegenstände Hypotheken auf, um ihren Zahlungsverpflichtungen weiter nachkommen zu können. Doch als die erwarteten Gewinne ausblieben und keine neuen Käufer mehr zu finden waren, die bereit waren, hohe monatliche Belastungen auf sich zu nehmen, bekamen sie es mit der Angst zu tun und weigerten sich, weitere Zahlungen zu leisten.

Das Resultat war, daß sich der Teufelskreis noch schneller zu drehen begann. Das gesamte Szenario glich einer in die Tiefe rasenden Achterbahn, die unten keine Schienen mehr hat. Viele ehrliche Mitglieder von Interessensgemeinschaften versuchten die Grundstücke zusammenzuhalten, indem sie sich anboten, die Zinszahlungen von Aussteigern zu übernehmen. Der Fall ins Bodenlose ging aber unaufhörlich weiter.

Damals machte in Atlanta folgender Witz die Runde: »Einen Initiator erkennt man an den abgefahrenen Reifen seines geleasten Mercedes und dem Loch im Kofferraum, wo früher die Autotelefonantenne war.«

Zu jener Zeit lernte ich Paul Barnes kennen. Als die Grundstücksgeschäfte anfingen, war Paul Pastor einer großen Gemeinde in der Innenstadt Atlantas. Er hatte einen Teil seiner Rentenbeiträge investiert und schon im ersten Jahr einen Gewinn von über 50 000 Dollar erzielt. Aufgrund seines Erfolges überredete er gute Freunde aus der Kirche, mit ihm gemeinsam weiter zu investieren. Sie erzielten ebenfalls hohe Gewinne. Aber wie bei all diesen Verschuldungsgeschäften hingen auch ihre Gewinne immer davon ab, ob es ihnen gelang, genügend Interessenten zu finden, die ihnen wieder ihre Grundstücke abkauften.

Paul schwor auf diese Interessensgemeinschaften. Er pries sie in seinen Predigten an und überzeugte sogar den Gemeinderat, Gelder zu investieren, die eigentlich für den Bau eines eigenen Schulgebäudes gedacht waren. Er wollte das Geld ohne größeren Aufwand verdoppeln oder verdreifachen.

Als der Zusammenbruch begann, hatte Paul bereits seine Lizenz als Grundstücksmakler erworben und gründete zusammen mit weiteren Geschäftsleuten aus seiner Gemeinde Interessensgemeinschaften, um weiteres Land zu erwerben. Nachdem alles zusammengebrochen war, hatte die Gemeinde über 300 000 Dollar an gesparten Baugeldern verloren, und viele Gemeindemitglieder waren um alle Ersparnisse gebracht. Paul war zu diesem Zeitpunkt so hoch verschuldet, daß er seine Hypotheken nicht mehr bezahlen konnte und mitansehen mußte, wie sich alles, wofür er so lange gearbeitet hatte, in kürzester Zeit in nichts auflöste.

Er war bei seiner Gemeinde in Ungnade gefallen und verließ die Kanzel als gebrochener Mann. Er hatte zusammen mit Tausenden von anderen Menschen erfahren, daß er schon lange bevor er es schmerzlich zu spüren bekam, in der Hand von Krediten war. Er wußte nur nichts davon. Als er es schließlich erkannte, war es längst zu spät.

Das Schicksal, das Paul Barnes zusammen mit Tausenden anderer Menschen beim Zusammenbruch der Interessensgemeinschaften in Atlanta und auch andere Initiatoren während der »Ölkrise« im Südwesten ereilte, als die Ölpreise unerwartet einbrachen, wird sich millionenfach wiederholen, wenn der »Kreditballon« platzt.

Wenn Sie von Krediten abhängig sind, um Ihre Firma am Leben erhalten zu können, und kein Konzept haben, wie Sie sich jemals entschulden können, dann handeln Sie nicht nur gegen den gesunden Menschenverstand, sondern auch gegen ein Prinzip, das auch in Sprüche 27,12 zu finden ist: »Ein Kluger sieht das Unheil kommen und verbirgt sich; aber die Unverständigen laufen weiter und leiden Schaden.«

Symptom 4: Mangelnde Organisation

Die Heilige Schrift nennt dieses Symptom auch Trägheit. Die Sprüche warnen uns vor dieser Haltung mindestens zwei dutzendmal. Ich persönlich mag Sprüche 10,4 besonders gern: »Lässige Hand bringt Armut; aber die Hand der Fleißigen macht reich.« Dieser Vers rechtfertigt es keinesfalls, sich auf Kosten anderer Dinge zu überarbeiten, aber er arbeitet ein biblisches Prinzip deutlich heraus, das wir später eingehender betrachten werden – Faulheit ist Sünde.

Jeder ist zu einem gewissen Maß unorganisiert. Der Grad an Desorganisation hängt aber oft vom Kontext ab. Ich bin ein alter Autonarr und genieße es, alte Autos auseinanderzubauen und wieder zusammenzusetzen. Dabei versuche ich, so akribisch wie möglich zu sein, weil ich aus eigener Erfahrung weiß, was passiert, wenn auch nur ein einziger Bolzen locker sitzt. Auf der anderen Seite macht es mir nichts aus, meinen Rasenmäher mit einfachem Draht zu reparieren, um so schnell wie möglich fertig zu sein.

Organisation ist im Geschäftsleben nicht eine bloße Option, sie ist unerläßlich.

Manche Leute (wie Buchhalter) lieben es von Natur aus, wenn alles organisiert ist. Sie fühlen sich von Buchhaltung angezogen, weil sie Details und Ordnung lieben. Selten wird jemand Unternehmer, der Detailarbeit mag, es sei denn, die Firma hätte direkt etwas mit Buchhaltung zu tun. Warum? Weil das Wesen des Unternehmers ungebunden sein will.

Unternehmer machen gern viele verschiedene Dinge und genießen die Abwechslung. Aber kluge Geschäftsleute lernen schnell, daß man durch kreative Ideen zwar Unternehmen gründen, diese aber erst durch Organisation und Planung auch zum Erfolg führen kann. Das bedeutet, daß der Unternehmer entweder selbst die notwendige Disziplin entwickeln oder jemand einstellen muß, der das Unternehmen in Ordnung hält. Sonst naht bei einer Unternehmensgröße, bei der man sich eine Entscheidung nicht mehr »aus dem Ärmel schütteln kann«, bald der Tag, an dem der Eigentümer gezwungen ist, die Firma zu verkaufen, wenn er sie nicht bankrott gehen lassen will.

Bob Gray war ein Geschäftsmann, dessen Neigung zur Desorganisation seinen Untergang besiegelte. Er war Chemiker und hatte eine chemische Verbindung entwickelt, die Fremdpartikel aus dem Motorenöl entfernte. Seine Idee war nun, diese Substanz einfach dem Motorenöl zuzufügen und die unerwünschten Fremdpartikel in einem Sonderfilter zu sammeln, der den herkömmlichen Ölfilter ersetzte. Auf diese Weise blieb das Öl immer sauber, und der Filter mußte nur für weniger als zehn Dollar alle 20 000 Meilen ausgetauscht werden. Diese Erfindung wäre jedem Hersteller von Autoteilen garantiert Millionen wert gewesen.

Bob schloß mit einer großen Spedition einen Testvertrag ab. Die Firma gestattete ihm, zehn ältere Fahrzeuge für den Testzeitraum umzubauen. Während dieser Zeit widmete sich Bob den Einzelheiten, überwachte persönlich den Filteraustausch und die Zugabe des Additivs – die Resultate waren spektakulär. Nicht nur, daß das Öl jetzt frei von Schmutz und anderen Stoffen war, auch der durchschnittliche Verbrauch sank um fünf Prozent. Die Spedition ließ daraufhin ihren ganzen Fuhrpark umrüsten. Bobs Firma war im Geschäft.

Mit steigender Nachfrage wuchs die Firma, aber leider wurde dadurch auch die Qualität des Produktes erheblich beeinträchtigt. Bob mußte eine schwere Lektion über die fatalen Folgen von Desorganisation lernen, als wegen mangelhaften Ölzusätzen im ganzen Land etwa dreißig Lastwagen mit kaputten Motoren liegengeblieben waren. Die Spedition entfernte sofort sämtliche Filter- und Ölzusätze aus ihren Transportern und verklagte Bobs Firma auf Schadenersatz in Höhe von 800 000 Dollar.

Zu allem Unglück hatte es Bob auch noch versäumt, mit zunehmenden Auftragsgrößen auch die Schadendeckungsbegrenzung seiner Haftpflichtversicherung zu erhöhen, so daß diese nur für 100 000 Dollar aufkam. Sein Antrag auf Einstellung des Konkursverfahrens wurde abgelehnt, da er keine Sicherheiten für die zukünftige Rentabilität des Unternehmens vorweisen konnte. Das Unternehmen wurde liquidiert, und die Patente gingen als anteilige Entschädigung an die Spedition.

Zu dem Zeitpunkt, zu dem seine Firma in Konkurs ging, stand Bob kurz davor, das Geschäft seines Lebens zu machen. Einer der größten Automobilhersteller der Welt hatte gerade ein Testprogramm mit seinem Ölzusatz am Laufen. Bei positivem Ergebnis wäre sein Produkt in allen neuen Autos und Lastwagen zum Einsatz gekommen. Sie waren kurz davor, einen Millionenvertrag zu unterzeichnen, als das Unglück mit der Spedition an die Öffentlichkeit drang. Der Automobilhersteller stellte daraufhin die Verhandlungen sofort ein und veröffentlichte den Verzicht auf die Erfindung mit anschließender Begründung. Das bedeutete den Todesstoß für Bobs Unternehmen. Eine ausgezeichnete Idee war an Bobs Trägheit gescheitert.

Symptom 5: Das Streben nach schnellem Reichtum

Einige Menschen betrachten ihr Unternehmen lediglich als Mittel, um schnell und ohne große Anstrengung viel Geld verdienen und anschließend aussteigen zu können. Menschen mit dieser Geschäftsphilosophie hinterlassen nicht nur zerstörte Existenzen, sondern das Christentum bekommt bei ihren Angestellten, Kunden und Zulieferern einen schlechten Ruf.

Das Streben nach schnellem Reichtum offenbart sich in der Wirtschaftswelt Amerikas durch die Übernahme und den Ausverkauf tausender Unternehmen. Wenn eine Firma liquidiert wird und der Ertrag an die Muttergesellschaft geht, werden Angestellte wie Leibeigene behandelt und Gläubiger bleiben auf ihren Forderungen sitzen. Was dann noch von der ehemaligen Firma übrigbleibt meldet Konkurs an, ohne daß Gläubiger oder Angestellte nennenswert für ihre Arbeit entlohnt werden.

Es ist keine Sünde, durch den Gebrauch gottgegebener wirtschaftlicher Fähigkeiten wohlhabend zu werden. Aber der Moment, in dem Geldverdienen nicht mehr in Einklang mit der Bibel zu bringen ist, ist dann erreicht, wenn die Gier nach Reichtum zum treibenden Element hinter fast jeder Entscheidung wird.

Wahre Christen unterscheiden sich im Wirtschaftsleben von Nichtchristen und Namenschristen vor allem in der Wertschätzung, die sie den Menschen entgegenbringen, mit denen sie zu tun haben. Deutlicher als Paulus im Philipperbrief 2,3 kann man nicht sein: »Daß ihr nichts aus Ehrgeiz und nichts aus Prahlerei tut. Sondern in Demut schätze einer den anderen höher ein als sich selbst.«

Was sind Ihre Motive: »Ich zuerst« oder »zuerst die anderen«? Alles Streben nach schnellem Reichtum wurzelt in Gier, und der Kern von Gier ist die »Ich zuerst«-Mentalität.

Ich habe immer wieder gesagt, daß alle christlichen Geschäftsleute die Preise ihrer Produkte senken und am Ende ihrer Karriere trotzdem mehr Geld besitzen könnten, wenn sie sich von mir davon überzeugen lassen würden, daß es wichtig ist, einen kleinen Teil des Einkommens zu sparen und das Streben nach schnellem Reichtum um alles in der Welt zu vermeiden.

Wie viele Ärzte, Zahnärzte oder Anwälte kennen Sie, die ihr Geld mit etwas anderem verdient haben, als mit dem, was sie erlernt haben? Nur sehr wenige. Aber auf jeden, der durch sein Streben nach schnellem Reichtum viel Geld verdient hat, kommen hunderte, die viel Geld verloren haben.

Alex ist ein gutes Beispiel dafür. Alex war ein christlicher Geschäftsmann, der eine florierende Restaurantkette in seiner Stadt aufgebaut hatte. Unter der Woche betrieb er einen Spezialitäten-Fast-food-Service, der an viele Haushalte und Kantinen Mittagessen lieferte. Am Wochenende stellte er die Speisekarte um und war dafür bekannt, daß man bei ihm hervorragend zu Abend essen konnte. Seine Kinder hatten schon seit ihrer Kindheit im Restaurant mitgearbeitet, und die meisten arbeiteten immer noch in seinem Betrieb.

Als der Franchising-Boom in den späten siebziger und frühen achtziger Jahren seinen Höhepunkt erreicht hatte, entschloß sich Alex, auch Filialen zu eröffnen. Er wollte eine Restaurantkette in ganz Amerika aufbauen, diese dann verkaufen, um danach mit Risikokapital zu spekulieren. Er hatte einen Bruder, der mit Franchising (vermutlich) Millionen verdiente.

Die erste Filiale, die Alex in einer Nachbarstadt eröffnete, lief außerordentlich gut. Dieser Erfolg ermutigte ihn, sich mit einem Unternehmensberater zusammenzutun und begrenzt Anteile an der Muttergesellschaft zu verkaufen. Dieses Kapital sollte ihm beim Aufbau des Franchising-Unternehmens helfen und schnell hohe Erträge abwerfen. Zumindest war er davon überzeugt.

Der Unternehmensberater verkaufte zwanzig Lizenzen in verschiedenen Städten, aber noch bevor die erste Filiale eröffnet wurde, fing das Projekt an, Schwierigkeiten zu verursachen.

Die Gebühren, um verkaufte Franchise-Lizenzen im Handelsregister einzutragen, waren doppelt so hoch wie erwartet. Außerdem stellte sich heraus, daß es ihnen gesetzlich nicht erlaubt war, noch mehr Anteile zu verkaufen. Dies zwang Alex, bei seiner Hausbank einen hohen Kredit aufzunehmen, wofür sein Restaurant als Sicherheit diente.

Die Ausgaben wurden mit steigenden Baukosten immer höher, und er mußte die Neueröffnungen verschieben. Viele seiner Lizenznehmer hatten ihre frühere Arbeit gekündigt und hohe Hypotheken aufgenommen, um bei ihm als Franchise-Nehmer einsteigen zu können. Mit jeder Verzögerung bei der Eröffnung neuer Läden sanken ihre Erfolgsaussichten um ein Vielfaches.

Nach monatelanger Verzögerung klagten drei Lizenznehmer ihre Investitionen mit der Begründung ein, daß sich Alex und seine Gesellschaft des Betruges schuldig gemacht hätten. Das Gericht gab ihrer Klage statt und Alex mußte ihnen ihr Geld, das er schon längst ausgegeben hatte, wieder zurückerstatten.

Um seinen Verbindlichkeiten nachkommen zu können, mußte er sein Unternehmen, sein Haus und alle Wertgegenstände verkaufen, die er noch besaß. Für eine kurze Zeit sah es sogar danach aus, als ob er sich vor Gericht wegen kriminellen Betrugs verantworten müßte. Aber seine Bereitschaft, das Geld vollständig zurückzuerstatten, veranlaßte den Staatsanwalt, die Anklage fallenzulassen.

Alex hätte für sich und seine Familie mehr als genug Geld verdienen können, aber sein Streben nach schnellem Reichtum verleitete ihn dazu, unkalkulierbare Risiken einzugehen.

Wenn man darauf aus ist, schnell reich zu werden, wird man dazu verleitet, drei entscheidende Fehler zu machen: (1) Dinge anzugehen, von denen man nichts versteht; (2) Gelder zu riskieren, die man auf keinen Fall verlieren darf – Kredite; (3) unüberlegte Entscheidungen zu treffen.

Jede dieser Handlungsweisen verletzt mindestens einen der biblischen Grundsätze, die wir in diesem Buch behandeln werden. Nimmt man sie zusammen, ergibt sich eine Sünde, die man Gier nennt.

Sprüche 28,20 drückt das wie folgt aus: »Ein treuer Mann wird von vielen gesegnet; wer aber eilt, reich zu werden, wird nicht ohne Strafe bleiben.«

Eine Möglichkeit, die Gebundenheit an das Unternehmen zu vermeiden, ist die, sowohl das berufliche als auch das private Leben realistisch zu planen. Die Planung der privaten Finanzen werden wir in Kapitel 4, die Betriebsplanung in Kapitel 5 behandeln.

Kapitel 4

Ziele im Privatleben

Die erste Frage, die sich jeder christliche Geschäftsmann zum Thema Planung stellen sollte, lautet nicht: »Wie soll ich planen?«, sondern: »Warum soll ich planen?«.

Jedem ist klar, warum man Bücher führt und seine Rechnungen bezahlt. Wenn man es nicht tut, geht ein Geschäft schnell bankrott. Planung bedeutet aber auch, Monate und sogar Jahre im voraus zu denken und biblisch fundierte Ziele zu setzen.

Viele Christen haben mich schon in allem Ernst gefragt: »Lehrt die Bibel denn nicht, daß wir uns nicht um den morgigen Tag sorgen sollen?« Diese Frage kann ich mit einem eindeutigen »Nein!« beantworten.

In Lukas 12,22 lesen wir: »Er sprach aber zu seinen Jüngern: Darum sage ich euch: Sorgt nicht um euer Leben, was ihr essen sollt, auch nicht um euren Leib, was ihr anziehen sollt.« Dies ist keine Anweisung, sich nicht mehr um die Zukunft zu kümmern, sondern diese Stelle ist als Aufforderung gedacht, sich nicht von der Angst um die Zukunft auffressen zu lassen. Erstens können Sie, selbst wenn Sie es wollten, die meisten Schwierigkeiten nicht verhindern, und zweitens fängt unser Glaube erst dann an in unserem Leben praktisch zu werden, wenn wir auch bei unerwarteten Krisen darauf vertrauen, daß Gott uns beisteht.

Zwischen dem Glauben (wie ihn Hebräer 11,1 beschreibt: »Es ist aber der Glaube eine feste Zuversicht auf das, was man hofft, und ein Nichtzweifeln an dem, was man nicht sieht.«) und der Wirklichkeit (wie in Lukas 14,28: »Denn wer ist unter euch, der einen Turm bauen will und setzt sich nicht zuvor hin und überschlägt die Kosten, ob er genug habe, um es auszuführen.«), gibt es nur einen schmalen Grat. Schon oft habe ich beobachtet, wie Christen diese Grenze in die eine oder andere Richtung überschritten haben, und mir selbst ist es genauso ergangen, weil ich einfach nicht wußte, was nun meine Aufgabe war und was ich Gott anvertrauen sollte.

Um konkret zu werden: Nehmen wir einmal an, Sie besitzen eine Immobilienfirma, erwirtschaften Gewinne und bemerken, daß Ihre Erträge sowohl saisonal als auch konjunkturell starken Schwankungen unterworfen sind.

Wenn Sie nun in der letzten Verkaufsperiode so viel Umsatz gemacht haben, daß nach Zahlung aller Rechnungen noch ein erheblicher Gewinn übrigbleibt, stellt sich Ihnen die Frage, ob es besser ist, den Überschuß zu spenden und in der nächsten Periode auf Gott zu vertrauen, daß die Einnahmen wieder Ihre Ausgaben decken, oder ob es nicht besser ist, zumindest einen Teil des Gewinnes einzubehalten, um Rücklagen für verkaufsschwache Monate zu bilden. Wenn ja, wieviel sollte man dann in die Rücklagen einstellen?

Entscheidungen im wirklichen Leben sind niemals so eindeutig, wie man es vielleicht im Religionsunterricht gelernt hat. Um den Herausforderungen des Lebens begegnen und ein Gleichgewicht zwischen den Positionen »Gottvertrauen« und »Vorsicht« finden zu können, reicht ein oberflächliches Wissen über Gottes Prinzipien nicht aus. »Reiner Glaube« verlangt wohl, die monatlichen Gewinne sofort wegzugeben. »Reine Logik« dagegen legt uns nahe, alle Gewinne für schlechte Zeiten einzubehalten. Beide Standpunkte lassen sich problemlos biblisch begründen. Man muß nur die einzelnen Schriftverse absolut setzen.

In Lukas 14,33 sagt Jesus: »Darum kann keiner von euch mein Jünger sein, wenn er nicht auf seinen ganzen Besitz verzichtet.« Dieser Vers läßt sich nur als Anweisung interpretieren, daß wir uns von allen Schönheiten dieser Welt lösen sollen.

Aber Lukas 22,35–36 berichtet von einem Gespräch zwischen Jesus und seinen Jüngern, das noch einen anderen Akzent setzt: »Und er sprach zu ihnen: Als ich euch ohne Geldbeutel ausgesandt habe, ohne Vorratstasche und ohne Schuhe, habt ihr da etwa Not gelitten? Sie antworteten: Nein. Da sagte er: Jetzt aber soll der, der einen Geldbeutel hat, ihn mitnehmen, und ebenso die Tasche. Wer aber kein Geld hat, soll seinen Mantel verkaufen und sich dafür ein Schwert kaufen.« Dieser Abschnitt will uns wohl sagen, daß das Problem nicht so sehr im Besitz von Dingen liegt, sondern darin, daß man seine Sicherheit in ihnen und nicht in Gott sucht. Auf unser Beispiel mit dem Überschuß bezogen bedeutet dies nun, daß wir uns fragen müssen: »Vertraue ich Gott auch dann noch, wenn ich einen Teil vom Gewinn einbehalte? Oder muß ich mich erst von allem trennen, um Gott vollkommen vertrauen zu können?«

Weil Gott um die Gefahren weiß, die mit dem Materialismus verbunden sind, tendiert ein großer Teil der Heiligen Schrift zu der dringenden Empfehlung, Gewinne nur in Maßen einzubehalten. Da es aber in unserer Gesellschaft schwer ist, ohne ausreichendes Kapital ein Unternehmen zu betreiben, gibt es drei Alternativen: (1) Sie steigen aus der Wirtschaft aus; (2) wenn es nötig ist, leihen Sie sich das Geld, das Sie brauchen, oder (3) Sie stellen einen Teil Ihrer Gewinne für magere Zeiten ein.

Bei dieser Problematik fällt mir immer Sprüche 6,6–9 ein:

»Geh hin zur Ameise, du Fauler,
sieh an ihr Tun und lerne von ihr!

Wenn sie auch keinen Fürsten
noch Hauptmann noch Herrn hat,
so bereitet sie doch ihr Brot im Sommer
und sammelt ihre Speise in der Ernte.
Wie lange liegst du, Fauler!
Wann willst du aufstehen von deinem Schlaf?«

Ameisen horten nicht, sie lagern lediglich, was sie zum Überwintern brauchen. Wenn man eine Ameisenkolonie in eine Gegend versetzt, in der sie das ganze Jahr über Futter findet, öffnen die Ameisen ihre Vorratskammern so lange, bis nur noch so viel vorhanden ist, wie auch tatsächlich gebraucht wird.

Ganz grundsätzlich kann man zum Thema Planung sagen, daß, wenn man ein guter Verwalter sein will, Planung sowohl biblisch als auch notwendig ist. Und das wiederum verlangt behutsame Voraussicht. Übertriebene Planung kann zu falscher Selbstsicherheit, zu wenig Planung kann zu unnötigen Problemen führen.

Aber ein tiefes Verständnis von Gottes Wort und Vertrauen in seine Führung wird Ihnen dabei helfen, die richtige Balance zu finden.

Persönliche Ziele

Bevor Sie mit effizienter Unternehmensplanung beginnen können, müssen Sie sich zuerst Ihre privaten finanziellen Ziele stecken. Mit Hilfe der beiden nun folgenden Hauptschritte ist das ganz einfach:

1. Stecken Sie sich Ihren privaten Finanzrahmen – und halten Sie ihn ein
Während der Regierungszeit von Jimmy Carter kam sein Finanzminister wegen hoher Schulden bei Banken in Schwierigkeiten, bei denen er früher als Direktor tätig war. Durch alle Instanzen hindurch verteidigte er sich mit dem Argument, daß er nie sein Privatkonto überprüfe und deswegen nicht wissen könne, wieviel Schulden er genau habe. Damals fragte ich mich: »Ist es zuviel verlangt, von einem Finanzminister zu erwarten, daß er nicht über seinen eigenen finanziellen Rahmen hinaus lebt?«

In der Regel gehen Menschen mit ihren privaten Finanzen nicht anders um als mit dem Geld ihrer Firma. Das Prinzip ist einfach: »Wer im Geringsten treu ist, der ist auch im Großen treu; und wer im Geringsten unrecht ist, der ist auch im Großen ungerecht« (siehe Lukas 16,10).

J. C. Penny sagte einmal: »Jemand, der zu reich ist, um einen Penny aufzuheben, ist zu reich.« Die biblische Parallele dazu findet sich in Sprüche 12,9: »Wer gering ist und seiner Arbeit nachgeht, ist besser als einer, der groß sein will und an Brot Mangel hat.«

Allzuoft delegieren Unternehmer diese »trivialen« Aufgaben an andere. Bei Ehepartnern überläßt der Ehemann diese Aufgaben meistens seiner Frau und kümmert sich, wenn überhaupt, nur ganz wenig darum.

Gottes Wort jedoch sagt, daß zwei besser zusammenarbeiten als ein einzelner (Pred. 4,9); es steht auch geschrieben, daß Ehemann und Ehefrau in Einheit leben sollen (1. Mose 2,24). Das bedeutet, daß die Erstellung und Einhaltung eines Finanzplanes die Aufgabe von beiden ist. Wenn Sie zu beschäftigt sind, um sich mit Dingen wie privaten Finanzplänen herumzuschlagen, dann sind Sie zu beschäftigt.

Da dieses Thema in meinen anderen Büchern ausführlich behandelt wird, werde ich hier nicht auf die Einzelheiten eingehen, wie man einen Finanzplan aufstellt. Trotzdem möchte ich nochmals betonen, daß Ehepartner sich durch nichts anderes so gut kennenlernen werden, als wenn sie sich gemeinsam daran machen, ihren gemeinsamen finanziellen Rahmen zu erstellen. Gott führt deswegen verschiedene Charaktere zusammen, damit sie sich gegenseitig ergänzen und ausgleichen können. Wenn Ehepartner nicht über ihre Finanzen reden können, dann garantiere ich Ihnen, daß sie überhaupt nicht miteinander reden können!

2. Stecken Sie sich kurzfristige und langfristige persönliche Ziele

Jeder Christ ist dafür verantwortlich, daß er sich grundlegende finanzielle Ziele setzt. Wer die Möglichkeit hat, mehr Geld zu verdienen, trägt eine noch größere Verantwortung. Jesus hat uns in Matthäus 13, Vers 12 ermahnt: »Denn wer hat, dem wird gegeben, und er wird im Überfluß haben; wer aber nicht hat, dem wird auch noch weggenommen, was er hat.«

Sich selbst Ziele zu stecken bedeutet, daß man Werte gegeneinander abwägen muß, um sich Pläne zu machen. Es beinhaltet auch die Frage nach dem Lebensstil – zum Beispiel ab welcher Höhe man mit seinen Einkünften zufrieden ist. Ich befürchte, daß viele Christen die Belohnung, die uns Jesus verheißen hat, für ein paar vergängliche Bequemlichkeiten dieser Welt eintauschen. Nur wenige Christen verstehen den Begriff der »Belohnung«, die uns erwartet, wenn wir bei Jesus sind – obwohl Jesus viel Zeit auf der Erde damit verbracht hat, über diese Art von Belohnung zu lehren. Aber wir haben die Zusage, daß unser Rang im Himmel um so höher sein wird, je mehr wir in diesem Leben der Diener aller waren.

Leider gibt es heutzutage nur wenige, die das begriffen haben, und deswegen gibt es auch so wenig gute Lehre über dieses Thema.

Die Stoiker glauben, daß die Nachfolger Jesu alles verkaufen und in Armut leben müssen. Ihre biblische Rechtfertigung findet diese Gruppe in den Worten Jesu an den reichen Jüngling in Lukas 18,22–25. Meiner Meinung nach ist das vollkommen aus dem Zusammenhang gerissen. Jesus sprach ein bestimmtes Problem im Leben eines bestimmten Mannes an. Das ändert aber nichts daran, daß seine Warnung an den reichen Jüngling über die Gefahren des Wohlstands auch für uns gilt: »Wie schwer ist es für Menschen, die viel besitzen, in das Reich Gottes zu kommen!« (Lk. 18,24).

Es gibt aber auch die »Vertreter eines Wohlstandsevangeliums«, die das Evangelium von Gesundheit, Wohlstand und Erfolg verkündigen. Um diese Gruppe, die vor allem in den erdölfördernden Staaten im Südwesten der Vereinigten Staaten beheimatet ist, ist es seit den Ölschocks sehr viel stiller geworden. Es ist schwer, ein Wohlstandsevangelium zu verkünden, nachdem die wichtigsten Vertreter bankrott gegangen sind.

Wenn man Millionen verdient, ist es einfach, Wohlstand zu predigen, weil diese Botschaft dann als Rechtfertigung für das verschwenderische Leben dient. Es ist schwer, dieser Botschaft Glauben zu schenken, wenn Menschen trotz aller Spenden ihre Häuser verlieren. Dennoch bezweifle ich nicht, daß die Wohlstandsprediger ihre Botschaft wieder lauter verkündigen werden, sobald ihr Hörerkreis wieder zu Wohlstand gekommen ist.

Das Gleichgewicht liegt irgendwo zwischen diesen beiden Extremen. Die folgenden Worte aus dem Alten Testament drücken es am besten aus:

»Um zweierlei bitte ich dich,
versag es mir nicht, bevor ich sterbe:
Falschheit und Lügenwort halt fern von mir;
gib mir weder Armut noch Reichtum,
nähr mich mit dem Brot, das mir nötig ist,
damit ich nicht, satt geworden, dich verleugne
und sage: Wer ist denn der Herr?,
damit ich nicht als Armer zum Dieb werde
und mich am Namen meines Gottes vergreife«
(Sprüche 30, 7–9).

Eine der Grundwahrheiten der Bibel ist, daß wir lediglich Verwalter (Manager) von Gottes Reichtum sind. Sobald wir das akzeptiert haben, ist es keine so schwere Aufgabe mehr zu unterscheiden, wann unser Finanzrahmen weit »genug« gesteckt ist.

Da Gott ohnehin alles gehört und alles in jeder Generation wiederverwertet wird, müssen wir uns nur entscheiden, wieviel wir von den Mitteln brauchen, die Gott uns zur Verfügung gestellt hat, um die Aufgabe, die Gott uns in unserem Leben gestellt hat, erfüllen zu können.

Mit Verschwendung ist der Kauf nutzloser oder fast nutzloser Gegenstände gemeint. Man findet genügend Beispiele hierfür in Form von Booten, Campingbussen und Wohnmobilen, die in amerikanischen Hintergärten verstreut liegen. Diese Liste kann um Sportwagen für Jugendliche, Ferienwohnungen in Aspen, Sommerhäuser, Winterhäuser und so weiter, beliebig erweitert werden.

Aber nur aufgrund des Preises kann man nicht entscheiden, ob der Erwerb eines Gegenstandes reine Geldverschwendung oder notwendig war. Ein Freund von mir hat vor kurzem für zwölf Millionen Dollar ein Flugzeug gekauft. Ich glaube nicht, daß das Verschwendung war. Warum? Weil er eine Fluggesellschaft besitzt und das Flugzeug braucht, um seinen Lebensunterhalt verdienen zu können. Der Nutzen und nicht der Preis ist das Entscheidende.

Ich glaube wirklich, daß Gott seinem Volk Wohlstand wünscht. Aber nicht, um uns oder unseren Kindern damit den Plunder zu kaufen, den unsere Gesellschaft produziert.

John Wesley sagte einmal: »Ein frommer Christ bleibt nicht arm. Weil er das Wesen Gottes in sich trägt, wird ihn seine Genügsamkeit am Ende doch erfolgreich machen.«

Unsere Generation hat einen Teil dieser Genügsamkeit verloren. Christliche Leiter in Wirtschaft und Gemeinden scheinen versessen darauf zu sein, zu beweisen, wie reich Gott sie machen kann. Ich kenne wenige Nichtchristen, die beeindruckt sind, wenn ein Christ im Überfluß lebt. Sie haben schon so viel Reichtum gesehen, daß sie davon überzeugt sind, daß nicht nur Gottes Volk viel Geld verdienen kann. Aber sowohl Christen als auch Menschen, die Jesus nicht kennen, sind von den selten anzutreffenden Personen beeindruckt, die es gelernt haben, ihr Leben unter Kontrolle zu haben und ihren Reichtum dazu zu gebrauchen, anderen zu helfen und das Wort Gottes verbreiten zu können.

Hat ein Paar einmal einen kurzfristigen Plan erstellt, muß es dazu übergehen, seine größeren Ziele festzulegen. Ich habe einige aufgelistet, die das Engagement beider Ehepartner und viel Gebet erfordern. Denken Sie immer daran, daß Ihre Ziele aus dem Verständnis der Aufgabe wachsen müssen, die Gott Ihnen gestellt hat – und nicht aus meinen Empfehlungen oder den Empfehlungen anderer.

Schulden

Vollkommene Schuldenfreiheit ist ein Ziel, das sich jeder Christ stecken sollte. Das schließt das Haus und die Firma ebenso ein wie Autos, Kleidung und Geräte aller Art. In einer schwankenden Wirtschaft wie der unsrigen, hat das nur mit gesundem Menschenverstand zu tun.

Die Wirtschaft muß an einem ganz bestimmten Punkt zwangsläufig eine Wendung nach unten machen. Wer zu dieser Zeit verschuldet sein sollte, riskiert den finanziellen Ruin. Wenn Sie noch zusätzliche Motivation brauchen, denken Sie einmal über Sprüche 22,7 nach: »Der Reiche hat die Armen in seiner Gewalt, der Schuldner ist seines Gläubigers Knecht.«

Sie können jeden Farmer der späten 70er Jahre oder jeden, der in den frühen 80er Jahren im Ölgeschäft tätig war, fragen, ob dieses Prinzip auch heute noch Gültigkeit besitzt.

Lebensstil

Es ist nicht nur reiner Zufall, daß die reichsten Bürger die größten Häuser, die schönsten Autos und die teuersten Spielzeuge besitzen. Selbst viele bekannte Christen aus der Geschäftswelt erklären ganz offen, daß derjenige, der nicht zu dieser Gruppe gehört, wahrscheinlich irgend etwas falsch gemacht hat.

Stehen dann etwa Christen, die in durchschnittlich großen Wohnungen leben und vier Jahre alte Autos fahren, nicht mehr unter dem Segen Gottes? Anscheinend müssen viele so denken, denn sonst würden sie sich nicht dauernd noch größere und teurere Wohnungen und Autos kaufen, sobald sie es sich irgendwie leisten können.

Erlauben Sie mir, einen radikalen Gedanken aus der Bibel anzuführen: Versuchen Sie herauszufinden, was Gott für Sie als das »für Sie Beste« bestimmt hat und seien Sie damit zufrieden, auch wenn das einen einfacheren Lebensstil bedeutet.

In Lukas 8,18 sagt Jesus: »Denn wer hat, dem wird gegeben; wer aber nicht hat, dem wird auch noch das weggenommen, was er meint zu haben.« Und Jesus versprach in Lukas 18,29–30: »Jeder, der um des Reiches Gottes willen Haus oder Frau, Brüder, Eltern oder Kinder verlassen hat, wird dafür schon in dieser Zeit das Vielfache erhalten und in der kommenden Welt das ewige Leben.«

Damit wir ihm in größtmöglicher Freiheit dienen können, hat Gott ganz offensichtlich für jeden von uns einen jeweils anderen Plan und Lebensstil vorgesehen. Manche brauchen vielleicht tatsächlich riesige Häuser, um in ihrer Gemeinde das tun zu können, wozu Gott sie berufen hat. Trotzdem haben sich die meisten wohlhabenden Christen noch nie ehrlich der Frage gestellt, welche Antwort ihnen ihr Glaube auf die Frage gibt, wieviel denn nun »genug« sei. Ganz automatisch haben sie wie der Financier Bernard Baruch reagiert. Als man ihm diese Frage stellte, antwortete er: »Wieviel genug ist? Nur noch ein bißchen mehr.«

Autos

Bei vielen amerikanischen Christen zeigt sich ihr Wertesystem an ihren Autos. Diese Einstellung begann wahrscheinlich auf der High-School, als die Beliebtheit eines Teenagers zum Teil davon beeinflußt wurde, welches Auto sie oder er fuhr. Fährt man heute an einer christlichen (oder öffentlichen) Schule vorbei, erkennt man sofort, welcher Parkplatz derjenige für Schüler und welcher derjenige für Lehrer ist. Bei den Schülern stehen hauptsächlich Sportwagen wie Corvettes, Thunderbirds und so weiter. Die Lehrerautos sehen hingegen ausrangiert und wie von einem billigen Gebrauchtwagenhändler gekauft, aus.

Ich will hier nicht darüber richten, und Ihr Auto ist eine Angelegenheit zwischen Ihnen und Gott. Aber als jemand, der die Bibel lehrt, wäre es falsch, wenn ich Sie nicht darauf aufmerksam machen würde, daß irgend etwas nicht stimmen kann, solange Sie für die Arbeit im Reich Gottes nicht soviel Geld ausgeben, wie für Ihr Auto. In einem solchen Fall wäre es gut, wenn Sie sich einmal Gedanken darüber machen, wo Ihr Herz ist. »Denn wo euer Schatz ist, da ist auch euer Herz« (Lk. 12,34).

Ich persönlich mag Maschinen sehr gern, vor allem Autos. Ich schätze an teuren Autos besonders ihre Leistung. Ich würde aber nie eines kaufen, weil es anfängt an Wert zu verlieren, sobald man mit ihm den Autohändler verläßt. Vor einigen Jahren wollten meine Frau Judy und ich ein neues Auto kaufen, weil unser altes schon über 200 000 Kilometer gefahren war. Ich wollte einen Honda, da ich in einer bekannten Autozeitung einen Testbericht über Neuwagen gelesen hatte und außerdem ein Freund von mir bei Honda arbeitete.

Judys einzige Bedingung war ein elektrisch verstellbarer Fahrersitz. Leider war dieses Extra für die von uns in Erwägung gezogenen Modelle nicht lieferbar. Daraufhin begann sie für einen Wagen mit elektrischen Vordersitzen zu beten, und ich betete dafür, daß sie sich mit dem Honda zufriedengibt.

Der befreundete Hondahändler erzählte ihr, daß ein anderes Modell von Honda, der Acura, serienmäßig mit dem Extra ausgestattet war, das sie wollte. Da dieses Modell aber doppelt so teuer wie das kleinere Modell war, sagte ich: »Das kommt überhaupt nicht in Frage.«

Anscheinend hatte Gott mit dem Preis weniger Probleme als ich! Einige Wochen später fragte mich einer der Leiter unserer Firma, ob er nicht etwas für Judy tun könne, weil sie mir in all den Jahren so viel geholfen hätte.

»Möchte sie vielleicht etwas haben, was du ihr nicht kaufen willst?« fragte er mich.

Was sollte ich sagen? »Ja, da wäre etwas«, erwiderte ich, »aber ich glaube, daß der Unterschied zu dem, was ich lieber kaufen würde, nicht der Rede wert ist.«

»Keine Sorge«, sagte er, »laß das mich mal entscheiden.«

Ich erzählte ihm also ehrlich sowohl von Judys Wunsch nach verstellbaren Sitzen, als auch von meiner Meinung, daß dies die Mehrkosten nicht wert sei, und von der Pattsituation, in der wir steckten.

Drei Wochen später bekam Judy einen neuen Acura. Wie bereits gesagt, ich glaube, daß Gott sich nicht so sehr um die Kosten kümmert wie ich. Es ist eine Hilfe, wenn wir uns immer vor Augen halten, daß ihm alles gehört und er uns gerne etwas schenkt. Wir müssen Gott aber trotzdem die Entscheidung überlassen, wieviel und wann wir etwas bekommen.

Wie man sich Ziele für seinen Lebensstil stecken kann

Als Christ in der Geschäftswelt hat man die Möglichkeit zu beweisen, woran man wirklich glaubt, im Guten wie auch im Schlechten.

Was wir aus den uns anvertrauten Gaben machen, ist ein Spiegelbild dessen, was uns am kostbarsten ist. Ich glaube, daß das Christentum dringend wohlhabende Christen mit Selbstdisziplin braucht. Nur selten ist ein Christ, der eine einflußreiche Position in der Wirtschaft oder auch irgendwo anders erreicht hat, von anderen erfolgreichen Menschen zu unterscheiden. Man gewöhnt sich schnell an Reichtum, und Verschwendung läßt sich leicht rechtfertigen.

Was wir heute brauchen sind radikale Christen, die ihr Leben in erster Linie für Gott und erst zuallerletzt für die Welt leben.

Große Autos, prunkvolle Häuser, teure Urlaubsreisen und dicke Bankkonten werden schon kurz nachdem unser Herz aufgehört hat zu schlagen, keinen Pfifferling mehr wert sein. Das einzige, was in der Ewigkeit zählen wird, ist das, was im Namen Gottes getan worden ist – wenn wir es auf die Art getan haben, wie er es wollte.

Jesus Christus hat uns immer vor der Gefahr gewarnt, der Welt mehr zu dienen als Gott. Ich möchte dieses Kapitel mit einigen der Warnungen abschließen, die auf mein Leben als Christ am meisten Einfluß genommen haben.

Die Grundlagen zur Führung eines christlichen Unternehmens sind wichtig. Aber ohne das tiefe innere Wissen, daß »Jesus der Herr« ist, sind es nur Regeln unter einer Vielzahl von Regeln. Bitte nehmen Sie sich ein wenig Zeit, um die folgenden Schriftstellen durchzulesen und ins Gebet zu nehmen.

»Sammelt euch nicht Schätze hier auf der Erde, wo Motte und Wurm sie zerstören und wo Diebe einbrechen und sie stehlen, sondern sammelt euch Schätze im Himmel, wo weder Motte noch Wurm sie zerstören und keine Diebe einbrechen und sie stehlen. Denn wo dein Schatz ist, da ist auch dein Herz« (Mt. 6,19–21).

»Euch aber muß es zuerst um sein Reich und um seine Gerechtigkeit gehen; dann wird euch alles andere dazugegeben« (Mt. 6,33).

»Wer aber meine Worte hört und nicht danach handelt, ist wie ein unvernünftiger Mann, der sein Haus auf Sand baute« (Mt. 7,26).

»Was nützt es einem Menschen, wenn er die ganze Welt gewinnt, dabei aber sein Leben einbüßt? Um welchen Preis kann ein Mensch sein Leben zurückkaufen« (Mt. 16,26).

»Und jeder, der um meines Namens willen Häuser oder Brüder, Schwestern, Vater, Mutter, Kinder oder Äcker verlassen hat, wird dafür das Hundertfache erhalten und das ewige Leben gewinnen. Viele aber, die jetzt die Ersten sind, werden dann die Letzten sein, und die Letzten werden die Ersten sein« (Mt. 19,29–30).

»Der Größte von euch soll euer Diener sein. Denn wer sich selbst erhöht, wird erniedrigt, und wer sich selbst erniedrigt, wird erhöht werden« (Mt. 23,11–12).

Kapitel 5

Geschäftsziele

Planung und Zielsetzung sind gleichbedeutende Begriffe. Um gut planen zu können, muß man sich sowohl kurzfristig als auch langfristig, realistische Ziele setzen. Und um Ziele zu erreichen, muß man planen.

Es ist schon erstaunlich, daß viele Unternehmer ohne konkrete Zielsetzung dahintrotten und am Ende ein vielversprechendes Unternehmen in finanzielle Schwierigkeiten gebracht haben. Das beste Beispiel für dieses Prinzip ist heute in der Landwirtschaft zu beobachten.

Seit den späten 60er Jahren waren die Landwirte in den USA in der Lage, mehr Nahrungsmittel zu produzieren, als der Markt nachfragte. Daraus resultierten Marktverhältnisse, in denen die Preise entsprechend den Anbaumengen stark variierten. Wenn sich zum Beispiel Sojabohnen in einer Saison gut verkauft hatten, wurden in der nächsten Saison doppelt soviel angebaut. Das Resultat war, daß die Preise oft bis unter die Produktionskosten sanken. Das ruinierte die gesamte Branche. Daraufhin beschloß die Regierung die Fixpreise staatlich festzulegen.

Die Bestellungspläne der frühen 70er Jahre gehörten zu einem staatlich geförderten Programm, welches das Ziel hatte, die Preise dadurch zu stabilisieren, indem man Landwirten Anreize bot, weniger anzubauen. Um dies zu bewerkstelligen, setzte die Regierung ein bewährtes, wirtschaftspolitisches Instrument ein: Den Bauern wurde Geld dafür bezahlt, daß sie bestimmte Feldfrüchte nicht anbauten. Natürlich hatten die Farmer nichts dagegen, wenn sie ohne Arbeit Geld verdienen konnten.

Mitte der 70er Jahre wurde die Landwirtschaft als die ideale Investitionsbranche betrachtet. Je mehr Land man besaß, um so mehr Geld konnte man durch Stillegungsprämien verdienen. Jeder Farmer verfolgte das Ziel, soviel Land wie möglich zu besitzen.

Vielen jungen Landwirten wurde auf den Landwirtschaftsschulen beigebracht, durch die Aufnahme von Hypotheken auf die elterlichen Höfe neues Land zu erwerben.

Zunächst hatte diese junge Generation es nicht leicht, die ältere von der Logik der Verschuldung der bislang schuldenfreien Ländereien zu überzeugen. Aber als sie die staatlichen Stillegungsverträge in der Hand hielten, konnten sie sich viel Geld leihen, um zusätzliches Ackerland zu kaufen.

Mit der steigenden Nachfrage gingen auch die Preise für Ackerland in die Höhe. In den späten 70er Jahren standen die Preise schließlich in keinem Verhältnis mehr zum eigentlichen Wert des Landes. Ackerland wurde zu Preisen verkauft, bei denen sich der Anbau nicht mehr lohnte. Das machte aber nichts aus, weil die Käufer ohnehin nie einen Gedanken an einen möglichen Anbau verschwendeten.

Die meisten Farmer, auch die Christen unter ihnen, begingen dabei einen strategischen Fehler. Sie dachten weder kurzfristig noch langfristig daran, mit den Einnahmen einen Teil ihrer Schulden zu tilgen. Im Gegenteil, als die Preisspirale sich zu drehen begann, verschuldeten sie sich nur noch höher.

Eine Zeitlang sah es sogar so aus, als ob selbst die Stillegungsprämien der Regierung uninteressant geworden wären. Das Land selbst war zum Spekulationsobjekt geworden.

Irgendwann enden alle diese Zyklen. Dieser brach zusammen, als die neugewählte Reagan-Regierung beschloß, das Stillegungsprogramm nicht länger zu subventionieren und daraufhin die Zahlungen einstellte. Die Preise für Land begannen zu fallen.

Da viele Banken Kredite gegeben hatten, welche den Wert der ihnen gegenüberstehenden Sicherheiten um ein Vielfaches überstiegen, kündigten sie die Hypotheken und zwangen so viele Landwirte zur Aufgabe der Ländereien. Der Besitz von Generationen wurde zu einem Bruchteil des früheren Wertes versteigert.

Man könnte viele biblische Prinzipien nennen, gegen die kurz vor dieser Landwirtschaftskrise verstoßen wurde. Die Hauptsache war jedoch die fehlende Disziplin auf seiten der christlichen Landwirte, die sich von den anderen mitreißen ließen. Eine gute Planung hätte das Problem verhindern können und den Christen erlaubt, beim Zusammenbruch des Systems zusätzliches Land zu erwerben.

Langfristige Ziele für ein christliches Unternehmen

Wenn ich mich mit einem Kunden über die Planung seines Unternehmens unterhalte, beginne ich damit, ihm die langfristigen Ziele oder Absichten für ein christliches Unternehmen darzulegen. Eigentlich gibt es für ein christliches Unternehmen nur das eine Hauptziel: Gott zu dienen. Es gibt viele Wege, dies zu tun. Diese Möglichkeiten werden als die Funktionen eines Unternehmens bezeichnet – es sind buchstäblich die Gründe, warum ein Unternehmen existiert.

Funktion 1: Die Verbreitung des Evangeliums finanziell unterstützen
Ein christliches Unternehmen hat die Funktion, die Verkündigung des Evangeliums finanziell zu unterstützen. Die Bibel lehrt, daß wir Gott die ersten Früchte unserer Arbeit geben sollen, um ihn zu ehren (Spr. 3,9). Für Christen in Unternehmerfunktion bedeutet das, einen Teil der Gewinne, die ihr Betrieb erwirtschaftet, an christliche Organisationen oder Gruppen zu spenden.

Diese Kapitalbringerfunktion ist wichtig, sie reicht aber nicht aus, um ein Unternehmen als »christlich« zu bezeichnen. Sie ist nur ein Element eines Unternehmens, das Gott wahrhaft dient.

Funktion 2: Das Unternehmen hat eine Verteilerfunktion
Eine weitere wichtige Funktion eines Betriebes ist, die physischen Bedürfnisse von Menschen zu befriedigen, die von ihm abhängig sind. Das sind ihre eigene Familie und die Familien ihrer Angestellten.

Der erste Brief an Timotheus in Kapitel 5, Vers 8 formuliert das wie folgt: »Wer aber für seine Verwandten, besonders für die eigenen Hausgenossen, nicht sorgt, der verleugnet damit den Glauben und ist schlimmer als ein Ungläubiger.« Ich glaube, daß sich diese Schriftstelle nicht nur auf die Versorgung der eigenen Familie, sondern auch auf den Unternehmer und seine Angestellten bezieht.

In späteren Kapiteln werden wir noch behandeln, wieviel man seinen Angestellten geben sollte, und wodurch ein Bedürfnis gekennzeichnet ist. Ein guter Maßstab ist jedoch die Frage, ob man selber bereit und fähig wäre, mit dem zu leben, was man den Menschen, die einem untergeben sind, bezahlt. Wenn das nicht der Fall ist und Sie in der Lage sind, mehr zu bezahlen, dann sollten Sie sich Jakobus 5,4 zu Herzen nehmen: »Aber der Lohn der Arbeiter, die eure Felder abgemäht haben, der Lohn, den ihr ihnen vorenthalten habt, schreit zum Himmel; die Klagerufe derer, die eure Ernte eingebracht haben, dringen zu den Ohren des Herrn der himmlischen Heere.«

Diese Zeilen machen unzweifelhaft klar, daß Gott uns für die Entlohnung der Familien verantwortlich macht, die unserer Obhut anvertraut sind.

Funktion 3: Jüngerschaft
Der Apostel Paulus schrieb: »Was du vor vielen Zeugen von mir gehört hast, das vertraue zuverlässigen Menschen an, die fähig sind, auch andere zu lehren« (2. Tim. 2,2). Mehrmals habe ich christliche Geschäftsleute kennengelernt, die jährlich mehrere tausend Dollar dafür ausgeben, um Menschen in anderen Ländern Christus zu verkünden, deren Angestellte jedoch das Evangelium noch nie auf eine ansprechende Weise gehört haben.

Ein christlicher Geschäftsmann, den ich hier Allen nennen werde, erzählte mir nach einem Busineß-Seminar, was ihn gerade bewegte. Er sagte: »Ich war bis vor kurzem wirklich davon überzeugt gewesen, ein tadelloser christlicher Unternehmer zu sein – aber ich praktiziere nicht einmal ein Drittel von dem, was Sie hier gelehrt haben. Was soll ich tun?«

Ich antwortete: »Bitte versuchen Sie jetzt nicht, Ihren Angestellten zu erzählen, wie Sie diese Prinzipien anwenden sollen. Kümmern Sie sich darum, die Prinzipien, die Sie betreffen, in Ihrem eigenen Leben umzusetzen, und zeigen Sie Ihren Angestellten nur, daß Sie sich um sie kümmern.«

Wieder daheim, berief Allen eine Betriebsversammlung ein. Seine Angestellten dachten: »Oh nein, er war schon wieder auf einem dieser religiösen Seminare. Jetzt wird er uns bestimmt wieder erzählen, wie wir Gott dienen können.« Ich habe so etwas schon oft erlebt.

Ein Geschäftsmann ist von einem Seminar so begeistert, daß er oder sie zurückkommen und denken, daß sie das Gelernte so schnell wie möglich in ihrer Firma umsetzen müssen. Die Angestellten dagegen befürchten wieder drei leidvolle Wochen, bis der Chef merkt, daß es so auch nicht geht – und alles bleibt beim alten.

Allen ging die Sache jedoch anders an. Er sagte seinen Angestellten: »Ich habe ein Seminar besucht, das mein Leben verändert hat und möchte Ihnen kurz erzählen, was Gott mich gelehrt hat. Ich werde die Firma einmal wöchentlich für mindestens eine Stunde schließen und Ihnen das mitteilen, was das Wort Gottes darüber zu sagen hat, wie ich mit Ihnen umgehen sollte. Diese Treffen sind freiwillig, aber jeder ist willkommen. Von heute an möchte ich, daß Sie mich dafür verantwortlich machen, ein so guter Arbeitgeber – und Christ – zu sein, wie Gott es von mir erwartet.«

Als der Betrieb in der nächsten Woche das erstemal für eine Stunde die Arbeit einstellte, waren alle Angestellten anwesend.

Allen begann ihnen mitzuteilen, wie das Unternehmen seiner Meinung nach sein sollte und welche Schritte in diese Richtung er gerne einleiten wollte. Manchmal mußte er auf ihre Fragen dann antworten: »Wenn ich das sofort umsetze, dann ruiniere ich das Unternehmen. Aber ich werde tun, was möglich ist.« Allen wollte einen Wohltätigkeitsfond einrichten, um Angestellten in finanziellen Engpässen, z. B. hohe Arztrechnungen, Unglücksfälle in Familien und besondere Ausgaben für Bildung und Erziehung, arbeitsunabhängige Zuschüsse gewähren zu können. Die Einrichtung dieses Fonds verlangte aber seinerseits einen allgemein zugänglichen Bildungsfonds, damit kein Neid zwischen den Angestellten, die unterstützt wurden und denen, die keine Unterstützung erhielten, entstehen konnte. Es mußte auch ein Angestelltenrat gebildet werden, um den Fonds zu verwalten und die Bewerbungen nach ihrer Dringlichkeit einstufen zu können. Aber trotz aller Schwierigkeiten war Allen entschlossen, den Wohltätigkeitsfond einzurichten.

Im Jahr 1976, ein Jahr nach Beginn dieser Versammlungen, bat mich Allen, ein Seminar für seine Angestellten zu halten. Während meines Vortrages fragte ich: »Wie viele der Anwesenden kennen Jesus Christus als ihren Erlöser?« Es meldeten sich etwa fünfundzwanzig Leute.

Ein weiteres Jahr später ging ich wieder zu Allen. Dieses Mal fragte ich: »Wie viele von ihnen haben im letzten Jahr aufgrund der Arbeit dieses Mannes eine persönliche Beziehung mit Jesus Christus begonnen?« Im ganzen Raum erhoben sich Hände.

In nur einem Jahr hatten sich sechzig Menschen durch seinen Einfluß bekehrt, und er hatte nicht einmal etwas davon gewußt. Er hatte nie vorgehabt, seine Angestellten zu evangelisieren, er wollte einfach auch im Betrieb Christus ähnlicher werden.

Der Apostel Paulus sagt uns, daß wir in dem Maß ernten, wie wir säen (2. Kor. 9,6). Allen durfte 1982, als sein Unternehmen in tiefen geschäftlichen und finanziellen Problemen steckte, erfahren, wieviel Wahrheit in diesem Vers steckt.

Die Geschäfte gingen so schlecht, daß er einen großen Geldbetrag benötigte, um das Unternehmen überhaupt weiterführen zu können. Damals waren die Zinsen so hoch, daß die Aufnahme eines Kredites nicht in Frage kam. Als die Angestellten davon erfuhren, kamen einige auf die Idee, sich zusammenzutun und Allen das Geld zur Verfügung zu stellen (fast 300 000 Dollar). Sie sammelten nicht nur von allen Angestellten Geld, sondern sie stellten es ihm sogar zinslos zur Verfügung.

Allen erntete, was er gesät hatte. Als er begann, Gottes Prinzipien zu befolgen, hatte er weder eine Ahnung davon, daß durch seine Arbeit über die Hälfte der Belegschaft zu Christus geführt werden würde, noch daß diese ihm 300 000 Dollar leihen würde.

Vor allem nichtgläubige Angestellte neigen dazu, eher dem zu glauben, was sie sehen, als dem, was sie hören. Wenn unsere Taten nicht mit unseren Worten übereinstimmen, werden unsere Worte unglaubwürdig. Dieses Prinzip wird im Brief des Jakobus folgendermaßen beschrieben: »Hört das Wort nicht nur an, sondern handelt danach; sonst betrügt ihr euch selbst« (Jak. 1,22).

Funktion 4: Gewinne erwirtschaften

Entgegen vielen gängigen Meinungen verbietet die Bibel es nicht, Gewinne zu machen. Gewinne sind das normale Nebenprodukt eines gut geführten Unternehmens und sollten als normal und redlich betrachtet werden. Erzielt ein Unternehmen keine Gewinne, so wird es nicht überleben und kann seine Aufgaben gegenüber Angestellten und Kunden nicht mehr wahrnehmen.

Gewinne sind (normalerweise) die finanzielle Entlohnung dafür, daß man gute Leistungen erbracht oder Produkte hergestellt hat. Kein Unternehmen kann ohne sie überleben – nicht einmal General Motors.

Ende der 70er Jahre dachten viele Angestellte bei General Motors, daß ihre Firma, ähnlich wie der Staat, Geld drucken kann. Doch als General Motors plötzlich keine Gewinne mehr erwirtschaftete und gezwungen war, Arbeitsplätze teilweise für immer abzubauen, mußten die Angestellten erschreckt feststellen, daß es auch für sie nicht gleichgültig war, ob ihr Unternehmen Gewinne machte oder nicht.

Christen in der Geschäftswelt – Arbeitgeber und Arbeitnehmer – sollten darauf aus sein, die Gewinne zu maximieren. Diese Absicht darf jedoch die anderen Elemente eines biblisch fundierten Unternehmens nicht unter den Tisch fallenlassen. Gewinnmaximierung durch Unterbezahlung der Arbeitnehmer beispielsweise, ist mit der zweiten Funktion eines christlichen Unternehmens, der Verteilerfunktion des Unternehmens, unvereinbar.

Weil sein Unternehmen eigentlich Gott gehört, muß ein christlicher Unternehmer die Tatsache akzeptieren, daß der gesamte Gewinn nicht ihm allein gehört. Gewinnverteilung wird als Errungenschaft des späten 20. Jahrhunderts angesehen – das ist falsch.

In Sprüche 11,24 heißt es: »Mancher teilt aus und bekommt immer mehr, ein anderer kargt übers Maß und wird doch ärmer.«

Zum ersten Mal seit Jahrzehnten haben christliche Unternehmer die Möglichkeit, ihren Angestellten zu zeigen, daß sie sich um sie kümmern. Gewerkschaften haben sich nur aus dem Grund gebildet, weil die Geschäftsleitung mit Arbeitnehmern gedankenlos umging – sie wurden wie Werkzeug nach Bedarf eingesetzt oder ausrangiert. Die Konsequenz davon war, daß Arbeitnehmerorganisationen und ein feindseliges Klima entstanden. Nachdem die Macht der Gewerkschaften in der Zwischenzeit abgenommen hat, haben christliche Manager und Unternehmenseigentümer heute die Möglichkeit, guten Samen auszusäen.

Wenn es christlichen Unternehmen gelingt, die verlorengegangene Arbeitsethik bei ihren Angestellten dadurch wieder wachzurufen, indem sie eine Arbeitsatmosphäre schaffen, die von echter Sorge und Verantwortung gekennzeichnet ist, wird vielleicht die gesamte Wirtschaftswelt angeregt, ihre Methoden zu überdenken.

Kurzfristige Betriebsziele für ein christliches Unternehmen

Nachdem einmal die langfristigen Ziele festgelegt sind, kommt der nächste Schritt, spezifische, kurzfristige Arbeitsziele zu bestimmen. Es folgt die Darstellung einiger der wichtigsten Kategorien, die bei der kurzfristigen Betriebsplanung zu bedenken sind.

1. Setzen Sie Prioritäten, wie Sie Ihr Geld verwenden wollen

Gute Planung bedeutet, Prioritäten aufzustellen und an den Aufgaben mit der höchsten Priorität auch zuerst zu arbeiten. In der Finanzierungstheorie nennt man das einen Haushaltsentwurf. Auf die eine oder andere Art tun wir das alle. Ein Haushaltsentwurf bedeutet, daß man die zur Verfügung stehenden Mittel auf eine Vielzahl von Verwendungsmöglichkeiten verteilt.

Wenn Ihre Firma Güter herstellt oder Dienstleistungen anbietet, müssen Sie wissen, wie Sie Ihre Rechnungen einziehen wollen, sonst werden Sie unfreiwillig zu einer gemeinnützigen Organisation. Lachen sie nicht! Ich habe schon Dutzende von Unternehmern beraten, die in einem gutgehenden Betrieb Verluste machten, weil sie nicht wußten, ob sie eine Rechnung überhaupt erstellt oder ob die Kunden schon bezahlt hatten.

Pam leitete beispielsweise eine Speditionsfirma, die sie von ihrem Vater geerbt hatte. Sie hatte schon mehrere Jahre vor dem Tod ihres Vaters in der Firma gearbeitet und kannte den Betrieb gut. Sie hatte sogar einige innovative Ideen zur Erweiterung des Betriebs eingebracht. Beispielsweise vermietete sie ihre Lkws während der saisonalen Stoßzeiten an andere Firmen, eine Idee, die von vielen Transportunternehmen aufgegriffen wurde.

Pam hatte von ihrem Vater nicht nur sein Talent als Mechaniker, sondern auch sein System der Unternehmensplanungsrechnung geerbt. Es bestand aus mehreren Kartons, in denen sich jeden Monat die Rechnungen und Quittungen ansammelten. Am Monatsende wühlte sich dann ein Buchhalter durch die Kartons, um die Einnahmen festzustellen, Schecks einzuzahlen und offene Rechnungen zu begleichen. Dieses System war als das Unternehmen noch klein war, gerade noch gut genug. Aber als es zu wachsen begann, wurden die Zustände schon bald katastrophal.

Der Buchhalter kam mit der Arbeit nicht mehr nach, sagte aber keinen Ton, und viele Rechnungen blieben unbezahlt. Noch schlimmer war, daß viele Forderungen nicht eingeholt wurden. Da das Mietgeschäft auf monatlicher Abrechnung basierte, sanken plötzlich die Einnahmen, während die Werbe- und Wartungskosten zunahmen.

Innerhalb eines Jahres hatte Pam mehrere Klagen gegen ihre Firma wegen unbezahlter Rechnungen am Hals. Außerdem weigerte sich ihr Kraftstoffhändler wegen rückständiger Zahlungen, ihr auch nur noch einen Liter Diesel zu liefern. Sie stellte ihren Buchhalter zur Rede, der ihr gestand, daß er nicht mehr in der Lage sei, jetzt noch Ordnung in das Chaos aus Forderungen und Verbindlichkeiten zu bringen. Als sie schließlich um Hilfe bat, war sie kurz davor, Konkursschutz zu beantragen, denn ihre Gläubiger drohten damit, ihren Fuhrpark zu beschlagnahmen – was sie um alle Einnahmen gebracht hätte.

Als ich Pams »Buchhaltungssystem« sah, empfahl ich ihr, eine Buchhaltungsfirma mit der Arbeit zu beauftragen. Sie sträubte sich dagegen, weil sie nicht mehr in der Lage war, einen Buchhalter zu bezahlen. Wir fanden jedoch eine Firma, die bereit war, auf Erfolgshonorarbasis zu arbeiten, das bedeutet, daß der Lohn der Buchhaltungsfirma von dem Kapital abhing, das nach Begleichung aller Forderungen und Verbindlichkeiten noch vorhanden war.

Pam willigte ein und verbrachte mit dem Buchhalter eine Woche damit, Mietverträge zurückzuverfolgen und sich eine Übersicht zu verschaffen, in welchen Händen sich ihre verliehenen Lastwagen momentan befanden.

Am Ende stellte sich heraus, daß vier der am meisten verärgerten Gläubiger gleichzeitig die Schuldner mit den höchsten, noch offenstehenden Verbindlichkeiten aus Mietverträgen waren: Sie schuldeten Pam fast 20 000 Dollar mehr an Leihgebühren (für die nie eine Rechnung erstellt worden war), als Pam ihnen schuldete.

In aller Stille zogen sie ihre Klagen zurück und erklärten sich bereit, die ausstehenden Beträge zu bezahlen. Nach Abschluß der Bilanz stellte sich heraus, daß Pam in den vergangenen zehn Monaten einen Nettogewinn von knapp 180 000 Dollar erwirtschaftet hatte. Nach Einführung einer zeitgemäßen Rechnungslegung und Rechnungsstellung hat sie ihre Firma weitergeführt, und einige Jahre später für drei Millionen Dollar verkauft.

Die Art, wie wir unser Geld verwenden, ist das deutlichste, nach außen sichtbare Kennzeichen für das, was wir wirklich glauben. Das stammt nicht von mir, sondern von Jesus: »Kein Sklave kann zwei Herren dienen; er wird entweder den einen hassen und den anderen lieben, oder er wird zu dem einen halten und den anderen verachten. Ihr könnt nicht beiden dienen, Gott und dem Mammon« (Lk. 16,13).

Wenn wir einmal einen genauen Blick darauf werfen, nach welchen Richtlinien wir unser Geld ausgeben, bekommen wir eine Ahnung davon, wo wir in unserer Beziehung mit Gott gerade stehen. Vielleicht haben Sie so etwas nicht nötig, ich habe es nötig – oft sogar.

Ich glaube nicht, daß es Christen gibt, die nicht irgendwann einmal daran gezweifelt haben, ob sie erlöst sind. Mir selbst ist es auch schon so ergangen. Ich bin ein sehr pragmatischer Mensch und habe mich oft gefragt: »Ist Erlösung eine reale Erfahrung?« Ich bin schon vor langem zu dem Schluß gekommen, daß Erlösung auf Gottes Verheißung basiert. Dann fragte ich mich: »Bin ich sicher, daß ich gerettet bin?« Das frage ich mich meistens, nachdem ich wieder einmal mit einer alten, schlechten Angewohnheit von mir konfrontiert worden bin.

Das Bekenntnis des Apostels Paulus hat mir dann immer Trost gespendet: »Ich weiß, daß in mir, das heißt in meinem Fleisch, nichts Gutes wohnt; das Wollen ist bei mir vorhanden, aber ich vermag das Gute nicht zu verwirklichen, denn ich tue nicht das Gute, das ich will, sondern das Böse, das ich nicht will. Wenn ich aber das tue, was ich nicht will, dann bin nicht mehr ich es, der so handelt, sondern die in mir wohnende Sünde« (Röm. 7,18–20).

Ich glaube, daß Paulus damit meinte, daß er sich nicht immer auf seine Gefühle oder Reaktionen verlassen konnte, sondern nur auf die Verheißungen Gottes.

Ob man wirklich ein Nachfolger Jesu Christi ist, zeigt sich im täglichen Leben – dem Umgang mit Geld eingeschlossen. Mir fällt es schwer zu glauben, daß Christen, obwohl sie das nötige Geld dazu hätten, ihre Angestellten unterbezahlen, oder Gläubiger und Lieferanten dadurch betrügen, daß sie Waren bestellen, die dann nicht bezahlt werden.

Es kann schon einmal sein, daß dies eine Folge schlechter Planung und fehlerhafter Buchführung ist. Wenn man aber bewußt weitere Güter bestellt, ohne die vorigen Lieferungen bezahlt zu haben, kommt das einem Diebstahl gleich. Ich kann es auch nicht verstehen, wenn ein Christ sich weigert, einen Teil von dem, was Gott ihm gegeben hat, mit anderen zu teilen. Das geht weit über die üblichen Spenden an Kirchen und andere Organisationen hinaus. Der Maßstab für wahres Teilen ist, ob wir mit denen teilen, denen keiner zuhört, und die uns wahrscheinlich nie etwas zurückgeben können.

Aber ist das nicht das Wesen von wahrer Liebe? Jesus hat einmal gesagt: »Darauf wird der König ihnen antworten: Amen, ich sage euch: Was ihr für einen meiner geringsten Brüder getan habt, das habt ihr mir getan« (Mt. 25,40).

Zahlungsprioritäten

Ich glaube, daß wir aus der Schrift eine Dringlichkeitshierarchie herauslesen können, nach der ein Unternehmen seine Verbindlichkeiten begleichen sollte. Das bedeutet: Wer wird zuerst bezahlt, wenn nicht genügend Geld zur Verfügung steht?

Priorität Nummer 1: Die Lieferanten bezahlen

Zweifellos haben diejenigen zuerst einen Anspruch auf Bezahlung, die Güter auf Kredit liefern. Ich habe festgestellt, daß diese Einstellung im Gegensatz zur allgemeinen Geschäftslogik steht, die da lautet: Wenn das Geld knapp ist, muß man Zahlungen hinausschieben.

Beachten Sie aber Sprüche 12,22: »Lügnerische Lippen sind dem Herrn ein Greuel, doch wer zuverlässig ist in seinem Tun, der gefällt ihm.« Wenn man durch eine Bestellung eine Zahlungsverpflichtung eingeht und diese nicht erfüllt, ist man einfach ein Lügner.

John war ein Schuhgroßhändler, er kaufte oft Turnschuhe im Wert von 100 000 bis 200 000 Dollar ein, um sie landesweit zu vertreiben. Mit zunehmender Konkurrenz sah er sich dazu gezwungen, immer größere Rabatte zu gewähren, um im Geschäft zu bleiben. Am Ende verkaufte er die Schuhe sogar oft unter seinem Einkaufspreis.

Anfangs rechtfertigte er diesen Schritt mit der Begründung, seinen Kundenstamm bis zum nächsten Preisanstieg erhalten zu müssen. Aber mit der Zeit kam er immer mehr in Zahlungsrückstand, weil er weiterhin Schuhe einkaufte, die er nicht bezahlen konnte. Er bezahlte lediglich die ältesten Rechnungen. Das mußte er tun, denn sonst hätten seine Lieferanten keine weiteren Bestellungen mehr entgegengenommen.

Johns Zahlungsprioritäten waren einfach. Zunächst deckte er seine Privatausgaben (die sich in Grenzen hielten). Dann bezahlte er die Fixkosten seines Betriebes wie Licht und Miete, um ihn geöffnet halten zu können, danach spendete er den zehnten Teil seiner Einnahmen für die Arbeit im Reich Gottes, wie es in der Bibel steht. Zu guter Letzt überwies er seinen Lieferanten den Rest, der vom Umsatz noch übriggeblieben war, oft weniger als die Hälfte seiner noch ausstehenden Rechnungen.

Ich lernte John durch einen gemeinsamen Freund kennen, der ihm bei der Finanzierung seines Unternehmens geholfen hatte. John hatte sich mit ihm im vorigen Jahr zweimal getroffen, weil er zusätzliches Kapital brauchte. Beim dritten Mal merkte dieser Freund, daß etwas nicht in Ordnung war, und war nur noch unter der Bedingung bereit ihm zu helfen, daß John einwilligte, sich beraten zu lassen. So lernten wir uns kennen.

Als ich Johns Schuldenberg sah, bat ich ihn, mir seine Unternehmensstrategie zu erläutern. Er antwortete: »Ich versuche zu überleben.« Er erklärte mir, daß durch den herstellereigenen Vertrieb die Konkurrenz stärker geworden sei, was seine Preise bis unter den Einkaufspreis gedrückt habe.

»Wie wollen Sie aus diesem Kreislauf herauskommen?« fragte ich ihn.

»Das weiß ich auch nicht«, antwortete er. »Aber wenn ich jetzt aufgebe, werde ich niemals in der Lage sein, meine Schulden zu bezahlen. Ich hoffe auf bessere Zeiten.«

John fuhr dann mit einem Argument fort, das ich schon unzählige Male von anderen Christen in ähnlichen Situationen gehört habe: »Ich weiß, daß Gott mich in dieses Geschäft berufen hat. Ich glaube, daß er mich durch ein Wunder retten wird, wenn ich nur genug Glauben habe.«

Ich weiß, daß es wichtig ist, Glauben zu haben, und ich glaube auch an Wunder, aber Johns Haltung schloß beides aus. In anderen Worten, wenn Christen absichtlich gegen Gottes Grundsätze verstoßen, dann können sie nicht erwarten, daß Gott sie aus dem Schlamassel rettet.

Als ich das John gesagt hatte, wurde er trotzig. »Hiob wurde von seinen Freunden auch zu unrecht angeklagt«, konterte er. »Ich glaube, daß Gott alles tun kann, wir müssen nur genug Glauben haben.«

Wieder das gleiche Wort: Glauben. »John«, sagte ich zu ihm, als er sich wieder etwas beruhigt hatte, »Ihre Art von Unternehmensführung verlangt ausschließlich von Ihren Kreditgebern Glauben. Sie übernehmen Ihr Risiko. In der Schrift steht, daß Hiob wegen den falschen Anschuldigungen Satans litt und nicht, weil er ungehorsam gewesen wäre.«

Dann riet ich John, seine Zahlungsgewohnheiten entsprechend dem Wort Gottes zu verändern.

Sprüche 3,27 rät uns, denen keine »Wohltat« (Zahlung) vorzuenthalten, denen wir etwas schulden. Weil Lieferanten Waren geliefert haben, haben sie Zeit und Geld investiert und nehmen, aus finanzieller Sicht, die wichtigste Stellung ein. »Verpflichten Sie sich, mit Ihren Einnahmen als erstes Ihre Lieferanten zu bezahlen«, empfahl ich John.

»Aber wenn ich das tue, habe ich nicht genug Geld, um den Betrieb aufrechterhalten zu können«, protestierte er.

»Aber gerade darum geht es doch, wenn man wahren Glauben hat, John.

Im Brief an die Hebräer in Kapitel 11, Vers 1 steht, daß Glauben das Überzeugtsein von Dingen ist, die man nicht sieht. Glauben Sie im Ernst, daß wenn Gott Ihr Unternehmen leiten würde, er Bestellungen aufgeben würde ohne die Sicherheit zu haben, die Lieferanten bezahlen zu können?«

John sank in seinen Stuhl zurück und dachte kurz darüber nach, was ich ihm gerade gesagt hatte. Schließlich antwortete er: »Gott gab mir den Auftrag, dieses Geschäft zu beginnen, und ich lasse mich von niemandem dazu bewegen, es zu schließen, außer von Gott selbst.«

Leider beharren viele gutmeinende Christen stur darauf, den Prinzipien im Wort Gottes nicht Folge zu leisten, sondern nehmen dieselbe Haltung wie die Juden ein, als sie sich in der Wüste über alles beklagten, was Moses ihnen sagte.

Ganz zum Schluß wird Gott an ihnen vorüberziehen und auf solche warten, die ihm gehorchen. Im Psalm 66,18 steht: »Hätte ich Böses im Sinn gehabt, dann hätte der Herr mich nicht erhört.« Gott wird Ihre Gebete nicht erhören, wenn Sie wissen, daß etwas falsch ist und es trotzdem tun.

John mußte schließlich Konkurs beantragen und sein Unternehmen wurde aufgelöst. Anstatt ein Zeugnis für Gott zu werden, wurde er für viele Nichtchristen, mit denen er zusammengearbeitet hatte, zu einem Stein des Anstoßes.

Priorität Nummer 2: Entlohnung der Angestellten

Nachdem die Lieferanten so gut wie möglich bezahlt worden sind, müssen die Angestellten gerecht entlohnt werden. Diese Einstellung entspricht auch nicht der allgemeinen Geschäftspraxis. Die gängige Meinung ist doch, daß der Unternehmer zuerst bezahlt werden sollte – weil ihm schließlich der Betrieb gehört. Falsch! Rufen Sie sich doch den Brief an die Philipper Kapitel 2, Vers 3 ins Gedächtnis: »Daß ihr nichts aus Ehrgeiz und nichts aus Prahlerei tut. Sondern in Demut schätze einer den anderen höher ein als sich selbst.«

Meistens kann der Manager eines Unternehmens eher einen fehlenden Monatsgehalt verkraften als die Angestellten. Außerdem ermahnt die Bibel christliche Leiter, daß sie demütig sein sollen – mit anderen Worten, andere an erste Stelle setzen.

Priorität Nummer 3: Jetzt ist der Unternehmer an der Reihe

Nachdem Sie sich vergewissert haben, daß die Lieferanten und Angestellten bezahlt worden sind, sollten auch Sie zum Zug kommen. (Die Höhe des Unternehmerlohnes ist Thema eines späteren Kapitels.)

Es ist nicht ungewöhnlich, wenn jemand, der einen Betrieb aufgebaut hat, die Meinung vertritt, daß er das Recht habe, zuerst seine Bedürfnisse zu befriedigen, weil er beim Aufbau des Unternehmens so viel opfern mußte. Ich habe schon vorher versucht zu zeigen, daß dieser Ansatz der Bibel völlig fremd ist.

Der kritische Moment bei dieser und anderen Entscheidungen ist dann erreicht, wenn man vor der Frage steht, ob man Gottes Wort gehorchen oder mit den in unserer Gesellschaft üblichen Praktiken mitschwimmen will. Die Antwort auf diese Frage unterscheidet christliche Geschäftsleute von allen anderen Geschäftsleuten. Das ist der Grund, warum man uns »Nachfolger Christi« nennt. Wir befolgen seine Richtlinien, ganz gleich, was es uns kostet. Wir wissen, daß Gott uns sieht, auch wenn andere es nicht tun.

Ich bin absolut davon überzeugt, daß die mangelnde Bereitschaft, unter keinen Umständen von Gottes Wegen abzuweichen, zu den größten Hindernissen gehört, die sich Gott bei seiner Absicht entgegenstellt, christliche Unternehmer zu gebrauchen.

Wir alle können vom Beispiel Daniels lernen. Er weigerte sich, von dem abzuweichen, was er als Gottes Wille erkannt hatte und war sogar bereit, die Konsequenzen dafür zu tragen, ohne daß je auch nur das Anzeichen eines selbstmitleidigen Jüngers bei ihm zu bemerken gewesen wäre.

König Darius erließ ein Gesetz, das es 30 Tage lang bei Strafe verbot, irgendeinen anderen Menschen oder Gott, außer König Darius selbst, anzubeten. Daniel kümmerte sich nicht darum und betete Gott auch weiterhin bei offenem Fenster an. Als er deswegen vor Gericht gestellt wurde, gestand er bereitwillig den Verstoß gegenüber dem Erlaß und akzeptierte das Urteil, in eine Löwengrube geworfen zu werden. Es stimmt, Gott hat Daniel geholfen, aber er tat es erst, nachdem Daniel Gehorsam gezeigt, und seine Bereitschaft bewiesen hatte, Gottes Weg kompromißlos zu folgen.

2. Prioritäten bei der Zeiteinteilung

Es gibt kein biblisches Prinzip, das die wöchentliche Arbeitszeit auf 40, 60 oder 80 Wochenstunden festlegt. Es gibt jedoch viele Belege dafür, daß eine Sechstagewoche nicht übertrieben ist.

Im heutigen Wirtschaftsleben existieren zwei gegensätzliche Standpunkte. Angestellte glauben, daß es eine Belohnung wert ist (Überstunden), wenn sie mehr als 35 Stunden pro Woche arbeiten, und Arbeitgeber denken, daß weniger als 60 Wochenstunden reine Faulheit sei. Beide Standpunkte sind extrem.

Wenn ein Unternehmer so übertrieben lange arbeitet, daß er keine Freizeit oder Erholung mehr hat, so etabliert er oder sie ein ungeschriebenes Gesetz: »Wenn man nicht bis spät abends arbeitet, hat man in dieser Firma keinerlei Aufstiegschancen.«

Das setzt die Angestellten unter Druck und macht sie letzten Endes weniger produktiv. Die Mentalität, die in solchen Unternehmen herrscht, ist als »Burnout-Mentalität« bekannt. Das bedeutet, daß Unternehmer ihre besten Leute so lange beschäftigen, bis diese nicht mehr können und sie dann wieder durch neue ersetzen. Der Umsatz solcher Unternehmen ist in der Regel enorm. Um den Streß auszugleichen, den die Arbeit in einem solchen Unternehmen verursacht, werden meistens hohe Gehälter bezahlt.

Unternehmer, die diese Einstellung haben, sind oft davon überzeugt, gute Mitarbeiter durch hohe Löhne an sich binden zu können. Ich habe festgestellt, daß Menschen sich durch Geld nie dauerhaft motivieren lassen. Eine zu niedrige Lohnpolitik vertreibt die besten Mitarbeiter, das ist richtig. Aber niemand läßt sich an eine Arbeit binden, die sein Leben vollkommen beherrscht. Sobald die Mitarbeiter eines solchen Unternehmens nämlich genug gespart haben, um weniger verdienen zu müssen, werden sie kündigen und Geld gegen Zeit eintauschen.

3. Ethische Prioritäten

Nachdem Sie die Prioritäten festgesetzt haben, wie Sie Ihr Geld verwenden und wie Sie die Ihnen zur Verfügung stehende Zeit einteilen wollen, müssen Sie die ethischen Richtlinien festlegen, nach denen sich Ihr Unternehmen richten soll. Steuerhinterziehung, Betrug und Veruntreuung von Firmeneigentum sind die Geschäftspraktiken, die zwar in fast jedem Betrieb üblich sind, aber gegen ethische Grundsätze verstoßen. Ich werde zunächst auf jeden Bereich einzeln eingehen und anschließend den biblischen Grundsatz skizzieren, wie man mit nicht ethischem Verhalten umgeht.

Steuern

Am deutlichsten werden die geistlichen Werte eines Unternehmers durch den Grad an Bereitschaft demonstriert, Steuern zu bezahlen.

Niemand bezahlt gerne Steuern. Und die wenigsten, die Steuern für Straßenbau, Schulen und Verteidigung als wichtig erachten, bezahlen sie gerne. (Wie jeder andere auch, verlangen sie die Senkung ihrer Steuerlast.) Trotzdem, Betrügereien bei der Einkommenssteuer oder bei jeder anderen Steuer sind eine Sünde, und Sünde trennt uns von Gott.

Solange Sie nicht glauben, daß Ihre Beziehung zu Gott das wichtigste Gut in Ihrem Leben ist, werden Sie für jede Art von Sünde immer eine leichte Beute sein.

Ich bin davon überzeugt, daß Unregelmäßigkeiten bei der Einkommensteuererklärung die verbreitetste Sünde unter christlichen Geschäftsleuten ist. Viele Betrügereien werden so geschickt gemacht, daß nicht einmal die besten Steuerprüfer sie entdecken können – aber Gott weiß darum.

Im Laufe der Zeit habe ich wahrscheinlich alle Methoden der Steuerhinterziehung irgendwie mitbekommen. Ich habe viele bekennende Christen erlebt, die ihre Steuern noch nie voll bezahlt und nur selten, wenn überhaupt, darüber nachgedacht haben, ob ihr Verhalten nicht Sünde sein könnte. Viele dieser Menschen spenden großzügig für die Anliegen Gottes. Viele leisten hervorragende Arbeit bei der Verkündung seiner Botschaft und der Verbreitung des Evangeliums.

Sie haben nur ein gemeinsames Problem: Sie finden in ihrem geistlichen Leben nur wenig Frieden und Erfüllung. Solange sie unter Menschen sind, die ihren schauspielerischen Fähigkeiten Raum geben, sind sie dynamische Christen. Sobald sie dann aber wieder mit sich alleine sind, wissen sie, daß ihnen etwas in ihrer Beziehung zu Jesus fehlt.

Vor einigen Jahren hielt ich einen Vortrag in einer Stadt im Westen der Vereinigten Staaten. Unter anderem sagte ich auch, daß Steuerhinterziehung zu den gängigsten Sünden unter christlichen Geschäftsleuten gehöre. Ich bekannte meine Überzeugung, daß Steuerbetrüger (wie auch Betrüger in jedem anderen Unternehmensbereich) von Gott nicht gebraucht werden können, und daß Gott sie so lange einfach nicht beachtet, bis sie ihre Sünden bereuen und bekennen. Sobald ich das gesagt hatte, fiel mein Blick auf einen Mann in der zweiten Reihe, der daraufhin seinen Notizblock zuklappte und die dreißig Minuten bis zur Pause mit finsterer Miene dasaß. Danach kam er direkt zum Podium. Er drängelte sich durch die Menge und stürmte auf mich zu.

»Ich verstehe nicht, wie Sie sich als Christ bezeichnen und etwas derart Unbiblisches lehren können«, sagte er anklagend.

Das war meine erste direkte Begegnung, die ich mit einem Christen hatte, der die Meinung vertrat, daß es unbiblisch ist, überhaupt Steuern zu bezahlen. Erst seit damals fällt mir auf, wie viele Christen der Meinung sind, daß es, weil unsere Regierung auch unchristliche Projekte unterstützt, für Christen unvereinbar ist, Steuern zu bezahlen.

Es steht außer Zweifel, daß die Regierung Dinge unterstützt, die nicht im Einklang mit der Heiligen Schrift stehen. Ich denke da nur an Abtreibung, Homosexualität und Humanismus. Aber die damalige Regierung Roms war in dieser Beziehung nicht viel besser, und Jesus sagte bezüglich Steuern trotzdem: »So gebt dem Kaiser, was dem Kaiser gehört« (Mt. 22,21).

Inzwischen hörten viele unserer Diskussion zu. Anscheinend war seine steuerfeindliche Haltung in dieser Stadt bekannt, in der er auch einer Gemeinde vorstand. (Er besaß ein großes Bauunternehmen und brauchte daher kein Einkommen aus der Kirche, die er viele Jahre zuvor mitgegründet hatte.)

Ich fragte meinen Ankläger, wann er zu dieser Überzeugung gekommen sei, und ob er jemals Einkommensteuern bezahlt habe.

»Ich bezahlte meine Einkommensteuer so lange, bis ich erfuhr, daß das sechzehnte Nachtragsgesetz nie rechtskräftig bestätigt worden war. Deshalb ist die Einkommensteuer verfassungswidrig«, verteidigte er sich.

»Wo bleibt bei dieser Lehre der Bezug zur Bibel?« fragte ich ihn. Ich war mit dem Argument vertraut, daß die Steuergesetzgebung illegal sei. Da sie aber vom Obersten Gerichtshof gebilligt worden war, ging ich davon aus, daß sie rechtskräftig bestätigt worden war, egal ob sie mir fair erschien oder nicht.

»Gott möchte nicht, daß wir eine heidnische Regierung unterstützen«, schrie er in seiner besten Predigerstimme. »Diese Regierung ist gegen Gott, und daher sollten wir gegen diese Regierung sein.«

»Kennen Sie den Inhalt der Lehre von Paulus im dreizehnten Kapitel an die Römer?« fragte ich ihn.

In der Zwischenzeit hatten sich zu unserer Gruppe auch einige Mitglieder seiner Gemeinde gesellt, die zu seinen Äußerungen zustimmend nickten.

»Ich kenne sie«, antwortete er und erhob den Zeigefinger. »Ich weiß, was Sie mir jetzt sagen werden. Sie meinen, daß die Anweisungen von Paulus sich auch auf unsere Einkommensteuer mitbeziehen. Aber Paulus meinte in diesem Kapitel die Tempelsteuer, die an die Synagoge zu entrichten war.«

»Was ist denn mit der Steuer, die Jesus in Matthäus Kapitel 22 ansprach, als er von den Pharisäern befragt wurde?«

Diese neue Frage hatte ihn aus dem Gleis geworfen. Er hielt eine Minute inne, weil er ja Argumente gegen die Anweisungen von Paulus im Römerbrief gesammelt hatte. Dann fing er sich wieder. »Das ist unwichtig«, erwiderte er unnachgiebig. »Die Steuern, die man von uns verlangt, sind illegal und daher vollkommen freiwillig. Wenn man nicht zahlen will, kann die Regierung einen auch nicht dazu zwingen.«

»Also meinen Sie, daß die Bezahlung unserer Steuern eher in unser Belieben gestellt, als von der Bibel geboten ist?« wollte ich von ihm wissen.

»Ja, wahrscheinlich ist das so. Es ist verfassungswidrig, daß die Regierung Einkommensteuer verlangt. Und außerdem«, fuhr er fort – sich sicher, jetzt die Oberhand gewonnen zu haben – »ist Geld kein echtes Zahlungsmittel. Nur Gold ist kein Falschgeld.«

»Nun, darauf würde ich Ihnen zwei Antworten geben. Erstens können Sie die Steuern dann doch ruhig mit dem Falschgeld bezahlen, das die Regierung druckt. Dagegen wird sie bestimmt nichts einzuwenden haben. Zweitens, wenn Sie die Einkommensteuer tatsächlich für verfassungswidrig halten, dann sollten Sie, um sich nicht den Anschein der Steuerhinterziehung zu geben, die für Sie anfallenden Beträge auf ein Sperrkonto überweisen und dann die Regierung auf Annullierung des Gesetzes verklagen. Wenn Sie im Recht sind, müssen Sie dem System, das Ihnen diese Freiheit gibt, eine Chance geben.«

Dann fügte ich hinzu: »Ich glaube jedoch, daß Ihr eigentlicher Grund, warum Sie keine Steuern bezahlen wollen, Gier und nicht Ihre Überzeugung ist, und wenn ich mich nicht täusche, dann verführen Sie viele Menschen aus dem Volk Gottes zur Sünde und berauben sie zusätzlich ihrer Belohnung dafür, daß sie ein wichtiger Teil in Gottes Plan für unsere Gesellschaft sind.«

Wütend verließ der Mann das Podium. Er murrte noch, ich sei ein Idiot und Satan gebrauche mich, um wahre Nordamerikaner zu verwirren.

Später erfuhr ich, daß sehr viele gutgläubige Christen ihm gefolgt waren und ebenfalls keine Einkommensteuer bezahlt hatten. Viele Monate später hörte ich dann, daß man eben diesen Mann bei Liebesaffären mit verschiedenen Frauen seiner Gemeinde ertappt hätte. Wenn sich jemand entschließt in Sünde zu leben, vermehren sich die Möglichkeiten, sich noch tiefer in Sünde zu verstricken.

Das letzte, was ich von diesem seltsamen Pastor erfuhr, war, daß er wegen

Steuerhinterziehung angeklagt war und auf seine Verhandlung wartete. Bei einer Verurteilung drohten ihm bis zu dreißig Jahre Haft.

Betrug

Mich erstaunt immer wieder der Grad an Unehrlichkeit in unserer Gesellschaft, der vom Durchschnittsbürger noch als normal akzeptiert wird.

Oft haben wir klare Beweise dafür, wie unehrlich Politiker sind und wählen sie trotzdem wieder in ein öffentliches Amt. Wir hören von Athleten, die gegen die Regeln verstoßen, und dennoch organisieren Fans Kampagnen, um ihre Sperren aufzuheben.

Der Bereich, in dem die USA aber am wenigsten Unehrlichkeit toleriert, ist die Geschäftswelt. Nicht, daß man von den Unternehmern so viel Ehrlichkeit erwartet. Es ist eher so, daß die meisten Menschen das Gefühl haben, schon einmal das Opfer von den Betrügereien eines Unternehmens gewesen zu sein.

In den vergangenen Jahren haben sich zahlreiche Studien mit der Messung des »Ehrlichkeitsindex« des durchschnittlichen US-Bürgers, sowohl von Verbrauchern als auch von Händlern, befaßt. Die Resultate sind traurig. Die gängigste Form von Betrug ist der Versicherungsbetrug. Viele der befragten Geschäftsleute glaubten sogar ein Recht dazu zu haben, einen bestimmten Ertrag von der Versicherungsgesellschaft abzuschöpfen, nachdem sie mehrere Jahre ihre Beiträge bezahlt hatten. Sie betrachteten die Versicherungsbeiträge als eine Art Rentenfonds, aus dem man nach einigen Jahren einen Rückfluß erwarten konnte.

Diese Haltung ist anscheinend auch in ärztlichen Berufen die Regel. Ein christlicher Arzt, der es gut meint, hintergeht eine Versicherungsgesellschaft oft zum Vorteil seiner Patienten.

Der Ablauf ist einfach: Sobald der Patient seinen (zu geringen) Anteil bezahlt hat, erhöht der Arzt die Rechnung auf den eigentlichen Betrag. Dann wird die gesamte Rechnung von der Versicherung beglichen. Viele unserer Radiozuhörer rufen zwar empört über diese Praktiken an, haben aber Angst, ihre Ärzte damit zu konfrontieren. Selbst wenn man mit den besten Absichten betrügt, verlieren alle.

Betrug ist auch in anderen Geschäftsbereichen weit verbreitet. Jim, ein Freund von mir, beteiligte sich vor kurzem an einem Kfz-Handel. Sein Partner war ein Christ, der mehrere solcher Firmen besaß.

Als Jim die Geschäftsführung übernahm, war er von dem, was er vorfand, erschüttert. Die Verkäufer betrogen die Kunden damit, daß sie den Preis für Neuwagen zunächst sehr hoch angaben, um anschließend bis zum angeblichen Händlerpreis herunterzugehen, wobei dieser Preis mit dem Einkaufspreis nicht im entferntesten etwas zu tun hatte.

In der Serviceabteilung rechnete man Leistungen ab, die nie erbracht worden waren, so daß die vom Hersteller geleisteten Garantiezahlungen den Händlergewinn steigerten.

Kleinere Probleme mit Mängeln der Innenausstattung oder Fertigung wurden schlichtweg ignoriert, da man wußte, daß der Durchschnittskunde wegen solcher Probleme nicht andauernd zurückkommen würde. Die Arbeitseinstellung der Werkstatt war, kleinere Probleme unbearbeitet zu lassen, es sei denn, der Kunde beschwerte sich. Man reagierte aber auch dann erst nach dem dritten Anlauf!

Jim fand auch heraus, daß ein Abkommen mit einer Finanzierungsgesellschaft für die Vermittlung neuer Kunden bestand, das jedem Verkäufer bis zu zweihundert Dollar Prämie zusicherte. Viele ahnungslose Käufer gingen zu dieser Finanzierungsgesellschaft, wo sie oft Zinsen und Gebühren bezahlen mußten, die mehrere Prozent höher waren, als bei den lokalen Banken.

Als Jim diese Unregelmäßigkeiten mitbekommen hatte, entließ er die Verkaufs- und Serviceleiter und setzte der fehlenden Moral ein Ende.

Als nach drei Monaten die Gewinne um 25 Prozent gefallen waren, wollte sein Partner die Gründe dafür wissen. Als er von den Veränderungen erfuhr, wurde er wütend.

»Sei doch kein Idiot!« fuhr er seinen Partner Jim an. »Du hast ja keine Ahnung, wie man so einen Betrieb führt. Du hältst dich von nun an an das, was ich dir sage, und es wird uns gutgehen.«

»Und was ist mit den Kunden? Hintergehen wir sie nicht?« fragte Jim erstaunt. Er kannte seinen neuen Partner zwar schon seit vielen Jahren, doch offensichtlich kannte er ihn nicht wirklich. Der Mann hatte beteuert, Christ zu sein, und er war bisher mit Jim immer gut umgegangen, so daß Jim bezüglich einer geschäftlichen Zusammenarbeit keinen Zweifel hatte.

»Hör mal, Jim. Was die Kunden nicht wissen, tut ihnen auch nicht weh. Wenn sie glauben, ein gutes Geschäft abgeschlossen zu haben, werden sie zufrieden sein. Außerdem denken ja gerade sie, daß sie uns übers Ohr hauen. Wo ist da der Unterschied?«

»Ich bezeichne ihn mit Integrität«, waren Jims Abschiedsworte. Am Ende verkaufte er seinem Partner und legalen Eigentümer seinen Anteil zurück.

Gottes Wort sagt deutlich, daß Betrug immer offenbar werden wird: »Wer aufrichtig seinen Weg geht, geht sicher, wer krumme Wege geht, wird durchschaut« (Spr. 10,9). Absolute Ehrlichkeit ist die Mindestanforderung an jeden Christen. Wenn ein Geschäft nicht in Ehrlichkeit überleben kann, sollte man sich etwas anderem widmen.

Veruntreuung von Firmeneigentum

Ich hätte diesen Punkt bei der Behandlung der Einkommensteuer erwähnen können, da sie miteinander verwandt sind. Aber da der Gebrauch (oder Mißbrauch) von Firmeneigentum unter christlichen Firmeneignern weit verbreitet ist, lohnt sich die separate Erläuterung.

Die meisten Firmeninhaber haben weitreichende Maßnahmen eingeführt, um den Mißbrauch des Firmeneigentums durch Angestellte zu verhindern.

Die jährlichen Verluste der US-Wirtschaft durch Angestelltendiebstahl werden auf fast 160 Milliarden Dollar geschätzt.

Ich frage mich aber immer wieder, wie hoch wohl der von den Eigentümern verursachte Diebstahl von Firmengeldern ist. Absolut gesehen ist er wahrscheinlich geringer als der von Angestellten verursachte Schaden. Bei einer Pro-Kopf-Betrachtung dürfte die Summe aber weitaus höher sein.

Firmeninhaber leben in dem Glauben, daß sie das Firmeneigentum als ihr Privateigentum behandeln dürfen. Da unsere Gesetzgebung anders lautet, ist eine solche Handlung Sünde (= das Ziel verfehlen). Die gängigsten Formen dieses Mißbrauchs sind die folgenden:

1. Firmenwagen

Von wenigen Ausnahmen abgesehen, werden Firmenwagen in der Regel auch für private Zwecke genutzt. Wenn das der Fall ist, sollten die so entstandenen Kosten vom Privatkonto zurückerstattet werden. Alternativ kann man den privaten Gebrauch auch in der Steuererklärung angeben und besteuern lassen. Diese Möglichkeit wird normalerweise in den Firmenstatuten näher erläutert.

2. Telefonate

Ich würde die Behauptung wagen, daß die meisten Firmenbesitzer nicht davor zurückschrecken, private Ferngespräche auf Firmenkosten zu führen. Die korrekte Verfahrensweise ist hier die gleiche wie beim Firmenwagen – entweder eine Rückerstattung oder die Angabe in der Steuererklärung.

3. Fotokopierer, Bleistifte, Kugelschreiber, Papier

Diese Gegenstände werden üblicherweise als ein selbstverständlicher »Bonus« dafür betrachtet, daß man Eigentümer der Firma ist. In Wirklichkeit kann es aber auch eine Falle Satans sein, der weiß, daß nach einem kleinen Betrug der nächste Schritt in diese Richtung immer leichter fällt.

Firmeneigentümer müssen vor diesen kleinen Betrügereien wachsam sein, damit sie nicht durch weitere, noch größere Betrügereien, in Probleme geraten. So heißt es in Sprüche 4,14: »Betritt nicht den Pfad der Frevler, beschreite nicht den Weg der Bösen!«

Bekennen und wiedergutmachen

In der Regel ist es einfacher, der Versuchung, die Firma zu bestehlen oder zu lügen, zu widerstehen, als danach den Betrug bekennen zu müssen und ihn wiedergutzumachen. Bekenntnis und Wiedergutmachung ziehen fast immer unangenehme Folgen nach sich.

Oft glauben Christen, daß Gott von ihnen nur verlangt, weitere Unregelmäßigkeiten zu unterlassen. Das stimmt nicht. Gott verlangt von uns, die Sünde zu unterlassen, sie zu bekennen und die bestmögliche Wiedergutmachung anzubieten.

Die Bibel enthält Hunderte solcher Beispiele. Wenn ich an diesen Grundsatz denke, erinnere ich mich immer an das Beispiel des Zachäus: »Zachäus aber wandte sich an den Herrn und sagte: Herr, die Hälfte meines Vermögens will ich den Armen geben, und wenn ich von jemand zu viel gefordert habe, gebe ich ihm das Vierfache zurück« (Lk. 19,8).

Als er der Wahrheit gegenüberstand, bereute er die Sünde, Menschen betrogen zu haben und bekannte dies. Im Anschluß bot sich Zachäus an, eine doppelt so hohe Wiedergutmachung zu bezahlen, als sie das jüdische Gesetz verlangt hätte.

Vor einigen Jahren begegnete ich einem christlichen Geschäftsmann, dem es sehr zugute gekommen wäre, wenn er sich nach dem Beispiel des Zachäus gerichtet hätte. Dieser Mann leitete eine große Kosmetikverpackungsfirma, die sich wegen Fehlinvestitionen in finanziellen Problemen befand. Ein Investitionsstop wäre die einfachste Lösung seiner Probleme gewesen. Die Verpackungsfirma war rentabel und hatte gute Möglichkeiten, ihre Marktanteile auszuweiten. Mein Rat war einfach: »Hören Sie auf, gutes Geld in Nebengeschäften zu verlieren.«

Nach einigen Monaten rief mich dieser Mann sehr besorgt an: Eine weitere Investition drohte ihm Verluste von annähernd einer Million Dollar zu machen. In den folgenden Tagen telefonierten wir mehrmals miteinander. Nachdem ich die finanzielle Situation des neuen, eigentlich vielversprechenden Unternehmens genauer studiert hatte, merkte ich, daß es hoffnungslos verschuldet und nicht mehr zu retten war.

Also fragte ich ihn: »Warum um alles in der Welt haben Sie eine Million Dollar für dieses Geschäft riskiert? Wenn Sie nur die Produktion Ihrer Verpackungsfirma optimieren würden, hätten Sie das Geld, das Sie brauchen.«

Ehrlich gesagt glaubte ich bis dahin, daß er einer der typischen Kleinunternehmer war, die unbedingt einen Konzern gründen wollten. Was aber nicht ganz paßte war, daß dieser Mensch nicht das übersteigerte Ego von Leuten mit solchen Beweggründen besaß. Er war gehorsam und bescheiden – in anderen Worten, ein netter Kerl.

Einige Tage darauf rief er mich zu Hause an und fragte, ob er und seine Frau am nächsten Vormittag nach Atlanta fliegen könnten, um mich zu treffen. Aus seiner Stimme hörte ich die Dringlichkeit der Angelegenheit heraus, stimmte zu und bat meine Sekretärin, meine anderen Termine entsprechend umzulegen.

Am nächsten Tag erzählte mir dieser Mann im Büro eine der eindrucksvollsten Geschichten über Unehrlichkeit im Geschäftsleben, die ich jemals gehört habe.

»Ich habe das Unternehmen von meinem Vater geerbt«, sagte er mit gesenktem Kopf. »Vater hat es zwanzig Jahre lang geführt und sich in der Branche einen Namen gemacht. Das Potential des Unternehmens wurde aber nie ausgenutzt. Also gründete ich eine Transportfirma, um die Anlieferung der

Rohmaterialien und den Vertrieb der Fertigprodukte selber übernehmen zu können. Da uns aber das Kapital für einen großen Fuhrpark fehlte, nahmen wir auf das Unternehmen einen Kredit auf.

Die Kosten der Transportfirma waren höher als erwartet. Da es aber eine hohe Investition war, stockte ich den Kredit auf. Innerhalb eines Jahres geriet ich in derartige finanzielle Probleme, daß der Firma der Niedergang und meiner Mutter der Verlust ihres Lebensunterhalts drohte.

Die Firma, für die wir verpackten, hatte nie den Durchbruch in die Supermärkte geschafft, weil ihre Kosten zu hoch waren. Ich wußte aber, daß unser Verpackungsunternehmen von einem Durchbruch profitieren würde. Also beauftragte ich einen Chemiker mit der Analyse ihrer Produkte, und wir stellten schließlich ihre Kosmetika aus billigeren Rohstoffen her. Wir vermischten unsere nachgemachten Kosmetika zur Hälfte mit ihrem Original und schafften so den Sprung auf den neuen Absatzmarkt. Unsere Plagiate waren sofort erfolgreich, und unsere Produktion verdoppelte sich.

Innerhalb eines Jahres waren wir schuldenfrei. Dann bekam ich Gewissensbisse und hörte schließlich damit auf.«

»Hatte das andere Unternehmen von dem was Sie machten denn keine Ahnung?« fragte ich ihn.

»Dessen bin ich mir sicher«, antwortete er und schaute zu seiner Frau hinüber, die zustimmend nickte. »Da wir ihre Produkte nur zur Hälfte mit den unseren vermischten, stieg unsere Bestellmenge stark an, aber der Verkaufserlös für ihr eigentliches Produkt entwickelte sich nicht proportional. Ich glaube, sie haben beide Augen zugedrückt, denn durch unsere Order vergrößerte sich ihr Geschäftsvolumen, ohne daß sie das Risiko und die Kosten des scharfen Wettbewerbes in den Supermärkten tragen mußten.

Durch den Anstieg der Erdölpreise machte unsere Transportfirma aber wieder Verluste, so daß wir die Prozedur wiederholen mußten, um die Verluste auffangen zu können. Jetzt steht unser Unternehmen aber an einem Punkt, an dem es von dem Verkauf der nachgemachten Kosmetika abhängig ist und wir nicht mehr damit aufhören können.«

Ich fragte ihn, ob er sich dessen bewußt sei, daß er nicht nur unehrlich, sondern wahrscheinlich sogar illegal vorgegangen sei.

»Das weiß ich«, sagte er unangenehm berührt, »aber wir stecken so tief in der Klemme, daß ich keinen Ausweg sehe. Über hundert Angestellte samt Familien leben von unserer Firma.«

Dieser Mann rechtfertigte seinen Betrug mit den Bedürfnissen anderer. Diese Haltung nennt man »Augenwischerei«, man lenkt vom eigentlichen Problem ab.

Aber die Entscheidung mußte das Ehepaar und nicht ich treffen. Trotzdem empfahl ich ihnen, daß der Ehemann zur Muttergesellschaft gehen sollte, um alles zu gestehen und die Konsequenzen zu tragen. »Am Ende wird alles ans Tageslicht kommen, ohne daß Sie vorher die Möglichkeit hatten, alles zu bekennen«, sagte ich ihnen. »Nutzen Sie diese Möglichkeit, solange es noch nicht zu spät ist.« Das war das Ende unseres Gesprächs.

Einige Wochen darauf rief mich der Ehemann ganz außer sich an und erzählte, daß einer der in der Vermischungsprozedur tätigen Angestellten entlassen worden war. Aus Verärgerung war dieser Angestellte zur Muttergesellschaft gegangen und hatte ihnen alles erzählt. Er gab dem Vorstand sogar eine schriftliche Aussage, der daraufhin eine Zwangsprüfung der Verpackungsfirma veranlaßte.

Nach Abschluß der Buchprüfung annullierten sie den Vetrag mit diesem »christlichen« Geschäftsmann, verlangten die Auflösung der Firma und beanspruchten die Erlöse mit der Begründung, daß die Gewinne zu ihrem Nachteil erwirtschaftet worden seien, so daß die Erlöse aus dem Firmenverkauf ihnen zustünden.

Am Ende kam die Verpackungsfirma schließlich doch noch mit einem blauen Auge davon, weil nachgewiesen werden konnte, daß auch die Kosmetikfirma aus dem illegalen Geschäft hohe Gewinne erzielt hatte. Sie verzichtete daraufhin auf eine Klage, weil ein Prozeß keine gute Werbung gewesen wäre. Der eigentliche Verlust war hier aber der Verlust der Glaubwürdigkeit eines selbsterklärten christlichen Unternehmers gewesen.

Kapitel 6

Gelübde einhalten

Ein Gelübde kann man als aufrichtiges Versprechen oder Zusage definieren, durch das man sich verpflichtet hat, auf eine bestimmte Art und Weise zu handeln. Der Begriff des Gelübdes kommt in der Bibel häufig vor und bezieht sich dabei entweder auf ein Versprechen oder eine Zusage. Er betont besonders die Verpflichtung, sich an das Gelobte zu halten.

So steht in 5. Mose Kapitel 23, Vers 24: »Was deinem Mund entfahren ist, darauf sollst du auch achten, und du sollst es halten, da du dem Herrn, deinem Gott, ja aus freien Stücken gelobt hast, was dein Mund genannt hat.« Das bedeutet nichts anderes, als daß wir verpflichtet sind, unser Wort auch zu halten!

Leider denkt heute nicht mehr jeder so. Die meisten Menschen sind der Meinung, daß es nicht unbedingt nötig ist, jedes Versprechen zu halten: »Ich halte mein Versprechen, solange es mir etwas bringt«, oder »Ich halte es nur, wenn der Richter mich dazu zwingt.« Eine solche Einstellung läuft darauf hinaus, daß man sein Versprechen nur dann hält, wenn es von Vorteil ist, sonst bricht man es.

Diese Einstellung ist im Leistungssport besonders sichtbar. Ein Sportler, der einen Eine-Million-Dollar-Vertrag bekommen hat, ist so lange damit zufrieden bis er erfährt, daß ein anderer Sportler einen Zwei-Millionen-Dollar-Vertrag unterzeichnet hat. Dann ist er verärgert und spielt erst wieder, wenn sein Vertrag »neu ausgehandelt« worden ist.

In diesem Fall geht es ganz offensichtlich nicht um den Wert einer Arbeit. Wer kann denn ernsthaft behaupten, daß es Sportler gibt, deren Tätigkeit im Vergleich zu anderen Berufen, Millionen wert ist?

Bei der Einhaltung von Verträgen geht es um Integrität und Werte. Leider sind diese in unserer Gesellschaft kaum noch anzutreffen.

Das gleiche gilt für einen Bauunternehmer, der seinen Bau unterbricht, weil er festgestellt hat, daß seine Kalkulation zu niedrig angesetzt war; wenn ein christlicher Redner einen Vortrag absagt, weil er ein besseres Angebot bekommen hat; wenn ein Teenager Samstag morgens bei McDonald's nicht zur Arbeit erscheint, weil ihm die gestrige Party noch zu sehr in den Gliedern steckt.

Eine Gesellschaft, die ihre christlichen Wurzeln verloren hat

In unserer heutigen Gesellschaft ist es schon so normal geworden, seine Versprechen zu brechen, daß Fluggesellschaften dazu übergegangen sind, ihre Flüge mit 30 Prozent überzubelegen, weil sie mit so vielen Stornierungen rechnen müssen. Das hört sich so lange nicht sonderlich bedrohend an, bis man merkt, daß dieses Phänomen für eine Gesellschaft symptomatisch ist, die gar nicht mehr damit rechnet, daß Versprechen eingehalten werden.

Jene, die ihre Versprechen konsequent erfüllen, werden oft als Einfaltspinsel abgestempelt. Die meisten Leute gehen dann davon aus, daß jemand mit einer so komischen Einstellung von jedem problemlos ausgenutzt werden kann.

Noch vor fünfzig Jahren war es eine unumstößliche gesellschaftliche Norm, daß jedes Versprechen zu halten war. Wer sein Wort nicht hielt, wurde von den anderen gemieden und niemand wollte mit ihm etwas zu tun haben. Ich bezweifle, daß unsere Großeltern viele Menschen kannten, die Konkurs anmelden mußten oder ihre Rechnungen bei einem örtlichen Lieferanten nicht beglichen hatten.

Bis in die 20er Jahre gab es in den USA Schuldnergefängnisse, und Scheidungsanwälte hätten zu Zeiten unserer Großeltern ein kärgliches Dasein führen müssen.

Ehe und Elternschaft sind die zwei wichtigsten Gelübde, die man überhaupt ablegen kann. Wenn man sieht, wie sorglos diese gegenseitigen Versprechen gebrochen werden, kann man ahnen, wie sehr es unserer Generation an moralischen Werten mangelt. Ehen werden heute so schnell geschlossen und wieder gelöst, daß sie mich stark an meine »Schulhof-Freundschaften« erinnern.

Annähernd die Hälfte aller Ehen werden heutzutage geschieden. Wen wundert es da noch, daß es vielen Menschen bei einem so niedrigen Grad an Verbindlichkeit schwerfällt, eine Arbeit zu beenden, die ihnen nicht mehr lohnenswert erscheint?

Wenn Sie wirklich wissen wollen, wie tief unsere Gesellschaft in puncto Treue gegenüber Versprechen gesunken ist, dann werfen Sie einmal einen Blick auf die hohe Zahl an Säuglingen, die in unseren Entbindungsstationen einfach zurückgelassen werden. Sogar Eltern aus der Mittelschicht haben schon Neugeborene im Krankenhaus zurückgelassen, weil sie nicht »perfekt« waren. Vor kurzem las ich, daß ein Ehepaar sich weigerte, ihr Kind mit nach Hause zu nehmen, weil sich herausgestellt hatte, daß es an einer genetisch bedingten Lähmung litt.

Unsere Gesellschaft braucht wieder eine große Portion biblischer Moral, jener Ethik, die von uns verlangt, daß wir unsere Versprechen ungeachtet der Kosten einhalten. Die heute allgemein verbreitete Situationsethik hat unsere Gesellschaft schon so stark geprägt, daß selbst das Volk Gottes die Vorstellung verloren hat, daß es so etwas wie absolute Werte gibt – und das ist besonders wahr, wenn es darum geht, unser Wort einzuhalten.

Im Jahre 1984 streikten die Spieler der »National Football League« (NFL), weil sie mehr Geld und bessere Verträge haben wollten. Andere weigerten sich, den Streik zu unterstützen. Die Gemüter erhitzten sich derart, daß es Berichte von Mittelfeldspielern gab, die es der gegnerischen Mannschaft erlaubten, sich auf ihre eigenen Kameraden in der Abwehr zu stürzen, nur weil diese den Streik nicht unterstützten. Andere weigerten sich, mit langjährigen Mannschaftsmitgliedern gemeinsam zum Training zu fahren.

Zu dieser Zeit erhielt ich einen Anruf von einem Spieler, der Christ war und zwischen den Fronten saß. Er wollte sich in dem Streik so verhalten, wie es für einen überzeugten Christen richtig war. Da er die Prinzipien nicht kannte, die ihm in seiner Situation weiterhelfen konnten, suchte er bei mir diesbezüglich Rat. Er fühlte sich persönlich mit seinen Mitspielern verbunden, war aber gegenüber seinem Arbeitgeber vertraglich verpflichtet. Bisher hatte er weiterhin trainiert, aber mittlerweile bezichtigten ihn die anderen Spieler als Streikbrecher.

Er sagte mir am Telefon: »Larry, ich muß wissen, ob ich die Mehrheit der Mannschaft beim Streik unterstützen oder mich auf die Seite der Eigentümer stellen soll.«

»Wie ist die Stimmung unter den Spielern?«, fragte ich ihn.

»Es ist klar, wo sie stehen«, antwortete er. »Sie denken, daß jeder, der den Streik nicht unterstützt, nur auf den eigenen Vorteil bedacht ist. Aber mein Problem ist, daß ich nicht weiß, ob ich der Spielergewerkschaft oder den Teameigentümern gegenüber verpflichtet bin.«

»Mit wem hast du denn deinen Vertrag geschlossen?«

»Natürlich mit dem Besitzer des Footballvereins. Aber ich habe auch eine Erklärung für die Gewerkschaft unterschrieben, daß sie mich bei Streitigkeiten bezüglich Spielerverträgen vertreten können.«

»Bist du mit deinem Vertrag unzufrieden?«

»Eigentlich nicht, obwohl die Gewerkschaft den Streik mit dieser Begründung unterstützt. Aber ihr eigentlicher Grund liegt darin, daß ihr Vertrag mit der NFL abläuft und sie jetzt wollen, daß sie von den Spielern bei den Neuverhandlungen unterstützt werden.«

»Nun, du kannst nur an einen Vertrag gebunden sein. Wer bezahlt dein Gehalt?«

»Die Besitzer unseres Teams«, erwiderte er. »Aber die anderen werden dann sagen, daß ich deswegen nicht streike, weil ich mein Geld schon bekommen habe. Ich glaube zwar nicht, daß das mein eigentlicher Beweggrund ist, aber wie soll ich das den Spielern begreiflich machen? Mir geht es gut. Viele von ihnen haben schlechte Verträge, und ich weiß, daß sie mehr Geld verdienen sollten.«

»Das ist aber nicht dein Problem«, riet ich ihm. »Deine Aufgabe ist, deinen

Überzeugungen auf der Grundlage der Heiligen Schrift zu folgen. Erinnere dich an Prediger 5,3–4: »Wenn du Gott ein Gelübde machst, dann zögere nicht, es zu erfüllen. Die Ungebildeten gefallen Gott nicht: Was du gelobst, erfülle! Es ist besser, wenn du nichts gelobst, als wenn du etwas gelobst und nicht erfüllst.«

»Das weiß ich auch, aber wenn ich das tue, bin ich nicht mehr besonders beliebt bei meinen Mitspielern!« befürchtete der Spieler.

»Gott hat nie behauptet, daß es leicht sein würde, ihm nachzufolgen. Jesus warnte sogar: Wer mein Jünger sein will, der verleugne sich selbst, nehme sein Kreuz auf sich und folge mir nach« (Mt.16,24).

»Stimmt, es ist nicht leicht! Aber wärest du vielleicht bereit, mit den anderen Christen in meiner Mannschaft darüber zu reden? Bis jetzt haben nicht einmal sie meinen Standpunkt akzeptiert.«

»Das mache ich gerne. Ich komme sowieso bald in eure Gegend. Mache mit ihnen am Mittwoch einen Termin aus, ich werde kommen.«

Unser Treffen war schnell vorbei. Die anderen christlichen Spieler (insgesamt 14) brachten einen Pastor mit, der ihre Position bezüglich des Streiks unterstützte. Ich fragte ihn, wie er seine Meinung biblisch begründe. Daraufhin erwiderte er mir, daß die Eigentümer gefühllos und schäbig seien. »Und außerdem«, sagte er, »hat in diesem Fall nur die Gewerkschaft etwas zu sagen.«

»Aber wer bezahlt denn die Gehälter, und wer hat die Verträge ausgehandelt?« fragte ich.

»Das ist doch völlig nebensächlich«, antwortete er zornig. »Die Spieler wurden gezwungen, Verträge zu unterzeichnen, die ihnen nicht einmal eine Arbeitsstelle zusichern, falls sie sich so schwer verletzen sollten, daß sie nicht mehr spielen können.«

»Ich bin ja auch ihrer Meinung, daß ein typischer NFL-Vertrag nur den Vereinsbesitzern Vorteile bringt«, erwiderte ich. »Aber darum geht es hier ja nicht. Das ist ja nicht einmal der Grund für den Streik. Es geht nicht um den Inhalt der unterzeichneten Verträge, sondern darum, daß die Spieler mehr Geld wollen. Ich bezweifle, daß es hier in erster Linie um Überzeugung oder Prinzipien geht.«

Der weitere Verlauf dieser kurzen Begegnung entwickelte sich zunehmend zu einem Schreiwettbewerb, den die lautesten Schreier gewannen.

Nur ein weiterer Spieler, der Spielführer, erklärte am Ende, daß er jetzt davon überzeugt sei, daß es besser sei, nicht zu streiken. Er sagte, daß er den Vertrag unterzeichnet und sich damit zum Spielen verpflichtet habe, und daß er dieses Versprechen so lange erfüllen würde, bis der Eigentümer ihm verbiete, das Spielfeld zu betreten.

Das gefiel seinen Mitspielern keineswegs, und letzten Endes brachte diesen guten Sportler seine Haltung um eine großartige Karriere. Wegen der feindseligen Stimmung ihm gegenüber wechselte er am Ende den Verein.

Während sich der Streik in die Länge zog, trainierten der Spieler, der mich angerufen hatte, und der, der bei dem Treffen seine Meinung geändert hatte, täglich zusammen im Park. Anfänglich wurden sie zwar noch von anderen begleitet, doch der Druck der Streikenden brachte diese auf die Streikposten zurück.

Schließlich verweigerten die Eigentümer auch den beiden Nichtstreikenden ihre vertraglich zugesicherten Gehälter und schickten sie nach Hause. Der Spielführer kam später vor ein Arbeitsgericht und wurde danach entlassen. Aber der Spieler, der mich zu Beginn des Streiks angerufen hatte, wurde der beste und wertvollste Spieler der Liga und brach alle Rekorde in der Geschichte der NFL. Er zweifelte nie an der Richtigkeit seiner Entscheidung, sich nach dem Wort Gottes gerichtet zu haben. Er hätte es selbst dann getan, wenn man ihn ebenfalls entlassen hätte.

Wieviel ist Ihr Wort wert?

Wenn früher jemand sein Wort gab, eine bestimmte Arbeit zu verrichten, dann hielt er es auch. Sonst hätte niemand mehr mit ihm etwas zu tun haben wollen. Wenn man heute ein Verhandlungsergebnis erzielt, braucht man noch mehrere Anwälte, die den Vertrag auf Lücken überprüfen, die es der anderen Partei erlauben könnten, sich ihren Verpflichtungen zu entziehen. Tatsächlich sind auch die erfolgreichsten und bestbezahltesten Anwälte jene, die Verträge so doppelsinnig aufsetzen können, daß man eine betrügerische Absicht zwar annehmen, aber nicht belegen kann.

Mein Vater war Elektriker, und ich kann mich noch genau daran erinnern, als er das Haus unseres Nachbarn für etwa 2000 Dollar neu verkabeln wollte. Während der Arbeit merkte er, daß er sich bei dem Auftrag um mehrere hundert Dollar verkalkuliert hatte.

Zur gleichen Zeit stieg wegen einer Kupferknappheit der Preis für Kabel. Mein Vater verlor bei diesem 2000-Dollar-Auftrag fast 1000 Dollar. Das war Anfang der 50er Jahre sehr viel Geld. Heutzutage würde jeder an meines Vaters Stelle sich entweder einen echten oder fiktiven Grund einfallen lassen, um eine Preiserhöhung zu rechtfertigen oder nach einer Möglichkeit suchen, sich aus dem Vertrag zu lösen. Mein Vater hat an eine solche Möglichkeit nicht einmal gedacht. Er ging zu seiner Bank, nahm eine Hypothek auf unser Haus auf und beendete die Arbeit. Der Kunde bedankte sich nicht einmal, weil er es nie erfuhr. Mein Vater tat nur das, was damals jeder ehrliche und moralisch handelnde Geschäftsmann in einer ähnlichen Situation getan hätte.

Ein Versprechen ist ein Versprechen

Roy war ein Antiquitätenhändler, der monatlich eine Auktion veranstaltete. Auf einer anderen Auktion erwarb er einen Schreibtisch, den er für einen wertvollen, alten, frühamerikanischen Schreibtisch hielt – einen »Jefferson-Schreibtisch«. Bei genauerer Betrachtung mußte er jedoch feststellen, daß es sich nur um einen sehr guten Nachbau handelte. Er beschloß, den Schreibtisch auf seiner nächsten Auktion zu verkaufen, um wenigstens das Geld, das er selbst investiert hatte, zurückzugewinnen. Am Tag vor der Versteigerung kam eine Frau in Roys Geschäft, sah den Tisch und verliebte sich in ihn.

»Wieviel kostet dieser wunderschöne alte Schreibtisch?« fragte sie.

»Nun, meine Dame, er ist nicht wirklich antik. Es ist nur ein sehr guter Nachbau«, erzählte Roy und seufzte innerlich. Er wußte, daß sie unmöglich den Unterschied erkennen konnte, wollte ihr aber nicht einen Nachbau als etwas Antikes verkaufen.

»Das macht mir nichts aus«, sagte sie. »Ich liebe ihn einfach. Was kostet er?«

»Nun, ich habe 400 Dollar dafür bezahlt. Ich verkaufe ihn für den Preis, den ich selbst dafür bezahlt habe.«

»Oh, das ist ein guter Preis«, antwortete sie begeistert. »Ich lasse Ihnen eine Anzahlung hier und komme später mit dem Rest des Geldes wieder.«

»Das ist nicht nötig«, antwortete Roy. »Es reicht, wenn Sie mir Ihre Telefonnummer und Adresse hinterlassen, damit ich den Schreibtisch zurücklegen kann, bis Sie wiederkommen.«

»Das ist sehr nett von Ihnen«, sagte sie, während sie ihm ihre Anschrift auf einen kleinen Notizblock kritzelte. »Ich hole ihn dann morgen Vormittag mit einem Lieferwagen ab.«

Roy war glücklich, sein Geld zurückbekommen zu haben. »Es ist wirklich ein guter Nachbau«, wiederholte er gedankenversunken beim Anblick des Schreibtisches. »Wären da nicht die Möwenschwänze auf den Schubladen, würde sich jeder täuschen lassen. Aber diesen Stil gab es im 18. Jahrhundert noch nicht.«

Am Abend vor der Auktion begannen die Interessenten, die Auktionsstücke durchzusehen. Ein Händler, den Roy gut kannte, machte am Schreibtisch mit dem »Reserviert«-Schildchen halt und inspizierte ihn sorgfältig. Roy konnte sein Lachen kaum unterdrücken, als er sah, wie der Händler auf allen vieren den Schreibtisch und die Schubladen von unten inspizierte – es war wirklich ein guter Nachbau.

Der Händler ging auf Roy zu. »Roy, wie ich sehe, hast du den Schreibtisch bereits zurückgelegt. Ich nehme an, daß du einen guten Preis dafür bekommen hast, oder?«

»Eigentlich nicht, Tom. Nur 400 Dollar, und die bekomme ich erst morgen.«

»400 Dollar!« rief er. »Warum denn so wenig? Ich gebe dir auf der Stelle 5 000 Dollar dafür.«

»5 000 Dollar? Bist Du verrückt geworden, Tom? Das ist kein echter Jefferson. Es ist nur eine Kopie, eine gute zwar, das gebe ich zu, aber eben doch nur eine Kopie.«

»Das ist keine Kopie, Roy. Nur die Schubladen wurden ausgetauscht. Die Kastanie ist aus dem 18. Jahrhundert, und die Handwerksarbeiten sind absolut original.«

Der Gedanke, daß sein Freund Recht haben könnte, durchfuhr Roy wie ein Blitz. Daran hatte er nie gedacht. Er war einfach davon ausgegangen, daß niemand so dumm sein könnte, ein Original zu verändern.

»Und ich sage dir noch was, Roy«, sagte der Händler sanft. »Ich glaube, das ist einer der Schreibtische, die bis kurz vor dem Bürgerkrieg noch in der Jefferson-Villa standen. Das kann sogar der noch fehlende Jefferson-Schreibtisch sein.«

»Wie bitte?« schrie Roy auf. »Das darf nicht wahr sein. Dieser Schreibtisch wird seit über hundert Jahren gesucht. Der Schreibtisch wäre mindestens 100 000 Dollar wert!«

»Eher 200 000 Dollar, Roy. Wenn du ihn wirklich noch nicht verkauft hast, würde ich dir raten, ihn wegzustellen.«

»Aber ich habe ihn doch schon verkauft«, sagte Roy. »Der Käufer holt ihn morgen ab.«

»Hast du denn schon Geld bekommen?«

»Nein, aber ich habe ihr mein Wort gegeben, daß sie ihn haben kann.«

»Hör mal, du kannst dir eine Ausrede einfallen lassen, oder ihr irgendeinen anderen Schreibtisch mitgeben. Ich würde diesen Tisch nicht für 400 Dollar hergeben. Wer weiß, was er wirklich wert ist? Womöglich ist es ein von Jefferson selbst gebautes Einzelstück. Du könntest von einem Sammler sogar eine Viertel Million Dollar für ihn bekommen.«

Den Rest des Abends rang Roy um eine Entscheidung. Er wußte, daß er den Tisch verkauft hatte. Da aber noch kein Geld im Spiel gewesen war, wußte er, daß sein Versprechen den Tisch zu verkaufen, rechtlich zumindest anfechtbar war.

Er lag mehrere Stunden wach im Bett. Dann beschloß er aufzustehen, einen befreundeten Anwalt anzurufen und sich nach dem legalen Weg zu erkundigen, wie er von dem Verkauf zurücktreten konnte. Als er jedoch sah, daß es schon zwei Uhr morgens war, begrub er seine Gedanken. »Außerdem«, sagte er zu sich selbst, »geht es hier sowieso nicht um eine rechtliche Angelegenheit.«

Als die Frau am nächsten Morgen wiederkam, um den Schreibtisch abzuholen, stand er nicht mehr im Geschäft. »Wo ist mein Schreibtisch?« fragte sie. »Sie haben ihn doch nicht an jemand anderen verkauft, nachdem Sie ihn mir versprochen hatten, oder?«

»Nein«, antwortete Roy. »Er ist noch hier. Ich habe ihn nur aus Sicherheitsgründen nach hinten gebracht.« Dann erzählte er ihr, was er über den Tisch in Erfahrung gebracht hatte und wie hoch sein tatsächlicher Wert war.

»In dem Fall wollen Sie ihn sicher nicht mehr verkaufen?« fragte sie traurig.

»Doch, ich werde ihn dennoch verkaufen«, erwiderte Roy. »Ich muß gestehen, daß ich mir die ganze Nacht lang den Kopf darüber zerbrochen habe. Aber als ich heute morgen betete, führte mich Gott zu einem Vers aus den Sprüchen, in dem geschrieben steht: ›Die Redlichen leitet ihre Lauterkeit, die Verräter richtet ihre Falschheit zugrunde‹ (Sprüche 11,3). Ich gab Ihnen mein Wort und muß es auch halten. Ich habe nur noch eine Bitte: Lassen Sie sich von niemandem dazu überreden, den Tisch zu verkaufen, Lady. Es ist ein Einzelstück.«

»In dem Fall kann ich ihn nicht annehmen. Wenn er wirklich so wertvoll ist, hätte ich andauernd Angst, daß irgend etwas passiert. Behalten Sie ihn und kümmern Sie sich, daß er an einen Ort kommt, an dem man ihn besichtigen kann.«

»Aber Madam, verstehen sie mich richtig? Der Schreibtisch ist wahrscheinlich zwischen 200 000 und 300 000 Dollar wert, und laut Gesetz gehört er jetzt ihnen.«

»Warum verkaufen Sie ihn dann nicht einfach und kaufen mir eine gute Reproduktion, die ich dann auch zum Arbeiten benutzen kann?« fragte sie im Hinausgehen. »Rufen Sie mich doch einfach an, sobald Sie etwas Passendes gefunden haben, in Ordnung?«

Roy verkaufte den Schreibtisch an ein Washingtoner Museum für 230 000 Dollar. Er ließ nach seinen Anweisungen eine Jefferson-Reproduktion für 10 000 Dollar anfertigen und übergab diesen dann zusammen mit einem Scheck über 100 000 Dollar an die Frau. Er hatte gemerkt, daß ihm seine Integrität mehr als 200 000 Dollar wert war.

Richtlinien für Versprechen, die Sie auch einhalten können

Wir alle haben irgendwann einmal ein Versprechen gegeben, das wir später bereut haben. In meinem Fall handelt es sich dabei meist um Zusagen, irgendwo einen Vortrag zu halten, die ich dann später bereue. Normalerweise setzt mich eine solche Zusage nicht unter Druck, da sie manchmal schon einige Jahre im voraus gegeben worden ist. Aber dann vergeht die Zeit wie im Flug und die Einladung rückt immer näher.

In der Regel habe ich aber bis dahin so viele andere Termine angenommen, daß ich mir schon oft Gedanken darüber gemacht habe, wie ich auf eine gute Art und Weise mein Engagement absagen könnte.

Ich habe es mir zur Regel gemacht, meine Zusagen einzuhalten – egal was passiert. Weil ich aber weiß, daß jede Zusage auch ein Versprechen ist, habe ich es mir angewöhnt, zuallererst die Sache ins Gebet zu nehmen und Gott zu fragen, was er davon hält. Erst wenn ich mir sicher bin, daß Gott will, daß ich den Termin annehme, kümmere ich mich um die anderen praktischen Details. (In diesem einen Punkt kann mir meine Ehefrau, Judy, kaum oder überhaupt nicht helfen. Denn sie ist jederzeit bereit, mich überallhin zu begleiten, und erlaubt es mir auch bereitwillig, viele Engagements anzunehmen.)

Da wir Christen an unser Wort gebunden sind, sollten wir sehr vorsichtig sein, irgendwelche voreiligen Zusagen zu machen. Ich habe fünf einfache Regeln entwickelt, die mir sehr viel dabei geholfen haben, keine Versprechungen zu machen, die ich dann kurz danach schon wieder bereue.

1. Sagen Sie so lange nein, bis Sie keine Zweifel mehr haben

Wenn ich an einem Projekt, wie beispielsweise diesem Buch arbeite, bitte ich meine Mitarbeiter, mich nicht mit schwerwiegenden Entscheidungen zu belasten. Ich neige dazu, mich so sehr auf meine momentane Arbeit zu konzentrieren, daß ich irgendwelche Fragen zwar beantworte, mich später aber nicht einmal mehr an das Gespräch erinnern kann!

In der Zwischenzeit habe ich gelernt, mit meiner Eigenart umzugehen. Ich habe mir ein Schutzsystem entwickelt, das mich vor den größten Schwierigkeiten bewahren soll.

Erstens ist meine Sekretärin in solchen Zeiten für meine gesamte Terminplanung verantwortlich.

Zweitens plane ich für die regelmäßig anfallenden Arbeiten schon im voraus Zeiten ein. Aber diese Arbeiten erledige ich erst dann, wenn ich beim Schreiben mit einem ganzen Buchabschnitt fertig geworden bin. Ich könnte mich sonst nicht entspannen und mich auf die zu fällenden Entscheidungen konzentrieren.

Drittens antworte ich grundsätzlich mit »nein«, wenn irgend jemand außerhalb dieser Zeiten versucht, an mich mit einer Frage heranzutreten. In der Zwischenzeit wissen meine Mitarbeiter, daß, wenn sie kein »nein!« hören wollen, sie auf eine Gelegenheit warten müssen, in der ich mich auf ihre Angelegenheiten konzentrieren kann. (Um diese letzte Regel anwenden zu können, braucht man allerdings einen guten Geschäftsführer, der die täglich anfallende Arbeit im Unternehmen koordiniert und weiterführt. Auf diese Art kann ein Betrieb mit einem Minimum an Unterbrechungen weiterlaufen.)

2. Legen Sie sich einen Terminkalender mit Jahresüberblick zu

Persönliche Freunde rufen mich oft zu Hause an, um mich um einen besonderen Gefallen, wie beispielsweise einen Vortrag in ihrer Gemeinde oder auf einem Geschäftstreffen zu bitten. Mit der Zeit habe ich mir angewöhnt, nur noch einen einzigen Terminkalender zu haben. Und der liegt immer in meinem Büro. Auf diese Art kann ich jedem Anrufer ehrlich sagen, daß ich zuerst in meinem Terminkalender nachschauen muß, daß dieser in meinem Büro liegt und daß ich ihn zurückrufen werde, sobald ich wieder im Büro bin.

Mein Terminplaner deckt mindestens zwei Jahre ab, so daß ich einen Überblick über alle meine Termine habe. Wozu? Weil die angefragte Woche vielleicht tatsächlich frei ist, aber ich mich von einer schweren Konferenz erholen, oder auf eine andere harte Woche vorbereiten muß.

Ich habe viel Lehrgeld dafür bezahlt, bis ich endlich begriffen hatte, daß ich mir ab und zu etwas Ruhe gönnen muß, um mich nicht zu Grunde zu richten.

3. Organisieren Sie den Tag nach Ihren Prioritäten

Ich treffe die schlechtesten Entscheidungen, wenn ich wegen schlechter Terminplanung unter Zeitdruck stehe. Wie den meisten Menschen passiert es auch mir, daß ich von Dingen überrascht werde, auf die ich weder vorbereitet bin, noch die ich auf irgendeine andere Art und Weise beeinflussen kann. Dazu zählen zum Beispiel die Besuche meiner Enkelkinder, dringende Anrufe von Freunden, und einmal rief sogar ein Expräsident an, um mich zum Mittagessen einzuladen.

Solche Unterbrechungen haben mich früher immer völlig aus dem Konzept gebracht. Ich hatte nicht vor, sie völlig aus meinem Leben zu verbannen, aber ich hatte es auch satt, daß sie immer wieder mein Leben beherrschten.

Ein Freund von mir, der von Beruf Geburtshelfer war, erklärte mir einmal, wie er dieses Dilemma gelöst hatte. Da sich eine Geburt nur selten wie ein anderer Sprechstundentermin planen läßt, wurde sein Arbeitstag oft von Patienten unterbrochen, die sofort behandelt werden mußten. Als er irgendwann feststellte, daß diese Unterbrechungen zwar nicht immer zur gleichen Tageszeit aber doch mit einer gewissen Regelmäßigkeit auftraten, ließ er seine Sekretärin an jedem Tag »Termine für Ungeplantes« in den Kalender eintragen. In dieser Zeit durfte die Sekretärin keine Patienten annehmen.

Wenn kein ungeplanter, dringender Patient kam, konnte er etwa eine Stunde lang Schreibarbeiten erledigen, Bibel lesen oder das machen, wozu er gerade Lust hatte. Kam ein Notfall, legte er ihn in die dafür geplante Zeit.

Ich entschloß mich, sein System zu übernehmen und begann mit einem Zeitmanagementsystem zu arbeiten, das ein Freund aus Phoenix (Arizona) erarbeitet hat. Das System heißt »Time Systems« und hilft mir sehr dabei, meinen Tagesplan nach meinen Prioritäten zu gestalten und sogar außerplanmäßige Unterbrechungen einzuplanen.

4. Planen Sie nicht zu weit im voraus

Im Brief des Jakobus in Kapitel 4,13–15 werden wir sanft getadelt: »Ihr aber, die ihr sagt: Heute oder morgen werden wir in diese oder jene Stadt reisen, dort werden wir ein Jahr bleiben, Handel treiben und Gewinne machen –, ihr wißt doch nicht, was morgen mit eurem Leben sein wird. Rauch seid ihr, den man eine Weile sieht; dann verschwindet er. Ihr solltet lieber sagen: Wenn der Herr will, werden wir noch leben und dies oder jenes tun.«

Auch aus betriebswirtschaftlicher Perspektive klingt dies logisch. Wer weiß schon, was in einem oder zwei Jahren passieren wird? Wenn Sie Ihre Zeit zu weit im voraus verplanen, lassen Sie Gott nur noch die eine Chance, durch einen heftigen »Ruck« die Richtung Ihres Lebens zu verändern.

Jeder muß sich diese Grenze selbst stecken. Meine liegt bei zwei Jahren. Ich plane einfach nichts, was darüber hinausgeht. Ich kenne Menschen, die bis zu fünf Jahre im voraus planen. In der Regel machen sie es aber nur, weil sie nicht in der Lage sind, nein zu sagen. Die meisten werden gestehen müssen, daß sie von Zeit zu Zeit von dieser Schwäche eingeholt werden.

5. Schriftliche Verträge

Die Wahrscheinlichkeit, daß bei einem schriftlichen Vertrag ein Mißverständnis passiert, liegt bei etwa 20 Prozent. Die Wahrscheinlichkeit, daß bei einem mündlichen Vertrag Mißverständnisse auftreten, liegt bei fast 100 Prozent!

Mein Rat lautet immer: »Schreib es auf.« Jeder, der sich darüber aufregt, wenn Sie etwas schriftlich verlangen, ist noch viel mehr beleidigt, wenn durch den mündlichen Vertrag Mißverständnisse entstehen!

Ich habe auch zwischen Christen viele Auseinandersetzungen schlichten müssen, bei denen beide Seiten sich sicher waren, daß sie im Recht sind. Wie in Sprüche 22,3 steht: »Der Kluge sieht das Unheil und verbirgt sich, die Unerfahrenen laufen weiter und müssen es büßen.«

Mein Rat an jeden Christen lautet: »Halte dein Versprechen.« Wenn man nicht bereit ist, sein Versprechen auch dann zu halten, wenn es einen um den gesamten Besitz bringen würde, dann hängt man primär nicht zu stark an seinem Besitz, sondern das Problem ist geistlicher Natur.

In einer von Halbwahrheiten und rechtlichen Kompromissen beherrschten Welt sucht Gott fleißige Verwalter, die er segnen kann: »Denn die Augen des Herrn schweifen über die ganze Erde, um denen ein starker Helfer zu sein, die mit ungeteiltem Herzen zu ihm halten« (2. Chr.16,9).

Zweifellos werden vollkommen ehrliche Unternehmer zumindest kurzfristig einmal Verluste erleiden oder von anderen mißbraucht werden. Ich glaube aber, daß Gott uns auf vielfältige Weise für unsere Verluste entschädigen wird, nicht zuletzt mit übernatürlicher Ruhe.

Paulus drückte es eindrucksvoll im Brief an die Philipper aus: »Ja noch mehr: ich sehe alles als Verlust an, weil die Erkenntnis Christi Jesu, meines Herrn, alles übertrifft. Seinetwegen habe ich alles aufgegeben und halte es für Unrat, um Christus zu gewinnen und in ihm zu sein« (Phil. 3,8–9).

Und weiter: »Und der Friede Gottes, der alles Verstehen übersteigt, wird eure Herzen und eure Gedanken in der Gemeinschaft mit Christus Jesus bewahren« (Phil. 4,7).

Kapitel 7

Wenn Sie Rat brauchen

In Sprüche Kapitel 15, Vers 22 heißt es: »Wo die Beratung fehlt, da scheitern die Pläne, wo viele Ratgeber sind, gibt es Erfolg.« Das ist eine deutliche Ermahnung an uns, den Rat anderer zu suchen.

Aber was ist, wenn der Rat, den man bekommt, schlecht ist? (Ein Problem, das in christlichen Kreisen sehr oft vorkommt!) Sprüche 14,15 bietet diesbezüglich eine Hilfe: »Der Unerfahrene traut jedem Wort, der Kluge achtet auf seinen Schritt.«

In anderen Worten: Ein kluger Mensch sucht viele Ratgeber, ein Dummer hört auf zu viele.

Ich ermutige alle Christen, einen Rat den sie bekommen haben, anhand dem Wort Gottes zu prüfen. Steht der Ratschlag im Widerspruch zur Schrift, dann ignorieren Sie ihn.

Was Sie beachten sollten, wenn Sie jemanden um Rat fragen

Da ich schon sehr oft um Rat gebeten worden bin, glaube ich, auf diesem Gebiet zumindest ein gewisses Maß an Autorität zu haben. Wenn Sie wieder einmal jemanden um Rat bitten, dann wird es für Sie hilfreich sein, sich die folgenden Fragen zu stellen:

1. Suche ich jemanden, der mir meine Entscheidungen abnimmt?
Leider kann niemand etwas über Gottes Absichten für unser eigenes Leben wissen, außer wir selbst und unser Ehepartner. Jeder gute Berater und Seelsorger wird sich weigern, sich in eine Position drängen zu lassen, in der er für jemand anderen Entscheidungen treffen soll.

Die Aufgabe eines Beraters erschöpft sich darin, in einer gegebenen Situation als objektiver Beobachter zu fungieren und eventuell Alternativen aufzuzeigen, die der Ratsuchende vielleicht übersehen hat. Ein Berater zeichnet sich dadurch aus, daß er schon mit vielen verschiedenen Situationen zu tun gehabt hat. Deswegen hat er auch einen viel größeren Erfahrungshorizont. Aber kein

Berater hat weder das Recht noch die Verantwortung, für jemand anderen Entscheidungen zu treffen.

Cal wollte von mir bezüglich dem geplanten Verkauf seiner Firma beraten werden. Er wußte nicht, ob er sie einem großen Konzern oder an einen seiner Konkurrenten verkaufen sollte. Er hatte zwar ein Angebot bekommen, das ihm seine finanzielle Zukunft sicherte, war sich aber dennoch nicht sicher.

»Was ist eigentlich der Grund, warum Sie Ihre Firma verkaufen wollen?« fragte ich Cal.

»Man hat mir fast zwölf Millionen Dollar für das Unternehmen angeboten«, war seine Antwort.

»Gut, das verstehe ich. Aber was ist der Grund dafür, daß Sie über dieses Angebot überhaupt nachdenken? Was haben Sie danach vor?«

»Das weiß ich nicht«, erwiderte Cal. »Ich hatte mir bisher über einen Verkauf noch nie ernsthaft Gedanken gemacht. Ich ging davon aus, daß ich das Unternehmen bis an mein Lebensende führen werde.«

»Gut, angenommen Sie verkaufen, was machen Sie dann mit dem Geld?«

»Da bin ich mir auch nicht so sicher. Ich glaube, ich würde einen Großteil davon an christliche Organisationen spenden, um in das Reich Gottes zu investieren und einen Teil zur Sicherung meines Lebensabends anlegen. Mit dem Rest würde ich dann wahrscheinlich ein neues Unternehmen gründen.«

»Könnten Sie denn in die gleiche Branche zurückkehren?«

»Nein«, sagte er. »Ich müßte für mindestens zehn Jahre aus der Branche aussteigen.«

»Glauben Sie, daß Gott Ihnen diese Tür geöffnet hat und will, daß Sie Ihr Geschäft verkaufen?«

»Um ganz ehrlich zu sein, ich weiß es nicht. Meine Frau will es nicht verkaufen, aber sie hat mir auch gesagt, daß sie jede Entscheidung mittragen wird.«

»Glauben Sie, daß Gott Sie in Ihren Betrieb berufen hat?«

»Da bin ich mir absolut sicher«, war seine Antwort. »Ich habe oft die Hand Gottes wirken gesehen. Erstens fehlt mir die nötige Intelligenz, um das alles, was geschehen ist, selbst einfädeln zu können. Außerdem konkurrierte ich mit einem großen Konzern und habe dieses Unternehmen in den letzten fünf Jahren einfach von seiner Position verdrängt. Deswegen wollen sie mein Unternehmen auch kaufen.«

»Warum haben Sie das Unternehmen gegründet? Ich kenne die Firma, mit der Sie verhandeln, und diese ist schon viel länger im Geschäft als Sie.«

»Das stimmt. Eigentlich habe ich bei dieser Firma angefangen«, sagte Cal mit einer Grimasse. »Ich mochte die Art nicht, wie sie mit ihren Angestellten umgingen. Sie änderten andauernd die Provisionsvereinbarungen, damit wir Verkäufer nie mehr als die Manager verdienen konnten. Deshalb verließ ich die Firma und war auch fähig, schnell zu wachsen. Ich konnte ihre besten Leute abwerben.«

»Nun, lassen Sie mich die Fakten kurz zusammenzählen. Erstens ist die Verkaufssumme von zwölf Millionen Dollar für Sie der wichtigste Grund, Ihren Betrieb zu verkaufen, stimmt das?«

»Das stimmt«, antwortete Cal. »Es ist wahrscheinlich doppelt soviel Geld, wie ich sonst bekommen würde.«

»Zweitens brauchen Sie das Geld nicht dringend und wissen nicht einmal genau, was Sie mit ihm anfangen werden. Trifft das auch zu?«

»Ja. Obwohl ich viel davon in das Reich Gottes investieren würde.«

»Drittens würden Sie nicht zu Hause bleiben, um Ihr Geld zu zählen, sondern würden ein neues Unternehmen gründen.«

»Ja, obwohl ich noch nicht weiß, was für eine Firma das sein würde. Aber ich habe in den letzten zwanzig Jahren nichts anderes gemacht.«

»Viertens würden Sie Ihre Angestellten, um die Sie sich wahrscheinlich sorgen und denen Sie von Ihrem Glauben Zeugnis abgelegt haben, einer Firma überlassen, die Sie selber weder mochten noch gerne bei ihr arbeiten wollten.«

»Ja, wenn man die Sache so betrachtet, dann hört es sich ziemlich dumm an«, gestand er.

»Was würden Sie denn jemand raten, der Sie mit der gleichen Liste von Gründen um Rat fragen würde?« wollte ich von ihm wissen.

»Ich würde ihm höchstwahrscheinlich das gleiche sagen, was mir auch meine Frau geantwortet hat: ›Wie kannst du etwas, was Gott dir anvertraut hat, an jemanden verkaufen, der jedes Anzeichen von Christentum so bald wie möglich wieder aus dem Betrieb entfernen wird?‹«

Cal kannte die richtige Entscheidung wahrscheinlich schon von Anfang an, aber der Glanz der Welt hatte ihn verblendet. In diesem Fall handelte es sich um den Glanz von zwölf Millionen Dollar.

Entscheidungen werden einfacher, wenn man sie aus der Perspektive betrachtet, die der Brief an die Kolosser 3,17 uns zeigt: »Alles, was ihr in Worten und Werken tut, geschehe im Namen Jesu, des Herrn. Durch ihn dankt Gott, dem Vater!«

2. Suchen Sie nur nach rationalen Gründen?

Es liegt anscheinend in der menschlichen Natur, eigene falsche Handlungsweisen dadurch zu rechtfertigen, daß man die Zustimmung Gleichgesinnter sucht. Das trifft bei vielen Christen vor allem dann zu, wenn der zustimmende Rat von einem »Vollzeit-Christen« gegeben wird. Aus irgendwelchen Gründen glauben Menschen, daß das Wort von jemandem der im vollzeitlichen pastoralen Dienst steht, mehr geistliches Gewicht hat als das eines »normalen« Christen. (Ich glaube persönlich, daß die Ratschläge von Menschen in einem vollzeitlichen pastoralen Dienst sich von allen anderen nicht großartig unterscheiden. Bei Beratung geht es mehr um den Grad der Bereitschaft, Gottes Weg zu gehen, und nicht so sehr darum, in welchem Amt man steht.)

In den letzten Jahren entpuppten sich die schlechten Ratschläge, die Organisationen wie der PTL-Club im Namen Gottes gegeben hatten, wahrscheinlich als das schlimmste Erbe ihres Wirkens. Ich habe persönlich viele Christen erlebt, die gegen grundlegende biblische Prinzipien verstoßen hatten, nur weil ein Fernsehprediger (oder ein anderer Leiter) gesagt hatte, es sei in Ordnung.

Ich habe zahlreiche christliche Geschäftsleute beraten, die sich mehrere zehntausend Dollar geliehen hatten, obwohl sie keine reale Möglichkeit hatten, das Geld jemals wieder zurückbezahlen zu können. Sie rechtfertigen ihre Betrügereien damit, daß ein Fernsehprediger gelehrt hatte, daß Gott den Bankrott eines Unternehmens nie zulassen wird, wenn man genügend Geld spendet.

In Wahrheit hatten diese Männer so wenig Kenntnis von der Bibel, daß sie die grundlegenden biblischen Warnungen vor Bürgschaftserklärungen, vor der Mentalität schnell reich werden zu wollen und vor Gier und Materialismus einfach beiseite geschoben hatten.

Vergessen Sie nie, daß Gott nicht dazu verpflichtet ist, uns aus jeder mißlichen, selbstverschuldeten Lage zu retten, nur weil wir ihm ein »Trinkgeld« versprochen haben! Wenn ein Berater oder Seelsorger sagt: »Gib, und Gott wird dich retten«, hofft er in der Regel nur auf ein großzügiges Geschenk für seine Organisation, und der Beratene hofft darauf, daß Gott ihm wegen dem bezahlten »Schmiergeld« erlaubt, auch weiterhin seinen Begierden nachgehen und faul bleiben zu dürfen.

Jeder, der glaubt, daß unsere Gaben Gott quasi verpflichten würden, uns erfolgreich machen zu müssen, soll sich doch einmal den Brief an die Römer 11,34–35 etwas genauer betrachten: »Denn wer hat die Gedanken des Herrn erkannt? Oder wer ist sein Ratgeber gewesen? Wer hat ihm etwas gegeben, so daß Gott ihm etwas zurückgeben müßte?«

Gott läßt sich von unseren menschlichen Ratschlägen nicht sonderlich beeindrucken, ganz gleich wie lautstark und eindringlich sie gegeben werden. Es gibt nur eine einzige Quelle der Wahrheit, das Wort Gottes. Wenn man Ihnen einen Rat gibt, der nicht im Einklang mit der Bibel ist, dann hören Sie nicht auf diese Berater. Denken Sie an Sprüche 13,20: »Wer mit Weisen unterwegs ist, wird weise, wer mit Toren verkehrt, dem geht es übel.«

3. Erwarten Sie von dem Berater ein Wunder oder ein Geschenk?

Gerade eben habe ich ein Beratungsgespräch mit einer christlichen Unternehmerin zu Ende geführt, die eine Transportfirma besaß. Sie suchte verzweifelt nach einer Möglichkeit, ihr Unternehmen zu retten. Ich kam zu dem Ergebnis, daß es nicht mehr zu retten war, weil ihre Liquidität zu gering und ihre Schuldenlast einfach zu groß war! Ich versuchte, sie mit allen Mitteln von der Ausweglosigkeit ihrer Situation zu überzeugen, aber sie zog diese nicht einmal in Erwägung. Statt dessen sollte ich ihr einige »reiche Christen« empfehlen, die sie dann um weiteres Geld bitten wollte.

»Das kann ich nicht machen«, war meine Antwort. »Erstens glaube ich nicht, daß Ihr Unternehmen noch zusätzliche Kredite verkraftet. Und zweitens arbeite ich nicht als Kreditvermittler.«

»Was nützen Sie mir dann überhaupt?« fragte sie bissig. »Warum belästigen Sie mich dauernd mit Ihren biblischen Prinzipien, wenn diese doch nicht helfen, wenn man sie einmal brauchen könnte?«

Eigentlich wollte sie von mir nur wissen, ob ich ihr Erfolg – und natürlich auch einen Kredit – garantieren könnte, wenn sie beginnen würde, sich auf die biblischen Prinzipien einzulassen.

»Nein«, versicherte ich ihr. »Sie werden vielleicht nicht so funktionieren, wie Sie es gerne hätten.«

»Warum nicht?« fragte sie. »Ich bin Christ. Andere Christen sollten doch bereit sein, mir zu helfen.«

»Mir fallen zuerst einmal mehrere Gründe ein, warum Sie niemals hätten in die Geschäftswelt einsteigen sollen, sowie mehrere Prinzipien, aufgrund derer ich Ihnen raten würde, die Firma zu schließen und Ihre Schulden, so lange es noch geht, abzubauen. Ein Christ ist nicht automatisch dazu verpflichtet, in das Unternehmen eines anderen Christen zu investieren. Und manchmal braucht man mehr Disziplin, nicht noch mehr Geld.«

»Und ich persönlich glaube, daß Ihre Beratung stinkt«, war ihre Antwort. »Ich habe jemand, der mir einen Wechsel unterzeichnen würde, wenn Sie ihm grünes Licht dafür geben. Wenn Sie mir nicht helfen und mein Geschäft Konkurs anmelden muß, sind Sie daran schuld.«

»Diese Verantwortung weise ich von mir«, erwiderte ich. »Erstens würde ich nie zwischen Ihnen und einem Gläubiger als Vermittler fungieren, und zweitens würde ich aufgrund der Heiligen Schrift jedem davon abraten, diesen Wechsel zu unterschreiben.«

Sie stürmte aus meinem Büro und rief mir noch ein paar Obszönitäten bezüglich dessen nach, was ich mit meinem Rat tun sollte. Innerhalb weniger Wochen schlossen die Gläubiger ihre Firma. Sie schuldete ihnen annähernd 500 000 Dollar, denen nur noch Aktiva in Höhe von 20 000 Dollar gegenüberstanden – ihr Firmenwagen eingeschlossen.

4. Wollen Sie überhaupt zusätzlichen Input, bevor Sie eine wichtige Entscheidung treffen?

In meiner langjährigen Tätigkeit als Berater habe ich die Menschen schätzen gelernt, die die Absicht meiner Beratung verstanden haben – ihnen Perspektiven aufzuzeigen und die Möglichkeit zu geben, so viele Alternativen wie möglich zu betrachten.

Ich werde regelmäßig von Freunden angerufen, von denen ich weiß, daß sie ihre Finanzen unter Kontrolle haben und oft genausoviel (oder noch mehr) wie ich über die biblischen Grundlagen im Management wissen. Für gewöhnlich fragen sie mich nur, ob ich bei der Art und Weise, wie sie ihren Beruf ausüben, einen Verstoß gegen biblische Grundsätze erkennen kann. Wann immer es zu einer ungewöhnlichen Situation kommt, studieren wir auf der Suche nach einer hilfreichen Analogie oder anwendbaren Prinzipien die Bibel noch genauer.

Ich erinnere mich noch an den Fall eines Freundes, der seine Firma an seine Angestellten überschreiben, aber gleichzeitig die Geschäftsführung beibehalten wollte. Er hatte vor, eine GmbH zu gründen, bei der die meisten Anteile in Händen der Angestellten waren, während er als geschäftsführender Gesellschafter weiterhin die Firma leiten wollte. Dies war auch für mich eine neuartige Vereinbarung, für dessen rechtliche und steuerliche Problematik ich nicht qualifiziert war.

Zum Glück stellte er mir darüber keine Fragen. Er wollte nur meine Meinung darüber hören, ob ich es überhaupt für ratsam erachte, den Angestellten Anteile zu übertragen. Gab es ein biblisches Prinzip, das er dabei verletzen würde?

Meine erste Frage war: »Warum willst du das machen?«

Er antwortete: »Ich möchte meinen Angestellten zeigen, daß ich mich wirklich um sie sorge, und ich will ein christliches Unternehmen aufbauen, das mich selbst überlebt. Die Angestellten werden von da an merken, daß sie für sich selbst arbeiten. Ich hoffe, daß sie dann hundertprozentigen Arbeitseinsatz beweisen.«

»Was ist, wenn sie anderer Meinung sind als du?« fragte ich. »Ich habe jetzt lange genug mit Menschen zu tun gehabt und weiß mittlerweile, daß man unsere guten Absichten nicht immer zu schätzen weiß und daß viele Leute ihre schlechten Angewohnheiten selbst dann nicht ändern, wenn sie ihr Leben dadurch ruinieren.«

»Ich glaube, daß ich es ihnen begreiflich machen kann«, erwiderte er. »Ich glaube, daß Gott will, daß ich diesen Schritt gehe, sonst würde ich nicht so ernsthaft darüber nachdenken. Ich hoffe nur nicht, daß ich Loyalität auf Kosten des Unternehmens kaufe.«

»Mich erstaunt immer wieder, daß Menschen nicht das geben, was wir von ihnen gerne hätten«, gab ich ehrlich zurück. »Ich erinnere mich an eines der ersten Paare, die ich beriet. Der Ehemann war arbeitslos und ohne Geld. Er hatte eine Arbeitsstelle angeboten bekommen, bei der er aber ein zuverlässiges Auto brauchte. Er hatte aber weder Geld noch Kredit, um sich eines kaufen zu können, weil er ja arbeitslos war (ein klassischer Teufelskreis).

Wir beteten zusammen und baten Gott darum, uns seinen Willen in dieser verzwickten Situation zu zeigen. Nach dem Gebet beschloß ich, ihm eines unserer Autos zu geben. Es war ein fünf Jahre alter Wagen, auf den ich immer sehr sorgfältig aufgepaßt hatte. Ich fühlte mich gut dabei, jemandem in Not geholfen zu haben.

Das nächste Mal als ich das Ehepaar traf, fuhren sie einen nagelneuen Wagen. Ich fragte schockiert nach dem Auto, das ich ihnen gegeben hatte.

›Ich habe die alte Karre als Anzahlung für etwas Vernünftiges benutzt‹, erklärte mir der Ehemann.

Ich mußte mich beherrschen, daß ich ihn nicht aus meinem Büro warf. Dann erkannte ich den Fehler, den ich gemacht hatte. Ich hatte für das Paar Gott gespielt und beschlossen, ihnen das zu geben, was sie meiner Meinung nach brauchen würden. Das Resultat war, daß ich es ihnen ermöglicht habe, sich noch tiefer in Schulden zu stürzen. Ich hätte mein Geschenk an ein paar Bedingungen knüpfen oder als begrenzte Leihgabe zur Verfügung stellen sollen.

Weiterhin fiel mir auf, daß ich eine bestimmte Erwartungshaltung gegenüber dem Paar hatte. Als sie diese nicht erfüllte, fühlte ich mich gekränkt. Deswegen war mein Geschenk kein echtes Geschenk gewesen, sondern die milde Gabe eines mächtigen Gönners. Nach dieser Erfahrung vertraute ich meine Einstellung und das Auto Gott an und versuchte nun, dem Ehepaar zu helfen, anstatt sie zu verwöhnen.«

Mein Freund befand sich mit seinem Unternehmen mittlerweile in einer ähnlichen Situation. (Er hatte seinen Plan umgesetzt.) Seine Angestellten hatten sich nach seinem Geschenk nicht sonderlich verändert. Diejenigen, die schon vorher hart gearbeitet hatten, taten es immer noch, und diejenigen, die sich schon vorher immer beschwert hatten, beschwerten sich immer noch.

Vielleicht sollte sein Vorhaben letzten Endes nicht zu ihrem, sondern zu seinem Vorteil gereichen, damit er fähig wurde, loszulassen und Gott handeln zu lassen.

Zur Inanspruchnahme von professioneller Beratung

Sollte sich ein christlicher Geschäftsmann an professionelle Berater wenden, genauer gesagt an nichtchristliche Berater? Das ist eine schwierige und umstrittene Frage. Viele Christen haben die schlechte Beratung satt, die sie von christlichen Anwälten, Buchhaltern und Planern bekommen haben. Nach ihren schlechten Erfahrungen neigen sie dann dazu, in der säkularen Welt die Hilfe zu suchen, die sie brauchen.

Es gibt in den verschiedenen Berufssparten zweifellos viele hervorragende Nichtchristen. Um diese Frage jedoch zufriedenstellend beantworten zu können, müssen wir zur einzig wahren Quelle für jede Art von Antwort zurückkehren: der Heiligen Schrift.

In Psalm 1,1–3 heißt es:

»Wohl dem Mann, der nicht dem Rat der Frevler folgt,
nicht auf dem Weg der Sünder geht,
nicht im Kreis der Spötter sitzt,
sondern Freude hat an der Weisung des Herrn,

über seine Weisung nachsinnt bei Tag und bei Nacht.
Er ist wie ein Baum, der an Wasserbächen gepflanzt ist,
der zur rechten Zeit seine Frucht bringt
und dessen Blätter nicht welken.
Alles, was er tut, wird ihm gut gelingen.«

Bedeutet das, daß wir auf keinen Fall auf den Rat von Nichtchristen hören sollten? Ich denke nicht. Aber ich glaube, daß diese Schriftstelle als Empfehlung gedacht ist, sich auf keinen Fall Nichtgläubige als engste Berater, sprich diejenigen, mit denen wir täglich unsere Entscheidungen durchsprechen, auszusuchen.

Das Problem hierbei liegt nicht in erster Linie in dem Rat, den sie geben, sondern in dem Rat, den sie nicht geben *können* – ihnen fehlt einfach die ausgleichende geistliche Dimension.

Wie sollte ein nichtchristlicher Anwalt das Gebot verstehen und begreifen können, daß ein Christ keinen anderen Christen verklagen soll? Ich habe schon gehört, wie überzeugend säkulare Anwälte versuchten, ihre christlichen Kunden darauf aufmerksam zu machen, wie vorteilhaft es ist, beim Einreichen von Klagen keine Unterschiede zu machen. Wenn ich nicht absolutes Vertrauen in das Wort Gottes gehabt hätte, wäre ich auch ins Schwanken gekommen.

Versuchen Sie doch einmal, einen säkularen Anwalt von der Logik zu überzeugen, warum Sie sich weigern, sich gegen eine Anklage durch eine Gegenklage zu verteidigen. Erstens denkt er, daß Sie verrückt sind, und zweitens wird er sich weigern, Ihren Fall weiter zu betreuen, weil er keine Chance sieht, den Rechtsstreit zu gewinnen.

Das gleiche gilt für einen säkularen Buchhalter. Es wird ihm ein Leben lang verschlossen bleiben, warum Sie nicht wollen, daß er anderen Christen Zinsen berechnet. Oder, noch besser, versuchen Sie, diesen Buchhalter vom Sinn vollkommener Schuldenfreiheit zu überzeugen, wenn dieser genau weiß, daß bei hohem Verschuldungsgrad die Gesamtkapitalrentabilität viel höher ist.

Oft gehen Christen unter dem Vorwand zu säkularen Beratern, daß sie keine christlichen Berater kennen. Das gilt nicht. Wenn Gottes Wort es verlangt, dann kümmert sich Gott auch darum, daß Sie solche Menschen finden. Es gibt zahlreiche hochqualifizierte Christen, die in allen Bereichen, von Medizin bis Buchhaltung, tätig sind. Sie müssen lediglich ein wenig Energie aufwenden, um gute christliche Berater zu finden.

Vielleicht erkennt man sie nicht auf den ersten Blick, und höchstwahrscheinlich finden Sie den Zusatz »Christ« auch nicht in ihrem Firmenlogo. Der beste Weg, einen zu finden ist, andere Christen zu fragen, wen sie empfehlen können.

Wenn Sie dann immer noch keinen gefunden haben, treten Sie mit einem der Landesverbände, wie der »Christian Legal Association« in Washington D.C. in Verbindung.*

* Im deutschsprachigen Raum ist ein geeigneter Berater mit Sicherheit durch Kontaktaufnahme mit der »Internationalen Christlichen Handelskammer, Deutschland«, Postfach 61 48, 7250 Leonberg, zu finden (Anm. für die deutsche Überarbeitung dieses Buches).

Kapitel 8

Ihr Unternehmen und Ihr Ehepartner

John war in der Servicebranche für Computer sehr erfolgreich. Sein Unternehmen hatte sich auf die Wartung und Reparatur von Großcomputern spezialisiert, und er konnte stolz auf einen Jahresumsatz von fast einer Million Dollar verweisen, den die zwölf Angestellten machten. John hatte sich bei den wichtigsten Computerherstellern Serviceverträge beschafft und erwirtschaftete bei den Garantiewartungen der Anlagen, die diese Hersteller an Firmen in der Umgebung verkauft hatten, einen beachtlichen Gewinn.

Im Laufe seiner Arbeit entdeckte John eine Marktlücke für einen neuen Geschäftsbereich. Er stellte fest, daß die Kunden oft Probleme bei der Kompatibilität von Hardware und Software hatten. So etwas lief etwa wie folgt ab: Der Benutzer stellte fest, daß eine Kleinigkeit nicht funktionierte. Er rief bei der Softwarefirma an, die ihn natürlich auf die Hardwarefirma verwies und so weiter. Diese kleinen Streitigkeiten währten oft Tage, in denen der Anwender auf einem unsicheren und für ihn nutzlosen System saß und dadurch Verluste hatte.

John wollte seinen Kunden einen Kompaktservice anbieten. Bei Vorliegen eines Problems sollten sie sein Servicecenter anrufen, das sich dann mit dem Fehler befaßte und die Ursache bestimmte. Er trug seinen Kunden die Idee vor, und diese waren mehr als bereit, einen Vertrag für solche Notfälle zu unterschreiben.

John wußte, daß er zur Umsetzung dieser Idee zusätzliches Kapital benötigte, um Systemanalytiker anzuwerben, die in der Lage waren, schnell genug die Fehlerquelle in der Software zu finden und die Arbeit mit den Hardwaretechnikern zu koordinieren. Deswegen nahm er auf sein Haus eine Hypothek von 75 000 Dollar auf und begann, den Kompaktservice anzubieten.

Schon bald mußte John den Haken bei seiner Entscheidung erkennen. Die Computerfirmen, für die er bisher den Service übernommen hatte, sahen in ihm zunehmend einen Mitkonkurrenten und keinen verbundenen

Unternehmer mehr. Zwei seiner größten Kunden drohten damit, aus ihrem Vertrag auszusteigen und eigene Serviceabteilungen zu gründen, falls er seine Abteilung nicht sofort schließen sollte. Zögernd gab John diesem Druck nach.

Als John seiner Frau erzählte, was geschehen war, erinnerte sie ihn an sein Versprechen, alle Entscheidungen über Kredite immer gemeinsam mit ihr zu treffen – insbesondere, wenn es um ihr Haus ging.

»Warum hast du mir nicht wenigstens erzählt, was du machen wolltest?« fragte sie ihn.

»Ich befürchtete, du hättest etwas dagegen, und ich war von meiner Idee doch so überzeugt«, war seine Antwort.

»Wenn ich deine Partnerin sein soll, mußt du mir auch die Möglichkeit geben, meinen Standpunkt zu erläutern«, erwiderte sie ihm. »Ich weiß nicht mehr allzuviel über die Firma. Aber ich war am Anfang deine einzige Hilfe, und ich hoffe, daß du dich noch daran erinnerst, daß ich dir, wenn ich am Entscheidungsprozeß mitgewirkt habe, nie widersprochen habe. Wenn du von mir erwartest, daß ich die Konsequenzen deiner Entscheidungen mittrage, ist es nur fair, wenn ich an den Entscheidungen auch beteiligt werde.«

»Du hast ja recht«, gestand John. »Ich kann nur sagen, daß es mir leid tut, und daß ich mich immer an diese Lektion erinnern werde, solange ich versuche, die verlorenen 75 000 Dollar zurückzubezahlen.«

Der Verlust zwang sie schließlich, das Haus zu verkaufen. Die Hypothek belastete die Firma bei der damaligen schwachen Marktlage zu sehr. John hatte das Glück, eine verständnisvolle Frau zu haben und mit ihr schon vorher über das Geschehene gesprochen zu haben. Ich kenne Situationen, in denen ein Ehepartner die geschäftlichen Entscheidungen des Partners so wenig nachvollziehen konnte, daß sogar die Ehe drohte, daran zu scheitern.

Die Notwendigkeit, jemandem Rechenschaft abzulegen

Viele Geschäftsleute würden mir entweder ausweichen oder irgend etwas zu stammeln beginnen, wenn ich sie nach der Rolle fragen würde, die ihre Frau in ihrer Karriere einnehmen sollte. Sobald ein Geschäft einmal aufgebaut ist, spielen die meisten Ehefrauen in der Karriere ihrer Ehemänner nämlich überhaupt keine Rolle mehr.

Seitdem sich Geschäftsfrauen in unserer Gesellschaft etabliert haben, gibt es auch Ehemänner, die im Leben ihrer Frauen eine immer schwächer werdende Rolle spielen. Dennoch kann ich aus meiner Erfahrung mit Hunderten von Ehepaaren sagen, daß es in der Regel die Männer sind, die ihren Frauen keine Möglichkeit geben, auch in ihrem unternehmerischen Tätigkeitsfeld eine wichtige Rolle innezuhaben.

Manchmal werden die Ehefrauen ausgeschlossen, weil sie selbst nichts mit dem Unternehmen zu tun haben wollen. Viele Frauen fühlen sich nicht in der Lage, geschäftliche Entscheidungen zu treffen, andere wollen einfach nicht lästig sein. Das sind Ausreden, aber keine ausreichenden Rechtfertigungen.

Wenn man gute Entscheidungen treffen will, kommt der Beziehung zwischen den Ehepartnern sowohl eine einzigartige als auch entscheidende Rolle zu. Wenn beide bereit sind, miteinander zu kommunizieren, werden sie zusammen immer bessere Urteile fällen, als es einer allein je könnte.

Es war für mich selbst interessant festzustellen, daß ein gut funktionierendes Ehemann-Ehefrau-Team sogar bessere Entscheidungen trifft, als ein Management-Team. Warum? Weil Ehepartner sich gegenseitig dabei helfen, ihre Extreme auszugleichen. Wenn sich Frau und Mann zu sehr ähneln, ist einer überflüssig. Soweit ich es beurteilen kann, stellt Gott gegensätzliche Pole deshalb zusammen, um uns dabei zu helfen, unsere Entscheidungen auszubalancieren.

Die meisten wirklich gravierenden Fehlentscheidungen, die ich bei Unternehmern beobachtet habe, hätten durch den Rat der Ehefrauen verhindert oder zumindest gelindert werden können. Das eigentliche Problem ist, daß der typische Unternehmer von Natur aus zur Unabhängigkeit neigt und keine natürliche Anlage besitzt, auf andere Meinungen, inklusive der seiner Frau, zu hören – es sei denn, er hat keine andere Wahl.

Ich habe beobachtet, daß Männer, die nicht bereit waren, ihrer Frau alles, was momentan vorgeht zu erzählen, auch sonst nicht bereit waren, irgend jemand Rechenschaft abzulegen. In unserer Gesellschaft hält man einen Mann, dem die Meinung seiner Frau wichtig ist, für einen »Schwächling«. Das ist Unsinn – eine von Satan verbreitete Lüge. Die fehlende Bereitschaft, gegenüber dem Ehepartner transparent zu sein, macht die meisten Männer und in der Zwischenzeit auch Frauen für Sünde in ihrem Leben empfänglich.

Beachten Sie, was Gott im ersten Petrusbrief 3,7 sagt: »Ebenso sollt ihr Männer im Umgang mit euren Frauen rücksichtsvoll sein, denn sie sind der schwächere Teil; ehrt sie, denn auch sie sind Erben der Gnade des Lebens. So wird euren Gebeten nichts mehr im Weg stehen.« Das heißt, ein Mann, der seine Frau nicht wie einen »Miterben« (wahren Partner) behandelt, muß damit rechnen, daß seine Gebete an der Decke abprallen. Ich weiß nicht, wie es Ihnen geht, aber ich empfinde das als eine ernste Warnung!

Meine Frau hat keine kaufmännische Ausbildung und hat auch nie ein Unternehmen geführt. Trotzdem spielt sie bei meinen Entscheidungen eine ungeheuer wichtige Rolle. Warum? Weil sie die Menschenkenntnis besitzt, die mir fehlt und die ich wahrscheinlich auch niemals haben werde. Ich glaube in erster Linie das, was Leute mir erzählen. Wenn ich aber herausfinde, daß man mich belogen hat, glaube ich dieser Person nie wieder. Dieses Schwarzweißdenken hilft mir auf vielen Gebieten des Geschäftslebens und meines geistlichen Lebens. Es hilft mir beispielsweise dabei, Unterschiede zwischen dem

Wort Gottes und den gängigen Haltungen (wie dem Umgang mit Geld) zu erkennen, die von den meisten Menschen als »normal« akzeptiert werden.

Auf der anderen Seite bringt mich diese Eigenart oft in Schwierigkeiten, wenn es darum geht, mit Menschen richtig umgehen zu müssen. Das hat sich vor allem bei der Einstellung neuer Mitarbeiter oft gezeigt. In der Vergangenheit habe ich Leute eingestellt, von denen ich mir anfangs viel versprochen habe und am Ende nur starke Mängel in ihrem Charakter entdekken mußte.

In fast allen Fällen hatte Judy mich intuitiv gewarnt, ohne daß ich darauf eingegangen war. Für jemand, der wie ich gern mit Fakten arbeitet, spielt Intuition bei Entscheidungen eine untergeordnete Rolle – zumindest, wenn es um Menschen geht.

Vor Jahren stellte ich einen Mann ein, den ich hier Dave nennen will. Ich hatte mit ihm und seiner Frau ein Gespräch, und ihre Pechsträhne hatte mich sehr betroffen gemacht. Dave hatte als Werbegrafiker mit einem anderen Christen zusammen eine Firma gehabt. Sie hatten die Werbeagentur vier Jahre lang aufgebaut. Als das Unternehmen endlich Erfolg hatte, wurde Dave von seinem Partner aus dem Betrieb ausgesperrt. Dieser Partner sagte dazu lapidar, daß er ja vor Gericht gehen könne, wenn ihm irgend etwas nicht passe. Danach verloren Dave und seine Frau Michelle ihren gesamten Besitz, inklusive Kleidung, als der Wohnungseigner ihnen wegen der ausstehenden Mieten den Zutritt zu ihrer Wohnung verweigerte.

Nachdem ich ihre Geschichte gehört hatte, entschloß ich mich, ihnen zu helfen. Zuerst rief ich seinen ehemaligen Partner an, der sich aber weigerte, mit irgend jemandem über Dave zu sprechen: »Er ist ein Lügner und hat mich um mehrere tausend Dollar betrogen«, sagte die Stimme am anderen Ende der Leitung. »Er kann von Glück sprechen, daß ich ihn nicht verklagt habe.« Er legte auf und weigerte sich, mit mir noch einmal zu reden.

»Das ist typisch für ihn«, sagten Dave und Michelle gleichzeitig. »Er glaubt, daß uns Drohungen Angst machen. Uns wurde zwar geraten, ihn zu verklagen, aber wir wissen, daß die Bibel uns anhält, keinen Christen zu verklagen. Also haben wir davon Abstand genommen.«

Diese Einstellung beeindruckte mich sehr, denn selbst wenn nur ein Zehntel ihrer Geschichte wahr gewesen wäre, hätten sie den Rechtsstreit mit absoluter Sicherheit gewonnen. Ich erfuhr, daß sie keine Bleibe hatten und fragte Judy, ob sie für ein paar Tage zu uns kommen könnten. Dave wollte sich etwas Geld von seinem Vater leihen, der ein erfolgreicher Anwalt in Miami war. Judy war etwas skeptisch, denn ich hatte solche Dinge schon öfters gemacht. Unter anderem nahm ich einmal ein schwangeres Mädchen bei uns auf, das unser Bett im Gästezimmer in Brand steckte, bevor sie ging. Aber Judy stimmte schließlich zu.

Die zwei Tage wurden zu einem Monat. Trotz der allabendlichen, verzweifelten Telefonate von beiden bekam Dave von seinem Vater kein Geld geschickt. Schließlich bot ich Dave an, für unsere Gesellschaft ein paar Layouts zu machen – eine Art Beschäftigungstherapie.

Kurz bevor er die Stelle antrat, bekam er aber das Angebot, die Leitung der Entwicklungsabteilung in einem Fotogeschäft zu übernehmen. Michelle bot sich als Schreibkraft für mein Büro an bis Daves erstes Gehalt eintraf. Sie erwies sich als ausgezeichnete Schreibkraft, obwohl sie viel redete und die Leute herumkommandierte.

Während der ganzen Zeit sagte mir Judy immer wieder, daß mit den beiden etwas nicht in Ordnung sei. Ich wollte Beweise – die sie natürlich nicht liefern konnte. Deswegen betrachtete ich ihre Meinung als ungerechtfertigtes Vorurteil gegenüber zwei Menschen, die eine lange Pechsträhne hatten.

Dave und Michelle lebten einen weiteren Monat bei uns. Er arbeitete bis spät in die Nacht im Fotolabor und hatte eines unserer Privatautos in Beschlag genommen.

Als ich ihn darauf ansprach, daß ich mein Auto irgendwann wieder benutzen müsse, fragte er mich, ob ich nicht jemand in der Autobranche kennen würde, der bereit wäre, ihm ein Auto zu finanzieren. Ich wußte, daß eines unserer Vorstandsmitglieder einen guterhaltenen Gebrauchtwagen verkaufen wollte und vereinbarte ein Treffen zwischen den beiden. Aufgrund meiner Empfehlung überließ er Dave das Auto – ohne Anzahlung.

Zu dieser Zeit fing Dave an, uns seltsame Geschichten zu erzählen – zum Beispiel, daß er auf dem Heimweg überfallen worden sei und man ihm sein ganzes Monatsgehalt gestohlen hätte, oder daß er eine Einladung zu einem Profi-Golfturnier in Atlanta erhalten habe. (Das fiel ihm aber erst ein, nachdem er erfahren hatte, daß mein Stiefvater ein leidenschaftlicher Golfer war.) Schließlich wurde sogar ich mißtrauisch und beschloß, die Angelegenheit doch noch einmal genauer zu untersuchen und bat Dave um Namen und Adresse seines Vaters in Miami.

»Wozu brauchst du Name und Adresse meines Vaters?« fragte er verletzt.

»Weil ich wissen möchte, warum er seinem Sohn nicht hilft, wenn dieser so große Probleme hat.«

»Ich habe dir ja auch noch nie erzählt, daß ich ein uneheliches Kind bin«, sagte er mit Tränen in den Augen. »Mein Vater möchte nicht, daß seine Frau das erfährt. Wenn du anrufst, könnte sie dahinterkommen.«

Ganz langsam begannen nun bei mir die Alarmglocken zu läuten, als ich mir Judys Meinung zu dem Paar noch einmal durch den Kopf gehen ließ. Ich sagte: »Dave, ich werde das Gefühl nicht los, daß hier etwas nicht stimmt. Ich hätte auch gerne die Nummer und den Namen deines Arbeitgebers. Ich will der Sache nachgehen.«

Dave gab mir eine Liste mit Telefonnummern und zog sich dann mit Michelle in ihr Schlafzimmer zurück. Als wir am nächsten Morgen aufwachten, waren sie weg. Tagelang hörten wir nichts von ihnen. In der Zwischenzeit mußte ich feststellen, daß alle Nummern auf Daves Liste erfunden waren. Er hatte nie eine Firma besessen; er hatte nie in einem Fotolabor gearbeitet, und er hatte auch nie in Miami gelebt. Der Gipfel war dann, daß sie auch noch mit dem Auto meines Freundes verschwunden waren.

Damals legte ich das Gelübde ab, von nun an auf den Rat meiner Frau zu hören, zumindest wenn es um Menschen geht. Sie hat nicht immer recht, aber ihre Trefferquote verglichen mit meiner, ist 100:1.

Das gleiche Prinzip läßt sich bei grundsätzlich jedem Menschen feststellen. Niemand besitzt die Fähigkeit, jede Situation richtig einschätzen zu können, und wenn es um Bereiche wie Moral und Ethik geht, ist der Beitrag von beiden Ehepartnern unentbehrlich.

Lassen Sie mich klarstellen, daß ein solches Maß an gegenseitiger Offenheit, Vertrauen und Bereitschaft, sich vom Partner hinterfragen zu lassen, nicht von einem Tag auf den anderen wächst. Es verlangt eine starke gegenseitige Hingabe und die bewußte Zurücknahme der auch für jeden christlichen Unternehmer typischen Ichbezogenheit.

Es lassen sich auch noch von einem anderen Standpunkt aus stichhaltige Argumente finden, weswegen es notwendig ist, daß Ehepartner lernen, sich gegenseitig an den anstehenden Entscheidungen zu beteiligen und noch in viel stärkerem Maße zu kommunizieren und sich selbst mitzuteilen. In über 80 Prozent aller Ehen lebt die Frau länger als der Mann. (Das Durchschnittsalter einer Witwe liegt in den USA bei 52 Jahren.) Demnach muß ein Großteil der Ehefrauen damit rechnen, nach dem Tod des Ehemannes sämtliche Entscheidungen treffen zu müssen. Je mehr ein Ehemann seine Frau an seinem Berufsalltag teilhaben läßt, um so besser werden die Entscheidungen der Ehefrau sein, die sie später zu treffen hat. Es lohnt sich.

Nehmen Sie sich Zeit für Gespräche

Wenn man sich vorgenommen hat, sich gegenseitig mehr mitzuteilen, dann ist der einfachste Weg um zu diesem Ziel zu gelangen, der, sich regelmäßig Zeit zu nehmen, um wichtige geschäftliche Entscheidungen zusammen durchgehen zu können. Das gilt nicht nur für Firmenbesitzer.

Da Ehepartner oft gegensätzliche Wesenszüge haben, wird der eine am liebsten spät abends reden wollen - eine Zeit, in der der andere schon vollkommen ausgelaugt ist und schlafen möchte. Es ist eine gute Kompromißlösung, wenn man eine bestimmte Zeit vereinbart, in der man gemeinsam betet, in der Bibel liest und einen Teil der Zeit sich dafür nimmt, über das zu sprechen, was sich am heutigen Tag im Betrieb abgespielt hat.

Um diesen Austausch zu vertiefen, werden Sie regelmäßige Zeiten benötigen, in denen Sie langfristige Ziele wie Unternehmenswachstum, Pensionierung oder Firmenverkauf besprechen können. Dafür nimmt man sich am besten ein ganzes Wochenende. Wenn unbedingt nötig, können Sie sich mit einem anderen Ehepaar beim Aufpassen auf die Kinder abwechseln oder einen Babysitter nehmen. Sie werden feststellen, daß es sich lohnt, dieses Opfer in den ersten Jahren zirka alle sechs Monate zu bringen.

Wenn Sie so etwas noch nie getan haben, dann beginnen Sie doch damit, den Haushaltsplan für Ihre Familie gemeinsam zu entwerfen. Das kann sehr hilfreich sein, die erste Hürde zu nehmen und damit zu beginnen, sich dem anderen mitzuteilen. Wie ich schon vorher gesagt habe, ist Kommunikation für eine gute und vertrauensvolle Ehe, in der man sich auch gegenseitig korrigieren läßt, unbedingt notwendig. Ich kann jeden gut verstehen, der so etwas noch nie getan hat; ich selbst habe viele Jahre auf den Rat meiner Frau keine Rücksicht genommen. Heute kann ich aber ehrlich behaupten, daß unsere gemeinsame Zeit mit die fruchtbarste ist, die ich neben der Zeit habe, die ich mit Gott verbringe.

Ich will aber nicht behaupten, daß unsere gegenseitige Verständigung perfekt ist. Sie ist weit davon entfernt und wird es wohl auch immer sein. Ich treffe gerne Entscheidungen, selbst die schlechten. Ich könnte ohne weiteres mit Angestellten leben, die alle meine Bitten erfüllen und mir einen Teil meiner täglichen Routine abnehmen. Zum Teil mache ich das sogar. Aber der Beitrag der Angestellten oder gar der Vorstandsmitglieder ist nicht mit dem des Ehepartners vergleichbar. Niemand kennt uns so gut wie unser Ehepartner und deshalb kann uns auch niemand die Hilfe bieten, die nur der Ehepartner bieten kann.

Viele Frauen fragen sich, warum sie von ihrem Mann ausgerechnet dann verlassen werden, wenn die Firma floriert. Manchmal geht ein Mann eine außereheliche sexuelle Beziehung ein, wenn er in seine mittleren Jahre kommt. Aber ich glaube, daß es dafür einen tieferen Grund gibt. Allzuoft haben es Ehefrauen versäumt, ihren Ehemännern ein Kamerad und Partner zu werden, so daß er das Gefühl hat, seine Frau würde sich nicht wirklich für seine Arbeit interessieren. Er investiert sein Leben in die Arbeit, und seine Frau betrachtet ihn lediglich als Geldquelle. Mehr als eine Frau hat mir im nachhinein erzählt, wie sehr sie es bereuen, sich ihren Ehemännern nicht ebenso gewidmet zu haben, wie ihren Kindern. Selbstverständlich brauchen Kinder Aufmerksamkeit, aber eine Ehe dauert länger (oder sollte es zumindest), als die Eltern-Kind-Beziehung. Wenn beiden Partnern ihre Beziehung wichtig ist, dann müssen sie auch Zeit in sie investieren.

Jesus lehrte uns in Matthäus 6,21 einen interessanten Grundsatz: »Denn wo dein Schatz ist, da ist auch dein Herz.« Dieses Prinzip bezieht sich nicht nur auf Geld, sondern gilt für alles, was wir tun. Es bedeutet, daß man seine Zeit und Energie nur in die Dinge investiert, die einem wichtig sind. Lassen Sie Ihren Ehepartner dazu gehören.

Gemeinsam im Unternehmen arbeiten

Wenn Sie zusammen mit Ihrem Ehepartner im gleichen Unternehmen arbeiten, ist es wichtig, daß Sie zuvor Ihre Beziehung in einem ehrlichen Gespräch klarstellen. In einer Firma kann es nur eine Führungsstimme geben. Alles andere frustriert meistens auch die Angestellten und führt oft zu hitzigen Diskussionen zwischen den Ehepartnern.

Im Laufe der Jahre habe ich beobachtet, daß wenn Ehepartner zusammenarbeiten, es kurzfristig oft schwer ist, die Rollen eindeutig festzulegen. Langfristig ist es aber absolut unumgänglich. Wenn Sie feststellen, daß es Ihnen nicht leichtfällt, im selben Büro oder gar in derselben Firma harmonisch zusammenzuarbeiten, müssen Sie diesen Tatsachen von Anfang an ins Auge schauen.

Eine klare Rollenverteilung ist die beste Grundlage für gute Kommunikation. Wenn Sie über dieses Thema nicht reden können, ohne sich irgendwie in die Haare zu bekommen, dann kann Ihnen ein guter Seelsorger bei der Lösung Ihrer Meinungsverschiedenheiten vielleicht gute Dienste leisten.

Carl war ein Versicherungsvertreter, der vor kurzem sein eigenes Büro eröffnet hatte. Seine Ehefrau Paula war seine Sekretärin, Buchhalterin und Empfangsdame. Schon bald nach der Eröffnung entdeckten die beiden, daß ihre verschiedenen Charaktere und die Unfähigkeit, gemeinsam zu kommunizieren, sowohl die Firma als auch ihre Ehe zu ruinieren drohten.

Paula war eine Perfektionistin und forderte die unbedingte Einhaltung aller Abmachungen. Carl war der typische Verkäufer, er verallgemeinerte seine Ratschläge und betrachtete Regeln eher als Orientierungshilfen. Paula interpretierte Carls Übertreibungen als Lügen, was sie so sehr ärgern konnte, daß sie in ihrem Bemühen ihn zu korrigieren, in Extreme verfiel und das oft sogar in der Gegenwart ihrer Kunden. Die Folge war, daß einige Kunden den Eindruck hatten, daß es Spannungen zwischen beiden gab, und daß eigentlich Paula diejenige war, die die Interessen der Kunden wahrte.

Wenn Carl einem Kunden beispielsweise ein Versicherungspaket zusammenstellte, bat dieser Paula, die Aufstellung auf mögliche »Übertreibungen« zu überprüfen. Paula fühlte sich geschmeichelt, daß die Kunden ihre Meinung hören wollten, aber ohne zu merken, untergrub sie dadurch Carls Autorität. Carl wußte nicht mehr, wie er mit Paulas offensichtlich fehlender Achtung bezüglich seinem Können und seiner Erfahrung umgehen sollte.

Bei einem Kunden, dem Carl eine gewerbliche Versicherung verkauft hatte, gab es einen schweren Brand. Aber der Versicherer weigerte sich zu bezahlen, weil der Kunde brennbares Material in seinem Gebäude gelagert hatte. Dieser wiederum behauptete, daß Carl ihn nicht auf die Nebenbedingungen der Versicherungspolice aufmerksam gemacht hätte. Carl war aber der Meinung, daß die betreffenden Artikel der Police sehr eindeutig verfaßt waren und fügte hinzu, daß er nichts über die gelagerten Chemikalien wissen konnte, da diese erst nach Abschluß der Versicherung in dem Gebäude gelagert worden waren.

Der Inhaber verklagte Carls Firma wegen Fahrlässigkeit und hatte zu der Gerichtsverhandlung auch andere Kunden von Carl als Zeugen geladen, die dessen angebliche Fahrlässigkeit als Versicherungsvertreter bestätigten. Ihre Aussage stützte sich teilweise darauf, daß selbst Carls Ehefrau wiederholt seine Ansichten in ihrer Gegenwart bezweifelt habe.

Während der Gerichtsverhandlung durchfuhr Paula die Erkenntnis wie ein Blitz, daß die Männer, von denen sie dachte, daß sie zusätzlich ihren Rat hören wollten, eigentlich ihren Mann für unfähig hielten.

Sie wußte aber, daß er ein sehr guter Vertreter war und ihr alles beigebracht hatte, was sie wußte. Die einzigen Schwierigkeiten, die sie mit ihm gehabt hatte, hatten sich auf Dinge bezogen, die sie als Übertreibungen interpretiert hatte, nicht als Inkompetenz.

Carl verlor den Prozeß und mußte den Schaden begleichen.

Daraufhin annullierte die Versicherungsgesellschaft ihren Vertrag mit Carl und entzog ihm damit praktisch jede Möglichkeit, in der Versicherungsbranche wieder Fuß zu fassen. Paula wußte, daß sie die Integrität ihres Ehemannes schwer unterminiert und dadurch auch die gemeinsame Firma ruiniert hatte. Ihr Perfektionismus hätte zu Carls Verkäufercharakter ein guter Ausgleich sein können. So war ihre Verschiedenheit zu einer dauernden Quelle von Meinungsverschiedenheiten geworden.

Paula begann danach viel von der Integrität ihres Mannes zu begreifen, denn er warf ihr kein einziges Mal ihre mangelnde Loyalität vor, obwohl sie wußte, daß dies gerechtfertigt gewesen wäre. Bald darauf wurde Carl von einem ehemaligen Konkurrenten angestellt, der seine Fähigkeiten zu schätzen wußte. Paula wurde eine klügere Ehefrau und arbeitete von da an als Sekretärin für eine Telefongesellschaft.

TEIL II

Wichtige Entscheidungen in der Unternehmenspolitik

Kapitel 9

Einstellungskriterien

Stan frühstückte gerade mit einem unserer Berater, gestikulierte wild mit seinem Toastbrot und sagte: »Irgendwie habe ich das Gefühl, daß ich bei Einstellungen immer die falschen Entscheidungen treffe. Warum stelle ich immer Leute ein, die schnell unzufrieden werden und schließlich nach ein oder zwei Jahren gehen. Was mache ich denn falsch?«

»Dann muß ich dich zuerst fragen«, antwortete Bill. »Welche Kriterien hast du eigentlich bei der Einstellung von neuen Mitarbeitern?«

»Ich weiß nicht genau, was du damit meinst«, erwiderte Stan. »Ich gebe eine Stellenanzeige in einer Lokalzeitung auf und wähle aus den Bewerbungen dann einen aus.«

»Nein. Ich will nicht wissen, wie du sie findest. Nach welchen Kriterien wählst du aus den vielen Bewerbern deinen neuen Mitarbeiter aus?«

Stan begann die typische Methode zu beschreiben: »Ich weiß, welche Erfahrungen man für unsere Arbeit mitbringen muß, die in erster Linie aus Zusammenbau und Reparatur von Testanlagen besteht. Wir suchen Leute mit mindestens zweijähriger Erfahrung in einer ähnlichen Arbeit, die auch mit unserem Lohn zufrieden sind.«

»Hast du sonst keine Kriterien?«

»Was meinst du damit?«

»Wie ist es mit beruflichem Werdegang, Empfehlungsschreiben, Arbeitszeugnissen und Persönlichkeitsprofil?«

»Wenn der Bewerber damit einverstanden ist, erkundigen wir uns bei seinem letzten Arbeitgeber. Alles, was darüber hinausgeht, ist gesetzlich verboten.«

»Das stimmt doch überhaupt nicht«, antwortete Bill auf dieses Argument, das er als Berater schon oft zu hören bekommen hatte. »Das Gesetz verbietet dem Unternehmer nur, einen Bewerber aufgrund seiner Rasse, Religion, Geschlecht oder Staatsangehörigkeit zu diskriminieren. Es verbietet ihm aber nicht, Informationen darüber einzuholen, ob jemand ein fähiger und zuverlässiger Angestellter war.«

»Aber das ist doch alles viel zu kostspielig«, wehrte sich Stan. »Nur die großen Unternehmen können sich so etwas leisten.«

»Eben nicht«, wiederholte Bill. »Große Unternehmen haben nur festgestellt, daß es billiger ist, die richtige Person einzustellen, als die falsche zu ersetzen. Man braucht zwar etwas länger dafür, aber es macht sich bezahlt. Ich werde dir einige Sachen erzählen, die wir auf unseren Busineß-Seminaren unterrichten.« Daraufhin zeigte er ihm die wesentlichen Schritte für eine vernünftige Einstellungspolitik:

Etappen bei der Anwerbung von Angestellten

1. Eine präzise Stellenbeschreibung

Jede Arbeit ist eine Kombination von täglichen oder regelmäßigen Aufgaben. Um die richtige Person für eine Stelle zu finden, müssen zuerst die Anforderungen der Arbeitsstelle definiert werden. Oft merkt ein potentieller Angestellter beim Durchlesen der Stellenbeschreibung von selbst, daß er nicht qualifiziert ist und nimmt von der Bewerbung Abstand. Selbst die mündliche Stellenbeschreibung während eines Vorstellungsgespräches ist nicht so effektiv wie ein Papier, auf dem man alles schwarz auf weiß lesen kann.

Einmal führte ich mit einem jungen Mann wegen der Stelle als Telefonverkäufer in unserer Organisation ein Bewerbungsgespräch. Er war intelligent, hatte gute Umgangsformen und konnte sich gut ausdrücken – alles notwendige Eigenschaften für jene Stelle in unserer Firma. Er war sehr begeistert von der Vorstellung, für uns zu arbeiten und erwähnte im Laufe der Unterhaltung mehrmals die »Möglichkeiten«, die unsere Organisation zu bieten hatte.

Als ich ihm eine schriftliche Stellenbeschreibung vorlegte, die unter anderem auch die Entgegennahme von Rückrufen unserer interessierten Kunden beinhaltete, konnte ich die Enttäuschung in seinem Gesicht erkennen. Deshalb fragte ich ihn: »Glauben Sie, daß Sie den Job den ganzen Tag lang machen könnten?«

»Ich glaube schon«, erwiderte er. »Aber wie lange dauert es, bis ich etwas Interessanteres machen könnte?«

»Was stellen Sie sich denn so vor?«, fragte ich.

»Ich möchte gerne Leute informieren und beraten!« antwortete er begeistert. »Ich würde den Job annehmen, wenn ich auch auf diesen anderen Gebieten eingearbeitet werden könnte.«

Ich bedankte mich bei dem jungen Mann und verabschiedete ihn mit einem leisen »Danke schön!« an Gott, der mich gedrängt hatte, die meisten unserer Stellenbeschreibungen klar zu definieren. Wir brauchten einen Telefonverkäufer und konnten für die Einweisung eines neuen Mitarbeiters, der wahrscheinlich nach einigen Wochen oder Monaten (möglicherweise verärgert) gehen würde, nicht mehrere tausend Dollar ausgeben. Er war der Prototyp eines naiven Hochschulabsolventen, der mehr nach einem »guten Einstieg« als nach einer Arbeit suchte.

2. Nehmen Sie nur den Besten für einen Job

Das hört sich zwar einfach an, aber die meisten kleinen Unternehmen stellen nur in den seltensten Fällen die besten Leute ein. Meistens werden diejenigen eingestellt, die sich zufälligerweise gerade beworben haben. Früher ist mir das, zu meinem eigenen Leidwesen, sehr oft selbst passiert. Zu den Anfangszeiten von »Christian Financial Concepts« benötigte ich viel Hilfe, hatte aber zu wenig Geld, um einen Angestellten bezahlen zu können. Ein arbeitsloser Christ, der sich von mir beraten lassen wollte, erfuhr davon und bot sich als ehrenamtlicher Mitarbeiter an. Im Verlauf der folgenden Monate verbesserte sich unsere finanzielle Lage, so daß ich imstande war, jemand für seine Tätigkeit einzustellen. Seine logische Schlußfolgerung war, daß ich ihn einstellen würde. Er hatte recht.

Wenn ich heute daran zurückdenke, erkenne ich, daß ich mit seiner Leistung nie richtig zufrieden war. Aber weil er ehrenamtlich arbeitete, beschwerte ich mich nicht darüber. Außerdem konnte ich ihn nicht nach meinen gewohnten Kriterien einstellen – er war ja schon da. Ich hätte sonst mit Sicherheit seine Referenzen überprüft, seine Persönlichkeit eingeschätzt und seine Fähigkeiten begutachtet.

Gelinde gesagt, bereute ich meine mangelnde Gründlichkeit. Schon bald war mir klar, daß der Mann am falschen Platz und dazu unglücklich war. Diese Haltung spiegelte sich in allem wider, was er tat, und führte schließlich zu einer Konfrontation. Mein Fehler war gewesen, diese Stelle nicht mit dem besten Mann zu besetzen, den ich für diese Stelle hätte bekommen können. Er war unzufrieden, ich war unzufrieden, und so waren wir am Ende dazu gezwungen, der Wahrheit ins Auge zu schauen. Jetzt versuche ich immer, mir die Regel aus Sprüche 22,29 zu Herzen zu nehmen: »Siehst du einen, der gewandt ist in seinem Beruf: Vor Königen wird er dienen.« (Nicht: Vor Niedrigen wird er dienen.)

3. Die Menschen mit den passenden Persönlichkeitsprofilen sollten an die richtige Arbeitsstelle

Ich habe Persönlichkeitstests und ähnlichem nie besondere Aufmerksamkeit geschenkt. Aber nach mehreren Versuchen, die richtige Person für eine bestimmte Stelle zu finden (und nach vielen Fehlschlägen), begann ich, nach Hilfe Ausschau zu halten. Andere Unternehmer besitzen anscheinend eine gute Menschenkenntnis und haben auch keinerlei Probleme, die richtigen Personen einzustellen. Aber ich habe damit Schwierigkeiten.

Dann machte ich eines Tages beim Besuch einer Managementkonferenz selber einen kurzen Persönlichkeitstest. Er hieß »Performax« und teilte die verschiedenen menschlichen Veranlagungen in vier Grundtypen ein.*

---

* Die in deutsch übersetzte Ausgabe des »Performax«-Tests heißt »Der christliche Persönlichkeitstest« und ist im C&P Verlag, Dedersbüll 6, 25924 Emmelsbüll, erschienen. (Anm. d. Übersetzers.)

Ich kreuzte die Fragen in kürzester Zeit an, weil ich nicht bereit war, mehr Zeit für solche »Spielereien« zu verschwenden. Als der Dozent aber mein Blatt auswertete und anhand der Resultate meinen Charakter beschrieb, war ich völlig verdutzt. Die Einschätzung paßte wie angegossen.

In den folgenden Wochen studierte ich sorgfältig die Unterlagen, die interessierte Unternehmen von der Herstellerfirma des Tests zur Verfügung gestellt bekamen. Daraufhin ließ ich jeden, den ich gut kannte und von dem ich glaubte, seine Persönlichkeit und Fähigkeiten schon zu kennen, den Test machen. Zu meiner Überraschung traf der Test bei allen ins Schwarze.

Nach diesen Versuchen wußte ich, daß ich mit diesem Test endlich ein Instrument in meinen Händen hielt, das es mir ermöglichte, meine Angestellten richtig einsetzen zu können. Dieser Test, der nur etwa zehn Minuten in Anspruch nimmt, hat meine Mitarbeiter und Hunderte anderer Unternehmen, bei denen ich ihn eingesetzt habe, von Grund auf erneuert. Es gibt ausführlichere und weitaus komplexere Tests, aber meine Erfahrung ist die, daß mit so wenig Zeit und Geldaufwand, kein anderer Test die Resultate erzielt, die »Der christliche Persönlichkeitstest« erreicht. Jeder potentielle Mitarbeiter unseres Unternehmens muß diesen Test einmal machen. Mittlerweile halten wir ihn auch bei jeder Beratung für unentbehrlich. Denn wenn wir das Wesen der Menschen verstehen, die wir beraten sollen, ist es sowohl für uns als auch für sie enorm hilfreich, wenn sie verstehen können, warum sie so reagieren, wie sie es nun einmal tun.

»Der christliche Persönlichkeitstest« unterteilt Charaktere in vier verschiedene Grundtypen, die weitaus präziser sind als die oft verwendeten »Typ A«- oder »Typ B«-Beschreibungen. Aus praktischen Gründen werde ich diese vier Kategorien etwas vereinfacht darstellen, indem ich Analogien zu ihrer Beschreibung verwende.

1. Dominant

Das ist die typische Persönlichkeit eines Unternehmers. Er trifft schnelle Entscheidungen, Routinearbeiten langweilen ihn sofort, er haßt es, wenn er genauen Anweisungen zu folgen hat usw. Die beste Beschreibung dieses Charakterzugs ist: Er liegt oft falsch, aber zweifelt nie. »D-Charaktere« sind einfach zu erkennen. Wenn sie eine Schaukel für ihre Kinder kaufen, versuchen sie lieber drei Stunden lang, diese zusammenzubauen, als zehn Minuten die Bauanleitung durchzulesen.

2. Initiativ

Dieser Persönlichkeitstyp ist umgänglich, freundlich, gesprächig und ist gerne mit erfolgreichen Menschen zusammen. »I-Charaktere« erkennt man daran, daß sie überall, ganz gleich ob Schlafzimmer, Küche oder Büro, alles zur Schau stellen, was sie jemals erreicht haben. Sie wollen anderen gefallen und von ihnen akzeptiert werden. Wegen ihrer Fähigkeit, gute Beziehungen zu entwickeln, arbeiten sie oft erfolgreich als Verkäufer. Eine »I-Person« wird sehr stark von sozialen Gruppen angezogen und zeichnet sich in der Regel durch Wärme und Freundlichkeit aus.

3. Stetig

Personen mit dem Persönlichkeitsmerkmal »stetig« halten die Räder einer Organisation am Laufen. Sie sind loyal, arbeiten hart, kooperativ und vollkommen verläßlich. Ihre einzigen wirklichen Fehler sind mangelnde Phantasie und ihr fehlender Mut, auch einmal Neues auszuprobieren. Sie sind leicht zu erkennen. Stetige Personen legen weniger Pausen als andere ein, diskutieren selten, tun ihre Arbeit und bekommen für ihren Einsatz oft nur wenig Anerkennung, weil sie es so unaufdringlich machen.

»S-Charaktere« sind die einzigen, die einen Menschen mit gleichem Charakter heiraten und trotzdem eine gute Ehe führen können. Alle anderen Ehen ähnlicher Charaktere enden mit Krieg.

Sie sind auch daran zu erkennen, daß sie es hassen, Entscheidungen zu treffen. Wenn dann ein Mann seine Frau fragt: »Wo würdest du gerne essen gehen?«, antwortet sie: »Mir egal, entscheide du.« Ist er ebenfalls ein »S«, wird er erwidern: »Nein, mir ist es wirklich gleich, entscheide du.« Das geht so lange weiter, bis sie ein echtes »D-Kind« bekommen, das dann ihr Leben bestimmen wird!

4. Gewissenhaft

In den meisten Fällen ist so ein Mensch als Perfektionist bekannt. »G-Menschen« halten eisern an Regeln fest und sind sehr frustriert, wenn keine Regeln vorhanden sind. Wenn ein extremer »G« eine Schaukel kauft, die noch zusammengebaut werden muß, sortiert er zuerst die Einzelteile der Größe nach, liest danach die Bauanleitung gründlich durch und korrigiert dabei alle Rechtschreibfehler, die er darin findet.

Selbstverständlich hat niemand einen Charakter mit nur einer erkennbaren Eigenschaft – wir alle sind eine Kombination aus diesen Anlagen. Es gibt jedoch meistens ein bestimmendes Merkmal, das Ihnen bei der Einschätzung helfen kann, wie sich diese Person wohl an seiner Arbeitsstelle bewähren wird. Wenn Sie in der Lage sind, diese Merkmale zu erkennen, dann wird dies Ihr Einstellungsverfahren viel effizienter machen. Außerdem ist das Wissen darum, wie die verschiedenen Charaktergrundzüge miteinander harmonieren, unentbehrlich, wenn man ein Unternehmen so effektiv und produktiv wie möglich organisieren will.

Nun würde ich Ihnen gerne zeigen, wie wir diese Information bei der Anwerbung neuer Mitarbeiter einsetzen. Wenn wir beispielsweise eine bestimmte Stelle, sagen wir einmal den Empfang, neu besetzen wollen, dann machen wir zuerst eine Stellenbeschreibung. Die Aufgaben des Empfangs sind beispielsweise: Telefonanrufe oder Mitteilungen entgegenzunehmen und diese dann an die richtigen Stellen weiterzuleiten. Weitere Aufgaben sind, Adreßlisten zu aktualisieren, statistische Daten in den Computer einzugeben und eventuell auch Briefe zu tippen. Die Schreibmaschinenkenntnisse einer solchen Person sollten daher ebenso gut sein, wie ihre oder seine Fähigkeit, sich mündlich artikulieren zu können.

Um die optimale Kombination der Charaktermerkmale für die beste Empfangsperson herauszufinden, bitten wir eine erfahrene Person den Test zu machen, die bei einer anderen Firma die Stelle besetzt, die wir neu besetzen wollen. Das so gewonnene Persönlichkeitsprofil dient uns dann als Orientierungshilfe, um den richtigen Angestellten zu finden. Ein paar Nachforschungen dieser Art genügen, um die Persönlichkeitsprofile für praktisch jede Position zu sammeln. Ich habe festgestellt, daß man innerhalb eines Jahres die Persönlichkeitsprofile für alle in einem Unternehmen existierenden Positionen zusammenstellen kann. Man muß sich nur mit anderen Unternehmen in Verbindung setzen und die schon existierenden Profile hervorragend besetzter Stellen gegenseitig austauschen.

Natürlich müssen auch noch andere Faktoren wie Temperament, Verläßlichkeit, Wortwahl, Ausbildung, usw. bei der Einstellung berücksichtigt werden. Dennoch bin ich davon überzeugt, daß die besten Angestellten immer eine ihrem Persönlichkeitsprofil entsprechende Aufgabe haben.

Diese Lektion mußte ich mir ebenfalls teuer erkaufen. Eine Firma, die ich besaß, brauchte einmal einen Buchhalter, der das Rechnungswesen unterstützen sollte. Die junge Rezeptionistin, die damals für uns arbeitete, war sehr intelligent und lernte schnell. Deshalb beschloß ich, sie für das Rechnungswesen umzuschulen. Die Situation war fast schon vom ersten Tag an eine Katastrophe. Obwohl sie Buchhaltung schnell lernte und sehr genau arbeitete, konnte sie nicht länger als zehn Minuten durcharbeiten. Spätestens dann mußte sie sich etwas zu trinken holen oder auf die Toilette gehen – jede Ausrede war ihr gut genug, um ihren kleinen, isolierten Arbeitstisch zu verlassen. Auf ihrem Weg hielt sie sich dann bei irgend jemand zu einem kurzen Plausch auf, um dann in ihren »Kerker«, wie sie ihren Arbeitsplatz liebevoll nannte, zurückzugehen.

Diese Frau konnte überhaupt kein konzentriert arbeitender Buchhalter werden. Darum haßte sie auch die Isolation. Als mir das klar wurde, versetzte ich sie wieder an den Empfang, wo sie Telefonate entgegennahm und Besucher empfing. Sie war wieder vollkommen zufrieden. Erst im nachhinein stellte ich fest, daß sie eine starke »I-Persönlichkeit« (initiativ) mit einem großen Anteil »G« (gewissenhaft) war. Das heißt, sie war extrovertiert und in einem hohen Maß perfektionistisch. Sie wurde eine hervorragende Empfangsdame und Datentypistin – und blieb eine schreckliche Buchhalterin.

4. Formulieren Sie Ihre Einstellungspolitik

Wenn Sie Ihre Einstellung gegenüber bestimmten Fragen kennen und schon im voraus Entscheidungsrichtlinien getroffen haben, wird der ganze Prozeß, qualifiziertes Personal einzustellen, Ihnen viel leichter von der Hand gehen. Einige dieser Grundsatzentscheidungen werden schon durch Gesetzgebung und Unternehmensstatuten beeinflußt sein (wenn Sie ein Manager sind). Aber wenn man die umstrittensten Fragen einmal durchdacht hat, ist es möglich, die eigentlich komplizierten Entscheidungen auszusortieren und schon vorher Klarheit darüber zu gewinnen. Für Christen gehören die Fragen, ob man Nichtchristen und ob man Frauen einstellen soll, zu den kompliziertesten Entscheidungen.

Sollte man nur Christen anstellen?

Ich war lange Zeit der Meinung, daß ich mit den üblichen Problemen eines Unternehmens dann nicht konfrontiert werde, wenn ich ausschließlich Christen einstelle. Nach den fünfzehn Jahren, in denen ich eine christliche Organisation geleitet habe, die nur Christen beschäftigt, bin ich von der Naivität meiner damaligen Haltung überzeugt. Nicht, daß wir keine großartigen Mitarbeiter hätten, wir haben sie! Aber die Probleme, die mit christlichen Angestellten auftreten, unterscheiden sich nur unwesentlich von denen, die mit nichtchristlichen Mitarbeitern auftreten.

Viele Arbeitgeber, die Christen sind, sind auf irgendeine Weise zu der Überzeugung gelangt, daß sie nur Christen anstellen sollten. Diese Haltung verhindert meiner Ansicht nach eine der größten Aufgaben für einen christlichen Arbeitgeber: die Evangelisierung seiner Angestellten.

Der biblische Grundsatz, sich nicht »mit Ungläubigen unter das gleiche Joch« zu beugen (2. Kor. 6,14), hat oft zur Rechtfertigung gedient, um Nichtchristen auszuschließen. Natürlich steht bei einer Beziehung zwischen Arbeitgeber und Arbeitnehmer keiner unter dem Joch des anderen. Ein einfaches Beispiel kann deutlich machen, was unter einem Joch eigentlich zu verstehen ist.

Wenn Paulus von einer Beziehung spricht, die er mit einem Joch bezeichnet, dann hat er das Bild von zwei Ochsen vor Augen, die zusammen eingespannt sind – keiner kann etwas tun, ohne dadurch den anderen zu beeinflussen. Bewegt sich einer nach rechts, muß ihm der andere folgen. Stolpert der eine, fällt der andere mit. Das Gewicht muß gleichmäßig verteilt und von beiden getragen werden.

Das ist offensichtlich nicht das Bild einer Arbeitnehmer-Arbeitgeber-Beziehung, die eher der Beziehung zwischen einem Herrn und seinem Sklaven ähnelt, als daß sie durch das Bild von einem Joch beschrieben werden kann. Die einzige legitime Form, alle Nichtgläubigen aus einer christlichen Firma zu entfernen, ist, sie alle zum Glauben an Jesus Christus zu führen. Der einzige Maßstab, der bei einer Anstellung angewendet werden sollte, ist die Frage, ob eine Person die erforderlichen Fähigkeiten hat, um den Anforderungen einer Stelle gewachsen zu sein. Ansonsten gelten die Regeln, die für jede Einstellung erarbeitet worden sind.

Das gleiche Prinzip, das Paulus in der Gemeinde von Korinth anwandte, sollte auch bei Unternehmen angewandt werden. Er ermahnte einige der Gläubigen, daß ihr Verhalten Gott nicht verherrlichen würde und wies die Leiter an, die Schuldigen aus ihrer Mitte zu entfernen. In ihrer Verwirrung entfernten die Korinther alle Nichtchristen aus ihrer Gemeinschaft.

Um ihren Fehler zu korrigieren, schrieb ihnen Paulus im ersten Brief an die Korinther 5, 9–10: »Ich habe euch in meinem Brief ermahnt, daß ihr nichts mit Unzüchtigen zu schaffen haben sollt. Gemeint waren damit nicht alle Unzüchtigen dieser Welt oder alle Habgierigen und Räuber und Götzendiener; sonst müßtet ihr ja aus der Welt auswandern.« Wenn Sie in Ihrem Unternehmen (oder der Gemeinde) keine Nichtgläubigen haben, wem wollen Sie dann das Evangelium verkündigen?

Ist es richtig, verheiratete Frauen anzustellen?

Die Frage, ob Frauen auch noch außerhalb ihres Haushalts arbeiten sollen, ist in manchen christlichen Kreisen immer sehr umstritten gewesen. Mit der »Emanzipation der Frau« hat diese Streitfrage einen besonders schlechten Beigeschmack bekommen. Viele glauben, daß jede arbeitende Frau nicht nur unabhängig sein, sondern auch ihren eigenen Willen durchsetzen will. Zu diesem Thema möchte ich Sie gerne auf einige Aussagen aus der Heiligen Schrift verweisen.

Die Beschreibung einer perfekten Ehefrau

Die Beschreibung einer perfekten Ehefrau findet man erstmals in Sprüche Kapitel 31. Es heißt, daß sie die Felder bestellt und die Ernte verkauft; Kleider und Gürtel webt und verkauft; ihrem Mann zur Seite steht und ihren Haushalt in einer Weise führt, daß man ihr Respekt zollt. Die hier beschriebene Frau verrichtet meiner Meinung nach nicht nur Hausarbeit!

Die Bibel lehrt nicht, daß jede Frau so leben sollte. Sie behauptet aber auch nicht, daß es eine Sünde sei, diese Dinge zu tun. Ich glaube, daß Gott Mann und Frau das Recht einräumt, selbst darüber zu entscheiden. Die Entscheidung, in die Berufswelt einzusteigen, kann von Frau zu Frau falsch oder richtig sein.

Der Brief von Paulus an Titus 2,4–5 wird oft als Anweisung an *alle* Frauen interpretiert, daß sie zu Hause arbeiten sollten: »... damit sie die jungen Frauen dazu anhalten können, ihre Männer und Kinder zu lieben, besonnen zu sein, häuslich, gütig und ihren Männern gehorsam, damit das Wort Gottes nicht in Verruf kommt.«

Ich glaube nicht, daß das die Absicht war, die Paulus hatte. Ich glaube, daß er diese Empfehlung an Frauen gerichtet hat, die ihren Männern gegenüber rebellisch waren und sich für so wichtig hielten, daß sie ihre Arbeit zu Hause *vernachlässigten*. Paulus behandelte die Frage, ob Frauen nun außerhalb ihres Haushaltes arbeiten sollten deswegen nicht so ausführlich, weil das zu seinen Zeiten sowieso nur selten vorkam. In einer so harten Zeit wie damals war es in Familien, die ihre Nahrung selber anbauen mußten, lebenswichtig, daß die Frauen ihrer Arbeit auf den Feldern nachkamen.

Es ist nicht die Absicht dieses Buches, die Frage zu behandeln, ob nun Frauen (mit oder ohne Kinder) außerhalb des Haushalts arbeiten dürfen oder nicht. Ich werde auch nicht weiter auf dieses Thema eingehen, sondern nur noch einmal betonen, daß ich die Probleme kenne, die dann auftreten können, wenn Kinder, deren Eltern arbeiten, vernachlässigt werden.

Das Ausmaß, in dem Kinder in den USA vernachlässigt werden, ist mittlerweile zu einem großen Problem geworden. Die Ursache ist unser Wunsch nach einem Leben im Überfluß. Trotzdem glaube ich nach wie vor, daß es nicht gegen biblische Grundsätze verstößt, wenn eine Frau im Berufsleben steht. Es ist nur wichtig, daß es im gegenseitigen Einverständnis mit ihrem Ehemann geschieht.

Dieser Punkt ist für mich als Arbeitgeber besonders wichtig. Wenn ich glauben würde, daß das Wort Gottes verheiratete Frauen anweist, nicht berufstätig zu sein, dann würde ich in meinem Büro keine verheiratete Frau anstellen, denn dann würde ich sie zur Sünde verleiten.

Wie dem auch sei, ich wiederhole nochmals, daß solche Entscheidungen nur den Ehepartnern zustehen – nicht mir.

5. Setzen Sie eine Probezeit fest

Ich empfehle Ihnen, neue Angestellte immer neunzig Tage auf Probe zu beschäftigen. Während dieser Zeit können Sie beurteilen, ob der Angestellte leistungsbereit und für die Stelle geeignet ist. Natürlich will niemand seine alte Arbeitsstelle kündigen und mit der Gefahr, nach neunzig Tagen wieder entlassen zu werden, eine neue antreten.

Ein gutes Einstellungssystem kann diesen Fall jedoch praktisch ausschließen. Dennoch wird selbst das beste System der Welt mögliche Einstellungsfehler kaum verhindern können. Es ist für die Firma und für den Angestellten das beste, wenn Fehler, wenn nötig, schon in der Anfangszeit korrigiert werden.

Ich erinnere mich an einen solchen Vorfall, als wir jemand einstellten, der unser 200 x 4000 Meter großes Trainingscenter in Nord-Georgia verwalten sollte. Aus vierzig Bewerbungen hatten wir die fünf Bewerber mit den besten Qualifikationen für ein Vorstellungsgespräch ausgewählt. Unter ihnen war ein Mann, der zirka dreißig Jahre alt war, Erfahrung im Ingenieurwesen hatte und der für die Arbeit wie geschaffen war. Er war Christ, liebte die freie Natur, hatte von seinen ehemaligen Arbeitgebern hervorragende Referenzen bekommen und sein Persönlichkeitsprofil war für die geforderte Aufgabe einfach ideal.

Nachdem wir zahlreiche andere Bewerber ausgesiebt hatten, machten wir ihm schließlich ein Angebot, das seinem letzten Gehalt entsprach, und er bekam die Stelle.

Im ersten Monat leistete er großartige Arbeit und schien von der Tätigkeit und den Besuchern, die in das Zentrum kamen, begeistert zu sein. Dann bemerkte ich eine Änderung in seinem Gesichtsausdruck. Er war launisch, zog sich zurück und war manchmal sogar richtig rebellisch. Als ich ihn darauf ansprach, änderte sich seine Haltung für eine kurze Zeit, bis er wieder anfing, launisch zu sein. Ich fragte ihn immer wieder, ob er irgendwelche Probleme hätte, aber er verneinte meine Frage jedes Mal.

Dann kam eines Tages ein Freund aus unserer Gemeinde in mein Büro. Er erzählte mir von dem Manager und seiner Frau, mit denen er einige Tage verbracht hatte. Anscheinend konnte die Frau meines Managers die Abgeschiedenheit des Zentrums und die fehlende Gemeinschaft nicht ausstehen. Mit anderen Worten, sie hatte Heimweh und drängte ihn andauernd dazu, wieder zurückzugehen. Er saß also zwischen zwei Stühlen, seiner unzufriedenen Frau und seinem Arbeitsvertrag. Und irgendwie war er unbewußt zu der Überzeugung gelangt, daß wir an seiner Misere schuld seien. Ich löste das Problem, indem ich ihn bat, die Stelle zu kündigen. Er war sofort dazu bereit.

Es gibt neben Persönlichkeit und Qualifikation auch noch andere Faktoren, die bei einer Anstellung berücksichtigt werden müssen. In diesem Fall wäre es beispielsweise besser gewesen, wenn wir uns versichert hätten, daß auch seine Frau zum Umzug bereit ist. (In Sprüche 25,24 steht ja: »Besser in einer Ecke des Daches wohnen, als eine zänkische Frau im gemeinsamen Haus.«)

Kapitel 10

Kündigung von Angestellten

Im Laufe der Jahre habe ich immer wieder festgestellt, daß sich die meisten Christen in der Wirtschaft nicht darüber im klaren sind, wo die Verantwortlichkeit der Arbeitgeber gegenüber ihren Angestellten anfängt, und wo sie aufhört.

Ich habe viele christliche Arbeitgeber kennengelernt, die aus Angst ein schlechtes Zeugnis zu sein, glaubten, keinen Angestellten entlassen zu dürfen. Das andere Extrem bilden dann angestellte Christen, die sich in der Sicherheit wiegen, eine Arbeitsplatzgarantie unabhängig von ihrer Leistung und ihrem Verhalten zu besitzen, nur weil ihr Arbeitgeber Christ ist.

Ein Freund hat mir einmal einen Vorfall geschildert, bei dem ein Angestellter seiner Verantwortung gegenüber seinem Arbeitgeber nicht nachgekommen war:

»Wir stellten einen jungen Absolventen einer christlichen Hochschule in unserer Versandabteilung an. Wie viele andere Hochschulabsolventen erwartete er, mit seinem Diplom als Betriebswirt sofort ins mittlere Management einsteigen zu können. Obwohl wir ihm gesagt hatten, daß er ausschließlich im Versand angestellt war, hoffte er, schon nach wenigen Wochen befördert zu werden.

Ich spielte mit dem Gedanken, eine separate Materialabteilung einzurichten, für die wir auch einen Manager brauchen würden. Aber ich wurde wieder in meiner Meinung bestätigt, daß ein abgeschlossenes Wirtschaftsstudium heutzutage nichts anderes bedeutet, als daß der Absolvent die Fähigkeit besitzt, sich vier Jahre lang in ein Thema einzuarbeiten. Die meisten Studenten sind danach nicht darauf vorbereitet, richtige geschäftliche Entscheidungen zu treffen oder Menschen zu führen.

Innerhalb nur weniger Wochen wurde dieser junge Mann – ich nenne ihn hier Pat – aggressiv und trat mit immer finsterer werdender Miene auf. Er verrichtete seine Arbeit zwar sehr gut, aber seine Einstellung schloß jede weitere Überlegung aus, ihn an eine verantwortungsvollere Position zu versetzen. Sein Benehmen wurde immer schlimmer, und schließlich wurde er entlassen.

Während der Zeit, in der er angestellt war, fand ich hin und wieder Mitteilungen auf meinem Schreibtisch, in denen mir vorgeworfen wurde, nicht nach biblischen Grundsätzen zu leben, sowie viele andere ›grauenvolle‹ Verbrechen gegen Gott zu begehen – wie beispielsweise die ›New American Standard‹-Übersetzung der Bibel, statt der ›autorisierten‹ King-James-Fassung, zu verwenden. Ich konnte nie mit Sicherheit sagen, daß er der Verfasser dieser Botschaften war, aber sie hörten auf, sobald er gegangen war.

Ich hatte das Gefühl, bei diesem Mann versagt zu haben. Er hatte viel Potential und hätte ein wertvolles Mitglied unseres Unternehmens werden können, wenn er nicht so egozentrisch und mit Vorurteilen beladen gewesen wäre.«

Es gibt aber auch christliche Arbeitgeber, die ihre Angestellten vernachlässigen und sie absichtlich unchristlich behandeln. Sie entlassen die Mitarbeiter, die sie nicht mögen, ersetzen ältere Mitarbeiter mit hohem Gehalt durch junge mit niedrigeren Gehältern, und sie wechseln ihre Angestellten wie andere ihre Autos. Durch ihr Verhalten wird ihr eigenes Lebenszeugnis unglaubwürdig, und sie machen es jedem schwer, an Gott zu glauben.

Carl war so ein Mensch. Er besaß und führte eine Fabrik mit über hundert Angestellten, von denen die meisten in der andauernden Angst leben mußten, schon morgen ihren Arbeitsplatz verlieren zu können.

Carl bekannte sich zum Christentum und gab mehreren christlichen Organisationen regelmäßig großzügige Spenden. Er empfand sich als gerechten Menschen, war es gewohnt, der »Boß« zu sein und weigerte sich kategorisch, irgendeine Form von Kritik zu akzeptieren.

Carl war auch extrem launisch. Er konnte sich von einer Minute auf die andere vom freundlichsten Menschen zum schlimmsten Tyrannen verwandeln. Er war beispielsweise in der Lage, seine Manager auf einer Besprechung nach ihrer ehrlichen Meinung zu fragen und diese dann anscheinend sehr zu schätzen wissen. Diejenigen Manager, die aber immer noch bei ihm arbeiteten, wußten, daß er manchmal nach solchen Besprechungen jeden entließ, der sich kritisch geäußert hatte.

Wenige Angestellte hatten bemerkt, daß Carls Stimmung immer davon abhängig war, wie sich die Geschäftslage im Vergleich zu den Vormonaten entwickelt hatte. Das Geschäft mochte zwar gut laufen, wenn aber weniger Geld als im Vormonat erwirtschaftet worden war, änderte sich seine Haltung abrupt. Carl litt eindeutig unter Zukunftsangst, die eine Folge seines mindestens ebenso starken Mißtrauens gegenüber Menschen war. Wenn sich die Geschäfte gut entwickelten, fühlte er sich großartig. Gingen die Umsätze nur geringfügig zurück, verzweifelte er und ließ seine Frustration an seinen Mitmenschen aus.

In seinen »Hoch«-Zeiten versuchte er, Christus in seiner Firma zu verkünden. Er schuf Möglichkeiten für eine gemeinsame Gebetszeit, schickte Angestellte auf Seminare, verteilte Bibeln und stellte sogar einen unternehmenseigenen Kaplan an, aber nichts änderte sich wirklich. So ein Hoch konnte mehrere Monate anhalten, aber in dem Moment, in dem seine loyalsten Mitarbeiter schon glaubten, daß er sich nun endgültig gebessert hatte, entließ er wegen irgendeinem kleinen Fehler, der die Firma Geld gekostet hatte, plötzlich eine Sekretärin oder einen anderen niedrigen Angestellten, und alles war wieder beim alten.

Carls Firma hatte von der Marine den Auftrag bekommen, Teile für ein neues Kampfflugzeug zu bauen. Der Vertrag konnte den Jahresumsatz verdoppeln, sah aber bei unpünktlicher Lieferung oder schlechter Ausführung auch hohe Vertragsstrafen vor. Während dieses Projektes war Carl die meiste Zeit sowohl in Hochstimmung als auch außer sich. Er wußte, daß es möglich war, den Auftrag korrekt zu erledigen, war sich dabei aber auch des Risikos bewußt.

Um den Erfolg zu sichern, errichtete er für die neue Fertigungsanlage ein eigenes Gebäude und beauftragte seine besten Manager mit der Auftragsabwicklung.

Mehrere Monate lang entwickelte sich alles zu seiner vollsten Zufriedenheit. Die Einnahmen hatten sich seit dem letzten Quartal sogar verdoppelt, als Carls Welt plötzlich zusammenzubrechen drohte. Die Marine beschwerte sich über eine Lieferung, die ihrer Norm nicht entsprach und zum Teil sogar fehlerhaft war. Verbunden mit der Androhung, bei weiteren Problemen mit Geldbußen und Vertragskündigung rechnen zu müssen, verlangte man von Carl eine Neulieferung auf seine Kosten.

Carl war am Explodieren. Er stürmte aus seinem Büro und schrie zu seiner Sekretärin: »Ich will diesen ... Werksleiter des Marinevertrages in zehn Minuten in meinem Büro haben!« Das gesamte Büro horchte auf, so laut brüllte er: »Sagen sie Bill [dem Werksleiter], er kann seinen Job heute noch an den Nagel hängen, wenn er nicht in zehn Minuten mit den Produktionsberichten des letzten Monats aufkreuzt!«

Die gesamte Belegschaft wußte, daß dies keine leere Drohung war, obwohl er erst vor einigen Monaten Bill vor allen gelobt und ihm sein Vertrauen ausgesprochen hatte, daß er das Marineprojekt erfolgreich zu Ende führen würde. Es war ihm auch völlig egal, daß Bill praktisch seit Gründung der Firma dabei war. Carl war dafür bekannt, langjährige Mitarbeiter entlassen und selbst dann nicht wieder eingestellt zu haben, wenn sich seine Entscheidung im nachhinein als ungerechtfertigt erwiesen hatte.

Zehn Minuten später erschien Bill mit den Berichten. Als sie die Liste der fehlerhaften Teile durchgingen, stellten sie fest, daß sie alle aus einer Schicht stammten.

»Wer ist der Verantwortliche dieser Schicht?« brüllte Carl so laut, daß man ihn selbst in einem Sägewerk verstanden hätte.

»Das ist John Ansill«, antwortete Bill und fügte hinzu. »Er ist unser bester Aufseher, Carl. Er ist seit vier Jahren bei uns und hat die ganze Arbeit in unserer Niederlassung in Georgia geleitet.«

»Das ist mir egal! Selbst wenn er schon beim Anfang der Menschheit dabeigewesen ist!« schrie Carl. »Ich will, daß er heute noch fliegt, verstanden? Wenn es nicht anders geht, übernimmst du seine Schicht. Aber er wird noch heute gefeuert!«

»Aber Boß, wäre es nicht besser erst einmal herauszufinden, was eigentlich passiert ist? Er ist einer meiner besten Leute, und ich bin mir sicher, daß da etwas nicht stimmt.«

»Ja, und ich weiß sogar was. Er glaubt wohl, daß die Leute aus seiner Schicht davonkommen, und er bei ihnen einen auf Kumpel machen kann«, sagte Carl und warf den Marinebericht auf den Schreibtisch. »Entweder du feuerst ihn, oder ich erledige das selbst.«

Bill stand auf und erwiderte entmutigt: »Nein, ich mache das schon.« Er konnte sich nur zu gut vorstellen, wie Carl in die Fabrik stürmen und John vor allen seinen Arbeitern entlassen würde.

Bill ging zurück und bestellte John in sein Büro. »John, ich fürchte, ich habe schlechte Neuigkeiten. Die Marine hat uns soeben wissen lassen, daß einige Teile der letzten Lieferung defekt sind und ersetzt werden müssen. Laut Bericht stammen sie aus deiner Schicht. Was kannst du dazu sagen?«

»Eigentlich nichts, Bill«, antwortete er mutlos. »Ich habe privat einige Schwierigkeiten und habe die Qualitätskontrolle wahrscheinlich nicht gut genug gemacht.«

»John, du mußt lernen, deine Probleme zu Hause zu lassen. Unsere Arbeit ist so anspruchsvoll, daß sie unsere volle Konzentration verlangt.«

»Das weiß ich, Bill. Ich werde mich in Zukunft mehr anstrengen. Ich habe nur im letzten Monat eine schwere Zeit gehabt.«

»Es tut mir leid, John, aber ich habe den Auftrag, dich zu entlassen, denn dieser Zwischenfall kostet die Firma viel Geld.«

»Aber ich habe doch bis jetzt immer gut gearbeitet«, sagte John erregt. »Ich kann es mir im Moment nicht leisten, arbeitslos zu sein. Unser Geld ist sehr knapp.«

»Es tut mir wirklich leid, John«, gestand Bill. »Aber ich habe keine andere Wahl.«

»Ich verstehe«, murmelte John, während er aufstand. »Der gute alte Herr Selbstgerecht muß wohl wieder jemand kreuzigen.«

»Was soll das heißen?« wollte Bill wissen, weil er darüber schockiert war, daß er gerade eben das gleiche gedacht hatte.

»Jeder weiß doch, daß der Boß mit seinem Streß dadurch fertig wird, daß er Leute feuert. Wäre es jetzt nicht passiert, dann eben ein anderes Mal. Es geschieht eben gerade nur zum schlechtesten Zeitpunkt, das ist alles.«

»Das sagst du nun schon zum zweiten Mal, John. Erzähl mir doch, was los ist.«

In den nächsten zehn Minuten erzählte John seinem Werksleiter die Einzelheiten, die sein Leben in der letzten Zeit durcheinandergebracht hatten. Bill wartete, bis John sein Büro verlassen hatte und rief dann Carl an.

»Ja, Bill, hast du diesen Aufseher schon gefeuert?«

»Ja, habe ich. Aber ich glaube, du solltest dir trotzdem einmal anhören, was er in den letzten Monaten durchgemacht hat.«

»Das ist mir egal«, schrie Carl so laut, daß wieder viele Leute im Hauptbüro aufhorchten. »Entweder du feuerst ihn, oder du fliegst selber.«

»Ist das dein letztes Wort?« fragte Bill freundlich.

»Da kannst du dir . . . sicher sein«, sagte Carl schroff und fluchte wie schon oft zuvor – wenn man seine Entscheidungen anzweifelte.

»In Ordnung«, erwiderte Bill energisch. »Das war's dann« und hängte auf. Als er seinen Kündigungsbrief schrieb, kamen die beiden Aufseher der Produktionsstraßen aus Johns Schicht in sein Büro.

»Bill, stimmt es, daß John gefeuert wurde?«

»Ja, und ich habe gerade eben auch meine Kündigung geschrieben«, gab er zur Antwort. »Ich weiß, was John im Moment durchmacht, kann aber nichts gegen die Entscheidung ausrichten.«

»Aber er wird für den Fehler eines anderen bestraft«, sagte einer der beiden böse. »Einer von uns sollte gehen, nicht John.«

»Aber er ist der verantwortliche Aufseher und muß deswegen die Folgen tragen. Ich wünschte, ich könnte helfen«, erwiderte Bill, als er den Umschlag mit seiner Kündigung zuklebte.

»So etwas hatten wir uns schon gedacht«, sagten die Kontrolleure und übergaben Bill ein Schreiben.

Als Bill den Brief las, mußte er tief Luft holen. Auf dem Brief standen alle Namen der Schichtarbeiter, die unter Johns Aufsicht standen. Darunter stand folgende hingekritzelte Erklärung: »Wir kündigen. Wir wollen für so einen dreckigen Heuchler wie Carl Bloome nicht mehr arbeiten.«

»Wißt ihr überhaupt, was ihr da tut?« fragte Bill, während er sich überlegte, was er als nächstes tun sollte.

»Das wissen wir. Geld ist nicht alles im Leben. Wir leben lieber von der Sozialhilfe und können uns noch morgens in den Spiegel schauen, als für so einen Heuchler zu arbeiten, der dauernd von Jesus spricht, und dann einen ehrlichen Mann wie John feuert, der dazu noch in so einer üblen Lage ist! Der Mann hat keinen einzigen Tag gefehlt, weil er sich für seine Arbeit so verantwortlich fühlt.«

Als Bill von Carls Sekretärin in dessen Büro geführt wurde, schäumte dieser immer noch vor Wut. »Was ist denn jetzt los?« fragte er offensichtlich gereizt.

Bill machte die Tür zu und setzte sich. »Hier Carl, lies das zuerst.«

Carls Gesicht lief beim Lesen rot an. »Diese Undankbaren . . . ich werde . . .«

»Du wirst was, Carl? Sie entlassen? Das geht nicht mehr, sie haben alle schon gekündigt.«

»Es können aber nicht alle kündigen«, stotterte Carl. »Sie müssen diesen Auftrag erledigen. Sonst bin ich ruiniert, Bill. Du mußt mit ihnen sprechen.«

»Ich nicht, Carl«, erwiderte Bill. »Öffne einmal den anderen Umschlag. Ich kündige auch.«

»Wie bitte? Du kannst nicht kündigen, Bill. Du bist mein bester Manager. Warum kündigst du? Ich habe doch nicht dich für den Schlamassel verantwortlich gemacht.«

»Carl, wenn nicht alles so läuft, wie du es dir vorgestellt hast, entläßt du willkürlich Leute. Du bist der Chef, aber du bist nicht Gott. Und dann fragst du dich, warum immer weniger Angestellte zu deinen Gebetszeiten und deinen anderen christlichen Aktivitäten kommen. An deinen Taten sehen sie deinen Glauben und wollen damit nichts zu tun haben.

Ich weiß, daß du im Grunde ein netter Mensch bist und dich sogar um andere Menschen sorgen kannst – aber eben nur, wenn es dir irgendeinen Vorteil bringt. Dein Christentum stützt sich auf Geben und nicht auf Dienen. Jesus hat dieses Problem angesprochen, als er die Pharisäer angriff. Ich glaube, ich kann den Vers noch auswendig: ›Doch weh euch Pharisäern! Ihr gebt den Zehnten von Minze, Gewürzkraut und allem Gemüse, die Gerechtigkeit aber und die Liebe zu Gott vergeßt ihr. Man muß das eine tun, ohne das andere zu unterlassen‹ (Lk. 11,42).«

»In Ordnung, du hast recht, Bill. Ich gestehe, daß ich manchmal in die Luft gehe. Ich werde versuchen, mich in Zukunft zu beherrschen. Nun laß uns aber die Angelegenheit mit der Schicht wieder in Ordnung bringen.

Hilft es etwas, wenn wir dem Hauptaufseher einfach ein paar Tage frei geben?«

»Du hast es immer noch nicht begriffen, oder? In deinem Leben steht die Firma an erster Stelle. Dein Umgang mit Menschen spiegelt doch nur das wider, was du in deinem Inneren glaubst. Der Kontrolleur hat einen Namen: John Ansill. Und er hat eine Familie: eine Frau, Thelma, und eine Tochter, Missy, die beide unheilbar an Krebs erkrankt sind; und Zwillingssöhne, Matt und der kleine John.

Carl, dieser Mann legt jeden Abend Hunderte von Meilen zurück, um seine Frau und Tochter im Krankenhaus zu besuchen und seine Söhne bei verschiedenen Freunden unterzubringen, nur damit er weiterarbeiten kann. Die Arztrechnungen belaufen sich auf fast 200 000 Dollar, von denen er jetzt 40 000 schon bezahlen mußte. Er wird sich erst beurlauben lassen, wenn seine Frau nicht mehr selbständig zurechtkommt. Er hat unentgeltlich am Wochenende gearbeitet, damit die Büroarbeit seiner Schicht rechtzeitig erledigt, und der Vertrag nicht gefährdet wird. Und in all dem mußte ich ihn entlassen!«

»Und kein Angestellter hat uns darüber informiert?« fragte Carl und fiel in seinen Stuhl zurück. »Ich hätte ihm doch geholfen.«

»Ich glaube dir das. Aber deine Angestellten hatten Angst, daß du ihn wegen seiner Probleme entlassen würdest.«

»Mein Gott, glauben die denn, ich sei ein Ungeheuer, oder so ähnlich?« murmelte er vor sich hin.

»Sie wissen nur, daß John entlassen worden ist. Genau wie sie es sich vorgestellt hatten«, antwortete Bill und stand auf. »Einen Augenblick, Bill. Wenn ich dieses Problem noch irgendwann in den Griff bekommen will, dann brauche ich deine Hilfe – ich rede gerade von meinem Charakter und nicht von unserem Auftrag.«

An jenem Nachmittag ging Carl in das Werk und entschuldigte sich persönlich bei der gesamten Belegschaft. Danach besuchte er John und bat ihn, wieder bei ihm zu arbeiten, sobald die Krise vorbei sei. Er beurlaubte John für unbegrenzte Zeit und bezahlte anschließend alle Rechnungen, die nicht von der Firmenversicherung gedeckt wurden. Carl lernte eine Lektion, die die meisten Geschäftsleute in ihrer ganzen Karriere nicht lernen: Menschen sind wichtiger als Gewinne.

Biblische Grundlagen für eine Kündigung

Es gehört zu den wichtigsten Aufgabenstellungen eines christlichen Unternehmers, seine Angestellten fair und menschlich zu behandeln. Die Verantwortung, die ein Angestellter gegenüber seinem Arbeitgeber hat, ist aber genauso groß. Wenn sich ein Angestellter weigert, sich den Regeln der Firma anzupassen, dann muß er unter Umständen entlassen werden.

Was sagt die Bibel bezüglich Entlassungen? Natürlich gab es zu der Zeit, in der die Autoren der Bibel ihre Texte aufschrieben, noch keine Konzerne, wie wir sie heute kennen. Jedoch werden die Prinzipien, die wir in der Bibel zu verwandten Themen finden können, einen Großteil der Fragen beantworten, die sich uns bezüglich der Entlassung von Angestellten stellen.

Lassen Sie mich bei den Voraussetzungen beginnen, die jeder christliche Geschäftseigentümer oder Unternehmer erfüllen muß, bevor er an Entlassung überhaupt denken kann:

1. Eine klare Stellenbeschreibung.
2. Definieren Sie Ihre Ansprüche bezüglich Arbeitszeit, Auftreten und erwarteter Resultate.
3. Kommunizieren Sie Ihre Erwartungen deutlich.
4. Kommunizieren Sie eventuelle Unzufriedenheiten schnell und unzweideutig.
5. Vereinbaren Sie eine Probezeit.

Bevor ich detaillierter auf den biblischen Weg eingehe, wie man Entlassungen handhabt, möchte ich zuerst auf zwei der fünf obengenannten Punkte Bezug nehmen, gegen die die meisten christlichen Geschäftsleute verstoßen: Es handelt sich dabei um die Äußerung von Erwartungen und die Mitteilung von Unzufriedenheit.

Kommunikation ist notwendig

Viele Manager, die sich in der Spannung zwischen Führung und Christentum bewegen, erdulden Mißstände so lange, bis sie unerträglich geworden sind und bombardieren ihre Angestellten dann aus heiterem Himmel mit Fehlern, die sie schon längst hätten korrigieren sollen. Damit es gar nicht erst soweit kommt, ist es von großer Bedeutung, sich ein tiefes Verständnis der biblischen Aussagen darüber anzueignen, wie man mit Menschen umgehen soll. So vermeidet man Zweifel, unsicheres Verhalten und die Verzögerungen, die diese Haltung nach sich ziehen.

Ein Freund, den ich hier Paul nennen will, brauchte einmal einen Leiter für den Außendienst seiner Installationsfirma für Sanitäranlagen. Er hatte schon versucht, einige seiner besten Installateure mit der Aufgabe zu betrauen, doch keiner von ihnen war in der Lage gewesen, auch die dafür nötigen organisatorischen Aufgaben zu bewältigen.

Während eines Bibelfrühstücks erfuhr er von einem unserer gemeinsamen Freunde, daß dessen Sohn eine bekannte christliche Organisation verlassen wollte und auf der Suche nach Arbeit war. Als er noch studierte, hatte dieser junge Mann während seiner Semesterferien immer für meinen Freund gearbeitet und Paul durch sein Auffassungsvermögen und seinen Arbeitseinsatz beeindruckt. Also bat Paul unseren Freund, seinen Sohn so schnell wie möglich zu ihm zu schicken.

Bald darauf erzählte mir Paul, daß er dem jungen Mann, Peter, die Stelle als Leiter des Außendienstes gegeben hatte. Ganz besonders war Paul von Peters Idee begeistert, morgendliche Bibelstudien an den Baustellen zu organisieren, um einige der dort beschäftigten Arbeiter zum Glauben zu führen.

Ich fragte Paul, ob er Peter eine genaue Stellenbeschreibung gegeben hätte. »Aber ja«, sagte Paul. »Peter wird gute Arbeit leisten. Wir haben genau die gleichen Ansichten.«

Auf gleiche Ansichten trifft man fast überhaupt nicht, und selbst ähnliche Ansichten gibt es nur in Ausnahmefällen. In der Regel treten alle nur denkbaren Mißverständnisse auf. Auch Peter sollte keine solche Ausnahme werden.

Am Anfang schien jedoch alles gutzugehen. Jede Woche berichtete mir Paul über Peters Fortschritte und war nach dem ersten Monat voll Euphorie. Peter hatte bei allen Arbeitern einen guten Eindruck hinterlassen und verbrachte die meiste Zeit damit, die Männer kennenzulernen.

Auf einem unserer Frühstückstreffen vertraute mir Paul dann aber an, daß er mit Peter doch ein kleines Problem hatte. »Wo liegt das Problem?« fragte ich ihn, nachdem alle anderen gegangen waren.

»So wie es aussieht, verbringt er mit einigen Männern, die Probleme in ihren Familien haben, zu viel Zeit, und einige seiner Bibelstudien auf der Baustelle dauern einfach zu lange.«

»Dann sage ihm doch, was du davon hältst«, empfahl ich ihm. »Wenn du ehrlich bist, kannst du nichts falsch machen. Du kannst am Anfang vielleicht einige Gefühle verletzen, aber wenn du alles so weiterlaufen läßt, machst du am Ende noch viel mehr kaputt.«

Anstatt das Thema direkt anzusprechen, versuchte Paul bei Peter mit psychologischen Mitteln zum Ziel zu kommen. Er »empfahl« ihm, alle Bibelstudien nicht länger als fünfzehn Minuten dauern zu lassen. Peter interpretierte dies lediglich als Rat, daß er auf diesen Punkt etwas mehr achtgeben sollte. Da sich aber während der Studien großartige Dinge ereigneten und sich Leben veränderten, entschloß sich Peter, die Treffen nicht zu verkürzen.

Paul erschien während den nächsten zwei Wochen nicht mehr auf unseren Frühstückstreffen und besuchte mich dann in meinem Büro. »Ich kann Peter nicht mehr weiterbeschäftigen«, erklärte er mir.

»Warum denn nicht? Entwickelt er sich nicht so, wie du es dir wünschst?« fragte ich ihn.

»Es ist eine Katastrophe. Er verbringt die meiste Zeit damit, sich mit Arbeitern über ihre Ehe- und Familienprobleme zu unterhalten. Er ist zum hauseigenen Baustellenseelsorger geworden und sogar Arbeiter anderer Firmen rufen ihn deswegen an. Er hat kaum noch Zeit, die Berichte über den Stand der Arbeit auszufüllen, die ich so dringend benötige.«

»Hast du ihn jemals darauf angesprochen?« fragte ich.

»Ich habe es versucht. Aber es ist sehr schwer. Er erzählt mir dann dauernd, wie viele Leben durch seine Arbeit verändert worden sind. Ich kann das, was er tut, nicht verurteilen, aber er macht nun mal eben nicht das, wofür ich ihn angestellt habe.«

»Du mußt dich mit Peter zusammensetzen und offen über alles sprechen, Paul. Du bist Peter gegenüber nicht ehrlich. Entweder gehst du das Problem an, oder du lernst, damit zu leben – aber höre endlich auf, dich darüber zu beklagen.«

Paul war nicht in der Lage, sein Problem, daß Peter während seiner Arbeitseinsätze evangelisierte, zur Sprache zu bringen. Deswegen entschloß er sich, feige dem Problem aus dem Weg zu gehen und Peter unter dem Vorwand zu entlassen, sich sein Gehalt nicht mehr leisten zu können.

Als Peter am nächsten Morgen zur Arbeit kam, bestellte Paul ihn in sein Büro. Zu Beginn des Gespräches sagte er: »Peter, ich muß mich mit dir über deine Arbeit unterhalten.« Um Zeit zu gewinnen, fragte er ihn: »Wie läuft es deiner Ansicht nach bis jetzt?«

Da Paul von Peter enttäuscht war, nahm er logischerweise an, daß es Peter ähnlich ging. Als Peter ihm eröffnete: »Ich glaube es läuft ausgezeichnet. Wir sind auf dem richtigen Weg«, war er ratlos und verschüttete fast den Kaffee, den er gerade trank. Er stotterte: »Wie bitte?« Dann fügte er hinzu: »Sage mir einmal, Peter, was ist deine Aufgabe?«

Peter war etwas verwirrt, antwortete aber: »Nun, bis jetzt habe ich angenommen, daß du mich dazu angestellt hast, um den Arbeitern auf der Baustelle das Evangelium von Jesus zu verkündigen. Unsere Freunde in der Gemeinde finden auch, daß es eine ausgezeichnete Idee ist, um diese Menschen zum Glauben an Jesus führen zu können, da sie seine Botschaft ansonsten wohl nie hören würden.«

Paul war jetzt wirklich verblüfft. Peter meinte das im Ernst. »Peter, ist dir nicht klar, daß ich dich eingestellt habe, um die Arbeiten auf den Baustellen zu überprüfen, und daß deine Evangelisationen und Bibelstudien die Arbeit stören?«

Jetzt war Peter an der Reihe, sprachlos zu sein. »Nein, ich wußte wirklich nicht, daß du das von mir erwartest. Jetzt glaubst du wahrscheinlich, daß ich die Firma nur Geld und Zeit gekostet habe, oder?«

»Ich muß gestehen, daß mir der Gedanke schon durch den Kopf gegangen ist. Ich würde dich aber trotzdem noch gerne als Baustellenleiter beschäftigen.«

»Ich weiß dein Angebot zu schätzen, aber ich glaube, daß Gott mich weiterhin als Evangelist gebrauchen will. Ich nahm die Stellung nur an, weil ich davon ausging, daß ich auf den Baustellen evangelisieren sollte. Vielleicht hat Gott diese Möglichkeit benutzt, um mir zu zeigen, was hier alles getan werden kann. Wenn du es erlaubst, würde ich, solange du mich noch bezahlt hast, gerne hierbleiben und jemand anderen einarbeiten, damit die Stelle besetzt ist, wenn ich gehen muß.«

Mit diesen Worten kündigte Peter und verließ Pauls Büro. Noch in derselben Woche berichtete mir Paul von ihrem Gespräch. »Mir geht einfach nicht aus dem Kopf, was er gesagt hat. Ich weiß, daß er einen sehr großen Einfluß auf einige gehabt hat, aber ich brauche nun mal wirklich einen Baustellenleiter.«

»Hast du an die Möglichkeit gedacht, dich mit anderen christlichen Geschäftsleuten zusammenzutun und Peter als eine Art reisenden Bibellehrer und Evangelisten anzustellen?« fragte ich.

»Das habe ich nicht, aber es hört sich großartig an«, erwiderte Paul.

Innerhalb einer Woche hatte Paul drei andere Unternehmer gefunden, die bereit waren, für Peters Gehalt mit aufzukommen. Der junge Mann wurde als Vollzeitevangelist angestellt. Heute ist Peter ein sehr bekannter und gefragter Unternehmensevangelist.

Pauls Fehler wird von vielen, wenn nicht sogar von allen Firmeninhabern gemacht: Er ging davon aus, daß er und die andere Person auf der gleichen Wellenlänge dachten. Das trifft fast nie zu. Man muß lernen, seine Erwartungen, seine Anerkennung und sein Mißfallen klar auszudrücken. Das wichtigste ist, nie die Sonne über einem Problem untergehen zu lassen, ohne es anzugehen.

Wenn das Thema sehr emotionsgeladen ist, empfiehlt es sich, einige Zeit vergehen zu lassen. Im Laufe der Jahre habe ich festgestellt, daß ich, wenn ich wütend bin, meistens Dinge sage, die ich später bereue. Also lasse ich mir Zeit.

Aber wenn ich zu lange warte, spreche ich das Problem nicht mehr an, und es wird noch schlimmer.

Zwei Verse aus den Sprüchen haben mir geholfen, das richtige Gleichgewicht zu finden: »Eine Stadt mit eingerissener Mauer ist ein Mann, der sich nicht beherrscht« (Spr. 25,28). »Hochmut erniedrigt den Menschen, doch der Demütige kommt zu Ehren« (Spr. 29,23).

Wann ist eine Kündigung gerechtfertigt?

Probleme mit Angestellten müssen angesprochen werden und dürfen sich nicht in die Länge ziehen. Wenn man mit Menschen Probleme hat, dann wird man sie niemals dadurch lösen können, daß man sie ignoriert, denn im Laufe der Zeit ziehen diese ungelösten Probleme ihre Kreise.

Jesus sagte: »Ein wenig Sauerteig säuert den ganzen Teig.« Wenn man jemanden, der offen rebelliert, beispielsweise einen Dieb oder Faulpelz, nicht zurechtweist, werden andere ermutigt, seinem Beispiel zu folgen.

Ich gebe Ihnen jetzt eine Liste mit Gründen, die auch im Licht der Bibel eine Entlassung rechtfertigen. Sie ist nicht vollständig, aber sie soll dabei helfen, die häufigsten Gründe herauszuarbeiten, die aus biblischer Sicht eine Entlassung rechtfertigen.

1. Unehrlichkeit

Im Evangelium nach Matthäus 9,13 sagt uns Jesus, daß wir Sünden, die gegen uns begangen worden sind, eher vergeben als vergelten sollten. Ich glaube, daß dies in der Geschäftswelt bedeutet, daß wir jemandem verzeihen sollten, der sein oder ihr Fehlverhalten bereut und sich wirklich ändern möchte.

Wird Unehrlichkeit jedoch geduldet oder auch nur übersehen, hat der Unehrliche Erfolg, und der Ehrliche muß leiden. In Sprüche 14,2 steht: »Wer geradeaus seinen Weg geht, fürchtet den Herrn, wer krumme Wege geht, verachtet ihn.«

Während des ersten Jahres meines Studiums habe ich in einem großen Sportwarengeschäft gearbeitet. Der Manager war ein netter Kerl, der den Einkauf und Verkauf hervorragend leitete, aber bei der Führung von Angestellten große Schwächen hatte. Das Unternehmen war der Großhändler vieler Schulen und anderer Sportgeschäfte in der Umgebung und beschäftigte daher mehrere Vertreter. Für die Vertreter war es nicht unüblich, in das Geschäft zu kommen und einfach die verschiedensten Warenmuster in ihre Autos zu verladen. Der Eigentümer verlangte zwar, daß die entnommenen Waren erfaßt und quittiert werden sollten, aber der Manager nahm es damit nicht so genau. Die Folge war, daß die meisten entnommenen Waren nirgendwo verbucht wurden.

Diese fahrlässige Handhabung bei der Ausgabe der Verkaufsmuster führte dazu, daß die jüngeren Angestellten begannen, eine ähnliche Einstellung gegenüber allen Waren zu entwickeln. Das Problem nahm alarmierende Dimensionen an, als am Bilanzstichtag Inventar in Höhe von fast 50 000 Dollar fehlte.

Daraufhin beauftragte der Eigentümer heimlich einen Privatdetektiv, um das Verschwinden der Ware aufzuklären. Dieser fand heraus, daß die Verluste auf Diebstähle von Angestellten zurückzuführen waren. Einer der Verkäufer wurde beim Verkauf von Warenmustern am Straßenrand seiner Verkaufsroute erwischt. Er verteidigte sich mit dem Argument: »Ich dachte, das sei in Ordnung, weil sich nie irgend jemand darum gekümmert hat, wieviel Ware wir mitnahmen.«

Daraufhin wurde der gesamte Warenverkehr kontrolliert, und man gab den Angestellten, die Ware entnommen hatten, die Möglichkeit, diese entweder zurückzubezahlen oder sie würden gekündigt. Auf geheimnisvolle Weise tauchte daraufhin ein Großteil der fehlenden Waren wieder in den Regalen auf.

Es liegt in der Verantwortung des Managements, Regeln festzulegen (und auch für ihre Einhaltung zu sorgen), die solche Versuchungen verhindern – und das beinhaltet auch diejenigen zu entlassen, die gegen diese Richtlinien verstoßen.

Wenn man bei der Entlassung eines unehrlichen Angestellten korrekt vorgehen will, dann muß man zunächst sicherstellen, daß alle die Verhaltensregeln kennen, die akzeptiert sind, und welche auf keinen Fall toleriert werden. Wenn danach jemand des Diebstahls überführt wird, muß jeder zur Rede gestellt werden, der irgendwie damit zu tun gehabt hat.

In vielen Situationen beschränkt sich Unehrlichkeit auf private Telefonate oder Privatkopien auf Firmenkosten sowie das Mitnehmen von Materialien, wie Papier und Schreibgeräte. In solchen Fällen reicht meistens eine Aussprache über den Vorfall. Wird die Konfrontation mit der Absicht geführt, auf den Betreffenden einzugehen und ihm sogar bei der Wiedergutmachung zur Seite zu stehen, kann das ein gutes Zeugnis für den Glauben eines Arbeitgebers sein.

Handelt es sich bei dem Verstoß jedoch ganz offenkundig um einen Diebstahl von Geld oder Material, muß die Strafe der Schwere des Vergehens entsprechen. Unsere Gesellschaft verzeiht oft Verbrechen. Die Auswirkungen, die diese Mentalität auf unsere Gesellschaft gehabt hat, ist so negativ, daß jeder Christ bereit sein sollte, Gottes Prinzip zu folgen. So steht in Sprüche 29,18: »Ohne prophetische Offenbarung verwildert das Volk; wohl ihm, wenn es die Lehre bewahrt.«

2. Ungehorsam

Bei Angestellten gibt es unterschiedliche Grade an Ungehorsam. Offene Rebellion läßt sich einfach erkennen und handhaben – entweder der Angestellte beendet seine Rebellion, oder er wird aufgefordert, die Firma zu verlassen. Versteckter Ungehorsam ist hingegen viel schwieriger zu orten und unendlich schwieriger zu kontrollieren.

Vor nicht allzu langer Zeit war ich selber herausgefordert, dieses Problem so zu handhaben, daß die Moral der anderen Angestellten nicht unterminiert wurde.

Es ging um eine sehr gute Sekretärin, die die Autorität ihres Vorgesetzten mißachtete. Ihre Rebellion war nie offensichtlich, aber sie machte gegenüber den anderen Angestellten spitze Bemerkungen wie: »Hast du schon bemerkt, wieviel Zeit Mr. Smith und Rhonda miteinander verbringen?«; oder: »Ich habe gehört, daß Julie nicht entlassen werden kann. Da fragt man sich doch irgendwann warum, oder?«

Sie verführte meistens jüngere Angestellte, indem sie Bemerkungen machte, denen die andere zustimmte. Wenn man später versuchte den Urheber des Gerüchtes zu finden, wurde es stets der jüngeren Angestellten angelastet.

Nach einer Weile fiel mir auf, daß diese Frau zwar nie als Urheber genannt wurde, aber immer mit der Angelegenheit irgendwie in Verbindung stand. Wenn wegen Zuspätkommen oder wegen unentschuldigtem Fehlen eine disziplinarische Maßnahme gegen eine Aushilfe ergriffen wurde, ging sie sofort zu den Betroffenen, tröstete sie und sagte ihnen, daß ihrer Meinung nach die Geschäftsleitung ganz offensichtlich gegen das für Aushilfen geltende »Fair Labour Standards Act« (Gesetz für faire Arbeitsanforderungen) verstoßen hätte. Am Ende mußte ich mich auf Betriebsversammlungen gegen den Vorwurf verteidigen, daß ich durch meine Entscheidungen dieses Gesetz verletzen würde. (In Wirklichkeit mußten wir weniger als zweimal im Jahr irgend jemand zur Rechenschaft ziehen!)

Da die Sekretärin ihre Urheberrolle an den Gerüchten leugnete, wußte ich nicht, wie ich dieses Problem angehen sollte. Meine einzige Möglichkeit war, zu den anderen Betroffenen völlig ehrlich zu sein. Jedesmal, wenn mir wieder ein Gerücht zu Ohren kam, bat ich meine Mitarbeiter, sich daran zu erinnern, woher die Kommentare kamen, wen am Ende die Schuld traf und wer am Ende alles abstritt.

Als die anderen Mitarbeiter dann langsam begriffen, was für ein Mensch die Sekretärin war, begannen die Mitarbeiter sie mit allem zu konfrontieren, was sie über andere gesagt hatte. Sie holten den Betreffenden und forderten die Sekretärin danach auf, das Gesagte noch einmal zu wiederholen. Sie weigerte sich jedesmal. Einen Monat nach Beginn dieser Aktion kündigte sie. Die alte Maxime erwies sich als richtig: Im Angesicht der Wahrheit wird eine Lüge (oder ein Lügner) immer fliehen.

3. Faulheit

In den Sprüchen wird dieses Problem als »Trägheit« bezeichnet. Ganz gleich wie Sie es nennen, Faulheit beginnt in der US-amerikanischen Industrie zweifellos zu grassieren. Der normale Arbeiter leistet hierzulande etwa dreißig Prozent weniger als sein asiatischer Kollege. Zum Glück waren wir imstande, einen Teil dieser Ineffizienz durch eine bessere Technologie zu kompensieren (Computer und Textverarbeitungssysteme in der Büroarbeit). Man sagt aber, daß der heutige US-Arbeiter mit der Ausrüstung seiner Väter aus den 50er Jahren heutzutage neunzig Stunden pro Woche arbeiten müßte, damit der Arbeitgeber mit den erzielten Einkünften zumindest die Löhne bezahlen könnte.

Anscheinend haben wir es verpaßt, der jüngeren Generation neben arbeitserleichternder Technik auch eine gesunde Arbeitsmoral zu vermitteln. Vielleicht liegt das Problem aber auch darin, daß viele Menschen an Arbeitsplätzen stehen, die ihnen nicht gefallen, und daher – bewußt oder unbewußt – nach Möglichkeiten suchen, diesen zu entfliehen.

Leider werden jetzt Arbeitgeber mit den Zöglingen von Eltern konfrontiert, die es versäumt haben, ihren Kindern eine christliche Arbeitsmoral zu vermitteln. Diese umfaßt die drei Grundprinzipien: Respekt vor Autorität (Röm. 13,1), die Arbeit so gut wie möglich zu verrichten (Spr. 22,29) und Energie in die Arbeit stecken, die man gerade macht (1. Petr. 4,11). Die Folge dieses Versagens ist, daß viele Unternehmer heutzutage mit Angestellten zurechtkommen müssen, die kaum Respekt oder Loyalität zeigen und sowenig wie möglich arbeiten wollen.

Ganz gleich woher in unserer Gesellschaft dieser Trend zur Faulheit kommt, er unterstreicht nur die Notwendigkeit, die Angestellten richtig einzusetzen und Richtlinien zu schaffen, welche die Effizienz fördern und die Trägen erziehen.

Während dem Zweiten Weltkrieg hatte General George Patton mit trägen Fallschirmpackern einige Probleme. Mehrere Piloten kamen um, weil ihre Fallschirme schlampig zusammengelegt waren und sich nicht öffneten. Eine Kontrolluntersuchung der eingesetzten Fallschirme ergab, daß 30 Prozent nicht korrekt zusammengelegt waren.

Auf seine unnachahmliche Art löste General Patton das Problem. Er ging zum zentralen Packlager für Fallschirme und forderte die Packer auf, ihm mit den eben zusammengelegten Fallschirmen zu folgen. Er führte sie zu einem wartenden C-46-Flugzeug und ließ sie mit ihren eben gepackten Fallschirmen über dem Übungsfeld abspringen. Er führte diese Aktionen bis zum Ende des Krieges durch und hatte nie wieder Probleme mit nachlässig gepackten Fallschirmen.

Man sollte alles versuchen, um träge Angestellte zu motivieren und ihnen deutlich zu machen, welchen Anforderungen sie genügen müssen. Wenn trotz dieser Bemühungen keine Änderung eintritt, bleibt als letzter Ausweg nur noch die Entlassung dieses Angestellten.

Bob betrieb eine Fast-food-Kette, in der mehrere Dutzend Teenager arbeiteten und hatte auch junge (mehr oder weniger) fest angestellte Schichtmanager. Er hatte den Eindruck gewonnen, daß die Jugendlichen in seinen Läden in der Regel träge waren. Nicht, daß sie schlechte Arbeit leisteten. Solange er anwesend war, bemühten sie sich und leisteten gute Arbeit. Sobald er aber nicht mehr im Restaurant war, sank die Qualität ihrer Arbeit und die Beschwerden nahmen zu. Er mußte auch mit einer hohen Fluktuation von Mitarbeitern kämpfen. Da so viele Arbeitskräfte gesucht wurden, wußten die Jugendlichen genau, daß sie im nächsten Restaurant sofort wieder Arbeit finden würden, falls Bob ihnen kündigen sollte.

Auf Empfehlung eines Freundes, der unsere Seminare besucht hatte, rief Bob eines Tages bei uns an. Er war schon so frustriert, daß er ernsthaft daran dachte, seine Restaurants zu verkaufen und auf eine andere Branche umzusatteln. Er sagte mir, daß er überzeugt sei, daß das Problem bei der degenerierten jungen Generation zu suchen sei. Er sagte: »Ich kann kaum Unterschiede in der Arbeitsmoral von Gläubigen und Nichtgläubigen erkennen.«

»Glauben Sie, daß alle Jugendlichen in dieser Hinsicht gleich sind?«

»Selbstverständlich nicht«, erwiderte er. »Aber die Jugendlichen mit hoher Leistungsbereitschaft finden bessere und höher bezahlte Jobs und tauchen aus diesem Grund bei uns nur selten auf.«

»Warum ziehen Sie Ihrer Meinung nach andere Jobs vor?« fragte ich.

»Ich nehme an, weil sie besser bezahlt werden und ein höheres Ansehen genießen.«

»Dann müssen Sie einfach das Niveau Ihrer Restaurants anheben«, erwiderte ich.

»Wie stellen Sie sich das vor?«, antwortete Bob gereizt. »Wir verkaufen schließlich Hamburger und stellen keine Raketen her.«

»Dann werden Sie es wohl nie schaffen, daß ein Raketenwissenschaftler in Ihren Betrieben arbeiten will«, stichelte ich ihn. »Wenn Sie aber nicht unbedingt Raketenwissenschaftler brauchen, ist das keine großer Verlust. Aber warum bieten Sie nicht Löhne, die mit den sogenannten Prestigejobs konkurrieren können?«

»Aber das würde ja bedeuten, daß ich mehr bezahle, als alle anderen Fastfood-Restaurants der Stadt. Ich bin mir nicht sicher, ob ich mir das leisten kann.«

»Sieht Ihre finanzielle Lage momentan schlecht aus?«

»Nein. Eigentlich gehen unsere Läden trotz der hohen Fluktuation des Personals ziemlich gut.«

»Warum versuchen Sie es dann nicht wenigstens? Vielleicht werden die höheren Löhne sogar durch die sinkenden Einarbeitungskosten ausgeglichen.«

Bob hörte auf meinen Rat und erhöhte den Anfangslohn von etwa dreieinhalb auf fünf Dollar die Stunde und bot den älteren Mitarbeitern fast sieben Dollar pro Stunde. Er führte auch für Studenten, die schon das zweite oder mehrere Jahre bei ihm arbeiteten, ein Stipendium ein, das sie für jedes weitere Jahr mit zusätzlichen tausend Dollar belohnte.

Nach diesen Änderungen flogen ihm alle Jugendlichen zu, die studieren wollten, und seine Personalprobleme waren plötzlich verschwunden. Er führte auch Gewinnbeteiligungen ein, die sich am Wachstum der Filiale und der möglichst niedrigen Anzahl an Beschwerden orientierte. Seither kommen ihm nur noch die Beschwerden der Konkurrenz zu Ohren, die sich darüber beklagen, ihre besten Leute an ihn zu verlieren.

Bobs Gewinne sanken kurzfristig, aber schon innerhalb eines Jahres verdiente er soviel, wie nie zuvor. Sein Umsatz lag über dem Landesdurchschnitt seiner Branche. Dem Problem Entlassung begegnet man eben am leichtesten dadurch, daß man die notwendigen Maßnahmen trifft, um schon von Anfang an die richtigen Leute anzuziehen!

4. Unfähigkeit

Der Umgang mit einem arbeitswilligen aber unfähigen Angestellten ist aus christlicher Perspektive eine der schwierigsten Situationen. Wer schon länger in der Wirtschaft steht, ist dieser Situation bestimmt schon einmal begegnet. (Als ich noch für »General Electric« im Weltraumcenter in Florida arbeitete, ging bei uns der Witz um, daß die Regierung geschaffen wurde, um Arbeitsplätze für nicht nur unfähige, sondern auch unkooperative Menschen zu schaffen. Das mag böse klingen, aber die öffentlichen Einrichtungen scheinen jeden Versuch fähiger Manager zu vereiteln, unfähige Leute zu entfernen.)

Wenn man zuläßt, daß eine Person ihre Anstellung behält, die ihre oder seine Aufgabe offensichtlich nicht bewältigen kann, schadet dies sowohl dem Angestellten als auch dem Unternehmen. Bevor man aber eine unfähige Person entläßt, sollte man zuerst feststellen, ob er oder sie nicht einfach nur falsch eingesetzt ist. Manchmal kann schon ein Aufgabenwechsel das Problem lösen.

Ein Arzt, den ich hier Jerry nenne, stellte in seiner Praxis eine Krankenschwester ein, die gerade ihren Abschluß gemacht hatte. Sie sollte die Patienten empfangen und auf den Termin mit dem Arzt vorbereiten. Des weiteren sollte sie auch Spritzen geben und Blut- oder Urinproben abnehmen. Jeder Ungelernte hätte diese Aufgaben bewältigen können, trotzdem stellte sich schon bald heraus, daß sie absolut unfähig war, diese Arbeit zu tun.

Während ihrer ersten Arbeitswoche gab sie dem falschen Patienten eine Vitaminspritze, glücklicherweise ohne nennenswerte Folgen. Dann beschriftete sie zwei Blutproben falsch, von denen in einer der Gelbsuchtvirus nachzuweisen war. Von da an wurde die Situation immer kritischer. Sie war so unorganisiert, daß der Arzt ihr keine wichtigen oder komplizierten Aufgaben mehr anvertrauen konnte. In den folgenden Wochen versuchte er sogar, sie so gut wie möglich von seinen Patienten fernzuhalten und übertrug ihre Aufgaben den anderen Angestellten.

Immer wenn der Arzt sie auf ihre Unzulänglichkeiten ansprach, war sie dankbar und entschuldigte sich. Praktisch jeder Patient war von ihrem hilfsbereiten Wesen und ihrer Bereitwilligkeit begeistert. Obwohl kein einziger Büroangestellter ihrer Schreibarbeit traute, waren sie sich darüber einig, daß sie der netteste Mensch war, den sie jemals kennengelernt hatten.

Jerry war in einem Dilemma: Was sollte er mit dieser reizenden, aber unbrauchbaren Krankenschwester tun? Ich empfahl, sie an die Rezeption zu versetzen, wo sie Patienten empfangen und Termine vergeben konnte. Er machte dies zwei Tage, dann waren seine meisten Sprechstunden entweder doppelt oder falsch belegt.

Schließlich bat Jerry die Krankenschwester in sein Büro, um über alles zu sprechen und fragte sie: »Sally, warum sind Sie Krankenschwester geworden?« Sie weinte.

»Weil ich unbedingt Menschen helfen möchte«, erwiderte sie. »Ich arbeite so gern mit Menschen.«

»Wie haben Sie es denn geschafft, Ihre Ausbildung zu bestehen?« fuhr Jerry fort. Er wußte, daß jede angehende Krankenschwester vor ihrem Abschluß noch ein Praktikum in einem Krankenhaus machen mußte.

»Ich mußte eben dreimal soviel lernen wie die anderen«, schluchzte sie. »Einige praktische Prüfungen mußte ich auch mehrmals machen. Ich will aber unbedingt Krankenschwester sein. Wenn Sie mich entlassen, bekomme ich vielleicht nie wieder eine Chance.«

»Aber Sally, ich kann doch nicht zulassen, daß Sie eventuell meine Patienten verletzen«, sagte Jerry. Er kam sich jetzt wirklich schlecht vor, war aber immer noch fest entschlossen, sie zu entlassen.

Dann hatte er einen Geistesblitz. »Sally, wo würden Sie gerne arbeiten, wenn Sie es sich aussuchen dürften?«

»Oh, ich würde gerne mit alten Menschen in einem Pflegeheim arbeiten«, erwiderte sie und begann zu strahlen. »Ich half meiner Großmutter als sie noch lebte, und habe es wirklich genossen.«

»Nun gut, Sally. Gehen Sie an Ihre Arbeit zurück, und wir unterhalten uns später nochmal.«

Danach war Sally genauso verwirrt wie Jerry. Beide hatten während dem Gespräch ihre Entlassung erwartet. Als Jerry nun so dasaß, erinnerte er sich plötzlich an einen Arzt, den er auf einer Konferenz für christliche Ärzte kennengelernt hatte. Dieser Arzt war Leiter eines großen Pflegeheims und hatte ihm von dem Problem erzählt, daß er wegen der niedrigen Löhne und den langen Arbeitszeiten kaum Krankenschwestern für ältere Menschen finden könne.

Jerry rief ihn sofort an und erzählte ihm von Sally und seiner Idee. Er schlug ihm vor, Sally im Altersheim probeweise anzustellen und war sogar bereit, für einen Teil ihres ersten Monatsgehaltes aufzukommen. Der andere Arzt war einverstanden, und Sally war begeistert.

Nach zwei Wochen rief der Arzt Jerry an und sagte ihm, daß er seinen Anteil an Sallys Gehalt nicht mehr brauche. Er hatte sie bereits fest angestellt und war von ihr begeistert.

»Aber wie haben Sie es geschafft, daß sie ihre Büroarbeit korrekt erledigt?« fragte Jerry.

»Wir haben eine Aushilfe mit ihrer Büroarbeit und Terminplanung beauftragt«, erwiderte er. »Wußten Sie, daß sie Legasthenikerin ist?«

»Nein, natürlich nicht. Aber das erklärt mir einiges.«

»Ja, aber das macht uns nichts aus«, antwortete der Arzt. »Die Kosten einer studentischen Aushilfe sind nichts im Vergleich zum positiven Effekt, den Sally auf unsere Patienten hat. Wenn Ihnen noch so jemand über den Weg läuft, schicken Sie ihn ruhig zu uns.«

Beispiele wie das von Sally sind in vielen Unternehmen keine Seltenheit. Das Problem lag in ihrem Fall darin, daß man sehr schnell handeln und ihr Arbeitgeber bereit sein mußte, sich intensiv um eine Lösung zu bemühen.

Wenn man Menschen beschäftigt, die für ihre Arbeit weder qualifiziert noch motiviert sind, hat das auf die Firma und die Angestellten einen negativen Einfluß. Viele Christen handeln trotzdem so, weil sie ein falsches Verantwortungsbewußtsein haben.

Das Thema Kündigung würde ich gerne mit einer Gedächtnisstütze abschließen: Erstens, wenn man sich nicht sicher ist, was man tun soll, sollte man immer zur Barmherzigkeit neigen. Zweitens, wenn es einmal zu einer Entlassung kommen muß, sollte dies in einer Haltung von Liebe und Fürsorge geschehen.

Mit Barmherzigkeit meine ich die Sorge um die finanzielle Situation jeder Person, die unter unsere Obhut gegeben wurde – selbst wenn es ehemalige Angestellte sind. Versuchen Sie Gottes Stimme auch dann zu folgen, wenn er Sie einmal auffordert, ehemaligen Mitarbeitern zu helfen, selbst wenn ihre Entlassung gerechtfertigt war. Ich habe es selbst schon mehrmals erlebt, daß Gott mich darauf ansprach, frühere Angestellte finanziell zu unterstützen, die ich auf keinen Fall wieder angestellt hätte. Anderen Christen wie Thomas West ist es auch schon so ergangen, daß sie mit der Situation konfrontiert wurden, ehemalige Angestellte unterstützen zu müssen, die in Not geraten waren.

Tom hatte einen älteren Mann namens Oscar Roper angestellt, um Pakete an verschiedene Kunden in der Stadt auszuliefern. Die Mengen waren am Anfang nicht sehr groß, so daß der alte Mann die Arbeit gut bewältigen konnte. Er war zwar langsam, aber da er für die Anzahl ausgetragener Pakete bezahlt wurde, machte dies niemand etwas aus. Als der Betrieb jedoch wuchs und das Auftragsvolumen zunahm, fingen die Kunden an, sich über verspätete Lieferungen zu beschweren. Sie berichteten sogar, daß der Auslieferungsbote in den Rezeptionen der Büros einschlief und daß es in ihren Ladezonen zu merkwürdigen Blechschäden an Autos gekommen sei. Als man daraufhin den Lieferwagen inspizierte, entdeckte man mehrere Kratzer und Lackspuren an den Stoßstangen.

Schließlich beschloß Tom, Oscar in sein Büro zu bitten, um ihm mitzuteilen, daß er ihn entlassen müsse. »Ich fürchte, Sie sind für diese Arbeit einfach nicht geeignet, Oscar«, sagte er zu dem alten Herrn.

»Ja, ich weiß, Sie haben recht. Ich verfahre mich in letzter Zeit oft und muß manchmal vor der nächsten Lieferung einfach ausruhen.«

Der Arbeitsvertrag wurde gekündigt, und Tom übergab die Arbeit an einen Paketdienst. Das Unternehmen wuchs, und die Lieferungen kamen pünktlich an.

Einige Monate später wachte Tom mitten in der Nacht auf und mußte dauernd an diesen Mann denken. Er war sich sicher, daß Gott wollte, daß er sich danach erkundigte, wie es Oscar momentan ging. Am nächsten Tag suchte er sich Oscars Adresse aus der Angestelltenkartei heraus und besuchte ihn.

»Oh, kommen Sie doch herein, Herr West«, sagte Oscars Frau, als sie ihm die Türe öffnete. »Was führt Sie denn hierher?«

Als er die Wohnung betrat, begann es ihn zu schaudern. Drinnen war es noch kälter, als die drei Grad, die es draußen hatte. Er sah auch mehrere halbabgebrannte Kerzen in dem heruntergekommenen Zimmer verteilt. »Haben Sie denn keinen Strom, Mrs. Roper?«

»Nein, der Strom wurde abgestellt, weil wir die Rechnung nicht mehr bezahlen konnten.«

»Ist Oscar da?«

»Nein, er sucht Arbeit. Seine Rente reicht nicht aus. Aber für einen alten Mann ist es heutzutage schwer, Arbeit zu finden.«

»Könnten Sie ihn bitten mich anzurufen, wenn er wieder zurückkommt?«

»Ja, aber wir haben kein Telefon. Er muß dann eben zu dem Lebensmittelladen laufen, weil er seit letzter Woche keinen Führerschein mehr hat. Er hat nämlich den Sehtest nicht mehr bestanden. Aber ich sage es ihm trotzdem.«

Tom beeilte sich, aus Oscars Wohnung zu kommen, um nicht sofort weinen zu müssen. Er wußte, daß Gott ihn in diese Wohnung geführt hatte, um ihm beizubringen, daß Menschen wichtiger sind als Gewinne. Tom teilte Oscar später mit, daß er bei seiner Firma einen Rentenanspruch erworben habe (obwohl er weniger als zwei Monate bei ihm gearbeitet hatte). Von da an bezahlte Tom den Ropers monatlich 350 Dollar.

Als Oscar drei Jahre später starb, versprach Tom Oscars Frau, daß sie das Geld bis an ihr Lebensende bezahlt bekäme, und er bezahlt noch heute, während ich dieses Buch schreibe. Er hat sich zu Herzen genommen, was Jesus in Matthäus 25,40 gesagt hatte: »Darauf wird der König ihnen antworten: Amen, ich sage euch: Was ihr für einen meiner geringsten Brüder getan habt, das habt ihr mir getan.«

Die Schritte bis zur Kündigung

Nachdem wir auf die Kündigungsgründe eingegangen sind, möchte ich Ihnen die wesentlichen Schritte nahelegen, die vor einer Entlassung gegangen werden sollten.

1. Gewähren Sie eine Bewährungsfrist
Wenn Sie erkennen, daß eine disziplinarische Maßnahme ergriffen werden muß, dann sollten Sie dem Angestellten, bevor Sie ihn entlassen, noch eine Möglichkeit geben, sich zu ändern. Es sollte dem Angestellten bewußt sein, daß die Bewährungsfrist eine Vorstufe zu einer Bestrafung ist. Die Mindestanforderungen sollten (schriftlich) fixiert und das Gespräch in der Personalakte des Angestellten vermerkt werden.

Dauert diese Frist länger als 30 Tage, dann sollten Sie sich während dieser Zeit mit diesem Angestellten mindestens zweimal zusammensetzen, um die Tage dazwischen gemeinsam zu rekapitulieren.

2. Führen Sie ein Kündigungsgespräch
Vergeht die Frist erfolglos, dann sollte der jeweilige Vorgesetzte dem Angestellten sofort mitteilen, daß ihm gekündigt werden muß. Sobald diese Entscheidung gefällt ist, empfehle ich Ihnen, sie schnell auszuführen und den Angestellten nach Hause zu schicken. Eine entsprechende Entschädigung, in Form einer Abfindung oder Weiterzahlung des Gehalts, sollte für eine bestimmte Zeit ebenfalls festgelegt werden.

3. Geben Sie ein Arbeitszeugnis
Wenn der Kündigungsgrund ein Empfehlungsschreiben nicht ausschließt, dann sollten Sie dem Angestellten beim Kündigungsgespräch ein Empfehlungsschreiben überreichen und vielleicht sogar das Angebot machen, ihm bei der Suche nach einer neuen Arbeitsstelle behilflich zu sein. Denken Sie immer daran, daß wenn eine Person den Anforderungen Ihrer Firma nicht gerecht werden konnte, dies nicht automatisch bedeutet, daß sie nirgendwo sonst gute Arbeit leisten kann.

Die Gründe für eine Rücknahme einer Kündigung

Manchmal wird es richtig sein, Ihre schon ausgesprochene Kündigung wieder zurückzunehmen. Wenn man ein christlicher Arbeitgeber ist, bedeutet dies, daß Sie sowohl Erbarmen haben, als auch vor Strafen nicht zurückschrecken sollten.

Es gibt zahlreiche Gründe, warum man eine Entlassung rückgängig machen kann. Denken Sie daran, daß die Handlungen eines christlichen Unternehmers immer von Liebe und Fürsorge für die Beteiligten gekennzeichnet sein sollten. Wenn Sie Ihre Vorgehensweise sorgfältig überdenken und versuchen, dem Groll oder der Wut gegenüber einem Angestellten nie nachzugeben, werden Sie sich selten entschuldigen und Buße tun müssen. Der Schaden, den ein wütender oder rachsüchtiger Arbeitgeber verursacht, ist manchmal nicht wiedergutzumachen. So steht in Sprüche 12,10: »Der Gerechte weiß, was sein Vieh braucht, doch das Herz der Frevler ist hart.«

1. Die Bedingungen der Bewährungsfrist werden erfüllt

Wenn ein Angestellter sich während der gesetzten Bewährungsfrist bessert, dann rate ich Ihnen, von einer Entlassung abzusehen. Das hört sich vielleicht lächerlich an, aber leider kenne ich Arbeitgeber, die ihre Angestellten trotzdem entlassen haben. Warum? Für sie war die Bewährungsfrist nur eine gesetzliche Auflage, die sie einhalten mußten, bevor sie ihren Gefühlen freien Lauf lassen konnten, die durch einen Untergebenen verletzt worden waren.

Wer seine Fehler eingestehen kann, ist ein weiser Mensch – vor allem als Chef. Ich habe schon so viele dickköpfige Arbeitgeber kennengelernt, die niemals zugeben würden, daß sie sich bei einer Entscheidung geirrt haben. Sie leben in dem Glauben, daß man ihnen ihre »Unfehlbarkeit« abnimmt. Jeder macht Fehler, und Angestellte achten Autoritäten, die ihre Fehler zugeben können, nicht weniger. Im Gegenteil, sie bewundern sie.

2. Der Angestellte bereut seine Fehler

In einem Dialog mit Jesus fragte Petrus: »Herr, wie oft muß ich meinem Bruder vergeben, wenn er sich gegen mich versündigt? Siebenmal? Jesus sagte zu ihm: Nicht siebenmal, sondern siebenundsiebzigmal« (Mt. 18,21–22).

Mit dem Prinzip, das hinter seiner Antwort steckte, wollte Jesus deutlich machen, daß Christen sich mit den Normen und Erwartungen der Gesellschaft nicht zufriedengeben, sondern bereit sein sollten, auch darüber hinauszugehen.

Das gleiche Prinzip gilt auch im Wirtschaftsleben. Es kommt vor, daß jemand so schwer gegen die in einem Unternehmen geltenden Regeln verstößt, daß dies normalerweise eine Kündigung nach sich zieht. Wenn diese Person das Geschehene aber danach wirklich bereut, dann sollte man die Entlassung zurücknehmen.

Ich erinnere mich an einen Christen, der sich von mir beraten ließ, da er seine Buchhalterin verdächtigte, ihn bestohlen zu haben. Er ließ, die Bücher von einer anderen Firma prüfen, und deren Ergebnisse bestätigten seinen Verdacht. Zunächst leugnete die Buchhalterin alles. Schließlich aber gestand sie, schon seit Monaten geringe Beträge aus der Bürokasse gestohlen zu haben. Die Summe belief sich auf etwa 1200 Dollar. Sie wurde fristlos gekündigt. Die Frage war nur noch, ob man sie anzeigen sollte oder nicht.

Eine kurze Erinnerung an den 1. Brief an die Korinther, Kapitel 6, Verse

1–6 half dem Geschäftsführer dabei, von einer Anzeige abzusehen: »Wagt es einer von euch, der mit einem anderen einen Rechtsstreit hat, vor das Gericht der Ungerechten zu gehen statt zu den Heiligen?« (Vers 1).

Einige Tage später ging die Buchhalterin zu ihrem ehemaligen Chef, entschuldigte sich und bot ihm an, das Geld in Monatsraten zurückzuzahlen, die im Rahmen ihrer finanziellen Möglichkeiten lagen. Als Sicherheit übergab sie ihm einen Schuldschein, der auf ihren Wagen ausgestellt war.

Im Laufe des Gesprächs fragte er sie, warum sie denn das Geld gestohlen habe. Sie antwortete ihm, daß ihr Mann sie verlassen habe und zu einer anderen Frau gezogen war, und daß sie nun gezwungen war, für sich und ihre fünf Kinder zu sorgen. Aber wenn etwas kaputtging, hatte sie nie genügend Geld, um es reparieren zu lassen. Zunächst hatte sie beabsichtigt, das Geld nur zu leihen und bei ihrer nächsten Gehaltszahlung wieder zurückzulegen. Aber ihr nächstes Gehalt kam und war so schnell wieder aufgebraucht, daß sie es nicht zurückgeben konnte. Am Ende hatte sie so viel Geld genommen, daß sie unmöglich alles zurückzahlen konnte. Sie hatte schon vor Wochen mit dem Stehlen aufgehört und wollte es auch schon mehrmals gestehen. Aber die Angst, danach ihre Arbeit zu verlieren und ihre Karriere aufgeben zu müssen, hatte sie daran gehindert.

Die Buchhalterin war schon immer ein von Grund auf ehrlicher Mensch gewesen, und ihr Gewissen konnte diese Sünde nicht länger ertragen. Sie wußte, daß sie etwas Falsches getan hatte und bat um Verzeihung. Er verzieh ihr und bot ihr an, sie unter der Bedingung wieder einzustellen, wenn sie bereit dazu wäre, daß ihre Schulden durch monatliche Raten in Höhe von hundert Dollar getilgt werden, die ihr von ihrem Lohn abgezogen werden sollten.

In der Zwischenzeit ging er auch zu ihrem Pastor, um mit ihm zusammen einen Plan auszuarbeiten, wie die Gemeinde mithelfen könnte, ihre Ausgaben zu bewältigen, ohne daß sie etwas davon erfuhr. Bis heute ist sie ihm eine wertvolle Angestellte geblieben, und der Vorfall hat sich nie wiederholt. Vergebung war in diesem Fall die richtige Vorgehensweise.

3. Der Angestellte ist »himmlisches Schmirgelpapier«

Ein weiterer Grund, eine Kündigung zurückzunehmen, ist dann gegeben, wenn Gott diesen Menschen als »himmlisches Schmirgelpapier« gebraucht, um Sie zu schleifen. Das klassische Beispiel hierfür ist vielleicht 2. Samuel 16, als Schimi David und seine Männer mit Steinen bewirft, als diese aus Jerusalem fliehen. Als Abischai ihn angreifen will, sagt David: »Tue ihm nichts und lasse ihn fluchen! Der Herr hat es ihm befohlen« (Vers 11). David akzeptierte, daß Gott Schimi als himmlisches Schmirgelpapier gebrauchte, um ihn zu demütigen.

Ich weiß nicht, ob Gott jemals in Ihrem Leben jemand als »himmlisches Schmirgelpapier« gebraucht hat. Bei mir hat er es auf jeden Fall getan. Wenn Sie das erkennen, dann entlassen Sie diese Person nicht. Wenn Sie es trotzdem tun, wird Gott, um Ihre rauhen Kanten abzuschleifen, jemand in Ihr Leben treten lassen, der genau gleich ist.

4. Externe Faktoren

Genauso, wie es bei dem Aufseher in Carls Fabrik der Fall war, kann es externe Faktoren geben, die einen solchen Druck auf jemand ausüben, daß er fast gezwungen ist, so zu reagieren, wie er reagiert. Es ist richtig, daß diese Gründe auch als Vorwand benutzt werden können. Jeder muß vielfältigen Druck von außen ertragen, und es geht nicht, daß all dies unsere Leistung beeinflußt. Aber unter extremem Druck reagieren Menschen nun einmal anders als normal. Stimmen Sie im Zweifel für den Angeklagten, wenn sein Verhalten für ihn wirklich untypisch ist.

Eine Ursache für Probleme kann die von Unternehmern oft kaum verstandene Midlife-crisis sein, denn sie ist bei den meisten Männern zwischen 40 und 50 ein ernstzunehmendes Problem.

Diese Verfassung wird wahrscheinlich in Jim Conways Buch »Men in Midlife-Crisis« (Männer in der Midlife-crisis) am besten beschrieben. Darin beschreibt er, wie er sich plötzlich nutzlos und als Versager fühlte, als er feststellte, daß schon mehr als die Hälfte seines Lebens hinter ihm lag und er das, was er sich vorgenommen hatte, noch nicht erreicht hatte. Er war ohne bestimmten Grund verzweifelt und deprimiert und zeitweise sogar unfähig, die einfachsten Aufgaben zu bewältigen.

Ganz allgemein wird mit »Midlife-crisis« eine Übergangszeit bezeichnet, in der Männer und Frauen sich darüber bewußt werden, daß sie nicht mehr die Jüngsten sind; zwar noch nicht alt, aber eben auch nicht mehr jung.

Jene, die es sich finanziell leisten können, verlassen in dieser Lebensphase oft ihre Familie und suchen sich einen jüngeren Partner, um sich einen Teil ihrer Jugend zurückzuholen. Wenn Sie plötzlich einen als konservativ bekannten, fünfundvierzigjährigen Geschäftsmann in Lederhosen auf einem neuen Motorrad zur Arbeit fahren sehen, steckt er garantiert in der Midlife-crisis.

Niemand entläßt den Chef. Aber was ist mit dem Angestellten, dessen Leistung ohne erkenntliche Gründe plötzlich abnimmt? Oder mit dem Manager in seinen mittleren Jahren, der noch nie zwei Tage hintereinander gefehlt hat, der jetzt aber seinen gesamten Jahresurlaub in Anspruch nimmt und danach immer noch nicht in der Lage ist, wieder zu arbeiten?

Normalerweise entläßt man so eine Person, und das ist in manchen Fällen sogar nötig. Zuvor müssen Sie jedoch immer versuchen die Umstände zu verstehen, unter denen dieser Mensch leidet.

Ich glaube, daß viel zu wenige christliche Geschäftsleute das Prinzip verstehen oder akzeptieren, das in Sprüche 17,17 gelehrt wird: »Der Freund erweist zu jeder Zeit Liebe, als Bruder für die Not ist er geboren.«

Lieber Leser, wenn Ihr Leben als Christ nicht von diesem Prinzip geprägt ist, dann müssen Sie sich fragen, ob Sie wirklich Christ sind.

Kapitel 11

Entscheidungen bei der Auswahl von Führungskräften

Al betrieb eine große Druckerei. Das Unternehmen wuchs stetig, und er begann, bei dem Gedanken an die hohe Verschuldung, die er beim Kauf vom vorigen Eigentümer übernommen hatte, immer tiefer durchzuatmen. Al wollte sein Unternehmen nach biblischen Grundlagen leiten und sagte seinen Führungskräften immer wieder, daß das Unternehmen florieren wird, wenn sie gute Arbeit leisten, faire Preise verlangen, und die Kunden sowie die Angestellten, stets freundlich und mit Respekt behandeln. Zu seinem Unglück hatte aber sein Vorgänger bei den Mitarbeitern das Bewußtsein dafür geschärft, daß alle Entscheidungen gewinnorientiert sein müssen. Dieser hatte auch immer die Einstellung vertreten, daß es nur an der jeweiligen Führungskraft liegen konnte, wenn ein Projekt keinen Gewinn abwarf, und daß sich diese Tatsache auch im Gehalt widerspiegeln sollte. Einer seiner Manager, Pat, hatte den Auftrag bekommen, in sehr kurzer Zeit Plakate für einen Wahlkampf zu drucken. Im Vertrag war eine Konventionalstrafe festgelegt. Das bedeutet, daß wenn die Ware nicht rechtzeitig geliefert wird, die Druckerei zur Strafe viel Geld bezahlen muß. Wie das Schicksal so spielt, ging während diesem Auftrag eine der großen Druckmaschinen in Pats Abteilung kaputt. Um den Zeitplan einhalten zu können, wollte Pat eine identische Maschine benutzen. Leider wurde diese gerade von Bill, einem anderen Manager, gebraucht.

»Bill, ich brauche deine Druckmaschine für mindestens einen Tag. Wenn ich warte, bis die Ersatzteile hier sind, kann ich den Liefertermin unmöglich einhalten.«

»Das geht nicht, Pat«, antwortete Bill. »Ich habe auf dieser Druckmaschine gerade einen großen Auftrag laufen, und es würde mich, nachdem du fertig bist, mindestens vierzig Betriebsstunden kosten, um die Maschine zu reinigen und wieder betriebsbereit zu machen.«

»Aber es wird die Firma 10000 Dollar kosten, wenn der Auftrag nicht bis zur Wahlveranstaltung am Freitag fertig ist!« protestierte Paul. »Dieser Verlust ist zehnmal größer als der, den wir durch die Reinigung hätten.«

»Das kann schon sein. Aber das ist doch dein Problem, oder? Außerdem würde ich meinen Bonus verlieren. Was ist denn eigentlich mit deiner Druckmaschine los?«

»Anscheinend ist die Schutzstange kaputt. Selbst wenn der Bediener sie nach unten gedrückt hält, läuft die Maschine nicht.«

»Jetzt fang bloß nicht deswegen an zu rotieren, das ist doch kein Problem«, sagte Bill. »Schalte in der Schaltanlage doch einfach die Sicherheitsvorrichtung ab, dann läuft die Maschine wieder.«

»Aber die Kontrollbehörde hat uns doch davor gewarnt, daß jeder Eingriff in das Sicherheitssystem uns die Lizenz kosten würde«, protestierte Pat.

»Mach was du willst, Kumpel, aber ich bin schon lange genug hier, um zu wissen, daß nicht die Kontrollbehörde unsere Gehälter zahlt. Außerdem haben die alten Druckmaschinen den ganzen Sicherheitskram doch auch nicht. Du mußt nur vorsichtig sein. Es ist doch nur ein einziger Auftrag. Wer erfährt das schon?«

Wenn ein Christ in seinem Unternehmen erfolgreich biblische Prinzipien anwenden will, dann gehört die Frage, welche Führungskräfte er anstellen soll, zu den allerwichtigsten Entscheidungen, die er zu treffen hat. In jedem Unternehmen setzt der Eigentümer oder der geschäftsführende Gesellschafter die Geschäftspolitik und das Marktprogramm fest, aber die Führungskräfte sind diejenigen, die diese Richtlinien in die Tat umsetzen werden.

Gute Manager werden sich nach besten Kräften für diese Richtlinien einsetzen, und schlechte Manager werden versuchen, diese Richtlinien wenn möglich zu umgehen und zu untergraben.

Das »Ideal« ist, wenn man Manager angestellt hat, die geistlich und philosophisch mit dem Kopf einer Organisation übereinstimmen. Das ist ein Ideal, das in der Wirklichkeit nicht zu finden ist – selbst wenn der Eigentümer nur bereit ist, solche »passenden« Führungskräfte anzustellen. Erstens ist es sehr schwierig auf den ersten Blick die wahren Werte eines Menschen zu erkennen. Zweitens ist es meistens illegal, Menschen nach diesen subjektiven Kriterien auszuschließen.

Es gibt aber einige grundlegende Richtlinien, welche die Einstellung neuer Manager oder die Beförderung von Angestellten in Managementpositionen, erleichtern können.

Sollten alle Ihre Führungskräfte Christen sein?

Wenn man, wie ich, eine christliche Organisation leitet, sollten die Manager auf jeden Fall Christen sein, die schon eine gewisse Reife besitzen. Unsere Aufgabe ist ausschließlich, Menschen im Namen Jesu zu beraten, und unser Recht, nur Christen anzustellen, ist gesetzlich geschützt. Das erleichtert mir meine Aufgabe sehr.

Dennoch habe ich schon Manager gehabt, die mit mir geistlich nicht auf einer Linie lagen, obwohl sie Christen waren. Sie haben die Ziele unserer Organisation genauso untergraben, wie es jeder Nichtchrist hätte tun können. Man kann nicht davon ausgehen, daß alle Führungsprobleme aus der Welt geschafft sind, sobald man nur noch Christen einstellt.

In den meisten Branchen ist es verboten, die Frage bezüglich Einstellungen oder Beförderungen aufgrund der Religionszugehörigkeit zu entscheiden – was auch richtig ist. Das verbietet aber nicht, unfähige Manager auszusieben. Es gibt legale Kriterien, anhand derer Sie sichergehen können, daß die Manager zumindest den moralischen Charakter haben, der für den Aufbau eines biblisch fundierten Unternehmens notwendig ist.

Behalten Sie immer den folgenden Grundsatz im Gedächtnis: Das Gesetz verbietet es einem Christen nicht, für seine Leute mehr zu tun, als gesetzlich verlangt wird. Sobald es Ihnen gelungen ist, in Ihrem Unternehmen eine Umgebung zu schaffen, die das Handeln nach biblischen Prinzipien in Ihrem Unternehmen fördert, werden diejenigen die Firma verlassen, die grundsätzlich eine negative Einstellung gegenüber diesen hohen moralischen Standards haben.

Kriterien für den Lebensstil eines Managers

Welche Kriterien kann man bei der Anstellung von Managern zu Rate ziehen, ohne mit dem Gesetz in Konflikt zu kommen? Die meisten Kriterien, die ich Ihnen anbieten werde, beziehen sich auf die sichtbaren Aspekte im Lebensstil eines Menschen.

Halten Sie nach Managern Ausschau, die die Mindestanforderungen für Leiter erfüllen, die Paulus im 1. Brief an Timotheus 3,1–3 aufzählt:

»Wer das Amt eines Bischofs anstrebt, der strebt nach einer großen Aufgabe. Deshalb soll der Bischof ein Mann ohne Tadel sein, nur einmal verheiratet, nüchtern, besonnen, von würdiger Haltung, gastfreundlich, fähig zu lehren; er sei kein Trinker und kein gewalttätiger Mensch, sondern rücksichtsvoll; er sei nicht streitsüchtig und nicht geldgierig.«

Das sind die Standards, die von einem Bischof gefordert werden. Aber ist ein Bischof in Wirklichkeit nicht auch ein Manager? Ich glaube schon, denn die von Paulus aufgestellten Maßstäbe können mit Ausnahme der Bedingung, daß er nicht geschieden sein darf, genausogut auf jeden anderen Entscheidungsträger angewandt werden.

Natürlich sind Sie daran interessiert, daß Ihre Manager einen einwandfreien Charakter besitzen. Damit sind auch ihre moralischen Maßstäbe, Ehrlichkeit, Ethik und ihr Ruf gemeint. (Jeder, der schon einmal einen Manager angestellt hatte, der dauernd hinter Frauen her war, wird dieses Kriterium sicherlich verstehen!)

Es folgen nun einige der wichtigsten Merkmale, die den Lebensstil einer Führungskraft kennzeichnen sollten:

1. Ein Manager sollte ausgeglichen sein
Eine ausgeglichene Person unterliegt keinen starken, emotionalen Schwankungen. Nichts stört den Arbeitsablauf in einer Firma mehr als ein Manager, der an einem Tag in Hochstimmung ist und am nächsten Tag wieder den Kopf hängen läßt. Die besten und leistungsfähigsten Angestellten sind normalerweise diejenigen, die den Charakterzug »stetig« haben. Ein Manager, der unkalkulierbar reagiert, richtet »S«-Charaktere nervlich zugrunde und beeinflußt ihre Leistungsfähigkeit negativ.

2. Ein Manager sollte Klugheit an den Tag legen
Nach Webster ist ein kluger Mensch jemand, der ein gutes Urteilsvermögen besitzt. Kein Gesetz verbietet Ihnen, diesen Maßstab bei der Auswahl Ihrer Manager anzuwenden. (Ich wünschte, dieser Maßstab wäre für alle Politiker gesetzlich vorgeschrieben.) Das Problem liegt nur darin, eine Methode zu finden, mit der man die Klugheit eines potentiellen Managers feststellen kann.

Al, der Besitzer der Druckerei, hatte diese Möglichkeit leider nie gehabt, weil er seine Führungskräfte vom vorigen Besitzer übernommen hatte.

Pat war nämlich in sein Büro zurückgegangen und hatte sich überlegt, welche Möglichkeiten ihm noch blieben. Er wußte, daß der neue Besitzer, Al, den Auftrag mit den Wahlkampfpostern ungern angenommen hatte, und das nur, weil Paul ihm die termingerechte Fertigstellung versichert hatte. Paul entschloß sich, nicht schon beim ersten eigenverantwortlichen Auftrag zu versagen.

Eine halbe Stunde lang studierte er den Schaltplan und stellte zufrieden fest, daß es tatsächlich kein Problem war, die Sicherheitsschranke mit einigen Handgriffen zu überbrücken. Dann wartete er bis zur Mittagspause, und nahm in dieser Zeit die notwendigen Änderungen vor.

»Hören Sie mal zu«, sagte Pat zu dem Drucker, als die Druckmaschine wieder bereit war. »Sie kümmern sich nur um Ihre Arbeit. Wenn Sie Ihren Kopf benutzen, wird es keine Probleme geben. Die Maschine läuft auch ohne Sicherheitsschranke, aber Sie dürfen während des Druckvorgangs die rote Linie nicht überschreiten, in Ordnung?«

»Sie sind der Chef, Pat. Aber ich arbeite nicht gerne an einer Maschine, deren Sicherheitsmechanismus abgeschaltet ist. Mensch, wenn Sie in dieses Ding kommen, macht es Sie zu Hundefutter, bevor jemand die Anlage stoppen kann.«

»Dann benutzen Sie eben den Schalter an der Seite und schalten die Maschine ab, wenn Sie Papier nachladen müssen«, erklärte Pat dem Arbeiter.

»Sonst gibt es keinen Grund, sich dem Eingabefach zu nähern. Wenn Sie Ihren Job behalten wollen, dann tun Sie, was ich sage.«

Etwa drei Stunden später hörte Pat die Sirene, die einen Unfall im Druckraum signalisierte. Er rannte aus seinem Büro, als gerade jemand schrie: »Einer ist von einer Druckmaschine erwischt worden. Es sieht so aus, als ob sein Arm zerquetscht worden ist!«

Al eilte zum Abschnitt drei, wo besagte Maschine stand. Bei dem Anblick, der sich ihm bot, wurde ihm schlecht. Die Maschine lief nicht mehr, aber der Arm des Druckers steckte bis zum Ellbogen im Papiereinzug. Al hörte, wie ein anderer Drucker sagte: »Irgendein Idiot hat die Sicherheitsvorrichtung ausgeschaltet. Ben wollte bei laufender Maschine Papier nachladen, und dabei hat es sein Hemd erwischt. Als die Maschine endlich abgeschaltet war, steckte sein Arm schon im Papiereinzug. So ein Mist!«

Der Drucker konnte zu guter Letzt seinen Arm wieder normal benutzen. Aber die Kosten des Gerichtsverfahrens, zusammen mit der Strafe der Kontrollbehörde in Höhe von 100000 Dollar, zwangen Al, seine Druckerei zu schließen.

Die ethischen Grundsätze von Al waren in Ordnung gewesen, aber ohne loyale Manager konnte er seine Unternehmenspolitik nicht einheitlich umsetzen. Weder das Gericht, noch die Gesundheitsbehörde, noch die Sicherheitsbehörde berücksichtigten die Tatsache, daß Pat eigenmächtig gehandelt hatte. Was sie anging, war Al der Letztverantwortliche.

3. Ein Manager sollte bei seinen Untergebenen Achtung genießen

Wenn man geachtet werden will, dann muß man auch ein gutes Benehmen oder entsprechende Umgangsformen an den Tag legen. Manager, die den Ruf eines Trunkenbolds oder Lügners haben, können von ihren Mitarbeitern keine Achtung erwarten. Untergebene fragen sie nicht um Rat, weil sie keinen Respekt vor ihnen haben.

Das bedeutet nicht, daß Sie auf einen Manager, den Sie nicht respektieren, nicht hören. Sie werden es tun müssen, weil sie keine andere Wahl haben. Aber sie werden ihn nicht um seinen Rat fragen und auch keine hilfreichen Ideen einbringen, sondern sie werden häufig hinter seinem Rücken über ihn reden, sich über ihn lustig machen und auf diese Weise seine Autorität untergraben.

Janet war gerade von einer großen Computerfirma als Abteilungsleiterin über fünfzig Verkäufer angestellt worden. Ein Bekannter aus ihrer Gemeinde, in der sie die Gruppe der Alleinstehenden leitete, hatte sie für diese Stelle empfohlen. Es war ihre erste richtige Stelle als Manager, und sie war davon begeistert, bei einer angesehenen Firma angestellt zu sein. Janet unterstand Herrn Bennett, dem Bezirksleiter und Vorgesetzten von zwanzig Abteilungsleitern.

Am ersten Arbeitstag begegnete sie einem der Manager aus ihrer Abteilung.

»Also Sie sind die neue Abteilungsleiterin«, stellte er eher nüchtern fest.

»Ja, ich heiße Janet Koble.«

»Wie lange haben Sie denn schon mit Herrn Bennett zu tun?« fragte er sarkastisch.

»Wie meinen Sie das?« erwiderte Janet leicht beleidigt.

»Nun, jeder hier weiß, daß er keine Frau zum Manager macht, ohne daß sie ihm bestimmte Gefälligkeiten erweist«, sagte der Manager herablassend.

Janet wurde so wütend, daß sie sofort in Herrn Bennetts Büro ging. Als sie mit diesem Wissen noch einmal über das Vorstellungsgespräch nachdachte, erkannte sie, daß das, was sie als freundliche Geste empfunden hatte, in Wirklichkeit ein eindeutiger Annäherungsversuch war. Ihr war auch klar, daß sie bei dem Ruf, den ihr Vorgesetzter besaß, zur Zielscheibe vieler Bürowitze werden würde.

»Herr Bennett, ich möchte nur klarstellen, daß ich für meine Aufgabe qualifiziert bin – egal was Sie oder irgend jemand anders von mir denken. Sollten Sie oder sonst jemand glauben, daß ich auch für ›andere‹ Dienste zu haben bin, muß ich Sie leider enttäuschen.«

»Ich weiß nicht, was in Sie gefahren ist, Janet«, sagte Herr Bennett. »Aber ich dachte, wir hätten etwas abgemacht, als ich Ihnen die Arbeit gab.«

»Ich weiß nicht, an was für eine Abmachung Sie in diesem Moment gedacht haben. Ich versichere Ihnen aber, daß ich kein Interesse an einem Verhältnis mit Ihnen habe – falls Sie an so etwas gedacht hatten. Ich ging davon aus, daß Sie Christ sind und einfach nett zu mir waren. Ich konnte nicht ahnen, daß Sie diese Stellung dazu gebrauchen, sich zu Ihrem Privatvergnügen an Frauen heranzumachen, die zu allem bereit sind.«

»Janet, wenn Sie jemals in dieser Firma weiterkommen wollen, müssen Sie lernen, mit Ihren Vorgesetzten etwas williger zusammenzuarbeiten«, sagte er grinsend.

»Wenn das so ist, Herr Bennett, dann verzichte ich darauf«, sagte sie entschlossen. »Meine Integrität, meine Selbstachtung und mein Glaube sind für mich viel mehr wert als jede Arbeit – auch diese. Ich vermute, Sie haben in Ihrer eigenen Abteilung schon längst jegliche Achtung verloren, und ich vermute, daß Sie das wissen. Respekt ist schwer zu gewinnen und einfach zu verlieren. Sie haben bei den Angestellten jegliche Achtung verspielt.«

Er werde alles tun, damit sie nicht befördert würde, schimpfte der Manager ihr hinterher, aber Janet verließ nach diesen Worten einfach das Büro. Drei Jahre später bekam die Abteilung von Herrn Bennett einen neuen Vorgesetzten. Dieser erkannte sehr schnell, wie ineffektiv diese Abteilung arbeitete und ersetzte Herrn Bennett schließlich durch einen seiner besten Abteilungsleiter, Janet, die bei all ihren Mitarbeitern großen Respekt und Vertrauen gewonnen hatte.

Wir könnten noch weitere Merkmale von guten Managern aufzählen, aber es genügt herauszustellen, daß man biblische Kriterien auch ohne dauerndes

Zitieren von Bibelversen anwenden kann. Es ist nicht einmal nötig, daß Sie bei Einstellungsgesprächen eine Bibel in Ihren Händen halten. Es reicht, wenn Sie Ihre Mindestanforderungen an Manager schriftlich festhalten und das erwartete Mindestmaß klarstellen.

Was kann man tun, wenn ein Manager rebelliert?

Es ist allgemein bekannt, daß ein rebellischer Angestellter auch ein rebellischer Manager sein wird. In anderen Worten: Eine Beförderung macht aus einem schwierig zu handhabenden Angestellten selten einen guten.

Was können Sie tun, wenn sich einer Ihrer leitenden Angestellten nicht an die aufgestellten Richtlinien hält? Ungehorsam von Seiten eines Managers unterscheidet sich vom Ungehorsam eines Angestellten nur unwesentlich, und Sie sollten beide auch gleich behandeln.

Als erstes müssen Sie Ihre Anforderungen schriftlich festhalten, damit diese allen Mitarbeitern klar kommuniziert sind. Danach müssen Sie die Leistungen jedes Managers nach diesen festgelegten Richtlinien bewerten. Wenn der Betreffende den Anforderungen nicht gerecht wird, müssen Sie ihm Ihre Unzufriedenheit über seine Arbeit mitteilen und einen Zeitraum festlegen, in dem er seine Bereitwilligkeit beweisen kann. Manager, die danach immer noch nicht Ihren Erwartungen entsprechend arbeiten, müssen zunächst schriftlich darauf hingewiesen und, nachdem alles andere nicht geholfen hat, entlassen oder zurückgestuft werden.

Andy war Diplomingenieur. Er hatte eine Plastikfabrik gegründet, die sich auf Spritzgußverfahren spezialisiert hatte. Wie bei allen kleinen Firmen waren die Unternehmenspläne in der Gründungsphase sehr locker formuliert und schon gar nicht schriftlich fixiert worden. Als die Firma dann expandierte, wurden die Strukturen und Richtlinien zu komplex, um nur mündlich mitgeteilt werden zu können. Deshalb wurde ein Handbuch entworfen.

Robert, einer der Schichtleiter, war ein Ingenieur der schon seit Gründung des Betriebs für Andy arbeitete. Als Sproß der 60er-Generation konnte er sowohl mit förmlicher Kleidung als auch mit Autoritäten nicht viel anfangen. Wegen seiner Fertigkeit und seinen Fähigkeiten schaute Andy lange Zeit über diese Eigenheiten hinweg.

Als die Firma jedoch immer weiter wuchs und immer mehr Kunden ihre Einkäufer in die Mutterfirma schickten, um sich ein Bild von dem Unternehmen zu machen, wurde Roberts Haltung zunehmend zu einem Problem. Selbst wenn wichtige, potentielle Kunden das Werk besuchten, erschien Robert in abgewetzten Jeans und durchsichtigem T-Shirt und hatte keine Hemmungen, selbst auf Sitzungen mit Kunden, seine nackten Füße auf den Konferenztisch zu legen.

Als Andy nicht mehr weiter wußte, bestellte er den Schichtleiter schließlich in sein Büro. »Robert, hast du das neue Handbuch mit den Firmenstatuten gelesen?« fragte Andy, während Robert seine Füße wieder auf den Papierkorb legte.

»Ja, zum Teil. Wirst du mit deinen Jahren nicht ein bißchen eng, Andy? Ich meine, als wir anfingen, war ich dir anscheinend noch gut genug angezogen. Warum soll ich jetzt plötzlich eine Krawatte brauchen?«

»Weil wir Kunden haben, die erwarten, daß unsere Manager auch wie Geschäftsleute angezogen sind, deshalb«, sagte Andy bissig zurück.

Robert bemerkte, wie gereizt Andy war und provozierte ihn weiter: »Hör mir mal gut zu, Chef. Ich mache meinen Job, und ich weiß, daß ich gut bin. Ich weiß mehr über Druckgußverfahren als du. Ich finde, du könntest mit dieser komischen Kleiderordnung ruhig ein bißchen lockerer werden, oder?«

»Nein, das kann ich nicht, Robert. Ich leite dieses Unternehmen, und ich möchte es so führen, daß es Gott ehrt . . .«

»Oh nein, fängst du jetzt wieder mit deinen religiösen Sprüchen an? Ich wußte es ja schon damals, als du mir erzählt hattest, daß du Jesus kennengelernt hast, daß du es mir auch irgendwann eintrichtern willst.«

»Das stimmt nicht, Robert. Das hat nichts damit zu tun. Die meisten Firmen verlangen von ihren Managern, daß sie in Geschäftskleidung erscheinen. Ich werde diesen Verweis in deiner Personalakte vermerken. Betrachte es als Warnung.«

»Jetzt zittere ich aber, Andy! Auch noch in meine Personalakte. Als nächstes schickst du wohl meiner Frau einen blauen Brief, den ich dann unterschrieben wieder zurückbringen muß.«

»Nein, als nächstes wirst du entlassen«, erwiderte Andy ruhig. »Wenn du am nächsten Montag nicht korrekt angezogen bist, werde ich dich entlassen müssen.«

»Hör mal, Andy, wenn du glaubst, daß du mich rausschmeißen kannst, nur weil ich mich nicht so anziehe wie es dir gerade paßt, dann täuschst du dich gewaltig. Ich verspreche dir, daß ich dich dann sofort beim Bundesarbeitsgericht verklagen und ihnen erzählen werde, daß du mich diskriminiert und nur aus religiösen Gründen gekündigt hast.«

»Robert, ich hoffe, du machst es nicht, weil es einfach nicht wahr wäre. Du kannst jetzt gehen. Aber wenn du das nächste Mal nicht korrekt angezogen bist, mache ich Ernst.«

Robert stürmte aus Andys Büro und schrie den Rest des Tages jeden Angestellten an, der ihm über den Weg lief.

Als Andy am nächsten Montag in die Firma kam, hatten sich alle Arbeiter wie zum Appell in einer Reihe aufgestellt. Am Ende der Reihe stand Robert in weiten, alten, ausgebeulten Anzughosen, die mit Hosenträgern festgehalten wurden und einem T-Shirt, auf dem eine aufgedruckte Krawatte ordentlich herunterbaumelte. Das Grinsen auf seinem Gesicht sagte alles: Er versuchte, Andy in seiner Autorität herauszufordern oder zumindest seine Grenzen auszuloten.

Andy ging an der Reihe vorbei und in sein Büro. Nachdem er mehrere Minuten gebetet hatte, bat er seine Sekretärin, Robert in sein Büro zu rufen.

Als Robert von Andys Sekretärin angerufen wurde, stolzierte er immer noch in der Fabrik herum und wog sich in der Sicherheit, den »Chef« in seine Schranken verwiesen zu haben. Auf seinem Weg zu Andys Büro konnte man ihn sagen hören: »Als nächstes lernen wir Lektion Nummer 20 aus der Kleiderordnung.« Statt der Lektion bekam er, noch bevor er sich setzen konnte, seine Kündigung und eine den Firmenstatuten entsprechende Abfindung ausgehändigt.

»Es tut mir wirklich leid, daß ich diesen Schritt tun muß«, gab Andy ehrlich zu. »Aber in Anbetracht deiner Haltung ist es wohl für dich und die Firma der beste Weg.«

»Wir sehen uns in dieser Angelegenheit vor Gericht, darauf kannst du dich verlassen!« schrie Robert zurück. »Ich werde dafür sorgen, daß du alles verlierst, du heuchlerischer Psalmensänger.«

»Das ist natürlich dein Recht«, erwiderte Andy gelassen. »Aber deine Entlassung hat absolut nichts mit Christentum zu tun. Einen Christen, der ebenso rebellisch wäre wie du, würde ich genauso schnell entlassen, wahrscheinlich sogar noch schneller, weil er es besser wissen sollte.«

Robert verklagte Andy wegen Diskriminierung am Arbeitsplatz. Während der dreijährigen Prozeßdauer gaben sich die verschiedensten staatlichen Untersuchungsgremien die Tür in die Hand und stellten sowohl im Büro als auch in der Fabrik eine Frage nach der anderen. Das Gericht gab schließlich der Firma Recht und verurteilte Robert dazu, die gesamten Prozeßkosten zu tragen. Andy hätte einen Anspruch auf Roberts gesamten Besitz gehabt, zog aber statt dessen einen Schlußstrich und vergaß die ganze Angelegenheit. Er mußte für seine Integrität einen hohen Preis bezahlen, aber Andy sagt heute noch, daß es ihm dies wert gewesen sei.

Frauen als Manager?

Auf Konferenzen werde ich häufig nach meiner Meinung zu dem Thema »Frauen als Manager« gefragt. Es geht dann meistens um die Frage, ob es biblisch rechtfertigbar ist, wenn Frauen Positionen innehaben, in denen ihnen Männer unterstellt sind.

Ist es richtig, wenn man als Christ Frauen als Manager anstellt, die dann natürlich auch Männer leiten müssen? Diese Frage ist sehr umstritten und wird zusätzlich durch Gesetze erschwert, die eine Benachteiligung aufgrund der Geschlechtszugehörigkeit verbieten.

In der Wirtschaftswelt gibt es nun einmal Benachteiligungen. Das ist immer dann der Fall, wenn eine bestimmte Menschengruppe oder Menschentypus einfach aus dem Grund nicht befördert oder angestellt wird, weil eben jemand anderer ausgewählt wurde. Oft erfährt man dann nicht einmal, daß man übergangen worden ist, und dies ist meiner Erfahrung nach auch Frauen in Führungspositionen so ergangen.

Zu Beginn möchte ich festhalten, daß ich es unter ganz bestimmten Umständen für gerechtfertigt halte, daß Menschen aufgrund ihrer Geschlechtszugehörigkeit auch unterschiedlich behandelt werden. Beispielsweise fragte mich einmal der Besitzer einer landesweit operierenden Vertriebsfirma, ob er eine seiner besten Vertreterinnen zur regionalen Verkaufsmanagerin befördern sollte. Im Laufe des Gespräches mit ihm erfuhr ich, daß es zu der Aufgabe eines Verkaufsmanagers gehörte, zusammen mit den neuen Vertretern auf Geschäftsreisen zu gehen, um diesen dabei zu helfen, in dem neuen Verkaufsgebiet ihren Vertrieb aufzubauen. Das bedeutete ganz konkret, daß der regionale Verkaufsmanager während den manchmal zwei Monate andauernden Reisen mit dem neuen Vertreter viele gemeinsame Autofahrten und Flüge macht, aber auch in Motels übernachten mußte. Besagte Vertreterin war gerade dreißig, verheiratet und hatte zwei kleine Kinder.

Ich riet dem Unternehmer etwas, was ich aus den Sprüchen gelernt hatte: »In Sprüche 27,12 heißt es: ›Der Kluge sieht das Unheil und verbirgt sich, die Unerfahrenen laufen weiter und müssen es büßen.‹ Ich empfehle Ihnen, die Weisheit, die darin steckt, nicht außer acht zu lassen. Es ist doch Unsinn, wenn man eine junge Mutter mit einem fremden Vertreter für so lange Zeit auf Geschäftsreise schickt. Da sind Schwierigkeiten doch schon vorprogrammiert. Wenn Sie mich fragen, ich würde meine Verkaufsmannschaft nach Geschlecht trennen und niemals Männer und Frauen gemeinsam auf Geschäftsreisen schicken. Es ist heute zwar ›in‹, aber ich finde es dennoch schwachsinnig, so etwas zu tun.«

Das Resultat unseres Gespräches war, daß er die Frau nicht mit dieser Aufgabe betraute. Statt dessen entwarf er ein völlig neues Trainingskonzept für junge Verkäufer, das vorsah, daß immer mindestens vier Vertreter gemeinsam auf Reisen geschickt wurden. Die junge Frau übernahm die landesweite Organisation der Vertreterausbildung und war zusätzlich dafür verantwortlich, daß potentielle Probleme, gerade wie das von gemeinsamen Geschäftsreisen von Männern und Frauen, erkannt und in der Zukunft vermieden wurden.

Aber was die grundlegende Frage betrifft, ob Frauen überhaupt Führungspositionen einnehmen sollen, bin ich der Meinung, daß Paulus in seinem 1. Brief an die Korinther 14,34–35 wirklich nur auf die Rolle der Frau in der Gemeinde eingeht. Ich glaube nicht, daß sich diese Stelle so einfach auf unsere Fragestellung übertragen läßt. Ich weiß, daß es einige Beispiele gibt, bei denen der Analogieschluß von der damaligen gemeindlichen Situation auf unsere heutigen Lebensbereiche in Haus und Beruf völlig legitim ist und in denen die historischen Umstände auf die heutigen Umstände übertragbar sind. (Als Beispiel dafür möchte ich lediglich die Anweisungen anführen, die Paulus bezüglich Partnerschaft gegeben hat.) Aber meiner Meinung nach wäre dieser Text überinterpretiert, wenn man daraus eine direkte Aussage bezüglich Frauen im Wirtschaftsleben herauslesen will.

Wenn es Gott für richtig erachtet hat, Deborah als Richterin über ganz Israel einzusetzen, dann ist es meiner Meinung nach mit der Bibel sehr wohl vereinbar, wenn Frauen Autorität über Männer ausüben. Man sagt, daß Gott Deborah deswegen diese Machtposition gab, weil es in Israel keinen Mann mit genügend Mut gab, der in dieser Zeit hätte Richter sein können. Wir können nur Spekulationen darüber anstellen, ob diese Auslegung nun richtig ist oder nicht. Wir wissen aber mit Sicherheit, daß Deborah verheiratet war (ihr Mann hieß Lappidoth) und daß sie in dem Land ein beachtliches Maß an Autorität hatte.

In Sprüche 31 wird eine perfekte Ehefrau als eine Frau beschrieben, die ihrem Mann Gutes tut und ihm keinen Schaden zufügt. Sie wird auch dreimal als Händlerin und Geschäftsfrau erwähnt. Solange eine Führungsposition also keine so speziellen Anforderungen besitzt, die es offensichtlich machen, daß eine Frau aus diesen Gründen für diese Stelle nicht geeignet ist, kann ich in der Bibel kein Prinzip finden, das es verbieten würde, einer Frau diese Stelle als Manager zu geben.

Kapitel 12

Gehaltsentscheidungen bei Angestellten

Ron besaß ein mittelständisches Unternehmen, das zweihundert Angestellte beschäftigte, die hauptsächlich am Fließband arbeiteten. Aus zwei Gründen arbeiteten in der Regel Frauen am Fließband. Erstens arbeiten Frauen präziser und Fließbandarbeit erfordert nun einmal Präzision. Zweitens arbeiten Frauen meistens für einen geringeren Lohn als Männer, weil ihr Einkommen für die Familie ein Zweiteinkommen ist.

Aber einige Frauen, die am Fließband arbeiteten, konnte man nicht in die Schublade »Zweiteinkommen« stecken. Manche waren, aufgrund einer Scheidung oder des Todes ihres Ehemannes, alleinerziehende Mütter und mußten sich deshalb um das Familieneinkommen sorgen.

Jane war eine solche Frau. Sie war 38 Jahre alt und Mutter von drei Kindern. Ihr Exmann hatte einige Zeit wegen Drogenhandels im Gefängnis verbracht und weigerte sich, seine Familie finanziell zu unterstützen. Jane arbeitete viel und war eine wertvolle Angestellte, aber die 5,50 Dollar, die sie in der Stunde verdiente, reichten nicht aus, um alle ihre Rechnungen bezahlen zu können. Sie hatte sich nie darüber beschwert, aber in diesem Jahr waren schon zwei gerichtliche Gehaltspfändungen bei Ron eingegangen. Eine wegen einer unbeglichenen Kreditkartenrechnung, und eine wegen den zu bezahlenden Schäden, die bei einem kleineren Autounfall entstanden waren.

Ron bestellte sie in sein Büro, um mit ihr über die Pfändung zu sprechen, die er gerade erhalten hatte. »Jane, ich habe vom Gericht einen Brief erhalten, in dem ich angehalten werde, einen Teil Ihres Lohnes wegen einem Autounfall zu pfänden. Haben Sie denn keine Haftpflichtversicherung?«

»Ich hatte eine, aber ich konnte die Prämien nicht weiterbezahlen. Der Brief vom Gericht tut mir wirklich leid. Verliere ich jetzt meine Arbeit?«

»Aber nein, Jane«, erwiderte er, als er die Panik in ihren Augen sah. »Ich würde Sie wegen so etwas nicht entlassen. Sie sind eine gute Arbeiterin, und ich möchte Ihnen helfen, wenn das irgendwie möglich ist. Wären Sie bereit, zu einem Finanzberater zu gehen, der Ihnen dabei behilflich sein kann, Ihr Geld besser zu verwalten? Wenn Sie weiterhin ohne Versicherung Auto fahren, verlieren Sie noch Ihren Führerschein.«

»Ich bin gerne dazu bereit, denn wenn ich meinen Führerschein verliere, weiß ich nicht, wie ich zur Arbeit kommen soll.«

Ron wußte, daß Jane für das Unternehmen eine so wertvolle Angestellte war, und dies die Zahlung ihrer Autoversicherung auf jeden Fall rechtfertigen würde. Aber die Gewerkschaft würde einen Bonus oder eine Gehaltserhöhung für sie alleine, ohne daß die anderen Arbeitnehmer die gleichen Vergütungen erhalten würden, niemals billigen. Er steckte in der Klemme. Er wollte ihr Gehalt erhöhen, weil sie es brauchte, und durfte es nicht tun.

Der Finanzberater, der sich wie abgemacht mit Jane zusammengesetzt hatte, rief Ron in der darauffolgenden Woche an. Ohne Einzelheiten zu erwähnen, teilte er Ron mit, daß Jane ihr Geld offensichtlich gut verwalten konnte, aber einfach nicht genug hatte, um alle Ausgaben decken zu können. »Eigentlich«, sagte er, »braucht sie genau 125 Dollar mehr im Monat, um wenigstens die laufenden Kosten ihrer Familie decken zu können.«

Da Jane nicht regelmäßig in eine Gemeinde ging, konnte Ron nicht auf deren Unterstützung zählen. Weil er ihr gerne helfen wollte, suchte er nach einem Ausweg, der nicht gegen die Gewerkschaftsvorschriften verstieß. Nach einem Gespräch mit seinem Pastor und dem Finanzberater hatte Ron die Lösung gefunden. Er hatte vor, das Geld an seine Gemeinde zu überweisen und unter Aufsicht des Beraters zur Zahlung von Janes Rechnungen zu verwenden. Als der Finanzberater Ron darauf hinwies, daß er das Geld nicht als Spende abschreiben könnte, zögerte er keinen Moment. »Das wollte ich sowieso nicht«, antwortete er. »Ich glaube, daß Gott, und nicht die Regierung, diese Spende segnen wird.«

Ron bezahlte Jane fast drei Jahre lang dieses monatliche Zusatzeinkommen, ohne daß sie dessen Herkunft je erfuhr. In der Zwischenzeit wurde sie Mitglied in der Gemeinde, und schließlich wurde sie zur Aufseherin befördert und bekam dann ein Gehalt, das ausreichte, um ihre Familie versorgen zu können. Später handelte Ron zusammen mit der Gewerkschaft einen von den Angestellten unterstützten Wohltätigkeitsplan aus, der es der Firma und den Angestellten erlaubte, bei den Nöten anderer Arbeitnehmer einzuspringen.

Biblische Grundsätze für die Bezahlung Angestellter

»Aber der Lohn der Arbeiter, die eure Felder abgemäht haben, der Lohn, den ihr ihnen vorenthalten habt, schreit zum Himmel; die Klagerufe derer, die eure Ernte eingebracht haben, dringen zu den Ohren des Herrn der himmlischen Heere« (Jk. 5,4).

Viele christliche Geschäftsleute kennen diese Verse. Aber ich vermute, daß sie nur selten deren Bedeutung verstehen und diesen Grundsatz dann auch in ihrer Firma anwenden.

Wenn Sie sich alle Passagen in der Bibel zusammensuchen würden, die sich mit der Bezahlung Angestellter befassen, dann würden Sie sehr viele finden. Als ich mir einmal alle diese Stellen näher angeschaut habe, bin ich zu folgenden Resultaten gekommen:

1. Gott verlangt nicht, daß jedermann den gleichen Lohn bekommt.
2. Wer besser arbeitet, sollte auch besser bezahlt werden.
3. Gott will, daß wir Angestellte für ihre Arbeit gerecht entlohnen. Und diese Fairneß wünscht er sich bei allem, was Christen tun.
4. Ein christlicher Arbeitgeber trägt die Verantwortung dafür, daß die Grundbedürfnisse seiner Angestellten befriedigt werden.

Jedes dieser Einzelergebnisse wirft seinerseits wieder eine Menge neuer Fragen auf. Was sind die Grundbedürfnisse eines Menschen? Wie kann man besondere Leistungen belohnen, wenn man an Tarifverträge gebunden ist? Was bedeutet »faire« Entlohnung? Sollte man Loyalität belohnen?

Ich behaupte nicht, auf alle diese Fragen die richtigen Antworten zu haben. Aber ich glaube, daß ich Ihnen dabei helfen kann, einige wesentliche Punkte zu klären. Denken Sie immer daran, daß unsere Beziehung zu Gott nicht bedeutet, daß wir einem vorgegebenen Regelwerk zu gehorchen haben. Die Juden haben das schon versucht, und dabei ist das »Handbuch der Pharisäer« herausgekommen. Sie haben eine Regel nach der anderen aufgestellt, aber Jesus sagte ihnen: »Ihr siebt Mücken aus und verschluckt Kamele« (Mt. 23,24). Auch Sie werden keine andere Wahl haben, als immer wieder ins Gebet zu gehen und Jesus zu bitten, Ihnen die Weisheit zu geben, daß Sie Gottes Plan erkennen und ihm treu Folge leisten können.

Was sind Grundbedürfnisse?

Es ist keine leichte Aufgabe, die Grundbedürfnisse für andere Menschen festzulegen. Es gibt Menschen, für die ein Mikrowellenherd zu den Grundbedürfnissen gehört, obwohl andere mit fünfhundert Kalorien am Tag überleben müssen. Was jemand in Indien als Luxus empfindet, kann in den USA als Grundausstattung angesehen werden. Ich werde an dieser Stelle anderen Autoren die Diskussion darüber überlassen, wie man der Not der wirklich Armen in anderen Ländern begegnen kann. Ich begnüge mich hier, festzustellen, daß wir als Christen in den USA einen Lebensstandard haben, um den wir von vielen Ländern beneidet werden. Wir haben offensichtlich die Fähigkeit verloren, zwischen Bedürfnissen, Wünschen und unserem Verlangen zu unterscheiden.

Eine der hilfreichsten Methoden, die ich entwickelt habe, um die Grundbedürfnisse anderer Menschen festzustellen, ist, mich einfach in die Lage des anderen zu versetzen und dabei zu prüfen, ob ich mit seinem Gehalt leben könnte. Wenn alle Arbeitgeber bei ihren Angestellten dasselbe tun würden (und dabei ehrlich wären), müßten die meisten gestehen, daß sie keinen fairen Lohn bezahlen.

Die Bibel schreibt uns an keiner Stelle vor, daß alle das gleiche verdienen, oder daß ein Firmeninhaber nicht mehr verdienen sollte als seine Angestellten. Aber die Bibel spricht sich dagegen aus, die Arbeiter um ihren Lohn zu betrügen: »Weh dem, der seinen Palast mit Ungerechtigkeit baut, seine Gemächer mit Unrecht, der seinen Nächsten ohne Entgelt arbeiten läßt und ihm seinen Lohn nicht gibt« (Jer. 22,13).

Dieses Prinzip wurde mir einmal besonders deutlich, als ich in meinem Arbeitszimmer saß und an den Unterlagen arbeitete, die ich auf einem Seminar für Geschäftsleute lehren wollte. Ich las gerade noch einmal die Fragenlisten durch, die mir die Teilnehmer eines vorangegangenen Seminars gegeben hatten. Eine der Fragen richtete sich auf das Problem, wie man seine Angestellten gerecht entlohnt. Der Geschäftsmann, der diese Frage gestellt hatte, kämpfte offensichtlich mit dem Begriff Gerechtigkeit: Durfte er als Geschäftsinhaber überhaupt so viel mehr als seine Angestellten verdienen?

Ich hatte mir diese Frage ebenfalls schon oft gestellt und war immer noch nicht zu einem endgültigen Ergebnis gekommen.

An jenem Tag ging mir plötzlich Big Joe, ein Drucker, den wir einige Wochen zuvor angestellt hatten, nicht mehr aus meinem Kopf. Wir zahlten ihm einen Lohn, der seinen letzten übertraf. Eigentlich hatte er sogar noch nie einen so hohen Lohn bekommen, denn ich hatte bei seiner Einstellung an die große Familie denken müssen, die er ernährte. Er hätte mit seinem Einkommen seine Kinder auf keine Universität schicken oder seiner Familie ein genügend großes Haus kaufen können. Seine Bildung war schlecht und wahrscheinlich hätte er nirgendwo mehr Geld verdient als bei uns.

Er war ein arbeitsfreudiger und bereitwilliger Arbeiter, aber kein besonders guter Drucker. Eigentlich hatte ich sogar schon darüber nachgedacht, unsere Druckerei ganz zu schließen.

Als ich damals an Joe dachte, spürte ich, daß Jesus mich dazu drängte, etwas vollkommen Unlogisches und wirtschaftlich Falsches zu tun: Sein Gehalt zu erhöhen. Ich kämpfte mit der Unsinnigkeit meiner Idee und überzeugte mich letztendlich selbst davon, daß dies nur ein seltsamer Einfall sein konnte, und daß Gott niemals etwas so Absurdes von mir verlangen würde.

Aber Sie erinnern sich ja noch daran, daß ich vor einigen Jahren, als ich mich bekehrte, Jesus das Versprechen gegeben hatte, das ich vorher schon erwähnt habe: »Wenn du mir deinen Willen für mein Leben klar und deutlich zeigst, dann werde ich ihn tun – ganz gleich was du von mir willst.«

Schließlich erhöhte ich Joes Gehalt um fast 500 Dollar pro Monat. Einen großen Teil der Gehaltserhöhung gab ich ihm »im Glauben«, denn ich hatte dafür nicht genügend Geld. Ich glaube, daß Gott nur meine Bereitschaft testen wollte, seinen Anweisungen zu folgen und mich um die Nöte derer zu kümmern, die unter meiner Obhut waren. Es war für mich selbst die größte Belohnung, als ich erleben durfte, wie Gott jeden Monat das nötige Geld hereinkommen ließ. Später nahm Joe dann eine andere, schlechter bezahlte Arbeit an, weil er nicht mehr als Drucker arbeiten wollte. Da ich beschlossen hatte, die Druckerei, falls er jemals gehen sollte, zu schließen (ich rechnete kaum mit dieser Möglichkeit!), war es am Ende für uns alle das Beste.

Seitdem habe ich viele Menschen beraten, die schlecht bezahlt wurden und oft waren ihre Arbeitgeber sogar Christen.

Als Berater glaube ich, daß wenn es einen Weg gibt, um mit dem zur Verfügung stehenden Geld alle Ausgaben zu decken, ich diesen auch finde. Und es gibt auch ganz sicher viele Menschen die sich dadurch in Schwierigkeiten bringen, daß sie mehr Geld ausgeben, als sie eigentlich haben. Die daraus resultierenden Schulden sind dann ein Symptom und kein Problem. Aber wenn ich mich in die Lage einer Person versetze und keinen Weg finde, wie das ihr zur Verfügung stehende Geld ausreichen könnte, um wenigstens die Grundbedürfnisse ihrer Familie zu stillen, dann wird er oder sie einfach zu schlecht bezahlt.

Versuchen Sie einmal, diese Methode bei einigen Ihrer Angestellten anzuwenden. Ich vermute, daß es lehrreich sein wird.

Situationsbezogenes Wirtschaften

Ist es korrekt, wenn man langjährige Angestellte durch jüngere ersetzt, die weniger Lohn bekommen? Nur wenige Situationen spiegeln die Moral und Beweggründe von Menschen, die Machtpositionen innehaben, so gut wider, wie diejenigen, die ich mit »situationsbezogenem Wirtschaften« bezeichne.

Ein Unternehmen kann viele loyale und verläßliche Angestellte haben, die schon seit Jahren im Betrieb arbeiten. Die langjährige Mitarbeit bei einer einzigen Firma wirkt sich in der Regel in zwei Dingen aus: (1) Man verdient mehr, als ein Neuangestellter fordern könnte; (2) man ist älter und vielleicht nicht mehr so einsatzfreudig.

Rein wirtschaftliches Denken legt es dann nahe, diese Arbeitskräfte durch jüngere und besser motivierte (und nicht so hoch bezahlte) zu ersetzen. Es ist übrigens die gleiche Logik, die von uns verlangt, daß man Anlagen, die nicht mehr auf dem neuesten Stand sind, durch neue ersetzt. Dieses rein wirtschaftliche Denken ist mit dafür verantwortlich, daß bei Betriebsübernahmen und Fusionen oft ein Großteil der Angestellten entlassen und durch neue ersetzt wird.

Aber ich habe mit dieser Denkweise große Probleme. Sie ist zunächst einmal völlig unbiblisch und unmoralisch, was in Sprüche 3,2–4 deutlich herausgestellt wird:

»Denn sie vermehren die Tage und die Jahre
deines Lebens und bringen dir Wohlergehen.
Nie sollen Liebe und Treue dich verlassen;
binde sie dir um den Hals, schreib sie
auf die Tafel deines Herzens!
Dann erlangst du Gunst und Beifall
bei Gott und den Menschen.«

Güte und Gerechtigkeit spielen in der Moral eines Christen eine wichtige Rolle, und es hat weder mit Güte noch Gerechtigkeit zu tun, wenn man langjährige Angestellte so einfach fallenläßt.

Es gibt aber auch andere Probleme, die eher praktischer Natur sind. In einer Atmosphäre, in der man ausgenutzt und dann ersetzt wird, ist es nur schwer, wenn überhaupt möglich, eine tiefreichende Loyalität gegenüber dem Unternehmen zu entwickeln. In den letzten zwei Jahrzehnten ist viel über den Niedergang der Gewerkschaften geredet worden, aber ich bin davon überzeugt, daß die Gewerkschaften wieder an Einfluß gewinnen werden, wenn sich diese, in der amerikanischen Wirtschaft weit verbreitete, Mentalität nicht ändert. (In den Medien ist, und wird wohl auch nie, darüber berichtet werden – weil die Fernseh-, Radio- und Printmediengesellschaften in dieser Hinsicht selbst zu den größten Übeltätern gehören.)

Ein klassisches Beispiel für die Probleme, die ein solches Denken in einem Unternehmen verursacht, ist die Luftfahrtindustrie der späten 80er Jahre. Weil sich viele Fluggesellschaften in einer finanziellen Krise befanden, war es sowohl logisch als auch unumgänglich, daß einige der schwächeren Gesellschaften von den größeren einverleibt wurden.

Aber nur wenige waren auf die Aufregungen vorbereitet, die die Übernahme der »Eastern Airlines« durch Frank Lorenzo verursachte. Schon sehr bald ging das Gerücht um, daß er in seinem Krisenmanagement unter anderem vorsah, die älteren und höher bezahlten Angestellten durch jüngere zu ersetzen. Zum größten Teil waren die von Lorenzo eingeleiteten Maßnahmen wie Lohnkürzungen, notwendig. Die Fluggesellschaft hatte in fünfzehn Jahren keine Gewinne erwirtschaftet und war für ihre Ineffizienz bekannt. Aber das Management interpretierte Lorenzos Einstellung nicht richtig, und eine »Unsere Angestellten sind uns egal«-Haltung machte sich unter ihnen breit.

Als die Firmenleitung später die Unterstützung und Zusammenarbeit der Arbeitnehmer brauchte, gab es keinerlei Resonanz. Die Angestellten waren entschlossen, lieber dem Niedergang des Unternehmens zuzusehen und ihre Arbeitsplätze zu verlieren, als ihrem Feind zu helfen. Diese Angestellten waren nicht so dumm, wie einige meinten. Sie sahen nur im Management (die Sprecher des Besitzers) ihren erklärten Gegner. Und in einer solchen Situation geht oft jeder gesunde Menschenverstand verloren.

Ich sah das Prinzip, daß man das erntet, was man sät (in bezug auf Angestellte), bildlich am Beispiel zweier Teppichhersteller in den 70er Jahren. Wenn die Konjunktur fällt, bekommt die Teppichbodenindustrie die Auswirkungen davon meistens sehr schnell zu spüren. Ihr Absatzmarkt schrumpft, wenn die Nachfrage nach neuen Wohnungen und Autos sinkt. In den 70ern erlebte man zwei Rezessionen, auf welche die Besitzer der beiden Unternehmen sehr unterschiedlich reagierten.

Der Besitzer der ersten Firma arbeitete nach dem Prinzip des situationsbezogenen Wirtschaftens. Das heißt, er nutzte jede Gelegenheit, die der Markt ihm bot. Anfang bis Mitte der siebziger Jahre herrschte in der Wirtschaft durchgehend Flaute. Es gab wenig Arbeit und viele Arbeiter. Zu jener Zeit ersetzte er viele seiner besser bezahlten Leute durch niedriger bezahlte. Um nicht gegen die Regeln der Gewerkschaft zu verstoßen, ließ er bestimmte Schichten weiterarbeiten und legte andere still. Die Gewerkschaften protestierten zwar dagegen, konnten aber nichts ausrichten. Hätten sie Streiks organisiert, dann wären die Arbeiter höchstwahrscheinlich aus der Gewerkschaft ausgetreten. Schließlich ist eine schlechte Arbeit besser als gar keine Arbeit.

Der Besitzer des Unternehmens war Christ und rechtfertigte seine Vorgehensweise damit, daß sie die einzig logische in dieser schwierigen Zeit sei. Er handelte wie viele andere Christen, die Gottes Willen zu ihren Gunsten auslegen: »Das muß Gottes Wille sein. Er hat die schlechte Wirtschaftslage deswegen zugelassen, daß wir die höher bezahlten Angestellten ersetzen können« (eine bequeme Philosophie, wenn die Dinge zum eigenen Vorteil laufen).

In dieser Gegend gab es noch ein weiteres Unternehmen, das auch einem Christen gehörte. Bei diesem geschah genau das Gegenteil. Hier besprach der Besitzer direkt mit der Gewerkschaft das Dilemma, in dem er sich befand. »Wir haben einfach nicht mehr das Geld, um alle Arbeitnehmer auch weiterhin beschäftigen zu können«, sagte er ehrlich. »Um liquider zu werden, habe ich mein eigenes Gehalt auf die Höhe von vor fünf Jahren gesenkt und habe die anderen Manager gebeten, das gleiche zu tun. Sie sind alle damit einverstanden. Jetzt bitte ich die Gewerkschaftsmitglieder darum, das gleiche zu tun, damit wir so wenig Leute wie möglich entlassen müssen. Ich glaube, daß sich die Lage erholen wird und würde meine Arbeiter schon deswegen nur ungern entlassen, weil es sowieso nur noch wenig freie Arbeitsstellen gibt.«

Das Ergebnis kam sofort und war positiv. Die große Mehrheit der Gewerkschaft stimmte für die Reduzierung der Gehälter. Das Ergebnis war, daß in einer Branche mit über zwanzig Prozent Arbeitslosigkeit weniger als fünf Prozent entlassen werden mußten. Das Ergebnis dieser Maßnahme war das gleiche wie beim ersten Unternehmen. Die Kosten wurden gesenkt. Jedoch geschah es in diesem Fall durch eine Einstellung, die von Vertrauen und allgemeiner Opferbereitschaft gekennzeichnet war, anstatt daß – wie im ersten Fall – derjenige, der am kürzeren Hebel sitzt, eben gefeuert wird.

Interessanterweise erwartete kein Angestellter vom Eigentümer und den Managern, daß sie ihre Gehälter auf die Höhe der Arbeiterlöhne kürzten. Sie verstanden und akzeptierten die Gehaltsunterschiede und wußten die Tatsache zu schätzen, daß die Kürzungen proportional waren. Es kam auch nie die Haltung »Entweder du tust es oder du verlierst deinen Job« auf.

Wie erwartet, erlebte die Wirtschaft in den späten Siebzigern unter Präsident Jimmy Carter einen raschen Aufschwung, als dieser mehr und mehr Geld in staatliche Hilfsprogramme investierte. Als die Inflationsrate aber die noch nie dagewesene 20-Prozent-Marke durchbrach, ersetzten die Wähler den alten Präsidenten durch einen neuen, der die Volkswirtschaft durch hohe Zinsen festnagelte. Der Immobilien- und Automobilsektor kam zum Erliegen – alles war tot.

In den folgenden Monaten ging die Teppichindustrie durch ihre schwerste Krise seit der Weltwirtschaftskrise. Nicht nur die Wirtschaft befand sich in einer Rezession, sondern gleichzeitig schossen auch die Ölpreise und mit ihnen die Kosten für synthetische Teppiche, für deren Herstellung man ja bekanntlich Öl braucht, in die Höhe. Bei diesen hohen Rohstoffpreisen und fehlender Nachfrage von Bau- und Autoindustrie, fiel die Teppichindustrie buchstäblich in den Keller. Die Arbeitslosenrate in dieser Branche erreichte einmal sogar 30 Prozent. Das bedeutete sogar für manche große Unternehmen das Aus. Weil sich die durchschnittliche Gewinnspanne der Branche zwischen sechs und acht Prozent bewegte, wurde ein Hersteller nach dem anderen von der hohen Schuldenlast erdrückt.

Der Besitzer des ersten Unternehmens war schon bald in einer tiefen finanziellen Krise und wußte sich nicht mehr anders zu helfen, als einen Kredit zu 24% Zins aufzunehmen und darauf zu spekulieren, daß die Zinsen noch sinken würden, bevor er sie bezahlen mußte. Er verlor das Spiel. Das Unternehmen wurde aufgelöst und verkauft, um die noch ausstehenden Schulden wenigstens teilweise decken zu können Er mußte einen Offenbarungseid leisten, und verlor buchstäblich seinen gesamten Besitz.

Im zweiten Unternehmen war die finanzielle Krise mindestens ebenso schwer und der Kapitalbedarf genauso dringend. Der Eigentümer besprach sein Dilemma mit seiner Belegschaft auf einer allgemeinen Betriebsversammlung und bat erneut um die Erlaubnis, die Gehälter kürzen zu dürfen (die vorangegangenen Kürzungen waren während dem zwischenzeitlichen Aufschwung aufgehoben worden). Jedoch bat der Besitzer dieses Mal um Kürzungen in der Größenordnung von 40%! »Selbst mit diesen Kürzungen«, erklärte er ihnen, »bin ich mir nicht sicher, ob wir diese Phase unbeschadet überstehen können. Wir benötigen mehr Kapital, und ich habe mein Privatvermögen bereits investiert. Aber ich kann einfach nicht 24% Zins bezahlen und dabei überleben.«

Noch in derselben Woche riefen einige Angestellte eine Versammlung zusammen, um die Lage des Unternehmens zu erörtern. Sie stimmten dafür, die restlichen Angestellten dazu zu ermutigen, der Firma Geld zu einer 12%igen Verzinsung zu leihen, und die Rückzahlung des Kredites erst bei verbesserter wirtschaftlicher Lage zu verlangen. Der Plan funktionierte! Die Angestellten sammelten bei ihren Familien und Freunden insgesamt über eine Million Dollar. Das Unternehmen überlebte und ist heute, nach acht Jahren konstanten Wachstums, eines der wichtigsten Unternehmen in der Teppichindustrie. Vor kurzem begann der Eigentümer mit dem Verkauf eigener Anteile an die Angestellten, damit diese die Kontrolle über das Unternehmen haben, wenn er in den Ruhestand tritt. Wie Jesus sagte: »Gebt, dann wird euch auch gegeben werden. In reichem, vollem, gehäuftem, überfließendem Maß wird man euch beschenken; denn nach dem Maß, mit dem ihr meßt und zuteilt, wird auch euch zugeteilt werden« (Lukas 6,38).

Die Macht der Belohnung

Die meisten Menschen in leitender Stellung sind schnell dabei, die ihnen Unterstellten zu kritisieren. Aber es dauert lange, bis sie – egal ob durch Lob oder Geld – deren Arbeit belohnen. Das ist zwar in der Regel mehr auf den Zeitdruck, als auf schlechte Leistungen der Angestellten zurückzuführen, aber mindestens ebensooft ist der Chef ein launischer oder selbstsüchtiger Mensch.

»Der Typ, für den ich arbeite, beachtet nie meinen Einsatz, der über meine Aufgabe hinausgeht«, erzählte Susan beim Mittagessen mit den anderen Sekretärinnen in der Firmenkantine. »Ich kann 99 % der Arbeit perfekt machen, und er beschwert sich immer noch über das eine Prozent, das nicht perfekt ist. Ich wünsche mir, daß er gegenüber seiner eigenen Arbeit einmal so kritisch ist, wie mit meiner. Manchmal liegen Verträge monatelang auf seinem Schreibtisch, bevor er sie erledigt.«

»Das ist wirklich schlimm«, erwiderte Sheri und dachte an ihren eigenen Chef. Er konnte zwar auch hart sein und verlangte immer das Beste von ihr. Aber jedesmal, bevor er sie auf mögliche Fehler aufmerksam machte, lobte er sie für irgend etwas, was ihm aufgefallen war, und im Gegensatz zu Susans Chef kritisierte Mr. Rhone sie auch nie vor anderen.

Sie erinnerte sich noch an ihren ersten Arbeitstag.

»Ich bin mir sicher, Sheri, daß Sie eine hervorragende Arbeit leisten werden. Dies ist jetzt Ihr erster wirklicher Job nach der Schule, und ich möchte Ihnen dabei helfen, daß sie gleich von Anfang an das Beste aus sich herausholen. Wenn ich irgend etwas sehe, das verbessert werden kann, werde ich Sie von Zeit zu Zeit korrigieren. Aber ich verspreche Ihnen, daß es immer konstruktiv sein wird.« Drei Monate später gab er Sheri eine großzügige Gehaltserhöhung und lobte ihre Bemühungen.

Das war vor drei Jahren gewesen, und Mr. Rhone hatte ihre Arbeit oft korrigieren müssen. Die ersten Male war sie immer weinend und in Sorge um ihren Arbeitsplatz nach Hause gegangen. Aber mit den Jahren hatte er ihr bewiesen, daß er sich um sie als Mensch sorgte. Er korrigierte sie, aber er hatte sie noch nie erniedrigt oder gedemütigt. Das Ergebnis war, daß sie sich zu einer sehr effizienten und verläßlichen Sekretärin entwickelt hatte.

Sheri war nie besonders selbstsicher gewesen, nicht einmal zu Hause. Ihr Vater war ebenfalls ein erfolgreicher Geschäftsmann und Christ. Er hatte seine Position aber immer zur Beherrschung anstatt zur Führung von Menschen benutzt. Sie erinnerte sich, wie er einmal erzählte: »Ich habe heute das ganze Büro gefeuert. Es hatte jemand etwas gestohlen, und ich stellte sie vor die Wahl, mir entweder zu sagen, wer es gewesen sei oder gefeuert zu werden. Keiner gestand, also habe ich sie alle entlassen.«

Sheri wußte noch wie unfair sie das damals empfunden und deswegen auch ihrem Vater gesagt hatte. »Hör mal, Sheri«, antwortete er verärgert. »Wenn man ein Unternehmen führt, muß man hart sein. Wenn man Angestellten den kleinen Finger gibt, dann nehmen sie die ganze Hand. Für einige mag es jetzt ein wenig hart gewesen sein, aber sie werden daraus lernen und beim nächsten Mal auf Diebe aufpassen.«

Von da an hatte Sheri immer die unbewußte Angst mit sich herumgetragen, daß Gott vielleicht auch so sein könnte. Sie hatte beschlossen, sobald sie selbständig sein würde, nicht mehr in ihre Gemeinde zu gehen – was sie dann auch tat. In Mr. Rhone begegnete ihr aber ein anderes Bild eines christlichen Arbeitgebers: Entschlossen, aber gerecht. Er sorgte sich offensichtlich mehr darum, die Unschuldigen zu beschützen, als die Schuldigen zu bestrafen.

»Sheri, ich möchte daß Sie sich diesen einfachen Vers aus den Sprüchen merken: ›Siehst du einen, der gewandt ist in seinem Beruf: vor Königen wird er dienen [Nicht: Er wird vor Niedrigen dienen]‹ (Sprüche 22,29). Das wird Sie in dieser Welt weit bringen. Sie werden hier und da Vorgesetzte haben, die Ihre harte Arbeit und Loyalität nicht würdigen, aber diese Sorte ist Gott sei Dank die Ausnahme. Man muß immer bereit sein, für Jesus Zeugnis abzulegen. Denken Sie aber daran, daß das beste Zeugnis eines Christen seine Nächstenliebe und seine gute Arbeitseinstellung ist.«

Belohnen Sie Ihre Angestellten entsprechend ihrer Fähigkeiten

Jeder von uns hat die Fähigkeit, mindestens eine Sache gut zu machen. Manchmal wird diese Fähigkeit mit Geld belohnt und manchmal nicht. Es ist interessant, welche Dinge in unserer Gesellschaft als wichtig und wertvoll erachtet werden. Wir bezahlen einem Sportler Hunderttausende von Dollars, nur damit er einen Football über eine Linie trägt oder einen Basketball in einen Korb wirft. Aber ein guter Sozialarbeiter, der sich um alte Menschen kümmert, bekommt (wenn er oder sie Glück hat) nur ein paar tausend Dollar. Wie ich schon in einem vorigen Kapitel erwähnt habe, schätzen wir die Fähigkeiten eines durchschnittlichen Pastors höher ein als die eines ausgezeichneten Hausmeisters. Es verstößt nicht gegen die Bibel, wenn wir verschieden hohe Gehälter bezahlen, aber ich bezweifle, daß Gott die verschiedenen Berufe ebenso bewertet wie wir.

Vor einigen Jahren stellte ein Buch, »Das Peter-Prinzip« (Laurence J. Peters und Raymond Hull, Rowohlt Verlag, Hamburg, 1970), die Theorie vor, daß die meisten Menschen irgendwann über ihren »Kompetenzgrad« oder Arbeitsfähigkeiten hinaus befördert werden. Bis zu einem gewissen Grad trifft das zu. Jemand, der eine bestimmte Arbeit besonders gut macht, macht dadurch vielleicht das Management auf sich aufmerksam, das ihm dann am Ende eine Arbeit anbietet, die über seine Fähigkeiten hinausgeht.

Bob war ein klassisches Beispiel für diesen Fall. Als hervorragender Vertreter wurde Bob schließlich zum regionalen Verkaufsleiter des Unternehmens befördert. Jeder wußte, daß man nie wieder mit Gehaltserhöhungen rechnen konnte, wenn man es wagte, eine Stelle im Management abzulehnen. Ein Angebot des »Chefs« abzulehnen, wurde von diesem mit Untreue gleichgesetzt.

Also nahm Bob die Stelle an, und die Katastrophe war schon bald perfekt. Sein »I-Charakter« (initiativ), der ihm als Vertreter gute Dienste geleistet hatte, wurde zu seiner größten Schwäche als Manager. Er konnte keine Gruppe von Vertretern leiten, die zum Teil stärkere Persönlichkeiten als er selbst besaßen. Der Umsatz in seiner Region fiel auf unter die Hälfte des vorangegangenen Jahres. Dies lag zum Teil daran, daß er einen der besten Verkäufer (Bob selbst) verloren hatte und zum anderen, daß die restlichen Vertreter aufgrund mangelnder Führung sich abmühen mußten. Schließlich wurde Bob entlassen.

Bob war wegen dieser Erfahrung sehr entmutigt und fühlte sich wegen seines Versagens mehr als am Ende. Um sich selbst auf die Probe zu stellen, bewarb sich Bob bei der Konkurrenz – wieder als regionaler Verkaufsleiter. Nach drei Monaten aber war klar, daß er auch bei diesem Unternehmen nicht weit kommen würde, und er suchte sich eine andere Stelle – natürlich als Verkaufsleiter.

Als er sich bei einer anderen Firma vorstellte, kam deren Eigentümer, Adam Yates, zufällig am Personalbüro vorbei. Er hatte Bob oft bei Verkaufsmessen getroffen und war von seinem Auftreten beeindruckt gewesen. Bob hatte vor allem für Namen ein fast perfektes Gedächtnis. Er konnte sich selbst an Namen von Leuten erinnern, die er nur einmal vor Jahren getroffen hatte. Diese Fähigkeit hatte Adam Yates besonders beeindruckt, weil er selbst größte Schwierigkeiten hatte, sich auch nur die Namen seiner Angestellten zu merken.

»Bob, was tun Sie hier?« fragte Yates, als er seinen Kopf in das Büro des Personalchefs steckte.

»Ich bewerbe mich um einen Stelle, Mr. Yates«, antwortete Bob mit einer Stimme, die sein geschwundenes Selbstvertrauen klar zu erkennen gab.

Weil er das Gefühl hatte, daß etwas nicht in Ordnung war, sagte Adam zu seinem Personalmanager: »Ich werde mit Bob sprechen. Ich kenne ihn schon seit Jahren.«

»Natürlich«, antwortete der Manager schnell. »Hier sind seine Unterlagen.«

»Folgen Sie mir, Bob«, sagte Yates und studierte die Unterlagen, während er den Flur hinabging.

»Bob, hier steht, daß Sie sich als regionaler Verkaufsleiter bewerben. Stimmt das?«

»Das stimmt«, erwiderte Bob mit gesenktem Blick.

»Warum?«

»Wie bitte?«

»Warum bewerben Sie sich für eine Führungsposition? Es sieht so aus, als ob Sie es zweimal schon versucht hätten und es nicht geklappt hat. Mögen Sie das Management so sehr?«

Bob hielt einen Moment inne, um über die Frage nachzudenken. Weil er immer geglaubt hatte, daß eine Managementposition die nächste Stufe auf der Karriereleiter war, hatte er noch nie darüber nachgedacht. Plötzlich wußte er die Antwort: »Nein, ich glaube, daß ich das Management wirklich nicht mag.« Er wußte, daß er soeben eine Stelle als Verkaufsleiter verspielt hatte, aber er wußte auch, daß er recht hatte. Er haßte Management. Er war Vertreter und kein Büromensch.

»Nun, das freut mich«, sagte Yates grinsend, »Manager gibt es wie Sand am Meer, aber ein guter Vertreter ist schwer zu finden. Wären Sie bereit, als regionaler Vertreter für uns zu arbeiten?«

»Ja, aber selbstverständlich würde ich das.« Bob wußte, daß er die richtige Entscheidung getroffen hatte. Zum ersten Mal seit fast zwei Jahren fühlte er sich innerlich nicht mehr wie zugeknotet.

»Sie werden hier aber das eine feststellen, Bob«, sagte Adam Yates. »Als Verkäufer werden Sie bei uns nach Ihrem Erfolg bezahlt, und ein guter Verkäufer verdient bei uns problemlos so viel wie ein guter Manager, wenn nicht sogar mehr.«

»Vielen Dank. Das wäre eine erfrischende Änderung – wenn der Ausdruck gestattet ist.«

»Bob, Sie sind doch Christ, oder?« Yates war oft aufgefallen, daß Bob auf Verkaufsveranstaltungen nie Alkohol getrunken hatte.

»Ja, ich bin Christ. Woher wissen Sie das?«

»Das habe ich mir schon immer gedacht. Ich bin ebenfalls Christ.«

»Sie sind Christ!«, fragte Bob verwundert.

»Ja, wußten Sie nicht, daß Gott auch Unternehmern begegnen kann?«

»Das war nicht so gemeint.«

»Nun, Ihr vorgesetzter Verkaufsmanager ist kein Christ – noch nicht. Er ist aber ein guter Mensch, der seine Arbeit sehr gut macht. Ich bin sicher, daß Sie hervorragend mit ihm auskommen werden. Außerdem ist er ein vorbildlicher Familienvater, vollkommen ehrlich und moralisch integer.«

Adam Yates erinnerte sich an einige Diskussionen, die er mit seinem

Management wegen seinen christlichen Grundsätzen gehabt hatte. Er wußte, daß viele ihn für verrückt erklärt hatten, nachdem er ihnen damals von seiner Bekehrung erzählt hatte. Aber ein anderer Christ hatte ihm einmal bei einem Bibelabend gesagt: »Ich gebe dir jetzt einen guten Rat: Nimm dir zuerst zwei Jahre Zeit, um etwas über das Leben als Christ zu lernen, bevor du großartig versuchst, irgendwelche Prinzipien in deinem Unternehmen einzuführen. Viele neue Christen begehen den Fehler, daß sie anderen etwas mitzuteilen versuchen, von dem sie selbst eigentlich gar nichts verstehen. Als Chef kannst du durch übereiltes Handeln viele Gefühle verletzen.«

Adam hatte sich den Rat zu Herzen genommen. Anstatt seinen Angestellten etwas vorzuschreiben, konzentrierte er sich darauf, so viele Prinzipien wie möglich in seinem eigenen Leben umzusetzen. Eines dieser Prinzipien lautete: Bezahle eine hervorragend gemachte Arbeit gut, ganz gleich welche Position der Betreffende innehat. Seinem Management sagte er damals: »Die Einkommensgrenze für eine Arbeit findet nur in der Fähigkeit des Mitarbeiters eine Grenze. In anderen Worten, wenn ein Verkäufer genügend Umsatz macht, darf er auch mehr verdienen als sein Manager.«

Anfangs konnten Adams leitende Angestellte dieses Konzept nur schwer akzeptieren. Sie merkten aber bald, daß Adam nur jeden ermutigen wollte, seine oder ihre Talente so gut wie möglich einzusetzen. Jeder Manager wurde an der Umsatzerhöhung in seinem Bereich entsprechend beteiligt. Einigen mißfiel die neue Politik und sie kündigten. Aber das System brachte im allgemeinen gute Resultate. Es erlaubte einer Person wie Bob, seine Talente auszunutzen, ohne den Druck im Rücken zu haben, irgendwann in eine Managementposition aufsteigen zu müssen.

Die letzte Frage, die wir im Zusammenhang mit Entlohnung behandeln werden, lautet: Wie sollte Loyalität belohnt werden?

Belohnen Sie Loyalität!

Loyalität kann als die Bereitschaft definiert werden, sich selbst in schweren Situationen bedingungslos für einen Menschen einzusetzen. Nach dieser Definition ist Loyalität heutzutage ein seltenes Gut. Wenn Sie einen loyalen Angestellten finden, dann sollten Sie alles in Ihrer Macht stehende tun, um diese Eigenschaft zu fördern. Denken Sie immer daran, daß Loyalität durch Loyalität erzeugt wird. Also muß sie von beiden Seiten kommen.

Das Wort Gottes unterstützt die Absicht, Menschen zu ehren, die sich gegenüber der über sie gestellten Autorität als loyal erwiesen haben, und das schließt Prämien mit ein. Ganz eindeutig hat Gott David aufgrund dessen Loyalität ihm gegenüber belohnt. In der Bibel gibt es Dutzende von Beispielen, wie Gott die Treuen belohnt und die Untreuen bestraft.

Was ist es wert, wenn Sie loyale Angestellte haben, die Ihre Entscheidungen voll unterstützen, anstatt sie anzuzweifeln und zu untergraben? Diese Frage ist für jeden leicht zu beantworten, der es schon einmal mit unloyalen Angestellten zu tun gehabt hat. Ganz gleich wieviel Sie ihnen bezahlen müssen – sie sind es wert.

Ich kenne einen christlichen Leiter, der in einen riesigen Skandal verwikkelt wurde, den ein Mitglied aus seiner Verwandtschaft verursacht hatte. Er hatte mit der Angelegenheit nichts zu tun gehabt. Sein einziger Fehler war gewesen, daß er den Gerüchten über seinen Verwandten so lange nicht nachgegangen war, bis es zu spät war, die Situation unter vier Augen zu regeln.

Als der Skandal herauskam, revoltierten die meisten seiner Mitarbeiter, Manager und Angestellten gegen ihn, und verlangten seinen Rücktritt. Er war entsetzt und zog sich schockiert und innerlich erschüttert über diese Angriffe von Menschen, die er für loyal gehalten hatte, zurück.

Glücklicherweise blieb ein Pastor, der sich seiner Unschuld sicher war, vollkommen loyal. Dieser übernahm für eine Zeit die Leitung der Organisation. Er erlaubte jedem Mitarbeiter, seine oder ihre Zweifel ihm gegenüber auszusprechen, weigerte sich aber, Anschuldigungen gegen den Leiter anzuhören, die nicht bezeugt oder bewiesen werden konnten.

Nach zwei Tagen frustrierender Erfahrungen mit den rebellischen Angestellten hatte der Pastor genug. Die Situation glich derer, die Jesus mit den Pharisäern hatte. Grundlos vertraten sie zuerst die eine Meinung und dann wieder eine andere, ohne diese jemals mit Beweisen belegen zu können. Er versammelte daraufhin alle Mitarbeiter in einen Raum und sagte ihnen: »Bis jetzt bin ich allen Anschuldigungen gegenüber diesem Mann nachgegangen, ohne je auf einen begründeten Vorwurf gestoßen zu sein.« Dann zeichnete er eine imaginäre Linie auf den Boden und sagte: »Alle, die ihm gegenüber loyal sind, sollen über diese Linie gehen. Alle, die glauben, ihn nicht ohne Vorbehalt unterstützen zu können, sollen bleiben, wo sie sind.«

Die Gruppe teilte sich zu fast zwei gleichen Teilen in jene, die über die Linie gingen, und solche, die auf der anderen Seite blieben. Zu letzteren sagte er: »Gehen Sie bitte beim Hinausgehen bei der Buchhaltung vorbei, und nehmen Sie Ihre Abfindung mit.«

Der Beweis dafür, daß Gott diese Entscheidung mitgetragen hat, wird auch heute noch durch die vielen Menschen erbracht, deren Leben durch die Predigten und Lehren dieses Leiters berührt und verändert werden. Gott kann mit unloyalen Menschen einfach nicht zusammenarbeiten. Er war bereit gewesen, 40 Jahre auf eine nächste Generation von Juden zu warten, um feststellen zu können, ob diese Ihm gegenüber loyaler sein würde, als die Generation, mit der er es jetzt gerade zu tun hatte. In dieser Generation hatte Gott nur zwei Männer gefunden, die ihm gegenüber loyal geblieben waren, Josua und Kaleb. Nur sie waren bereit gewesen, seiner Autorität gegenüber treu zu bleiben.

Wenn es in Ihrer Macht steht, loyalen Angestellten mehr zu bezahlen, dann tun Sie es. Wenn es nicht in Ihrer Macht steht, dann suchen Sie nach einem Weg, um ihnen zu zeigen, wie wertvoll ihre Loyalität für Sie ist.

Kapitel 13

Entscheidungen bezüglich der Aufnahme von Krediten

In den letzten Jahren habe ich viele intelligente Menschen, die sich in diesem Thema sogar für Fachleute halten, ernsthaft sagen gehört, daß die Höhe der Staatsschulden in Wirklichkeit unerheblich sei und ins Unermeßliche gesteigert werden können. Sie weisen auch darauf hin, daß der prozentuale Anteil unserer Staatsschulden im Verhältnis zum Bruttosozialprodukt (BSP) geringer sei als vor zehn Jahren.

Mich erinnert diese Argumentation ein wenig an jemanden, den man angeschossen hat und bei dem man jetzt feststellt, daß seine Wunde nicht mehr so stark blutet. Man kann aus dieser Tatsache den Schluß ziehen, daß sich die Wunde zwischenzeitlich verkleinert hat. Wenn man dann noch so lange zuschaut, bis der Verletzte gar nicht mehr blutet, kann man auch vermuten, daß die Person geheilt ist. Aber man muß auch die Meinung der Leute akzeptieren, die, nachdem die Person nach einigen Stunden immer noch nicht aufgestanden ist, um ihren normalen Tätigkeiten wieder nachzugehen, eine ganz andere Schlußfolgerung ziehen.

Der Hauptgrund dafür, daß die heutige Verschuldung im Verhältnis zum BSP prozentual geringer ist, liegt darin, daß die Regierung eine Möglichkeit gefunden hat, sich sehr viel Geld zu leihen, ohne dies in der Kategorie »Staatsverschuldung« ausweisen zu müssen. Wie konnte dieser Trick dem wachsamen Auge des Gramm-Rudman-Gesetzes entgehen? Die offensichtlichste Methode bestand darin, sich aus dem Sozialversicherungsfonds zu bedienen. Auf diese Weise ist der Staat seit 1986 zu zweihundert Milliarden Dollar gekommen! Eine andere Methode war, die Deklaration eines Teils der Schulden bis zum folgenden Haushaltsjahr aufzuschieben, im nächsten Jahr wieder einen Teil der Schulden erst im darauffolgenden Jahr zu deklarieren und so weiter und so weiter. Das nennt man »kreative Rechnungslegung«.

Auf unsere Generation trifft der Vers aus Sprüche 22,7 wie auf keine andere seit den frühen 30er Jahren zu: »Der Reiche hat die Armen in seiner Gewalt, der Schuldner ist seines Gläubigers Knecht.« Wie ich bereits erwähnt habe, hat das Pendel voll ausgeschlagen, und wir sehen der gleichen Gefahr wie die Generation ins Auge, die dann die Weltwirtschaftskrise zu spüren bekam.

Zur Zeit ist die Nation dabei, aus ihrer Gleichgültigkeit gegenüber dem wachsenden Schuldenberg zu erwachen und sie erkennt langsam, daß eine Volkswirtschaft, die von Schulden lebt, an ihre Grenzen kommt. Wir haben diese Grenzen noch nicht genau ausgelotet – noch nicht.

Ganze Bände werden von den hartgesottenen Verfechtern der Verschuldungspolitik noch geschrieben werden, in denen sie der Regierung vorwerfen werden, daß sie diese »Katastrophe« hätten rechtzeitig voraussehen und die Bevölkerung warnen können. Momentan befürworten sie noch eine Politik der weiteren Schuldenaufnahme, aber sobald die Verschuldung außer Kontrolle gerät, wird sich dies ändern.

Ein Sache ist bei der Staatsverschuldung nur schwer zu verstehen: Der wachsende Schuldenberg ist die Hauptursache für die Inflation. Mit steigender Inflation steigt auch das gesamte nominale Bruttosozialprodukt – selbst wenn die gesamtwirtschaftliche Produktion um keinen Cent gestiegen ist. Selbst wenn die gesamtwirtschaftliche Produktion rückläufig ist, kann die in Dollar bezifferte Größe des BSP insgesamt gestiegen sein, weil die durchschnittlichen Preise gestiegen sind. Der Trick besteht also darin, sich mehr Geld zu leihen, ohne daß dies unter dem Posten Staatsverschuldung in der volkswirtschaftlichen Gesamtrechnung erscheint und dann zu warten, bis dieses Geld die Inflation in die Höhe treibt. Das Ergebnis ist ein günstigeres Verhältnis von Schulden zu Bruttosozialprodukt. Es ist wie wenn man einem Zauberer mit bunten Tüchern zuschaut: Plötzlich sieht man sie, und dann sind sie wieder weg.

Ist es unbiblisch, wenn man Kredite aufnimmt?

Viele gutmeinende christliche Lehrer haben in den letzten Jahren verkündet, daß es grundsätzlich unbiblisch sei, Kredite aufzunehmen. Das ist falsch. Ich würde es mir wirklich wünschen, daß es in der Bibel eine solche Anweisung gäbe. Es würde die Behandlung dieses Themas sehr viel einfacher machen. Aber die Aufnahme von Krediten wird in der Heiligen Schrift nicht verboten.

Ich würde gerne die Hauptargumente derer betrachten, die ich »Absolutisten« nenne – damit meine ich jene, die davon überzeugt sind, daß jede Kreditaufnahme Sünde sei.

Zuerst zählen sie, völlig korrekt, die Gefahren auf, die man bei der Aufnahme von Krediten eingeht. Schulden sind verantwortlich für:

- Das Scheitern zahlloser Ehen.
- Den Ruin von Millionen Leben.
- Den Untergang zahlloser Unternehmen.
- Die Unterminierung der US-Wirtschaft.

– Den Verlust von mehreren Milliarden Dollar, die man sonst hätte für das Reich Gottes einsetzen können.

Zweitens, da die meisten von ihnen schon selbst einmal Kredite aufgenommen und aufgrund einer schlechten Wirtschaftslage schwere finanzielle Verluste haben hinnehmen müssen, erwähnen sie zu Recht, daß der Grund dafür, daß man einen Kredit aufnimmt, meistens in der unberechtigten Annahme liegt, daß die Zukunft vorhersehbar ist. Jakobus warnte uns (Jak. 4,13–14): »Ihr aber, die ihr sagt: Heute oder morgen werden wir in diese oder jene Stadt reisen, dort werden wir ein Jahr bleiben, Handel treiben und Gewinne machen – ihr wißt doch nicht, was morgen mit eurem Leben sein wird. Rauch seid ihr, den man eine Weile sieht; dann verschwindet er.«

Die Bibelstelle, die von den Absolutisten am häufigsten zitiert wird, steht im Römerbrief Kapitel 13,8: »Bleibt niemand etwas schuldig; nur die Liebe schuldet ihr einander immer. Wer den andern liebt, hat das Gesetz erfüllt.« Leider meint dieser Vers nicht das, was bei einer oberflächlichen Betrachtung in ihm zu stecken scheint. Der Apostel Paulus war ein äußerst vorsichtiger Schreiber, wenn es um biblische Prinzipien ging. Sobald er über grundlegende Lehren schrieb, tat er das in starker Anlehnung an die Lehren des Alten Testaments. Immer wenn er es für notwendig hielt, etwas hinzuzufügen oder von einem Teil der alten Lehrmeinungen abzuweichen, machte er dies unmißverständlich klar. Er ging sogar so weit zu sagen, daß das, was er zu sagen hatte, seine »Meinung« war, die Meinung von jemandem, der »stark im Herrn« war.

Wenn Paulus in Römer 13,8 die Aussage gemacht hätte, daß jede Kreditaufnahme für einen Gläubigen falsch sei, dann hätte er dieser Aussage das Gegenbeispiel aus dem Alten Testament vorangestellt. Aber wenn es im Alten Testament verboten gewesen wäre, sich zu verschulden, dann wäre das Erlaßjahr und das Jubeljahr, in dem alle Schulden erlassen wurden, nicht notwendig gewesen! In diesem Fall wäre dann seine Aussage in Römer 13,8 eine neue Lehre gewesen, die er auch als solche gekennzeichnet hätte. Er hat dies in Römer 7 getan, als er klarstellte, welchen Stellenwert das Alte Testament für Christen hat. (Ein weiteres Beispiel dafür, wie neue Lehren aufgestellt wurden, findet sich in Matthäus 19,8, wo Jesus das Scheidungsgesetz des Alten Testaments umstößt: »Er antwortete: Nur weil ihr so hartherzig seid, hat Mose euch erlaubt, eure Frauen aus der Ehe zu entlassen. Am Anfang war das nicht so.«)

Paulus hat in Römer 13,8 die biblischen Anweisungen bezüglich der Aufnahme von Krediten nicht neu definiert, sondern er wollte Christen ermahnen: »Erlaubt niemandem, mehr für euch zu tun, als ihr für ihn tun wollt.« Es ging hier um die hitzige Debatte, ob Christen der heidnischen römischen Regierung Steuern bezahlen sollten. (Kommt Ihnen das nicht bekannt vor?) Paulus sagte zu den Christen wörtlich: »Bleibt niemandem etwas schuldig, nicht einmal den Römern die Steuern.«

Biblische Grundsätze für die Aufnahme von Krediten

Die Aufnahme von Krediten wird in der Bibel weder verboten noch wird dazu ermutigt. Sie werden immer in einem negativen Zusammenhang und mit vielen Warnungen über möglichen Mißbrauch erwähnt.

Ich glaube, daß es drei fundamentale biblische Grundsätze gibt, die sich auf die Inanspruchnahme von Krediten beziehen.

1. Kredite sollten nur gelegentlich aufgenommen werden
In unserer Generation haben es die meisten US-Bürger als Notwendigkeit akzeptiert, Kredite aufnehmen zu müssen. Diese Einstellung erlaubt es ihnen, sich unentwegt Geld auszuleihen, wie man an den vielen Krediten für Hausbau und Autos deutlich erkennen kann. Die durchschnittliche amerikanische Familie gibt in ihrem Leben fast 290 000 Dollar für Autokredite aus. Die darin enthaltenen Zinszahlungen betragen allein 150 000 Dollar. Dieses neue Phänomen übersteigt unsere Vorstellungskraft, denn die meisten US-Bürger könnten sich mit dem, was sie für Autokredite ausgeben, problemlos zur Ruhe setzen.

Wie hoch wäre der Preis für einen Neuwagen, wenn es keine Kredite gäbe? Obwohl das schwer abzuschätzen ist, wäre er nicht annähernd so hoch, wie es heute der Fall ist. Die Automobilhersteller kennen die Mentalität, Schulden zu machen, sehr gut. Nur aus diesem Grund bieten sie Kredite zu niedrigen Zinssätzen als Ansporn dafür, ihre überteuerten Autos zu kaufen.

Der typische christliche Geschäftsmann ist genauso tief verschuldet wie der typische nichtchristliche Geschäftsmann. Keiner von beiden verfolgt ernsthaft das Ziel, ohne Schulden zu sein, und damit sind beide durch jeden Konjunkturrückgang leicht verwundbar.

Jack ist dafür ein gutes Beispiel. Er war ein erfolgreicher Geschäftsmann, der eine Kette von Schuhläden in Houston, Texas, hatte. Als sein Unternehmen wuchs und immer ertragreicher wurde, beschloß er, einen Kredit aufzunehmen, um weiter expandieren zu können.

Jack war immer ein konservativer Geschäftsmann gewesen, der einmal sogar schon an die Möglichkeit gedacht hatte, mit den steigenden Gewinnen alle noch ausstehenden Schulden zu tilgen. Eine kurze Besprechung mit seinem Buchhalter überzeugte ihn jedoch davon, daß dies eine schlechte Idee war.

»Das willst du wirklich tun?« fragte Jacks Buchhalter ungläubig.

»Ich habe gerade darüber nachgedacht, einen Teil des Überschusses zur Tilgung unserer Schulden zu benutzen.«

»Wenn du das tust, dann geben dir die nächsten Steuern einen Gnadenstoß«, erwiderte der Buchhalter. »Du kommst viel besser weg, wenn du das Geld dafür gebrauchst, das Unternehmen auszubauen. Ich dachte, du wolltest in diesem Jahr noch ein paar weitere Geschäfte eröffnen.«

»Nun, das werde ich auch wahrscheinlich tun«, antwortete Jack. »Aber

Mary hätte gerne, daß wir schuldenfrei werden. Sie will auch, daß ich das Haus abbezahle.«

»Du bist verrückt, Jack. Die Zinsen dafür sind die einzige Steuererleichterung, die dir noch geblieben ist. Ohne diese Erleichterung kommst du in Schwierigkeiten.«

»Ja, ich glaube du hast recht. Mary hört nur andauernd einen Typ im Radio, der sie mit seinen Predigten verrückt macht, daß wir schuldenfrei werden sollen.«

»Schick sie zu mir. Ich werde ihr die Vorteile erklären, die man hat, wenn man durch Zinsen seine Steuerlast senken kann. Du gebrauchst dein Bargeld nur, um das Unternehmen zu erweitern, o.k.?«

Jack entschied, daß der Rat seines Buchhalters, zumindest was das Unternehmen betraf, besser als der seiner Frau war und fuhr damit fort, seine Firma zu erweitern. Schließlich war das Geschäft noch nie so gut gelaufen, und die Prognosen für die Zukunft sahen sehr gut aus. Das Ölembargo in den späten 70er Jahren hatte sein Unternehmen, das er 1978 als kleines Schuhgeschäft begonnen hatte, erst zum Blühen gebracht. Durch das Embargo hatten die hohen Ölpreise Houstons Wirtschaft angekurbelt, und das war wiederum ihm zugute gekommen.

In den frühen 80er Jahren hatte Jack dann zwei florierende Geschäfte in Houston. Als das Ölembargo aufgehoben wurde, schossen die Ölpreise weiter in die Höhe, und er beschloß, sich auch in weiteren texanischen Städten niederzulassen. Diese Geschäfte florierten ebenfalls. Bis zum Jahr 1982 besaß er im Südwesten zwanzig Niederlassungen und sein Unternehmen erlebte einen richtigen Boom. Die Schuldenlast beunruhigte ihn zwar ein wenig und versetzte Mary in Panik, aber das Unternehmen hatte keine Schwierigkeiten, die Zinsen zu bezahlen. Jacks Buchhalter versicherte ihm schon, daß wenn das Wachstum noch ein paar Jahre so weitergehen würde, sein Unternehmen zur größten Kette von Markengeschäften im ganzen Land werden könnte.

Im Jahre 1983 schließlich begannen die Ölpreise praktisch ohne Vorwarnung zu fallen, und die Wirtschaft im Südwesten erlitt einen kräftigen Einbruch. Der größte Boom seit dem Goldrausch in Kalifornien war mit quietschenden Bremsen zum Stehen gekommen. Jacks Umsatz sank von fast 13 Millionen Dollar im Jahre 1982 auf weniger als sechs Millionen im Jahre 1984. In seinen verzweifelten Bemühungen, die Zahlungsfähigkeit seines Unternehmens aufrechtzuerhalten, schloß er ein Geschäft nach dem anderen. Aber langfristige Mietverträge, die durch das Firmenvermögen gesichert waren, setzten den Kapitalabfluß fort. Ein Unternehmen, das noch vor zwei Jahren hätte schuldenfrei sein können, war plötzlich bankrott. Jack mußte mitansehen, wie die Vermögensgegenstände seiner Firma für einen Bruchteil ihres wahren Wertes versteigert wurden und die Restschulden das ganze Vermögen verschlangen, das er und Mary noch besaß. (Es war eine interessante Beobachtung am Rande, daß sich sein ehemaliger Buchhalter als der aggressivste Gläubiger entpuppte, der am Ende die Zahlungen sogar gerichtlich eintrieb.)

Jack mußte auf die teure Art ein Prinzip lernen, das er kostenlos in der Bibel hätte nachlesen können:

»Wenn du mit deinem Gegner vor Gericht gehst, bemühe dich noch auf dem Weg, dich mit ihm zu einigen. Sonst wird er dich vor den Richter schleppen, und der Richter wird dich dem Gerichtsdiener übergeben, und der Gerichtsdiener wird dich ins Gefängnis werfen. Ich sage dir: Du kommst von dort nicht heraus, bis du auch den letzten Pfennig bezahlt hast« (Lk. 12,58–59).

2. Übernehmen Sie niemals die Bürgschaft für einen Kredit

Im Lexikon wird eine Bürgschaft als: »Eine feste Zusage oder als formales Versprechen bezeichnet, für eventuelle Forderungen gegenüber demjenigen aufzukommmen, für den man die Bürgschaft geleistet hat. Diese Forderungen können durch Verluste, Schäden, Zahlungsverzug, geleistete Garantien oder Sicherheiten begründet sein.«

In der Zeit in der das Alte Testament geschrieben wurde, war es für einen Schuldner nicht selten, mit dem einzig wertvollen Besitz, nämlich seiner eigenen Person, für die Rückzahlung eines Kredites zu garantieren. Wenn er die abgemachten Bedingungen nicht erfüllen konnte, hatte er seine Freiheit verwirkt. Ein Überblick über die Sprüche enthüllt viele Einzelheiten zum Thema Bürgschaft und man findet zahlreiche Anmerkungen des »Richters« über das Schicksal derer, die dumm genug waren, ein solches Risiko einzugehen.

Der Richter rät einem Bürgen in Sprüche 6,1–3:

»Mein Sohn, hast du deinem Nächsten
Bürgschaft geleistet, hast du einem
Fremden den Handschlag gegeben,
hast du dich durch Worte gebunden,
bist du gefangen durch deine Worte,
dann tu doch dies, mein Sohn: Reiß dich los;
denn du bist in die Hände deines Nächsten
geraten. Geh eilends hin, und bestürme
deinen Nächsten!«

Heutzutage werfen wir zahlungsunfähige Schuldner nicht mehr ins Gefängnis und ihre Familien werden auch nicht mehr als Sklaven verkauft. Aber die Gläubiger besitzen immer noch das Recht, ihr Geld einzuziehen oder den Besitz einzufordern, der als Bürgschaft (Sicherheit) gegeben wurde.

Wenn man einen Schuldschein persönlich indossiert, dann haftet man für diese Schuld mit seinem gesamten Vermögen. Das ist nur eine modernere Form, sein eigenes Leben als Sicherheit zu geben.

Viele Menschen haften für Schulden, die sie gemacht haben, und sind sich dessen überhaupt nicht bewußt. Die meisten Hausbesitzer sind beispielsweise der irrigen Annahme, daß der Kredit, den sie für ihr Haus aufgenommen haben, durch die Immobilie schon gedeckt ist, aber das trifft nur in den seltensten Fällen zu. Obwohl das Haus als Sicherheit dient, können seit 1980 fast alle Hypotheken nur noch dann aufgenommen werden, wenn der Käufer bereit ist, zusätzlich mit seinem persönlichen Eigentum dafür zu haften. Wenn also die Hauskäufer die Zahlungen nicht leisten können, kann der Gläubiger das Haus beanspruchen, es (meistens mit Verlust) verkaufen und die Käufer auf den Restbetrag verklagen.

Die meisten würden darauf antworten, daß sie sich darüber keine Sorgen machen, weil die Immobilienpreise im Laufe der Jahre immer gestiegen sind. Trotzdem zeigt uns die Erfahrung, die Tausende ehemalige Hauseigentümer im »Öl-Fleck« vor einigen Jahren machen mußten, daß diese Annahme nicht immer richtig ist. So wurden zum Beispiel viele enteignete Häuser in der Gegend von Houston und Dallas für weniger als die Hälfte der noch ausstehenden Hypothek verkauft. In Oklahoma und Louisiana wurden sie teilweise sogar nur für ein Drittel der Hypothek veräußert.

Wenn man sich persönlich für eine Schuld verbürgt, dann sagt dies zweierlei aus: (1) Daß das verkaufte Objekt dem Verkäufer nicht genügend Sicherheit für den Preis bietet, den Sie bereit sind, dafür bezahlen; (2) daß der Verkäufer viel schlauer als der Käufer ist. Solange auch nur ein Teil der Schulden noch nicht bezahlt ist, riskieren Sie als Käufer alles, was sie besitzen. Das ist die denkbar schlechteste Art, um in die Zukunft zu gehen.

Roger besaß und leitete eine Baustahlfabrik in Tennessee. Er hatte bei einer großen Bank in Chattanooga einen Kreditrahmen, den er oft in Anspruch nahm, um die Zeit überbrücken zu können, bis seine Kunden ihre Rechnungen bei ihm bezahlten.

Er hatte zeitweise einen Kredit in der Höhe zwischen 300000 und 400000 Dollar aufgenommen. Aber sein Geschäft lief erfolgreich, und normalerweise hatte er auf seinem Kassenkonto ein Guthaben von 600000 bis 700000 Dollar stehen, die als Sicherheit für den Kreditrahmen dienten. Aber entweder war er sich darüber nicht im klaren oder es war ihm einfach egal, daß alle Schuldscheine persönlich indossiert waren. Aus diesem Grund haftete er für alle Schulden persönlich.

Fast jeder Finanzberater würde heute sagen: »Na und?« Schließlich hatte er genug Geld auf der Bank, um seine Kredite abdecken zu können. Aber warum nahm er dann einen Kredit auf, wenn er das Geld hatte? Ich habe diese Frage schon vielen Leuten gestellt, die das gleiche getan hatten. Die übliche Antwort lautet meistens: »Nur für den Fall der Fälle.« Ich weiß nicht, was mit »im Fall der Fälle« gemeint ist, und sie wußten es in der Regel auch nicht.

Rogers Unternehmen lief hervorragend und die Wirtschaftslage war für seine Branche mehr als günstig. Aber eines Freitag abends schloß Rogers Bank ihre Türen und sollte sie nie wieder öffnen.

»Kein Grund zur Sorge«, beschwichtigte die Federal Depositers Insurance Corporation (FDIC = Bundesversicherungsanstalt für Bankkunden) ihre Kunden. »Die Bank mußte wegen fortgesetztem Betrug einiger ihrer Direktoren geschlossen werden. Die FDIC kommt für alle Einlagen auf – bis zu einer Höhe von 100 000 Dollar.« Zu Rogers Leidwesen bedeutete das für ihn einen Verlust von etwa 500 000 Dollar.

Roger fühlte sich miserabel. Schließlich waren 500 000 Dollar kein Pappenstiel. In den folgenden Wochen bedauerte er oft, nicht mehr Geld in das Reich Gottes investiert zu haben. Da hätte das Geld wenigstens einem guten Zweck gedient. »Aber«, sagte er sich, »es hat keinen Sinn, über Dinge zu jammern, die ich sowieso nicht mehr ändern kann.«

Etwa zwei Monate nach Schließung der Bank bekam Roger den Schock seines Lebens. Ein Vertreter der FDIC kam mit der Forderung in sein Büro, den vollen Betrag des 400 000-Dollar-Kredites zu begleichen, der bei der Bank noch offenstand.

»Ich habe das Geld aber nicht«, verteidigte sich Roger. »Als die Bank geschlossen wurde, verlor ich mein gesamtes Bargeld. Außerdem«, sagte er, »schuldet mir die Bank mehr, als ich ihr schulde. Ich sehe keinen Grund, warum Sie von mir Geld verlangen können.«

»Mein Herr«, sagte der Vertreter in sehr sachlichem Ton. »Das Vermögen der Bank (inklusive Rogers Kreditvertrag) ist jetzt Eigentum des FDIC. Die Schulden der Bank (die Roger zustehenden 100 000 Dollar) werden Ihnen nach der Auflösung erstattet. Entweder Sie kommen für den noch ausstehenden, aufgenommenen Kredit auf, oder wir sehen uns gezwungen, Ihr Unternehmen und Privatguthaben zu liquidieren.«

Roger konnte die Enteignung gerade noch verhindern, weil es ihm gelang, einen anderen Kredit aufzunehmen, der die FDIC zufriedenstellte. Der neue Kredit belastete das Unternehmen jedoch so stark, daß er es noch während des ersten Jahres mit erheblichen Einbußen veräußern mußte.

Roger lernte einige harte Lektionen, was Verschuldung angeht: Erstens gibt es in Banken kein Ausgleichsprinzip. In anderen Worten: Egal wie hoch Ihre Einlagen sind, Sie können diese nicht mit den Schulden verrechnen, die Sie eventuell bei der Bank haben – es sei denn, diese Guthaben sind ausdrücklich als Sicherheit für Ihren Kredit deklariert. Zweitens, der freundliche und hilfsbereite Bankangestellte, mit dem Sie in guten Zeiten verhandelt haben, ist in schlechten Zeiten höchstwahrscheinlich nicht mehr da.

3. Vermeiden Sie langfristige Kredite
»In jedem siebten Jahr sollst du die Ackerbrache einhalten« (5. Mose 15,1).

In einer Zeit in der man Hypotheken mit einer Laufzeit von dreißig oder vierzig Jahren aufnimmt, erscheint es vielleicht unmöglich, langfristige Verschuldung vermeiden zu können. Aber denken Sie immer daran, daß derart langfristige Verschuldungen eine relativ neue Entwicklung sind. Unsere Großeltern und viele unserer Väter hätten sich niemals über einen Zeitraum von drei oder vier Jahrzehnten verschuldet. Sie wußten im voraus, welche Lektion eine solche Generation lernen wird: Wer lange genug verschuldet ist, geht schließlich zugrunde. Es gibt bei jeder Regel ein paar Ausnahmen, also wird es Geschäftsleute geben, die langfristige Verbindlichkeiten aufnehmen und überleben können. Leider wird aber immer nur über diese Ausnahmen gesprochen und über die Vielzahl der Geschäfte, die kläglich scheitern, wird kein Ton verloren.

Edgar war ein entschiedener Nachfolger Jesu und dafür bekannt, daß er viel für die Arbeit im Reich Gottes spendete. Er war ein erfolgreicher Börsenmakler, spürte dann aber, daß Gott wollte, daß er in die Immobilienbranche einstieg. Er gab seine lukrative Arbeit bei einer großen Brokerfirma auf, um ins Immobiliengeschäft zu wechseln. Unglücklicherweise tat er dies kurz vor dem Immobiliencrash Ende der 70er Jahre. Praktisch unmittelbar nach dem Start in ein neues Berufsfeld sah sich Edgar mit einem persönlichen finanziellen Desaster konfrontiert, das ihm selbst die Abzahlung seines eigenen Hauses nicht mehr ermöglichte. Aber mit der Ausdauer, die für Menschen kennzeichnend ist, die in einer Gesellschaft etwas bewegen, verfolgte er die Richtung, die Gott ihm gezeigt hatte, und versuchte die Möglichkeiten ausfindig zu machen, die der schrumpfende Markt ihm noch bot.

In dieser Zeit mußten Edgar und seine Frau den Spott vieler »Freunde« erdulden, die sie mit jeder Sünde konfrontierten, die ihrer Meinung nach die Ursache ihrer finanziellen Probleme sein konnte. (Ich erinnere mich daran, daß Hiobs Freunde ähnlich mit ihm umgingen. Ist es nicht erstaunlich, wie empfänglich manche Menschen für den Splitter im Auge der anderen sind?)

Ich lernte Edgar kennen, als er und seine Frau mich in meinem Büro auf Empfehlung eines gemeinsamen Freundes aufsuchten. Ihr Mißbrauch von Kreditkarten war der einzige, wirkliche Verstoß gegen biblische Prinzipien, den ich bei ihnen erkennen konnte. Wie viele andere junge Paare hatten sie die Einkommenseinbußen des vergangenen Jahres durch den verstärkten Gebrauch ihrer Kreditkarten ausgeglichen. Edgars berufliche Veränderung hatte große Löcher in seinen Geldbeutel gerissen, so daß sie mit mehreren tausend Dollar in den roten Zahlen waren. Als ich sie auf den Widerspruch hinwies, daß sie auf der einen Seite im Glauben an Gott, ohne Sicherheiten, existieren wollten, aber auf der anderen Seite von dem Geld ihrer Gläubiger lebten, beschlossen sie, nur noch von dem zu leben, was Gott ihnen gab – sei es Überfluß oder Mangel, wie der Apostel Paulus sagte.

Nach dieser Entscheidung zog Bescheidenheit in ihr Leben ein. Edgar erzählte mir, daß er, seine Frau und ihre beiden Kinder einmal nur noch Popcorn zu essen gehabt hatten. In dieser Lage verfolgten sie dennoch weiterhin die Vision, eine Immobilienfirma zu gründen.

Viele von Edgars Freunden drehten ihm den Rücken zu, weil er ihrer Meinung nach das sträflich außer acht ließ, was ihnen logisch erschien: Edgars Familie hatte Gottes Willen für ihr Leben falsch verstanden. Ein Freund ging einmal sogar so weit, daß er zu ihnen sagte: »Nun, dann genießt doch euer Popcorn. Ich gehe jetzt nach Hause und esse Steaks.«

Im Jahr 1976 witterte Edgar dann die Chance, auf die er gewartet hatte – ein heruntergekommenes Apartmenthaus in einem der alten Stadtteile. Der Mieter hatte es an den Vermieter zurückgegeben und dieser war nun verzweifelt darum bemüht, es zu verkaufen. Ohne Vermögen oder Erfahrung versuchte Edgar, den Vermieter zum Verkauf zu bewegen, obwohl er keine Anzahlung leisten, nicht persönlich dafür haften und auch keine Zahlungen leisten konnte, bevor das Gebäude nicht renoviert und vermietet war. Zusätzlich brauchte er noch genügend Geld um das Gebäude zu renovieren. Mit anderen Worten, Edgar bat den Vermieter, ihm das Gebäude zu verkaufen. Und dieser ging auf Edgars Bedingungen ein!

Edgars Unternehmen war endlich aus den Startlöchern. In den folgenden fünf Jahren erwarb er mittels beschränkter Beteiligungen anderer Investoren andere Objekte. Als die wirtschaftliche Lage sich verbesserte, stieg auch der Wert der Immobilien. Edgar spendete jährlich mehrere hunderttausend Dollar für das Reich Gottes, und das Unternehmen wuchs schnell. Leider, wie so oft wenn etwas gut geht, vergaß Edgar eines der wichtigsten Grundprinzipien der Wirtschaft: Was einem kurzfristig hilft, kann langfristig zum Alptraum werden.

Bei den steigenden Immobilienpreisen während des Aufschwungs der frühen 80er Jahre hätte Edgar einige Immobilien verkaufen und seine Schulden tilgen können. Statt dessen war die Versuchung zu groß, einen Kredit aufzunehmen und seinen Besitz als Sicherheit zu stellen. Er nahm einen Kredit annähernd in der Höhe des Wertes seiner Immobilien auf. Er war nun in der Lage, allen Investoren ihren Anteil sogar mit großen Gewinnbeteiligungen zurückzubezahlen. Da er diese Rückzahlung mit einem Kredit finanzierte, der durch seinen Besitz abgesichert war, war die Rückzahlung sogar steuerfrei. In einer Zeit mit vielen Steuernischen war die Versuchung unwiderstehlich.

Genauso plötzlich wie der Wohnungsboom begonnen hatte, hörte er mit der Steuerreform von 1986 auch wieder auf. Diese nahm alle Steuervorteile für Mietobjekte zurück, so daß diese im Wert plötzlich absackten. Noch schlimmer war, daß die Wohnungsnachfrage sank. Viele im Bau stehende Projekte wurden zum Verkauf angeboten. In Panik geratene Wohnungseigentümer reduzierten die Mieten und boten sogar noch weitere Anreize, um Mieter anzuwerben.

Edgar kam mit seinen Immobilien in Schwierigkeiten. In dem Bemühen, seinen Besitz halten zu wollen und das Geld der Investoren zu schützen, nahm er auf seine Immobilien noch weitere Kredite auf. Am Ende gewinnen bei langfristigen Krediten immer die Gläubiger – Edgars Besitz wurde von seinen Verbindlichkeiten aufgefressen.

Das schuf zwei weitere Probleme. Edgars Einkommen sank mit den sinkenden Grundstückspreisen stark. Gleichzeitig kamen auf Edgar wegen der abgewerteten Immobilien hohe Steuerzahlungen zu. Die Steuergesetzgebung in Amerika behandelt erlassene Schulden als zusätzliches Einkommen. Als seine Investitionen erfolglos blieben, wurde ihm und seinen Kunden die gesamte ausstehende Schuldenlast als zu versteuerndes Einkommen angerechnet.

Das letzte Kapitel in Edgars Situation ist noch nicht geschrieben. Während ich dieses Buch schreibe, kämpft er immer noch mit seinen Problemen. Dennoch belegt sein Beispiel wieder einmal die Wahrheit, die im Buch der Sprüche, Kapitel 7 festgehalten ist: »Der Reiche hat die Armen in seiner Gewalt, der Schuldner ist seines Gläubigers Knecht.«

Gott schuf das in 5. Mose, Kapitel 15 erwähnte Gnadenjahr aus einem einfachen Grund. Wenn man zu lange in Schulden lebt, dann geht man zugrunde. Wenn Gott es für ratsam hielt, den Juden nicht zu erlauben, Kredite mit einer Laufzeit von über sieben Jahren aufzunehmen, dann sollten wir uns an die gleichen Richtlinien halten.

Das wichtigste Gebot: Bezahlen Sie Ihre Schulden zurück

Ich gehe davon aus, daß Ihnen jetzt klargeworden ist, daß Gott seinem Volk nie die Aufnahme von Krediten verboten hat. Aber er hat uns für die Aufnahme von Krediten einige Richtlinien gegeben, die uns vor Fehlern bewahren sollen. Ich nenne die soeben behandelten Prinzipien »Auf-keinen-Fall-Prinzipien«:

- Nehmen Sie auf keinen Fall Kredite auf, wenn es nicht unbedingt nötig ist.
- Unterschreiben Sie auf keinen Fall Bürgschaften.
- Gehen Sie auf keinen Fall langfristige Verbindlichkeiten ein.

Bitte beachten Sie, daß ich diese Richtlinien »Prinzipien« genannt habe. Das Wort Gottes kann in zwei große Kategorien aufgeteilt werden: in Prinzipien und Gebote. Prinzipien sind in der Regel Anweisungen, die uns dabei helfen sollen, intelligente Entscheidungen zu treffen. Aber Prinzipien sind keine absoluten Regeln. Das Buch der Sprüche enthält beispielsweise über zwei Dutzend Warnungen vor Bürgschaften. Wie gesagt, es handelt sich dabei nicht um Gebote, sondern um Prinzipien. In anderen Worten: Wenn man eine Bürgschaft unterschreibt, begeht man keine Sünde, sondern eine Dummheit. In Sprüche 20,16 steht: »Nimm ihm das Kleid, denn er hat für einen anderen gebürgt, fremder Leute wegen pfände bei ihm!« Jeder, der jemals für eine geleistete Bürgschaft aufkommen mußte, begreift die Weisheit, die in diesem Prinzip steckt. Wenn Sie immer noch für die Schulden von jemand anderem eine Bürgschaft leisten wollen, dann tun Sie das ruhig. Aber erwarten Sie nicht, daß es Gott gefällt.

Gottes Wort enthält klare Gebote und klare Prinzipien. Das wichtigste biblische Gebot bezüglich Verschuldung lautet: Man muß seine Schulden zurückzahlen.

Einem Christ steht es nicht frei, seine Schulden zu bezahlen. Da man heute, wenn man mit seinen Verbindlichkeiten in Verzug ist, nicht mehr ins Gefängnis kommt, neigen wir dazu, diese Sünde nicht mehr so ernst zu nehmen. Die Heilige Schrift kennt aber keine Kompromisse. Sie nennt den Bruch eines Versprechens (Gelübde) Sünde. Psalm 37,21 hält einen Menschen, der seine Schulden nicht zurückzahlt, für einen bösen Menschen: »Der Frevler muß borgen und kann nicht bezahlen, doch freigiebig schenkt der Gerechte.«

Der Gläubiger hat über den Schuldner unausgesprochene Autorität, die ihm auch das Recht gibt, einen untreuen Schuldner zu bestrafen. In Matthäus 5,25–26 wies Jesus Schuldner an, ihre Gläubiger um den Schuldenerlaß zu bitten. Natürlich hat diese Anweisung eine tiefere geistliche Bedeutung, aber Jesus benutzte ein Beispiel aus dem wirklichen Leben. Wenn man einen Kredit aufnimmt, gilt für Christen der Grundsatz: Man muß seine Schulden zurückzahlen.

George betrieb gemeinsam mit seiner Frau, Martha, ein Restaurant. George war kein Christ und hatte vor Christen auch keinerlei Achtung. Seine Frau war Christ, und George hatte beobachtet, wie ihre Freunde aus der Gemeinde sie dazu überredeten, ihnen kostenlose Mahlzeiten zu servieren. Er akzeptierte von den Leuten, die nach dem Gottesdienst zu ihm kamen schon lange keine Schecks mehr, weil einige schon nicht gedeckt gewesen waren. Seine grundsätzliche Meinung von Christen war: »Sie sind ein Haufen falscher Heuchler.«

Als das Unternehmen wuchs und sie mehr Leute anstellen konnten, begann Martha einen Partyservice für die Betriebsfeiern von Unternehmen zu gründen, die in ihrer Umgebung waren. Zur Weihnachtszeit kam sie auch mit vielen gemeindlichen Gruppen ins Geschäft.

George prophezeite: »Es ist nur eine Frage der Zeit, bis dich irgendeine kirchliche Gruppe bei der Bezahlung der Rechnungen übers Ohr haut.«

»Wenn das passiert, dann erinnere ich mich einfach daran, daß ich diese Arbeit eigentlich für Jesus und nicht für die Menschen tue«, erwiderte Martha.

Zu Georges Erstaunen war es keine Gruppe aus einer Gemeinde, die ihre Rechnungen nicht bezahlte, sondern ein großes Unternehmen, das schon lange ein guter Kunde von ihnen war. Das Unternehmen schuldete ihnen fast sechstausend Dollar für die Lieferung und die Anzahlung für Essen, die sie für die kommende Feriensaison bestellt hatten. An einem Montag morgen las

George einen Artikel in der Zeitung, in dem zu lesen war, daß der Vorstandsvorsitzende Art Woods einen Vergleichsantrag gestellt hatte. Als er bei der Firma anrief, erfuhr er die schlechte Nachricht: »Es tut mir sehr leid, aber Ihre Rechnung wird in nächster Zukunft nicht bezahlt werden können. Die Gläubiger haben die Liquidierung der Firma verlangt, und die Schulden übersteigen das Firmenvermögen bei weitem.«

»Schon wieder übers Ohr gehauen«, murrte George Martha beim Auflegen an. »Immerhin waren es nicht deine frommen Freunde. Ich kenne Art Woods, er ist vielleicht ein Gauner, aber der behauptet wenigstens nicht, religiös zu sein.«

Ein knappes Jahr später erlitt George den ersten von mehreren Herzinfarkten, die es ihm unmöglich machten, weiterhin einer geregelten Arbeit nachzugehen. Martha konnte das Restaurant alleine nicht weiterbetreiben und beschloß, es zu verkaufen. In ihrer Stadt gab es aber wenig Aussichten jemanden zu finden, der nicht nur die nötigen Fähigkeiten, sondern auch die nötigen finanziellen Mittel für eine Übernahme des Restaurants besaß.

Weil er damit rechnete, daß er es bald verkaufen mußte, saß George eines Tages im Restaurant über seinen Büchern und überlegte, wieviel die Einrichtung und das Grundstück wert waren. Plötzlich klopfte es an der Tür. George drehte sich in seinem Rollstuhl um, öffnete die Tür und Art Woods stand vor ihm.

»Art, was machst du denn hier?«, fragte George verächtlich. »Ich dachte, du hättest nach deinem Bankrott die Stadt für immer verlassen.«

»Das habe ich auch, George. Wir sind nach Vermont gezogen, wo die Familie meiner Frau lebt.«

»Und was machst du dann hier?«

»Ich bin gekommen, um mich bei dir und den anderen Leuten zu entschuldigen, denen ich noch Geld schulde. Ich weiß, daß es von mir nicht in Ordnung war, euch wegen meiner finanziellen Probleme nicht zu warnen.«

»Ich glaube, du bist nicht viel schlechter mit uns umgegangen als jeder andere«, sagte George verbittert. »Die Großen trampeln doch immer auf den Kleinen herum wenn es ihnen schlecht geht.«

»Ich wollte wirklich nicht meine Geschäftspartner mit meinen Schulden zurücklassen. Ich hatte mich immer als ehrlichen Menschen empfunden und habe jetzt erst festgestellt, daß ich nur solange ehrlich war, wie ich einen Vorteil davon hatte.«

»Und, was willst du jetzt von mir?« fragte George verwirrt.

»Gar nichts, George. Als ich Paul Messinger erzählte, daß ich dich und Martha besuchen wollte, berichtete er mir, daß du mit deiner Gesundheit Probleme hast. Ich bin Christ geworden ...« Art konnte an Georges Gesicht ablesen, wie wenig dieser Christen leiden konnte.

»Dann bist du also auch in den Club eingetreten«, murrte George und wollte ihm die Türe vor der Nase zuschlagen. »Als du uns übers Ohr gehauen hast, warst du noch nicht religiös. Und dann haust du ab und hast nichts Besseres zu tun, als fromm zu werden.«

»Warte noch einen Moment, George«, sagte Art, als er die Tür wieder aufstieß. »Ich bin deshalb zu dir gekommen, weil ich dir sagen wollte, daß ich dir alles zurückzahlen will, was du damals verloren hast, als mein Unternehmen bankrott ging.«

»Wie willst du das denn fertigbringen?« fragte George, als er mit der Tür nachgab. »Du willst Geld zurückzahlen? Ich dachte, du hättest Konkurs gemacht.«

»Das habe ich auch, aber das enthebt mich doch nicht meiner Pflicht, dir meine Schulden zurückzahlen zu müssen. Ich bin jetzt Christ, und ein Christ zahlt immer seine Schulden zurück.«

»Mann, das ist ja das erste Mal, daß ich so etwas höre«, unkte George. »Dabei dachte ich, daß die Christen das Wort Schmarotzer erfunden hätten.«

»Wahrscheinlich ist das manchmal sogar berechtigt«, sagte Art. »Viele Leute passen eben darauf auf, ob Christen das auch tun, was sie sagen.«

»Ich weiß nicht, was du von mir willst, aber ich sage dir das eine: Ich leihe dir nicht noch mehr Geld, um irgendwann das Geld zurückzubekommen, was ich schon verloren habe«, sagte George sarkastisch.

»Ich will kein Geld leihen, George. Eigentlich will ich dir einen Teil meiner Schulden zurückzahlen.«

»Etwas von dem Geld wäre jetzt wirklich eine große Hilfe«, sagte George zynisch.

»Nun, ich habe zwar nicht alles was ich dir schulde, aber hier hast du erst einmal 5000 Dollar. Sobald unser Haus verkauft ist, werde ich den Rest bezahlen können.»

»Du hast euer Haus verkauft?« fragte George.

»Ja. Es lief auf Eleanors Namen und kam deswegen nicht unter den Hammer. Aber Gott hat mich davon überführt, daß ich alles zu seinen Füßen legen soll. Also haben wir das Haus verkauft und bezahlen mit dem Erlös allen Leuten das Geld zurück, das sie beim Bankrott verloren hatten.«

»Jetzt verschlägt es mir aber die Sprache!« erwiderte George. »So etwas habe ich noch nie gehört.«

»Ich habe auch erfahren, daß du dein Restaurant verkaufen möchtest«, sagte Art. »Ich würde mich gerne mit dir darüber unterhalten. Wir haben zwar nicht mehr viel übrig, wenn alle unsere Schulden beglichen sind, aber es werden immer noch ein paar Tausend sein. Ich kenne die Gastronomie, weil meine Familie zu Hause seit dreißig Jahren ein Restaurant betreibt, und ihr könntet so lange bleiben und uns helfen bis ihr euch sicher seid, daß wir es alleine führen können.«

Diese Geschichte ging damit zu Ende, daß Art nach einem Jahr für George betete, als dieser Christ werden wollte – zwei Wochen später erlitt George einen tödlichen Herzinfarkt. Art hat durch die Anwendung biblischer Prinzipien in seinem Leben und seinem Unternehmen nach wie vor großen Einfluß auf seine Gemeinde. Das Restaurant, das er in den frühen 70er Jahren kaufte, ist heute zu einer Restaurantkette herangewachsen, die in der ganzen Region bekannt ist.

Die Gefahren bei einem Kredit

Wie die Fallstudien in diesem Kapitel gezeigt haben, kann der Mißbrauch von Krediten Ihre privaten Finanzen und die Ihres Unternehmens gefährden. In Wirklichkeit sind aber mit jedem Kredit Gefahren verbunden und dies nicht nur beim Mißbrauch. Bevor ich dieses Kapitel abschließe, möchte ich noch auf drei dieser potentiellen Gefahren eingehen:

1. Kredite können Sie dazu verleiten, Gottes Führung zu verpassen
Kredite können uns leicht die Sicht für die Richtung trüben, die Gott mit uns in unserem Leben gehen will. Die Heilige Schrift enthält keine Anzeichen dafür, daß Gott Menschen je aufgetragen hätte einen Kredit aufzunehmen, um durch den Kredit in der Lage zu sein, seine Absichten in die Tat umzusetzen.

Vor einigen Jahren durfte ich direkt erleben, wie ein an Kreditaufnahme gewöhntes Denken uns dazu verleiten kann, Gottes Segen zu verpassen. Ein christlicher Geschäftsmann, den ich schon länger kannte, kam zu einem Beratungsgespräch in mein Büro. Er hatte im Immobiliengeschäft viel Geld verdient und wollte einen großen Teil davon für die Arbeit im Reich Gottes spenden. Seine Gemeinde sammelte gerade Gelder für die Errichtung eines Jugendzentrums, und er wollte sein Geld in diesen Fonds geben. Er war aus Überzeugung dagegen, daß man Kredite aufnahm und war davon überzeugt, daß seine Gemeinde entsprechend seiner Überzeugung vorgehen sollte.

Er sagte mir: »Ich würde der Gemeinde das Geld geben, wenn Sie den Pastor, ohne daß er etwas von meiner geplanten Spende erfährt, dazu bringen, das Jugendzentrum ohne Kreditaufnahme zu bauen.«

Was für ein Dilemma! Ich mußte also den Pastor davon überzeugen, daß er keine Schulden aufnehmen sollte, ohne ihm sagen zu dürfen, daß das Geld, das die Gemeinde benötigte, bereits versprochen und vorhanden war. Weil ich mit ihm befreundet war, lud ich ihn und den Vorsitzenden seines Gemeindevorstandes am nächsten Tag zum Mittagessen ein.

Im Rahmen dessen, was ich versprochen hatte, versuchte ich während des Mittagessens alles mögliche, um den Pfarrer dazu zu bewegen, das Jugendzentrum ohne Kreditaufnahme zu bauen. Ich dachte, daß ich mit Argumenten wie: »Berauben Sie Gott nicht der Möglichkeit, Ihre Leute zu segnen?«, und: »Wenn Sie Gott nicht zutrauen, Ihnen das Geld geben zu können, trauen Sie ihm dann überhaupt?« zum Ziel kommen würde.

Ich wußte, daß er selbst, vorausgesetzt, die Gemeindeleitung unterstützte ihn in diesem Vorhaben, das Jugendzentrum lieber ohne eine Kreditaufnahme bauen wollte. Finanziell betrachtet war der Bau mit den vorhandenen Mitteln unmöglich zu bewerkstelligen – zumindest solange die Gemeindeglieder ihren gewohnten Lebensstil beibehielten. (Es wäre für sie undenkbar gewesen, nur weil die Gemeinde ein Jugendzentrum bauen wollte, auf einen Urlaub oder einen neuen Wagen zu verzichten!)

Gegen Ende des Mittagessens fragte der Pastor den Gemeinderatsvorsitzenden, einen Geschäftsmann, was er über die Angelegenheit dachte. Er erwiderte: »Wenn ich mein Unternehmen nach den Prinzipien leiten würde, die uns Larry gerade dargelegt hat, würde ich heute noch bankrott gehen. Wenn wir versuchen, dieses Jugendzentrum ohne Kreditaufnahme zu errichten, dann sind unsere Kinder erwachsen und aus dem Haus, bevor die Wände stehen. Pastor, das ist eine großartige Theorie, aber leider funktioniert sie in unserer Generation nicht mehr.«

Die Logik dieser Argumentation überzeugte den Pastor, und er verabschiedete sich mit dem festen Entschluß, der Gemeinde noch am selben Abend einen Plan vorzulegen, wie man das Geld am günstigsten aufnehmen könnte.

Am liebsten hätte ich geschrien: »Wenn Sie doch nur Glauben dafür hätten! Das Geld steht bereits zur Verfügung!« – aber ich durfte nicht.

Am nächsten Tag übergab der Spender einer anderen Gemeinde einen Scheck über 200 000 Dollar. Die Gemeinde nahm für den Bau des Jugendzentrums einen Kredit auf und wird in den nächsten fünfzehn Jahren versuchen, die Schulden dafür abzutragen.

Eines Tages werden Sie und ich vor Gott stehen. Dann wird er uns offenbaren, wie oft und mit was er uns gerne beschenkt hätte, wenn wir ihn mit unserem Unglauben nicht daran gehindert hätten. Ich frage mich, wie viele von uns dann erkennen müssen, daß unsere Kreditgläubigkeit uns den Zugang zu seinen wertvollsten Gaben verwehrt hat.

2. Kredite können notwendige Entscheidungen verzögern

Anstatt die wirklichen Probleme anzugehen, wird ein Unternehmen, das wegen schlechtem Management oder anderen Problemen in finanzielle Schwierigkeiten geraten ist, oft versuchen sich so lange mit Krediten über Wasser zu halten, bis es zu spät ist. Sprüche 22,3 lautet: »Der Kluge sieht das Unheil und verbirgt sich, die Unerfahrenen laufen weiter und müssen es büßen.«

Geliehenes Geld vermittelt oft ein falsches Sicherheitsgefühl, das dazu führen kann, daß aus einer noch nicht hoffnungslosen Situation ein auswegloses Problem wird. Kredite haben es vielen Unternehmen ermöglicht, so lange Geld zu verlieren, bis die Wertgegenstände, die man hätte retten können, ebenfalls dem Konkurs zum Opfer fielen.

Um einen Beweis für dieses Prinzip zu finden, muß man nicht lange suchen – erinnern Sie sich doch nur daran, was mit Eastern Airlines gegen Ende der 70er Jahre geschah. Eastern hatte aufgrund ihrer hohen Betriebskosten schon seit längerer Zeit Verluste eingeflogen, aber aufgrund ihrer hochmodernen Flugzeugflotte und anderer Vermögensgegenstände war das Management auch weiterhin in der Lage gewesen Kredite aufzunehmen, um den Flugbetrieb am Laufen zu halten. Ohne Kredite wären sie gezwungen gewesen, der Realität ins Auge zu schauen – entweder die Kosten zu senken oder den Betrieb einzustellen. Statt dessen nahmen sie bis in die 80er Jahre Kredite auf, bis ein Spekulant das Unternehmen aufkaufte, auflöste, und die Wertgegenstände einzeln verkaufte. Am Ende hatten Tausende ihre Arbeitsstellen verloren und das Leben vieler war zerstört.

Kredite verzögern lediglich notwendige Entscheidungen, aber sie können diese nicht verhindern. Wenn eine Familie, weil die Betriebskosten des alten Autos zu hoch geworden sind, einen Kredit aufnimmt, um sich ein neues zu kaufen, wird die notwendige, grundlegende Änderung des Familienbudgets dadurch nicht hinfällig. Die Veränderungen werden nur hinausgezogen und werden irgendwann noch dringlicher.

Cory hatte einen Eisenwaren-Einzelhandel, der auch als Großhandel mit den örtlichen Bauunternehmen zusammenarbeitete. Weil Cory kein sehr guter Geschäftsmann war und sein Inventar nie sorgfältig kontrollierte, begann das Unternehmen langsam in eine finanzielle Krise zu driften. Er kaufte oft zu viel Baumaterial, das er dann mit Verlust verkaufen mußte, um wieder liquide zu werden. Um die Differenz begleichen zu können, nahm er dann bei einer örtlichen Bank einen Kredit auf sein Inventar auf.

Wie Bankkaufleute in Kleinstädten nun einmal sind, verlangte der Bankangestellte nicht, daß Corys aktuelles Inventar von einem unabhängigen Schätzer bewertet wurde, sondern er verließ sich auf dessen Wort. Innerhalb von drei Jahren verschuldete sich Cory bei der Bank mit annähernd 200 000 Dollar. Er konnte die Zinsen nur durch zusätzliche Kredite auf ein Inventar finanzieren, das gar nicht existierte.

Dann wurde die örtliche Bank an eine größere Bank verkauft und das Management erneuert. Eine Prüfung der ausstehenden Forderungen förderte eine nie gesunkene Schuldenlast des Eisenwaren-Einzelhandels zu Tage. »Machen Sie sich keine Sorgen um den Kredit, Herr Sims«, sagte der Angestellte in der Kreditabteilung gutgläubig. »Cory Wallace ist musterhaft. Er bezahlt seine Zinsen immer pünktlich, und sein Geschäft wächst.«

»Es sieht aber so aus, als ob er jedes Quartal einen neuen Kredit aufnimmt«, antwortete der Bankdirektor, der schon immer gut Bilanzen lesen konnte. »Eigentlich sieht es sogar so aus, als ob er mit den Krediten nur die Zinsen seiner Gesamtschuld bezahlt. Wenn das stimmt, ist das illegal.«

»Nein, mit den Krediten erweitert er sein Inventar. Sein Großhandel läuft sehr gut, und er braucht mehr Material, um expandieren zu können.«

»Haben Sie eine Kopie seiner letzten Bilanz?«

»Nein, bis jetzt haben wir noch nie eine benötigt. Ich habe ihn aber um eine Kopie seiner Inventur gebeten. Aus ihr geht ein Lagerbestand im Wert von 400 000 Dollar hervor.«

»Lassen Sie uns einmal hinfahren. Ich möchte dieses Inventar einmal mit eigenen Augen sehen«, sagte der Bankdirektor.

Der Bankangestellte rief Cory an, um mit ihm einen Termin zu vereinbaren. In Corys Geschäft angekommen, fragte der Direktor: »Herr Wallace, ich mache mir ein wenig Sorgen wegen Ihres laufenden Kredites bei uns. Würde es Ihnen etwas ausmachen, mir das Lagerhaus und das Inventar zu zeigen, das Sie uns als Sicherheit angegeben haben?«

Bei diesen Fragen überkam Cory panische Angst. Zwei Jahre lang hatte er die Bank mit gefälschten Inventurlisten in Sicherheit gewogen, um neue Kredite zu bekommen – immer in der Hoffnung, daß die Lage sich ändern würde und er dann einen Teil seiner Schulden zurückbezahlen könnte. Die Lage hatte sich aber nicht verbessert, sondern war nur noch schlechter geworden. Er war den Fragen des ehemaligen Bankdirektors immer kumpelhaft aus dem Weg gegangen. Aber jetzt merkte er, daß der neue Direktor etwas vom Bankgeschäft verstand und keine Witze machte.

»Das ist mein einziges Gebäude«, erwiderte Cory demütig. »Das Inventar ist im hinteren Teil des Ladens.«

Auf dem Weg zum hinteren Teil des Gebäudes fragte der Bankdirektor: »Haben Sie eine aktuelle Bilanz?«

»Nein, ich mache sie nur jährlich. Die letzte ist vom Dezember«, sagte Cory. Panik klang in seiner Stimme mit.

»Dann hätte ich gerne eine Kopie dieser Bilanz«, sagte der Bankdirektor knapp. »Ist das Ihr gesamtes Inventar?« fragte er beim Anblick des spärlichen Materials und der leeren Regale.

»Das ist alles«, antwortete Cory. »Ich habe aber noch ausstehende Forderungen für Material, das die Bauunternehmer abgeholt haben.«

»Wenn Sie nicht Forderungen in Höhe von etwa 300 000 Dollar vorweisen können, dann glaube ich, daß wir ein Problem haben«, erwiderte der Bankdirektor.

An jenem Nachmittag beantragte der neue Bankdirektor eine offizielle Buch- und Inventarprüfung von Corys Anlagen. Innerhalb einer Woche war die Situation klar: Der Gesamtwert von Corys Vermögen, inklusive Gebäude, belief sich auf knapp 150 000 Dollar. Durch gerichtliche Anordnung wurde der Besitz beschlagnahmt und auf einer öffentlichen Auktion versteigert.

Die Bank verklagte Cory wegen Betrug. Es kam zum Prozeß, er wurde für schuldig befunden, zu drei Jahren Gefängnis verurteilt und verlor seinen gesamten Besitz. Seine Entscheidung, lieber einen Kredit aufzunehmen, hatte seine Probleme nicht gelöst – sie waren nur unendlich größer geworden.

In den meisten Fällen ist die Aufnahme von Krediten eher ein Symptom als ein Problem. Und in zahlreichen Fällen dient ein Kredit als Ersatz, um Gott bei schwierigen Entscheidungen nicht vertrauen zu müssen.

3. Kredite können unnötigen Druck erzeugen

Wenn ich behaupte, daß ein Leben mit Schulden sehr viel mehr Streß mit sich bringt, als ein Leben ohne Schulden, dann wird mir niemand widersprechen können. Ich gebe zu, daß es manchmal ärgerlich sein kann, wenn man nicht in der Lage ist, alles das zu tun, was man gerne tun würde. Aber die Gefahr, daß man gezwungen werden kann, von heute auf morgen aus dem eigenen Haus auszuziehen, ist bei weitem stressiger. In Sprüche 14,12 steht: »Manch einem scheint sein Weg der rechte, aber am Ende sind es Wege des Todes.« Ich glaube, daß dies auch für die Aufnahme von Krediten gilt. Schulden führen zwar nicht zum physischen Tod, aber sie können Menschen finanziell ruinieren. Wenn man ständig unter dieser Bedrohung leben muß, wird man zermürbt.

Die einzigen, die nicht glauben können, daß Schulden Streß verursachen, sind diejenigen, die noch nie ohne Schulden gelebt haben. Wenn Menschen lange genug unter Druck gelebt haben, dann vergessen sie, was wahre Freiheit bedeutet. In den letzten Jahren sind viele Studien über die Beziehung zwischen Streß und Gesundheitsproblemen – besonders Herzkrankheiten und Krebs – veröffentlicht worden. Ich glaube, daß viele dieser Probleme dem Streß zugeschrieben werden können, der in unserer Generation durch Schulden verursacht wird.

Es hat noch nie eine Generation gegeben, die von Krediten so abhängig gewesen ist wie die unsere. Irgendwann muß das Volk Gottes aus diesem Schuldenkreislauf ausbrechen und wieder zum Gläubiger anstatt zum Schuldner werden.

Kapitel 14

Entscheidungen bei der Kreditvergabe

Wenn man Geschäfte macht, dann ist man, ob man sich dessen nun bewußt ist oder nicht, auch gleichzeitig im Kreditgeschäft tätig. (Es sei denn, man liefert nur gegen Vorauszahlung.) Viele gute Firmen haben aufgrund ihrer schwachen Kreditpolitik aufgeben müssen. Da die Kreditvergabe in unserer Generation aber einen so wichtigen Stellenwert hat, muß sich jeder Christ die Fragen stellen: An wen und wieviel?

Wem können Sie einen Kredit gewähren?

Eine Frage, die sich jeder Christ stellen sollte, lautet: »Soll ich auch dann Kredite gewähren, wenn ich es selbst nicht für richtig halte, Kredite aufzunehmen?« Die Antwort auf diese Frage wird eigentlich im vorigen Kapitel über Kreditaufnahme gegeben. Wenn die Bibel uns nicht verbietet, Kredite aufzunehmen, dann ist es auch nicht falsch, Geld zu verleihen. Dies gilt aber nur, solange die eigene, gegenteilige Überzeugung nicht so stark ist, daß man bei einer Kreditvergabe gegen das eigene Gewissen handelt.

Die Akzeptanz von Kreditkarten ist zumindest in weiten Teilen des Einzelhandels der üblichste Weg, dem Kunden einen Kredit einzuräumen. Auch wenn Kreditkarten den Händler von der Last befreien, seine Forderungen eintreiben zu müssen, so wird er dennoch nicht der Verantwortung enthoben sich darüber Gedanken zu machen, welche Kunden nun mit Krediten umgehen können und welche nicht.

Wie kann man das bei jemandem tun, der mit Kreditkarte bezahlen möchte? Eigentlich besteht Ihre einzige Möglichkeit darin, daß Sie sich vergewissern, keine Werbemittel einzusetzen, die den Gebrauch von Kreditkarten fördern. Dann können Kreditkarten denen nicht zum Verhängnis werden, die sich keine weiteren Kredite leisten können.

Vor kurzem habe ich eine solche (gefährliche) Anzeige in einem Geschäft gesehen. Dieses Geschäft warb mit einer Kreditkarte für Leute, die bei anderen Firmen schon lange keinen Kredit mehr bekamen. Das ist ein krasses Beispiel dafür, wie man Jagd auf die Schwächen anderer macht.

Entgegen der allgemeinen Auffassung bin ich kein Gegner von Kreditkarten. Ich benutze sogar selbst eine Kreditkarte für Geschäftszwecke. Weil ich wiederholt auf die Probleme, die durch den Mißbrauch von Plastikgeld entstehen können, aufmerksam gemacht habe, werde ich oft fälschlicherweise bezichtigt, Kreditkarten für etwas Böses zu halten.

Vor einigen Jahren gab ein christlicher Radiosender, auf dessen Programm ich öfters zu hören war, seinen Kunden die Möglichkeit, die Artikel, die sie von ihm beziehen wollten, auch bequem mit Kreditkarte zu bezahlen. Sofort war ein Aufschrei der Empörung zu hören. Die Hörer hatten mich falsch verstanden und dachten, daß ich den Gebrauch von Kreditkarten als unbiblisch bezeichnet hatte. Das habe ich nie behauptet, und es wäre auch falsch. Der *Mißbrauch* von Kreditkarten – nicht der Gebrauch – verstößt gegen die Gebote der Bibel.

Was soll man tun, wenn Leute nicht bezahlen?

Wenn man Kredite einräumt, dann muß man eine wichtige Regel immer im Hinterkopf haben: Verleihen Sie niemals soviel Geld, daß Sie es sich nicht mehr leisten könnten, es zu verlieren. Wenn Sie ihr Leben nach Gottes Grundsätzen gestalten wollen, dann werden Sie feststellen, daß Ihr Spielraum, uneinbringbare Forderungen eintreiben zu können, erheblich eingeschränkt ist. Viele übliche Wege, Forderungen einzutreiben, sind unbiblisch. Deswegen ist es wichtig, daß man sich, bevor man einen Kredit gewährt, darüber Gedanken macht, wie hoch die Verluste aus uneinbringbaren Forderungen sein dürfen, die man gerade noch tragen kann.

Ich mußte Blake, einen christlichen Arzt, beraten, der ein für christliche Ärzte typisches Problem hatte: Er wußte nicht, wie er die noch offenen Rechnungen von christlichen Patienten einfordern sollte. Er hatte auch nichtchristliche Patienten, die ihre Rechnungen nicht bezahlen. Aber weil er mit denen, die vorgaben Christen zu sein, nachsichtiger umging, neigten diese auch eher dazu, ihre Rechnungen längere Zeit nicht zu bezahlen.

»Ich weiß nicht, was ich gegen die vielen offenstehenden Rechnungen machen soll«, sagte Blake eines Tages in meinem Büro. »Ich will das Geld nicht einklagen, kann es mir aber auch nicht mehr leisten, alles abschreiben zu müssen.«

»Bist du dir sicher, daß du keine zu hohen Gebühren verlangst?« fragte ich ihn, wie ich jeden anderen Arzt, den ich kenne, zu fragen pflege. Ich bin der Überzeugung, daß sich jeder Christ in der Wirtschaft dieser Frage einmal ehrlich stellen sollte. Wenn die Preise oder die Gebühren für eine Dienstleistung zu hoch sind, müssen sie korrigiert werden. Ärzte, Anwälte, Zahnärzte und Geschäftsleute sind genauso an Gottes Prinzipien gebunden, wie es Pastoren, Pfarrer oder Maurer sind.

»Ich denke schon«, erwiderte Blake. »Wenn ich nicht so viele unbezahlte Rechnungen hätte, könnte ich meine Gebühren sogar senken. Aber leider stammen die meisten dieser Rechnungen von Christen aus meiner eigenen Gemeinde.«

»Liegt das Problem darin, daß sie nicht bezahlen können oder daß sie nicht bezahlen wollen?« fragte ich ihn.

»Ich glaube, daß das Hauptproblem darin liegt, daß sie einen christlichen Arzt nicht bezahlen«, sagte Blake. »Und wenn ich ehrlich bin, dann fällt es mir nicht leicht, Leute in meiner Praxis zu behandeln, von denen ich schon im voraus weiß, daß sie ihre Rechnungen nicht bezahlen werden, die aber gleichzeitig Autos im Wert von mindestens 40 000 Dollar fahren.«

»Hast du schon einmal versucht, das Geld einzufordern?«

»Ja, meine Sprechstundenhilfe schickt jedem Patienten mindestens einmal im Monat eine Rechnung. Einige bezahlen auch einen Teil ihrer Rechnung, aber mittlerweile stehen fast 150 000 Dollar aus.«

»In deiner Situation würde ich dir zweierlei empfehlen. Erstens würde ich demjenigen, der für dich das Rechnungswesen macht, den Auftrag geben, jeden dieser Patienten persönlich anzurufen und ihn aufzufordern, entweder die Rechnung zu bezahlen, oder einen anderen Weg vorzuschlagen, wie und bis wann er diese ausstehenden Forderungen bezahlen will. Zweitens würde ich die Leute, mit Ausnahme von Patienten, die du gut kennst, nur noch gegen Barzahlung behandeln.«

»Aber wird mich das nicht viele Patienten kosten?«

»Das kann gut sein. Ich vermute sogar, daß alle, die bis jetzt nicht bezahlt haben, dann zu einem anderen Arzt gehen werden.«

Genau so geschah es. Viele Patienten bezahlten ihre Rechnungen schnell. Einige wenige handelten andere Zahlungsmodalitäten aus. Der Rest ging mit seinen »Angelegenheiten« irgendwo anders hin.

Was macht man in einer Situation, in der ein oder mehrere Schuldner ihre Rechnungen einfach nicht bezahlen? Wie weit sollte man gehen, um an das Geld zu kommen? Sollte man eine Inkassogesellschaft damit beauftragen? Wann sollte man eine Forderung gerichtlich einklagen und wann nicht?

Als Gläubiger hat man das Recht, das Geld einzuziehen, das einem rechtmäßig zusteht. Aber christliche Gläubiger unterscheiden sich von anderen Gläubigern dadurch, welche Methoden sie anwenden, um an ihr Geld zu kommen.

Das Prinzip, das in Matthäus 12,7 zu finden ist, möchte ich in diesem Zusammenhang besonders betonen: »Wenn ihr begriffen hättet, was das heißt: Barmherzigkeit will ich, nicht Opfer, dann hättet ihr nicht Unschuldige verurteilt.« Wenn Sie in dieser schwierigen Frage den richtigen Weg finden wollen, dann denken Sie immer daran, daß Gott mehr an der Erlösung von Menschen, als am Eintreiben von Schulden interessiert ist. Was Sie auch tun, versuchen Sie immer, die andere Person an erste Stelle zu setzen und nehmen Sie im Zweifelsfall sogar persönliche Nachteile in Kauf. Es ist besser, alle Forderungen als uneinbringbar abzuschreiben, als sich unberechtigt an jemandem zu vergehen, der nicht imstande ist (im Gegensatz zu unwillig sein) zu bezahlen. Nachdem ich dies alles gesagt habe, lassen Sie mich einige Überlegungen anführen, die vielen Geschäftsleuten, die ich kenne, geholfen haben.

Überlegungen zu der Frage, ob und wie man ausstehende Forderungen einziehen soll

1. Beachten Sie die individuellen Umstände

Es kann natürlich auch mildernde Umstände geben, die jemanden in seiner Fähigkeit einschränken, seine Schulden begleichen zu können. Es ist wichtig, daß Sie diesen Menschen eine Möglichkeit geben, Ihnen den Grund ihrer Zahlungsschwierigkeiten erläutern zu können. Ich habe schon oft Geschäftsleute oder Bankangestellte sagen gehört: »Wenn diese Leute ein echtes Problem gehabt hätten, warum haben sie es nicht schon längst gesagt.« Wenn Sie aber jemals auf der anderen Seite gestanden und von einem unfreundlichen Kreditsachbearbeiter abgewiesen worden sind, werden Sie die Leute verstehen, die dieses Thema so lange nicht anschneiden, bis der Gläubiger sie unter Druck setzt. Oft sind sie weder unehrlich noch nicht bereit, ihre Schulden zu bezahlen. Oft haben sie nur Angst davor, abgelehnt zu werden, oder sie scheuen die Konfrontation. Erinnern Sie sich an die Charaktermerkmale, die wir vor ein paar Kapiteln miteinander durchgegangen sind? Jemand mit einem starken »S-Charakter« (stetig) haßt Konflikte und wird sie um jeden Preis vermeiden wollen.

Ich kenne viele Fälle, in denen eine ausgeprägte »S-Frau« mit einem starken »D-Charakter« (dominant) verheiratet war. Für gewöhnlich haben diese Männer alle Probleme so lange ignoriert, bis es zu einer großen Krise kam, um danach ihre schüchternen Frauen für alle Fehler verantwortlich zu machen. Unter dem Druck, ihre Schulden nicht bezahlen zu können, würde eine solche »S-Persönlichkeit« zusätzlich zu ihren schon vorhandenen Ängsten eine Unzahl weiterer physischer Symptome entwickeln. Das kommt auch bei Männern oft vor – mit dem Unterschied, daß Gläubiger selten versuchen, Männer so einzuschüchtern, wie sie es mit Frauen tun.

Meine Empfehlung für einen solchen Fall ist, mit einem guten Finanzberater in Kontakt zu treten, der sich mit den in Verzug geratenen Schuldnern trifft, deren Zahlungsfähigkeit begutachtet und im Fall, daß sie momentan nicht bezahlen können, mit ihnen einen neuen Plan entwickelt, wie sie ihre

Schulden begleichen können. Wenn sich ein Schuldner weigert, Ihrem neuen Vorschlag, wie er die ausstehenden Forderungen begleichen kann, zu folgen, müssen Sie den nächsten Schritt einleiten und zu einer Inkassofirma gehen.

Ich nahm an einem morgendlichen Gebetsfrühstück mit anderen Geschäftsleuten teil, als eben dieses Thema zur Sprache kam. Einer dieser Männer erzählte, daß er in seiner Autoreparaturwerkstatt viele ausstehende Rechnungen hatte und unbezahlte Rechnungen grundsätzlich nach dreißig Tagen an eine Inkassofirma abtrat.

Ich kannte seine Inkassofirma, weil ich schon einige Familien beraten hatte, die damit zu tun hatten und fragte ihn: »Bist du der Meinung, daß diese Firma auch deine ethische Einstellung vertritt?«

»Was meinst du damit?« fragte Bob.

»Ich habe schon oft mit ihr zu tun gehabt, und ihre Geschäftsphilosophie ist, daß man entweder bezahlt oder verklagt wird. Ich habe oft versucht, ihnen die Schwierigkeiten meiner Klienten darzulegen, aber sie waren nicht bereit, mit mir darüber zu reden. Mindestens drei der Familien, die sie verklagt haben, waren in ernsthaften finanziellen Schwierigkeiten und konnten wirklich nicht bezahlen.«

»Nun, wenn meine Kunden Probleme haben, dann sollten sie das bei mir ansprechen«, wehrte Bob ab. »Ich würde sicher einen Weg finden.«

»Aber begreifst du denn nicht, wie wenig Selbstwertgefühl Menschen in so einer Situation haben? Vor allem, wenn sie von Anfang an gewußt haben, daß sie deine Arbeit nicht bezahlen können. Oft haben sie ein so schlechtes Gewissen, daß sie am Ende nur noch irgendwie vor ihren Schwierigkeiten davonrennen wollen. Die meisten Menschen sind ehrlich und wollen ihre Rechnungen bezahlen.«

»Was würdest du mir denn empfehlen?«, fragte Bob.

»Warum läßt du nicht deinen Buchhalter diese Kunden auf die offenen Rechnungen ansprechen und ihnen die Alternative anbieten, sich mit einem unserer Berater zu treffen, um ihre Zahlungsfähigkeit feststellen zu lassen?«

»Das hört sich fair an. Ich werde die Inkassofirma davon unterrichten, was ich ab jetzt vorhabe.«

»Sie werden dir wahrscheinlich davon abraten«, sagte ich. »Sie verdienen ihr Geld durch Geldeinzug, und deine Methode wird nicht in ihr Konzept passen.«

Wie nicht anders zu erwarten war, versuchte die Inkassogesellschaft alles, um verhindern zu können, daß Bob die Schuldner zu einem Berater schickte. Ich bekam vom einfachen Angestellten bis hin zum Vorsitzenden der Firma ein halbes Dutzend böser Anrufe. Letztlich nahmen die meisten Kunden das Angebot, zuerst zu einer Beratung zu gehen, nicht an, und in diesen Fällen fuhr die Firma mit ihrer gewohnten Einzugspolitik fort. Aber mindestens zehn Familien waren bereit, unseren Berater aufzusuchen und einen vernünftigen Plan auszuarbeiten, wie sie ihre Schulden bezahlen konnten. Am Ende konnten diese Leute ihre noch ausstehenden Rechnungen begleichen und blieben Bob als wertvolle Kunden erhalten.

Eine dieser Familien, die gerne die Hilfe des Beraters in Anspruch nahm, war von einer solchen Reihe von Schicksalsschlägen getroffen worden, daß selbst die beste Finanzplanung der Welt an ihrer schwierigen Lage nichts hätte ändern können. Sie hatten drei junge Töchter im Alter von zwei, vier und sechs Jahren – bei allen hatte man Leukämie diagnostiziert. Sie wurden einer Chemotherapie in einem Kinderkrankenhaus in einem anderen Bundesstaat unterzogen, und alleine die Reise- und Unterkunftskosten dafür überstiegen 600 Dollar im Monat. Außerdem hatten sie keine Krankenversicherung, und die Arztrechnungen beliefen sich trotz kostenloser Behandlung im Krankenhaus auf über 250 000 Dollar.

Als unser Berater Bob von dieser Tragödie erzählte, war Bob sichtlich erschüttert. Beim nächsten Treffen unserer Gruppe erzählte er uns von der Notlage, in der sich diese Familie befand und teilte uns seine Entscheidung mit, ihre Rechnung nicht nur zu stornieren, sondern auch ihr altes Auto so lange kostenlos zu reparieren, wie es nötig sein sollte.

In den nächsten Wochen erkundigte sich unsere Gruppe immer wieder nach dem Zustand der Familie. Eines Tages fragte uns Bob, ob wir bereit wären, einen Fonds zu unterstützen, den sein Anwalt zur Begleichung der Arztrechnungen eingerichtet hatte. Alle stimmten begeistert zu und spendeten nicht nur, sondern halfen Bob auch dabei, noch zusätzlich Geld zu bekommen. Innerhalb von sechs Wochen waren alle Rechnungen bezahlt und genug Geld gesammelt, um die Ausgaben der nächsten Monate decken zu können.

Was die Eintreibung von Schulden angeht, hatte Bob eine Lektion gelernt, die weit über die ursprüngliche Forderung hinausging: Menschen sind wichtiger als Geld. Er beschloß danach, nicht mehr mit der gleichen Inkassogesellschaft zusammenzuarbeiten, weil ihm sein guter Ruf weitaus wichtiger war als das eingeklagte Geld. So steht in Sprüche 22,1: »Guter Ruf ist kostbarer als großer Reichtum, hohes Ansehen besser als Silber und Gold.«

2. Analysieren Sie Ihre Beweggründe

Wenn Sie wirklich glauben, daß Gott alles, was Sie besitzen, gehört und Sie nur sein Verwalter sind, dann müssen Sie alle Entscheidungen auf dem Hintergrund dieses Wissens treffen. Wenn Gier, Groll und Zorn die Motive hinter Ihrer Methode sind, wie Sie Ihre offenstehenden Forderungen eintreiben, dann mögen das Ihre Methoden sein – aber mit Gott haben sie nicht viel zu tun.

Sie haben ein Recht auf das Geld, das Ihnen geschuldet wird. Aber wenn Sie, um möglichst schnell an Ihr Geld zu kommen bereit sind, die Prinzipien zu verletzen, die Gott aufgestellt hat, dann ist Ihr eigentlicher Verlust viel größer als der finanzielle Gewinn, den Sie vielleicht dabei machen.

Al und Sue betrieben ein kleines Unternehmen, das vor allem Türschilder für Bürohäuser herstellte. Al hatte von einem Bauunternehmer den Auftrag bekommen, für alle seine Bürohäuser diese Türschilder herzustellen. An den Schildern für eines dieser großen Gebäude hatte Al über sechs Monate gearbeitet, und der Auftrag sollte ihm über 60 000 Dollar einbringen. Kurz bevor er jedoch seine Arbeit beendigt hatte, wurde das Gebäude an ein großes kanadisches Versicherungsunternehmen verkauft, ohne daß er sein Geld bekommen hatte.

Als Al den Bauunternehmer auf diese Angelegenheit ansprach, sagte dieser im Prinzip: »Holen Sie sich Ihr Geld vom neuen Eigentümer.« Aber als Al den neuen Besitzer auf seine Forderungen ansprach, weigerte sich dieser für die Rechnung aufzukommen, weil sie beim Verkauf nicht als unbezahlt angeführt worden war.

Al rief erneut bei dem Bauunternehmer an. Aber weil dieser in Rente gehen wollte und Als Dienste deswegen sowieso nicht mehr benötigte, erklärte er ihm lapidar, daß er sich für die Rechnung nicht mehr verantwortlich fühlte. Für ein relativ kleines Unternehmen wie das von Al bedeutete das den Ruin, weswegen Al sofort eine Klage gegen den Bauunternehmer einreichte. Zwei Tage später erhielt Al einen Anruf.

»Al, ich dachte Sie seien Christ«, sagte der Bauunternehmer schroff.

»Das bin ich. Aber was hat das mit allem zu tun?« erwiderte Al.

»Man soll doch andere Christen nicht verklagen, oder?« fragte er scharf.

»Warum fragen Sie mich das? Wollen Sie etwa behaupten, daß Sie Christ seien?«

»Natürlich bin ich das«, antwortete er. »Ich gehe in die ... – Gemeinde hier in der Stadt.«

»Aber wenn Sie Christ sind, wie kommt es dann, daß Sie mir Ihre Schulden nicht bezahlen?« fragte Al böse.

»Ich schulde Ihnen wirklich kein Geld, Al. Wenn Sie beim Verkauf keinen Eigentumsvorbehalt auf das Gebäude angemeldet hatten, dann haben Sie jetzt Pech.«

»Sie haben mir aber nicht gesagt, daß das Gebäude verkauft werden sollte«, beschwerte sich Al.

»Ich habe die Vertragsbedingungen im Kleingedruckten erwähnt – wie es vom Gesetz verlangt wird«, erwiderte er. »Wenn Sie die nicht zur Kenntnis genommen haben, dann ist das Ihr Problem.« Damit legte er auf.

Al saß lange Zeit an seinem Schreibtisch und dachte über das Gespräch nach. Da ein eindeutiger Fall von Betrug vorlag, hatte Als Anwalt ihm schon gute Chancen ausgerechnet, das Geld zusammen mit den Anwaltskosten wiederzubekommen. Zumindest würde das Gericht einem nachträglichen Eigentumsvorbehalt auf das Gebäude stattgeben, um die Versicherung dazu zu bewegen, den Bauunternehmer zur Zahlung zu zwingen. Die letzte Rate für das Gebäude mußte nicht vor Mitte des Jahres bezahlt werden, und die Versicherung wollte keine Probleme mit ihrem Eigentum haben.

Al rief seinen Pastor an, der ihn an unsere Unternehmensberatung verwies. Nachdem ich Als Bericht gehört hatte, rief ich bei besagtem Bauunternehmer an.

»Hallo, ich bin ein christlicher Unternehmensberater und sitze gerade mit Al Davis in meinem Büro . . . « Klick. Die Verbindung wurde unterbrochen, als der Hörer am anderen Ende in die Gabel geknallt wurde.

»Ich habe das unbestimmte Gefühl, daß er nicht darüber sprechen möchte, Al.«

»Ich hatte das gleiche Gefühl, als ich ihn gestern vom Büro meines Anwalts aus anrufen wollte«, antwortete Al. »Was denken Sie denn, was soll ich tun?«

»Ich denke, Sie sollten ihn verklagen«, antwortete ich.

»Oh«, sagte Al erstaunt, »ich hatte von Ihnen eigentlich eine gegenteilige Antwort erwartet.«

Daraufhin sagte ich: »Sie haben mich ja auch nur nach meiner Meinung gefragt. Würden Sie gerne wissen, was Gott denkt?«

»Selbstverständlich«, sagte er, »deswegen bin ich ja hier.«

»Gott denkt, daß Sie ihn nicht verklagen sollten, Al. Auch wenn es nicht fair ist. Wenn der Mann behauptet, daß er Christ sei, dann empfehle ich Ihnen, die Entscheidung darüber in Gottes Hände zu legen.«

»Ich dachte mir schon, daß Sie mir zu so etwas raten würden«, antwortete Al. »Was ist aber, wenn er in Wahrheit gar kein Christ ist?«

»Diese Frage kann ich unmöglich beantworten. Sie müssen den Weg gehen, den Gott uns durch Paulus im 1. Brief an die Korinther 6,1 gezeigt hat: »Wagt es einer von euch, der mit einem anderen einen Rechtsstreit hat, vor das Gericht der Ungerechten zu gehen statt zu den Heiligen?«

Al schrieb dem Bauunternehmer eine Nachricht, in der er ihm mitteilte, daß er ihn nicht verklagen würde und warum. Er schlug ihm vor, diese Angelegenheit zusammen mit dem Pastor der . . . -Gemeinde durchzugehen. Aber Al bekam auch von dem Pastor des Unternehmers eine Abfuhr, denn dieser weigerte sich, den Vorfall auch nur anzuhören.

Ich wünschte, daß ich Ihnen erzählen könnte, daß dieses Opfer eines ehrlichen christlichen Unternehmers durch ein übernatürliches Eingreifen Gottes belohnt worden wäre und er sein Geld zurückbekommen hätte. (Ich kenne Fälle, in denen das schon geschehen ist!) Aber weil der Bauunternehmer einige Monate danach starb, bekam Al nie sein Geld. Wir wissen immer noch nicht, ob dieser Mann ein Christ war, nur Gott weiß das mit Sicherheit. Wir sind uns aber sicher, daß dieser Mann nicht vor Gottes Angesicht treten und behaupten wird, daß ihm in seinem Leben ein christlicher Geschäftsmann namens Al zum Stolperstein wurde. Und das ist das einzig Wesentliche, worauf es bei unserer Bilanz ankommt.

3. Seien Sie immer bereit zu vergeben

Wenn man mit einer Zahlungsverweigerung konfrontiert wird, dann ist es immer besser, die Schuldner direkt anzusprechen, anstatt mit ihnen brieflich oder durch eine Inkassogesellschaft in Kontakt zu treten. Auf diesem Weg werden die gröbsten Mißverständnisse vermieden. Aber sobald Sie oder Ihre Mitarbeiter diesen Weg gegangen sind, dem Schuldner eine Alternative angeboten haben und er sich immer noch weigert, Ihnen seine Schulden zu bezahlen, können Sie, wenn nötig, auch Dritte einschalten. Aber halten Sie sich immer das Prinzip vor Augen, das Jesus uns in dem Gleichnis mit dem Schuldner gelehrt hat: Wenn Sie Vergebung erwarten, müssen Sie auch bereit sein, anderen zu vergeben (Mt. 18,23–35).

Zahlungen gerichtlich einklagen

Die meisten Christen glauben, daß die Frage nach einer Klage eindeutig mit Ja oder Nein beantwortet werden kann. Wenn der Schuldner Christ ist, sollte man nicht vor Gericht gehen. Wenn er oder sie kein Christ ist, dann ist eine Klage in Ordnung. Leider ist es nicht ganz so einfach, auf diese Frage eine biblische Antwort zu finden.

Viele gutmeinende Lehrer behaupten, daß sich die Stelle im 1. Brief an die Korinther, Kapitel 6 überhaupt nicht auf das Einziehen von Schulden bezieht. Wenn das stimmt, worauf bezieht sie sich dann? Paulus hat kein konkretes Beispiel in seinen Ausführungen angeführt, als er schrieb: »Ist es nicht überhaupt schon ein Versagen, daß ihr miteinander Prozesse führt? Warum leidet ihr nicht lieber Unrecht? Warum laßt ihr euch nicht lieber ausrauben?« (1. Kor. 6,7) Ich kann aus dieser Stelle nur den Schluß ziehen, daß Christen sich nicht gegenseitig verklagen sollten.

Darf man dann Nichtchristen verklagen? Ich glaube nicht, daß uns die Bibel (direkt) lehrt, daß wir einen Nichtchristen nicht verklagen können. Aber wenn es nicht ausdrücklich verboten ist jemanden zu verklagen, dann läßt sich daraus nicht automatisch das Recht ableiten, daß es erlaubt ist. Jede Entscheidung muß im Bewußtsein getroffen werden, daß es unsere wichtigste Aufgabe ist, anderen ein Zeugnis davon abzulegen, wie Jesus Christus ist. Wenn diese Aufgabe dadurch, daß wir jemand anderen verklagen, gefährdet wird, dann sollten wir davon absehen. Bevor Sie sich dazu entschließen jemanden, weil Sie durch seine Schuld einen wie auch immer gearteten Verlust erlitten haben, zu verklagen, will ich Sie ermutigen, das sechste Kapitel des Lukasevangeliums, insbesondere Vers 30, sorgfältig zu lesen: »Gib jedem, der dich bittet; und wenn dir jemand etwas wegnimmt, verlang es nicht zurück.«

Meistens sind ja die Anwälte die einzigen Nutznießer aus Prozessen, bei denen es sich um relativ geringe Beträge dreht. Wenn jemand eine rechtmäßig bestehende Schuld nicht ohne ein Gerichtsverfahren bezahlt, dann kann er seinen Verbindlichkeiten meistens wegen einem Konkurs oder einer anderen »Taschenspielerei« nicht nachkommen. Und daran können Sie auch dann nichts ändern, wenn Sie der Angelegenheit durch ein Gerichtsverfahren auf den Grund gehen. Es gibt natürlich Ausnahmen, wenn es beispielsweise darum geht, Grundeigentum zurückzuerhalten, oder wenn man wegen unbezahlter Mieten eine Zwangsräumung veranlassen muß. Die meisten Prozesse werden aber aus Bosheit, Rachegefühlen oder Gier angestrebt, und Prozesse, die aus diesen Beweggründen – auch gegen Ungläubige – geführt werden, sind Gottes Plänen nicht förderlich.

Die häufigste Frage, die mir christliche Geschäftsleute bezüglich Prozessen stellen, lautet: Kann ich eine Gesellschaft verklagen? Da es zu der Zeit, in der die Bibel geschrieben wurde, noch keine Gesellschaften gab, können wir ein darauf anwendbares Prinzip nur aus dem Vergleich mit dem ähnlichsten Pendant aus jener Zeit folgern: einer Behörde.

Aus der Apostelgeschichte ist ersichtlich, daß Paulus sowohl die Autorität als auch die Verantwortung der römischen Regierung anerkannte. Zweimal, als er zu Unrecht ins Gefängnis kam, berief er sich auf die römische Rechtsprechung, um wieder frei zu kommen. Außerdem benutzte er das Gesetz, um seinen Gegnern mit Strafe zu drohen (Apg. 16,37). Als er von den jüdischen Führern in Jerusalem zu Unrecht angeklagt und von den Römern inhaftiert wurde, wandte er sich zu seiner Verteidigung an das oberste Gericht in Rom. Die römische Regierung war eine juristische und keine natürliche Person, und Paulus betrachtete es eindeutig als sein Recht, das römische Recht gegen diese juristische Person einzusetzen.

Eine Gesellschaft (zum Beispiel eine Versicherungsgesellschaft) ist ebenfalls eine juristische und keine natürliche Person. Und obwohl diese juristische Person von Menschen kontrolliert wird und oft nur einer Einzelperson gehört, kann sich meiner Auffassung nach eine Gesellschaft außer auf ihre, in der geltenden Gesetzgebung gesicherten Rechte, auf keine biblischen Prinzipien berufen. Deswegen würde ich sagen, daß es nicht gegen die Bibel verstößt, wenn man eine Gesellschaft auf Erfüllung ihrer legalen Verbindlichkeiten verklagt.

Als gutes Beispiel dient in diesem Fall eine Versicherungsgesellschaft. Jedes Unternehmen kann nur als juristische Person existieren und kann durch gerichtliche Verfügung auch vollständig aufgelöst werden. Es unterzeichnet im eigenen Namen Verträge und arbeitet im Rahmen der auf Unternehmen anwendbaren Vertragsgesetze. Dagegen kann man anführen, daß, wenn ein solches Unternehmen einem Christen gehört und von ihm geführt wird, eine Klage gegen das Unternehmen faktisch einer Klage gegen den Besitzer gleichkommt. Aber diese Argumentation halte ich nicht für schlüssig.

Überall in der Bibel werden die Gläubigen ermahnt, ihre Gelübde einzuhalten: »Was deinem Mund entfahren ist, darauf sollst du auch achten, und du sollst es halten, da du dem Herrn, deinem Gott, ja aus freien Stücken gelobt hast, was dein Mund genannt hat« (5. Mose 23,24; siehe auch Ps. 22,26, Pred. 5,5). Wenn eine Person sich freiwillig dazu entschieden hat, als Gesellschaft aufzutreten, hat er oder sie ein neues Gelübde abgelegt. Gott hatte das Volk Israel vor diesem Schritt gewarnt, als sie einen neuen König forderten. Er sprach ihnen aber als Menschen mit freiem Willen nicht das Recht ab, selbst entscheiden zu können. Nach dieser Entscheidung waren sie aber an die Gesetze gebunden, die der König erließ (es sei denn, daß die neuen Gesetze im Widerspruch zu grundlegenden Gesetzen Gottes standen, wie zum Beispiel dem Verbot der Götzenanbetung).

Noch einmal. Die Tatsache, daß das Wort Gottes Christen gestattet, eine Gesellschaft zu verklagen, gibt ihnen nicht automatisch das Recht, es in jedem Fall zu tun. Gott kann uns immer bitten, auf dieses Recht zugunsten eines größeren Zieles zu verzichten.

Schlichten Sie den Streit wenn möglich außerhalb des Gerichtssaals

Oft hindert uns nur unser Stolz daran, eine Streitigkeit außerhalb des Gerichtssaals zu klären. Wenn die gegnerische Partei im Unrecht ist, neigt man dazu, eine feindliche Position einzunehmen. Das mag in manchen Fällen, wenn die andere Partei rachsüchtig oder gierig ist, auch gerechtfertigt sein. Oft ist die Situation jedoch nicht eindeutig, und beide Parteien sind aufrichtig davon überzeugt, daß nur sie im Recht sind. In solchen Fällen nützt beiden Seiten ein Verfahren vor dem Schiedsgericht mehr, als ein Gerichtsverfahren.

Das »Christian Conciliation Service« (Christlicher Schlichtungsdienst)* wurde mit dem Ziel eingerichtet, Auseinandersetzungen zwischen Christen zu regeln, die die Anweisungen von Paulus ernst nehmen, einander nicht gegenseitig zu verklagen. Diese und mehrere ähnliche Gruppen haben zahlreiche Zweigstellen in weiten Teilen des Landes. Ich möchte an dieser Stelle alle Christen, die sich in einer Auseinandersetzung mit einem anderen Gläubigen befinden, auffordern, die Hilfe dieser Organisationen anzufordern und den Gerichtsweg zu umgehen.

Was können Sie tun, wenn Sie selbst verklagt werden?

Glücklicherweise werden die meisten von uns niemals in die Verlegenheit kommen, eine Gesellschaft oder jemand anderen verklagen zu müssen. Trotzdem kann es in dieser streitsüchtigen Zeit vorkommen, daß wir selbst vor Gericht geladen werden.

Ich kenne christliche Geschäftsleute, die beim geringsten Anlaß Klage ein-

* In Deutschland: Internationale Christliche Handelskammer, Postfach 61 48, 7250 Leonberg

reichen, und wenn sie selbst verklagt werden, sofort eine Gegenklage einreichen, um sich zu verteidigen. Nach außen wirken solche Leute wie wilde Tiere: Sie verteidigen wütend ihr Territorium – und das sehr kampffreudig.

Aber ich kenne auch viele, die von der Ermahnung, andere höher zu achten als sich selbst, so sehr verwirrt waren, daß sie von jedem Scharlatan ausgenutzt wurden. Sie erlaubten es anderen, sich unbestraft bestehlen und betrügen zu lassen. In der Folge litt nicht nur ihr Geschäft darunter, sondern durch ihr tatenloses Zusehen förderten sie weitere Betrügereien. Barmherzigkeit sollte bei Christen immer stark ausgeprägt sein. Aber Barmherzigkeit ohne Gerechtigkeit ist Schwäche und hat nichts mit Demut zu tun.

Mike war ein Vorstandsvorsitzender eines Elektronikunternehmens. Er hatte viele Produkte selbst entwickelt und durch Patente schützen lassen. Mike hatte das Unternehmen schon lange bevor er Christ wurde, gegründet. Damals war er für sein streitbares Wesen und seine Unbarmherzigkeit in geschäftlichen Dingen bekannt gewesen. Nach seiner Bekehrung widmete Mike den größten Teil seiner Gebetszeiten dem Kampf gegen seine Arroganz und seinen Egoismus. In seinem Eifer, diese Charakterschwächen zu beseitigen, kam Mike zu dem Schluß, daß es nicht richtig sei, gegen andere Personen oder Unternehmen gerichtlich vorzugehen, und er machte diese Haltung auch mehrmals publik.

Eines Tages erhielt Mike einen Anruf von einem der Geschäfte, die seine Produkte führten. Es schien, daß eine andere Firma ein Konkurrenzprodukt entwickelt hatte, in das die patentierte Elektronik von Mikes Firma eingebaut war.

Mike rief den Besitzer dieser anderen Firma an: »Joe, hier spricht Mike, von Electron. Einer unserer Vertreter hat mich gerade angerufen und erzählt, daß du ein neues Produkt auf den Markt gebracht und dabei unsere Technik benutzt hast.«

»Ich habe etwas Neues auf den Markt gebracht, aber es ist anders gebaut. Ich habe es selbst konstruiert.«

»Kannst Du mir erklären, wie du das geschafft haben willst? Ich weiß, daß unsere Technik die einzige ist, die jemals funktioniert hat«, erwiderte Mike auf seine alte arrogante Art.

»Hör mal, Freundchen«, entgegnete der andere, »wenn du glaubst, daß ich dein Gerät nachgebaut habe, mußt du das erst einmal beweisen.«

»Das werde ich bestimmt«, schrie Mike zurück. »Du hast nicht genug Hirn, um ein Uhrenradio nachzubauen, geschweige denn eines zu entwickeln. Seit du angefangen hast, hast du die Erfindungen anderer nachgebaut!« Dann legte Mike mit einem Krachen den Hörer auf.

Kaum daß er das getan hatte, merkte Mike, daß seine alte Natur wieder die Oberhand gewonnen hatte. Er wußte überhaupt nicht mehr, was er jetzt tun sollte und deswegen beschloß er einfach abzuwarten und zu sehen, was die andere Firma unternehmen würde.

In den nächsten Monaten gingen Mikes Verkäufe zurück, während die andere Firma mit ihren Produkten den Markt überschwemmte. Es war klar, daß der andere Unternehmer ein Gerichtsverfahren erwartete und in der Zwischenzeit so viele Produkte wie möglich verkaufen wollte. Mike zögerte bei der Entscheidung, ob er wegen dem Verstoß gegen das Patentgesetz Klage einreichen sollte oder nicht. Diese Verzögerung kostete die Firma einen Umsatzverlust von mehreren Millionen Dollar, und mehrere seiner Manager und zwei Vorstandsmitglieder, die davon erfahren hatten, rieten ihm, gegen seinen Konkurrenten sofort gerichtliche Schritte einzuleiten.

An einem Freitag saß Mike in seinem Büro, als ein Gerichtsdiener ihn aufsuchte. »Sind Sie Mike Brown?« fragte er. »Herr Brown, ich habe eine gerichtliche Vorladung für Sie.«

Mike war schockiert, als er die Vorladung las. Mehrere Aktionäre und die beiden Vorstandsmitglieder hatten ihn verklagt. Die Aktionäre waren offensichtlich mit Mikes passiver Haltung nicht einverstanden. Sie waren der Meinung, daß Mike ihre Interessen als Aktionäre des Unternehmens nicht genügend vertrat, was auch den Tatsachen entsprach.

Schließlich mußte Mike den Aktionären mehrere hunderttausend Dollar Schadenersatz zahlen, da das Gericht ihn für schuldig befand, als Vorstandsvorsitzender seiner Aufgabe, die Interessen seiner Aktionäre angemessen zu vertreten, nicht nachgekommen sei. Sie prozessierten auch gegen das andere Unternehmen und bekamen die gesamten Gewinne zugesprochen, die aus dem Verkauf des Plagiates erzielt worden waren. Der Eigentümer des anderen Unternehmens erklärte daraufhin privaten und geschäftlichen Bankrott und bezahlte nie einen einzigen Dollar an die rechtmäßigen Besitzer des Patents.

Mike lernte durch eine schwere und kostspielige Lektion, daß man als Verantwortlicher seine private Überzeugung nicht mit biblischen Prinzipien vermischen darf.

Ich erinnere mich noch gut an ein Seminar, das ich während meines Betriebswirtschaftsstudiums an der Universität besuchte. Der Professor stellte uns damals die hypothetische Frage: »Stellen Sie sich vor, Sie seien der Kapitän eines soeben gesunkenen Schiffes und müßten mit vierzig anderen Leuten ein Rettungsboot teilen, das mit mehr als dreißig Leuten bald sinken würde. Würden Sie Ihre Autorität einsetzen, um zehn Leute über Bord zu werfen?«

Ich beantwortete die Frage so ehrlich, wie ich konnte. Leise sagte ich: »Ich glaube, das könnte ich nicht.« Zu allen, die wie ich negativ geantwortet hatten, sagte der Professor: »Dann rate ich Ihnen das eine: Werden Sie nie Kapitän, denn sonst könnten Sie eines Tages vor einer solchen Entscheidung stehen.«

Wie geht man damit um, wenn man selbst verklagt wird?

Was sollten Sie tun, wenn jemand gegen Sie gerichtlich vorgeht? Ist es Ihnen als Christ erlaubt, sich vor Gericht zu verteidigen? Was ist, wenn Ihr Ankläger auch Christ ist? Wo liegt der Unterschied zwischen dem, daß man sich vor Gericht verteidigt, und daß man jemanden verklagt?

Wenn Sie verklagt werden, dann müssen Sie sich zuerst folgende Frage stellen: Bin ich schuldig? Wenn das der Fall ist, dann müssen Sie Ihre Schuld eingestehen und den Beteiligten eine Wiedergutmachung anbieten. Jesus sagt in Matthäus 5,25: »Schließ ohne Zögern Frieden mit deinem Gegner, solange du mit ihm noch auf dem Weg zum Gericht bist. Sonst wird dich dein Gegner vor den Richter bringen, und der Richter wird dich dem Gerichtsdiener übergeben, und du wirst ins Gefängnis geworfen.«

Ich habe einmal einen Christen beraten, der in der Immobilienbranche tätig war und von einem anderen Christen, von dem er ein Grundstück gekauft hatte, wegen eklatantem Vertragsbruch verklagt wurde. Im Laufe der Unterhaltung fragte er mich: »Ist es nicht falsch, wenn man als Christ einen anderen Christen verklagt?«

»Absolut«, erwiderte ich. »Das einzige, was man damit erreicht ist, daß die Welt wieder einen Grund hat, sich über die Christen lustig zu machen.«

»Das empfinde ich auch so«, sagte er. »Wären Sie bereit, diesen Mann anzurufen und ihm das zu sagen?«

»Zuerst möchte ich Sie aber etwas fragen. Haben Sie den Vertrag mit ihm gebrochen?«

»Ja, das habe ich«, gestand er mir. »Die Wirtschaftslage hatte sich verändert, und der Grundstückswert entsprach meiner Meinung nach nicht mehr meinem Angebot.«

»Hatten Sie in Ihrem Vertrag eine Klausel, die Ihnen für solche unvorhersehbaren Umstände einen Rücktritt erlaubte?«

»Nein, aber ich wäre doch verrückt, wenn ich das Grundstück zum doppelten seines momentanen Wertes kaufen würde. Ich möchte nur, daß Sie ihm sagen, daß er mich nicht verklagen sollte, weil ich Christ bin.«

»Ich befürchte, daß ich das nicht kann. Natürlich ist es falsch, Sie zu verklagen. Aber von Ihrer Seite ist es genauso falsch, wenn Sie Ihr Gelübde brechen. Und ich werde nicht darüber entscheiden, wer mehr falsch gemacht hat als der andere. Wenn Sie Ihren Teil des Vertrages wie vereinbart erfüllen, dann hat er keinen Grund mehr, Sie vor Gericht zu zerren.«

»Das ist nicht gerecht! Er versucht, mich dazu zu zwingen, Land zu kaufen, das seinen Preis nicht wert ist.«

Als der Mann endlich einsah, daß ich nicht bereit war, die andere Partei dazu zu überreden, von einer Klage abzusehen, ging er weg. Er kaufte schließlich das Grundstück und verkaufte es dann auch wieder. Hier ging es nicht darum, ob der andere Christ zu Recht ihn verklagen durfte – es war nicht richtig. Aber wie es das alte Sprichwort so schön sagt: »Zwei Falsche machen nicht ein Richtiges.« Wenn er zu Unrecht verklagt worden wäre, dann hätte die Schrift ihm selbstverständlich das Recht gegeben, sich zu verteidigen.

Wenn man sich vor Gericht verteidigen muß

Eines späten Abends rief mich ein Geschäftsmann namens Jim an. Er hatte ganz offensichtlich zusammen mit einem anderen Christen einen Metallhandel geführt. Sie kauften und verkauften Blei, Zinn und Kupfer überall auf der Welt, waren sehr erfolgreich und hatten einen makellosen Ruf. Als das Unternehmen wuchs, investierte Jim, der Geldgeber, viel Geld in ein größeres Warenlager, weil er damit rechnete, daß die Preise in der Zukunft steigen würden. Jim kannte die Risiken, da bei einem nicht einkalkulierten Preisrückgang mit beachtlichen Verlusten zu rechnen war. Da sie aber nicht auf Kredit kauften, konnten sie nicht mehr als das Geld verlieren, das sie investiert hatten.

Jims Partner begann jedoch ohne dessen Wissen in Optionsgeschäfte an der Warenbörse einzusteigen. Weil er die Rendite der Investition dadurch vervielfachen wollte, daß er mit einem geringen Betrag das Recht auf einen viel größeren Kauf in der Zukunft (Option) erkaufte, waren die möglichen Profite ebenso riesig wie die möglichen Verluste.

Weil Jims Partner das Inventar als Sicherheit einsetzte, konnte er ein breites Optionssortiment erwerben. Wenn die Preise entsprechend in die Höhe gegangen wären, hätte er mehrere Millionen Dollar Gewinn gemacht.

Statt dessen brachen die Preise zusammen, als ein geplanter Streik in einem der wichtigsten Lieferantenländer wieder abgeblasen wurde. Jims Partner sah sich plötzlich mit Verlusten in Höhe von mehreren hunderttausend Dollar konfrontiert, die er nicht alle decken konnte.

Als alles ans Licht kam, mußte sich Jim mit wütenden Händlern auseinandersetzen, die ihr Geld haben wollten. Es kostete ihn fast 400 000 Dollar, um die Schulden begleichen und die restlichen Verträge verkaufen zu können. Durch den Verkauf des gesamten Inventars konnte er aber immerhin noch die Hälfte seines Geldes zurückgewinnen. Danach löste er die Partnerschaft auf und ging als zwar ärmerer, aber um einige Erfahrungen reicherer Mann in seinen eigentlichen Beruf (als Händler an der Warenbörse) zurück.

Aber plötzlich erhielt Jim eine Vorladung vor Gericht. Sein ehemaliger Partner verklagte ihn wegen illegaler Umwandlung von Firmeneigentum in Wertpapiere. Er behauptete, daß Jim ihn aufgefordert hätte, die Optionen zu kaufen, und danach zu seinem eigenen Nutzen Inventar gestohlen zu haben. Er verlangte den Inventarwert (etwa 200 000 Dollar) und eine Million Dollar Entschädigung.

Da Jim und ich uns schon lange kannten, rief er mich an. »Larry, ich muß wissen, wie ich mich zu verhalten habe. Ich kann den Prozeß gegen meinen

Partner wahrscheinlich gewinnen. Ich habe nie den Optionshandel genehmigt und kann leicht beweisen, daß sein Handeln eine Verletzung unseres Gesellschaftsvertrages darstellte. Mein Anwalt empfiehlt mir, Gegenklage zu erheben. Was rätst du mir?«

»Ist dein Expartner Christ?«

»Bevor dies alles passiert ist, hätte ich es behauptet«, antwortete er. »Ja, er ist es mit Sicherheit, aber er ist im Moment von Gier und Angst gefangen. Er hat bei diesem Deal alles verloren.«

»Weißt du, was Paulus im 1. Korinther, Kapitel 6 bezüglich der Frage, ob man einen anderen Christen verklagen soll, gesagt hat?« fragte ich.

»Du weißt, daß ich das gelesen habe. Aber mein Anwalt sagt, daß wenn wir nichts unternehmen, er vielleicht einen netten Richter findet, der der Schadenersatzforderung stattgibt. Ich will keine Gegenklage. Aber habe ich nicht das Recht, mich vor Gericht zu verteidigen?«

»Hast du ihm nahegelegt, die Angelegenheit vor einem christlichen Schlichtungsdienst zu klären?«

»Ja, aber sein Anwalt weigert sich, darüber auch nur zu sprechen. Er ist an einen ziemlich hochkarätigen Anwalt gekommen, der ganz offensichtlich kein Christ ist.«

»Hast du eine Bibel bei dir?« fragte ich.

»Ja, warum?«

»Schlage doch einmal Apostelgeschichte, Kapitel 25 auf.« Dann begann ich, ihm die Situation auszulegen, in der sich Paulus damals befand. »Die Pharisäer hatten Paulus angeklagt, gegen ihr Gesetz verstoßen zu haben, als er zum Beispiel einen Heiden zum Gottesdienst in den Tempel gebracht hatte. Sie hatten die römische Regierung gebeten, Paulus nach ihren eigenen Gesetzen richten zu dürfen. Paulus wußte aber, daß er von einem heidnischen Gericht mehr Gerechtigkeit erwarten konnte, als von einer fanatischen Gruppe von Heuchlern. Als römischer Bürger hatte er das Recht, bei Cäsar – vor allem im Fall eines Todesurteils, worauf diese Anklage ja hinauslief – Berufungsklage einzulegen und von ihm ein endgültiges Urteil fällen zu lassen. In Vers 11 schrieb er: ›Wenn ich wirklich ein Unrecht begangen und etwas getan habe, worauf die Todesstrafe steht, weigere ich mich nicht zu sterben. Wenn aber ihre Anklage gegen mich unbegründet ist, kann mich niemand ihnen ausliefern. Ich lege Berufung beim Kaiser ein!‹

Paulus besaß offensichtlich das Recht, bei seiner Verteidigung vom geltenden Gesetz Gebrauch zu machen. Gott muß damit einverstanden gewesen sein, denn das gehörte ja zu seinem größeren Plan, den Apostel an den Hof Cäsars zu bringen. Man muß sich immer vor Augen halten, daß Paulus die Juden, die ihn anklagten, nie angegriffen hat. Wenn sich ein Christ vor Gericht verteidigen muß, gibt ihm das nicht das Recht zu einer Gegenklage.«

»Dem stimme ich zu«, erwiderte er offensichtlich erleichtert. »Ich will von meinem früheren Partner ja nichts, aber ich will nicht noch mehr Geld wegen einer Sache verlieren, die er ohne mein Wissen getan hat.«

Der Anwalt von Jims Expartner versuchte noch bis kurz vor Prozeßbeginn, ihn zur Zahlung einer »Abfindung« von am Ende nur 100 000 Dollar zu bewegen, um die Anklage vorher fallenzulassen. »Nein«, sagte Jim beim letzten Mal, kurz vor dem Prozeß, »nicht für einen Dollar.«

In der Zwischenzeit waren die Kosten aber so gestiegen, daß der Anwalt keine andere Wahl hatte, als den Fall vor Gericht zu bringen. Als die Verhandlung begann, wollte der Richter die einleitenden Aussagen der Anwälte hören. Der Anwalt des Klägers stellte Jim als einen gierigen und egoistischen Mann dar, der seinen Klienten um seinen rechtmäßigen Anteil an der Gesellschaft bestohlen hatte. Wahrscheinlich wäre jeder, der von dem bedauernswerten Zustand des armen und betrogenen Partners gehört hätte, sofort bereit gewesen, allen seinen Anträgen stattzugeben. Dieses Prinzip heißt: Wer zuerst redet, scheint immer im Recht zu sein – bis man dem anderen zuhört.

Nachdem Jims Anwalt auch seine Position dargestellt hatte, fragte der Richter Jim, ob er den Ausführungen noch etwas Persönliches zuzufügen hätte.

»Ja, euer Ehren«, erwiderte dieser. »Ich will bei dieser Verhandlung nichts anderes erreichen, als daß mein Name und mein Ruf wiederhergestellt werden. Ich glaube, daß ich Beweise dafür habe, daß ich nie eine Ermächtigung für den Optionshandel erteilt habe und dennoch bereit war, alle dadurch entstandenen Verluste zu tragen.«

Sein Anwalt brachte daraufhin zwei Kartons mit Informationen und Bestätigungen der Broker, die den Optionshandel ausgeführt hatten, sowie die Kaufaufträge für die Optionen, auf denen Jims gefälschte Unterschrift zu finden war. Sein Partner hatte es versäumt, einige Akten auszuräumen, die im Archivschrank untergebracht waren.

Beim Anblick der Beweise wurde der Expartner blaß. Er hatte angenommen, daß alle Beweise vernichtet worden waren. Er wandte sich sofort an seinen Anwalt. Nach zwei Minuten bat der Anwalt den Richter, die Klage zurücknehmen zu dürfen.

Der Richter blätterte durch die Unterlagen, schaute dann auf und sagte: »Das würde ich an Ihrer Stelle auch tun.« Dann wandte er sich an Jim und fragte: »Wollen Sie gegen diesen Dieb Gegenklage erheben?«

»Nein, euer Ehren«, erwiderte Jim. »Ich möchte diese Angelegenheit nur zu Ende bringen.«

Der Richter schaute zum Partner und sagte: »Ich glaube, Sie sind ein Dieb. Wenn er Klage einreichen würde, würde ich dafür sorgen, daß Sie zur Höchststrafe verurteilt werden. Da er aber davon absieht, kann ich Sie nur dazu verurteilen, die gesamten Verfahrenskosten samt Anwaltsgebühren zu tragen. Und jetzt rate ich Ihnen, diesen Gerichtssaal so schnell wie möglich zu verlassen, bevor ich es mir noch einmal überlege und etwas finde, womit ich gegen Sie vorgehen kann.«

Jeder Christ, der in einen Prozeß verwickelt wird, besitzt laut der Bibel und dem Gesetz das Recht, die Wahrheit ans Licht zu bringen. Oft werden wir von einem weltlichen Gericht nicht die Gerechtigkeit erfahren, von der die Bibel spricht. Aber manchmal wirkt Gott selbst durch die Menschen, die ihn noch nicht kennen.

Kapitel 15

Rabatte und Preisnachlässe

»Verehrte Dame, es tut mir sehr leid, aber ich kann den Preis für den Wagen nicht noch weiter senken. Wie Sie an der Rechnung von unserem Händler sehen können, ist nichts mehr möglich. Gehen Sie zu jedem beliebigen Händler der Stadt, und Sie werden sehen, daß niemand billiger ist als wir. Ich verdiene an diesem Auto nur noch 100 Dollar, und das reicht kaum aus, um das Geschäft über die Runden zu bringen.«

»Ich will Sie doch nicht ruinieren«, antwortete Martha James ehrlich. »Ich weiß doch, daß Sie auch von etwas leben müssen. Ich glaube, ich nehme ihn. Wenn Sie nur 100 Dollar daran verdienen, dann kann niemand billiger sein.«

»Darauf gebe ich Ihnen mein Wort«, erwiderte der Verkäufer.

Vor dem Büro des Verkäufers stand Bob Crouse, der Manager, und grinste in sich hinein: »Ron ist der gerissenste Verkäufer, den ich jemals gehabt habe. Er ist in der Lage, einem Hund seine eigenen Flöhe zu verkaufen.«

Bob Crouse wußte, daß der Händlerpreis, den Martha James gesehen hatte, nur teilweise den Tatsachen entsprach. Es stimmte, daß der ausgewiesene Betrag der Händlerpreis gewesen war. Aber zusammen mit den Sonderrabatten für Verkäufer und Überführungskosten würde der Verkäufer fast 700 Dollar und das Unternehmen weitere 1000 Dollar verdienen. *Wenn wir erst einmal die zusätzlichen Gebühren für den »Startklar-Service« bekommen und Ron ihr die erweiterte Garantie angedreht hat, verdienen wir noch weitere 400 oder 500 Dollar – mindestens – dachte er.*

Bob Crouse ging zufrieden weiter und freute sich darüber, daß er so intelligent war und sein Unternehmen so erfolgreich führen konnte.

Kurz nachdem Martha James den Kaufvertrag samt dem wichtigen, erweiterten Servicevertrag unterschrieben hatte, kam der Landkreisvorsitzende in das Geschäft.

»Bob, ich brauche ein neues Auto, aber ich will den niedrigsten Preis, verstanden?«

»Kein Problem, Stan«, sagte der Besitzer mit einem Zwinkern. »Ich habe schon etwas für dich im Hinterkopf. Ich lasse Ron einen Vertrag zu unserem eigenen Einkaufspreis aufsetzen.«

»Hör bloß auf mit diesem billigen Händlerpreisgetue, Bob. Es macht mir nichts aus, wenn du einen Hunderter oder so verdienst. Ich möchte nur nicht die Ausbildung deiner Kinder bezahlen.«

»Keine Sorge, Stan, du bekommst den gleichen Wagen um 1000 Dollar billiger als die alte Frau James.«

»Nun, ich hoffe, daß du so viel an ihr verdient hast, daß du mich nicht mehr ausnehmen mußt«, lachte Stan.

»Aber klar doch«, sagte Bob und boxte seinen Freund in die Seite. »So alte Ladys muß man nur richtig anpacken, dann läuft das schon.«

Beide lachten.

Das war eine ziemlich genaue Beschreibung dessen, was der Kollege des Verkäufers, ein Christ, zufällig mitgehört hatte, als er in seinem Büro saß und die Verkaufsinformationen für die Autos durchlas, die er verkaufen sollte. Er hatte die Arbeit angenommen, weil der Besitzer ein Mitglied der Gemeinde war, in der sein Vater und der Autohändler dem Gemeindevorstand angehörten. Er war als ehrlicher Geschäftsmann und gläubiger Christ bekannt.

Wenn jemand den Geschäftsinhaber nach seiner Moral hinterfragt hätte, dann wäre sehr wahrscheinlich die Antwort gekommen: »Das hat doch niemandem weh getan. Frau James hat ein gutes Auto bekommen und war mit dem Preis zufrieden. Außerdem verhandelte Stan besser.«

In Sprüche 11,1 heißt es: »Falsche Waage ist dem Herrn ein Greuel, volles Gewicht findet sein Gefallen.« Ich nehme an, daß Bob Crouse, je nach Kunde, ein verschiedenes Gewicht aus seiner Tasche holt.

Ist es nicht unehrlich, wenn man unterschiedliche Preise nimmt?

Der Hintergrund, der hinter dem biblischen Begriff der »verschiedenen Gewichte« steht, ist einfach. Zu biblischen Zeiten war es für Straßenhändler, die von Haus zu Haus gingen, um zum Beispiel Getreide zu verkaufen, üblich, zwei Sätze von Gewichten in ihrer Hüfttasche zu tragen. Wenn sie das Getreide bei den Armen verkauften, benutzten sie das leichtere Gewicht, weil sie wußten, daß die Armen keine eigenen Gewichte hatten, um das Gewicht kontrollieren zu können. Kamen sie aber in wohlhabende Gegenden, benutzten sie das richtige Gewicht, weil es vorkommen konnte, daß ein Käufer sein eigenes Gewicht hervorzog, um die Ehrlichkeit des Verkäufers zu prüfen. Wenn man mit einem falschen Gewicht ertappt wurde, konnte das mit einem Ausflug in den Steinbruch enden!

In vielen Ländern ist Tauschhandel und feilschen üblich. Ich erinnere mich daran, als ich in Mexiko Urlaub machte und durch einen Basar bummelte. Ich merkte sehr schnell, daß das erste Angebot, das man mir machte, immer zu hoch war, und daß mir der Händler seine Ware am Ende für einen Bruchteil seines ersten Angebotes verkaufen würde.

Ich bezweifle, ob die Mehrheit der mexikanischen Händler, die ihre Waren an Touristen verkaufen, jemals darüber nachgedacht haben, ob ihre Praktiken moralisch oder biblisch sind. Für sie gehört es wohl zu der Tradition, in der sie aufgewachsen sind und nach der alle handeln.

Aber ist das die Philosophie, die ein Christ übernehmen sollte? Wenn wir es zulassen, daß unsere Standards sich an die weltlichen Maßstäbe angleichen, dann laufen wir Gefahr, uns der Welt anzupassen. Wenn jemand daran gewöhnt ist, um Preise zu feilschen, dann wird es schwer festzustellen sein, wann er oder sie ehrlich ist und wann nicht. Im Fall der mexikanischen Händler habe ich schnell erkannt, daß ich ihnen kein Wort glauben konnte. Sie behaupteten: »Das ist mein letztes Angebot. Ich gehe keinen Penny tiefer.« Wenn ich dann Anstalten machte wegzugehen, gingen sie nochmals mit ihrem Preis nach unten. Sie waren sich ihrer Unehrlichkeit wahrscheinlich nicht bewußt, aber sie waren unehrlich.

Im Grunde gibt es keinen gravierenden Unterschied zwischen den meisten Händlern in den USA und den mexikanischen Straßenhändlern. Der Endpreis hängt oft von den Verhandlungskünsten der Käufer ab. Wenn Käufer besonders clever sind und die wirklichen Kosten (und Wert) der Gegenstände kennen, können sie den besten Preis erzielen. Wenn sie aber, wie Frau James, den tatsächlichen Einkaufspreis nicht kennen, oder wenn sie ihrem Verhandlungspartner vertrauen, dann müssen sie einen höheren Preis bezahlen.

Die heikle Frage, ob man zwei verschiedene Gewichte benutzen darf, hat für Christen zwei Seiten. Erstens muß man sich fragen, ob man selbst auf die Art behandelt werden möchte, wie man andere behandelt. Die biblischen Richtlinien für diese Frage können in Matthäus 22,39 gefunden werden: »Du sollst deinen Nächsten lieben wie dich selbst.« Aus diesem Prinzip entstand eines der bekanntesten Sprichwörter des Christentums: »Behandelt die Menschen so, wie ihr von ihnen behandelt werden wollt.«

Die zweite Frage ist, ob man bereit ist, einen unwissenden Käufer darüber zu informieren, daß ein anderer Käufer einen besseren Preis bekommen hat. Nehmen wir einmal an, daß Ihnen ein Nichtchrist eine Waschmaschine abgekauft hat und in dem Glauben gelassen wurde, diese so billig wie möglich bekommen zu haben. Später erfährt er aber von einem Freund, daß er ein Aufgeld für die Maschine bezahlt hat. Nehmen wir jetzt an, daß Sie der letzte Mensch sind, der die Möglichkeit bekommt, diesem Mann das Evangelium zu verkünden, bevor er stirbt. Glauben Sie im Ernst, daß Ihnen dieser Mann auch nur ein Wort glaubt? Vielleicht wirft dieser Gedanke ein etwas anderes Licht darauf, wie notwendig es ist, auf die Worte zu achten, die über unsere Lippen kommen.

Ich habe einen Freund, der regelmäßig nach Afghanistan reist. Er würde einigen dieser Menschen gerne dabei helfen, eigene Betriebe aufzubauen und die Waren in den Westen zu exportieren. Aber er erzählt immer, daß das durchgehend verlogene und korrupte Wesen dieser Menschen jede seiner Bemühungen im Keim erstickt hat. In einigen Religionen gilt es als ruhmreich, die ausländischen »Teufel« zu belügen, weshalb Menschen aus westlichen Ländern auch fleißig belogen werden. Die Folge davon ist wieder, daß diese Länder arm bleiben, weil es kein einziger westlicher Geschäftsmann wagen kann, ihnen zu vertrauen.

Ich kann mir mittlerweile vorstellen, wie es in unserer Gesellschaft aussehen wird, wenn sich diese Mentalität auch bei uns breitmacht, und wir nicht auf die Worte aufpassen, die über unsere Lippen kommen: »Die Redlichen leitet ihre Lauterkeit, die Verräter richtet ihre Falschheit zugrunde« (Sprüche 11,3).

Welche Preisunterschiede sind gerechtfertigt?

Es gibt viele moralisch vertretbare Gründe, warum ein Händler von dem einen Kunden mehr (oder weniger) verlangen kann als von einem anderen:

1. Mengenrabatt
Viele Unternehmen gewähren Rabatte, deren Höhe sich an der verkauften Menge orientiert. Das ist eine ehrliche und akzeptable Vorgehensweise, die jedem die gleichen Möglichkeiten gibt, Rabatte zu bekommen. Wenn ich einen Artikel zu einem bestimmten Preis kaufe und später erfahre, daß ein anderer Kunde zehn Stück des gleichen Artikels mit Mengenrabatt bekommen hat, würde ich mich nicht betrogen fühlen. Und wenn mich der Verkäufer vorher darüber informiert hätte, daß ich beim Kauf von mindestens zehn Stück den gleichen Rabatt bekommen würde, hätte ich überhaupt keinen Anlaß, mich ungerecht behandelt zu fühlen. Er hätte in diesem Fall nicht versucht mich zu betrügen, und daher kann man auch nicht von unterschiedlicher Preisgestaltung sprechen.

2. Barzahlungsrabatt (Skonti)
Viele Händler bieten ihren Kunden bei Barzahlung Skonti an. In der Wirtschaft wird dieses Angebot auch oft auf eine bestimmte Frist ausgedehnt. Ein Beispiel dafür ist die Zahlung innerhalb von zehn Tagen nach Rechnungsstellung. Solange das Angebot für alle Kunden gilt, diese auch darüber informiert sind und es deren eigene Entscheidung ist, ob sie den höheren Preis bezahlen, kann man wiederum nicht von »unterschiedlicher Gewichtung« der Preise sprechen, wie die Bibel es nennt.

3. Rabatte für verschiedene Gruppen
Damit sind Rabatte für Rentner, Studenten, Arbeitslose und so weiter ge-

meint. Obwohl diese Verfahrensweise nicht immer im Interesse des Händlers ist, handelt es sich hierbei nicht um eine unterschiedliche Preisgestaltung. Das gilt wiederum nur, wenn diese Preispolitik für alle erkennbar ist und von jedem aus der entsprechenden Gruppe beansprucht werden kann. Ich sagte deshalb, daß es nicht immer im Interesse des Händlers ist, weil Kunden solche Privilegien ausnutzen können. Leider kommt dies oft auch bei christlichen Geschäftsleuten vor, die »beruflichen« Christen, wie Pfarrern und Evangelisten, Rabatte anbieten.

Ich bin sicher, daß Sie den roten Faden erkannt haben, der sich durch diese Beispiele gezogen hat. Wenn die Rabatte auf einer allgemeinen Preispolitik basieren und von jedem in Anspruch genommen werden können, der die dafür geltenden Voraussetzungen erfüllt, liegt keine Betrugsabsicht vor, und daher kann man auch nicht von »unterschiedlicher Preisgestaltung« sprechen. Gott schaut mehr auf die Absichten in unseren Herzen als auf unsere Handlungen.

Maßstäbe für faire Preise

Wäre es nicht großartig, etwas mit der Gewißheit kaufen zu können, daß der Preis so günstig wie möglich ist? Und daß man dem Verkäufer glauben könnte, wenn er sagen würde: »Das ist der niedrigste Preis, bei dem wir noch einen Gewinn machen.« Das sollte die Norm für jedes christliche Unternehmen und ein Beispiel für alle säkularen Unternehmen in unserem Lande sein.

Für Männer wie J. C. Penney war diese Preispolitik normal. Er verkaufte seine Produkte zu einem fairen, aber festen Preis und stand zu seinem Wort. Aus diesem Grund kann man bis heute noch nicht in ein J.-C.-Penney-Geschäft gehen und versuchen, einen besseren Preis aushandeln. Wenn etwas zum Verkauf steht, wird es angezeigt und zu diesem Preis ist diese Ware für jeden Kunden erwerblich. Diese Einstellung gehörte in der US-Wirtschaft jahrzehntelang zum guten Ton, bis die »Medien-Generation« das Ruder in die Hand nahm. Heute gilt das Motto: »Die Dummen sollen sich hüten.« Denken Sie aber immer daran: Christen halten sich an den Standard, den Gott aufgestellt hat und nicht an den der Medien.

Harry und Mark waren in der Elektronikbranche tätig. Sie stellten Testanlagen für größere Elektronikunternehmen her, die damit ihre eigenen Produkte testen konnten. Ihre Anlagen waren sehr gut, aber der Verkauf lief leider nur mäßig. Die Geräte waren so spezialisiert, daß man besonders geschulte technische Verkäufer brauchte, um ihre Einsatzmöglichkeiten in ihrer ganzen Anwendungsbreite vorführen zu können. Nachdem sie die Hilfe von den verschiedensten Vertriebsunternehmen in Anspruch genommen hatten, beschlossen sie, den Verkauf selbst zu übernehmen. Weil ihnen Verkäufer mit Fachwissen fehlten, die den Markt hätten besser durchdringen können, blieb ihr Umsatz weiterhin nur knapp über der Rentabilitätsgrenze.

An einem Nachmittag erhielt Mark einen Anruf von einem Mann, der als potentieller Käufer für Anlagen im Wert von mehreren Millionen Dollar auftrat. Er wollte Mark und Harry noch am gleichen Tag zum Abendessen treffen.

Als Bill Stein gegen sechs Uhr abends das Restaurant betrat, warteten die beiden schon auf ihn. Während des Abendessens erläuterte er ihnen seine Idee, besondere Testgeräte für die Regierung herzustellen, die auf Marks und Harrys besonderem Know-how basieren sollten.

»Eine Sache muß ich aber noch klarstellen«, sagte er, nachdem er seinen Vorschlag unterbreitet hatte, »wir müßten den Preis von 8000 auf 40 000 Dollar pro Anlage erhöhen.«

»Warum denn das?« fragte Harry. »Wir haben für dieses Modell doch keine höheren Kosten.«

»Nun, dazu müssen Sie zuallererst verstehen, daß die Regierung für das, was sie kauft, immer zuviel zahlt. Ich meine, es wäre schon fast un-amerikanisch, von der Regierung nicht den vierfachen Preis zu verlangen, den die Industrie bezahlen würde. Und die Regierung wird Ihre Anlagen nicht für gut genug halten, wenn sie nicht mindestens 30 000 Dollar kosten.«

»Ich glaube nur nicht, daß es richtig ist, von der Regierung mehr zu verlangen als von anderen Kunden, es sei denn, daß die Kosten wirklich höher sind«, sagte Harry.

»Beim Verkauf an die Regierung hat man schon ein paar ›Zusatzkosten‹«, sagte Bill Stein mit einem Augenzwinkern, »aber im Grunde genommen kann man danach die Kuh melken, solange sie Milch gibt.«

»Nun, darauf lasse ich mich nicht ein«, sagte Harry entschlossen. »Ich habe immer daran geglaubt, daß die Kunden es zu schätzen wissen, wenn man für sehr gute Produkte faire Preise verlangt.«

»Ich sehe schon, daß Sie noch nie mit der Regierung in geschäftliche Beziehungen getreten sind,« erwiderte Stein. »Aber die Regierung ist an günstigen Preisen nicht interessiert. Im Normalfall lehnen Sie sogar das günstigste Angebot prinzipiell ab, weil sie glauben, daß etwas daran faul sein muß.«

»Komm schon, Harry. Werde endlich erwachsen«, sagte sein Partner gereizt. »Hör dir doch an, was der Mann sagt. Wir versuchen ja nicht, alte Omas zu bestehlen. Die Regierungsbeamten sind zahlungskräftige Jungs. Wenn sie unbedingt mehr bezahlen möchten, dann laß sie doch.«

»Ich glaube, das ist eine Sache der Moral«, erwiderte Harry. »Solange mir noch eine Hälfte dieses Unternehmens gehört, halten wir uns an die Grundsätze der Bibel. Das weißt du, Mark. Es ist mir egal, ob die anderen Leute es nie erfahren, daß wir sie betrogen haben – Gott weiß es.«

»Hört einmal gut zu. Wenn ihr nicht akzeptieren wollt, daß ich den Preis hochtreibe, dann bin ich an dem Geschäft nicht mehr interessiert«, sagte Bill Stein herausfordernd.

Als Harry das hörte, stand er auf, um zu gehen. »Dann haben wir wohl nichts mehr zu besprechen.«

Bill Stein war platt. »Einen Moment, Sie wollen mir doch nicht sagen, daß Sie aus diesem Geschäft aussteigen wollen, oder? Ich weiß, daß Sie Aufträge brauchen. Ich kann Ihnen in den nächsten Jahren Anlagen im Wert von vielleicht zwanzig Millionen Dollar abnehmen.«

Mark wurde bei diesen Zahlen blaß. »Zwanzig Millionen! Harry, das wäre die Rettung für die Firma. Sei doch vernünftig.«

»Es tut mir leid«, sagte Harry im Hinausgehen, »aber ich glaube, daß mir meine Überzeugungen mehr als zwanzig Millionen Dollar wert sind. Ich würde mit Ihnen gerne ins Geschäft kommen, Herr Stein. Aber ohne erfundene Preise.«

In den nächsten Wochen rief Bill Stein immer wieder bei Harry an. Er war davon überzeugt, daß Harry mit seinen Anlagen nur mehr Geld verdienen wollte. Aber obwohl er Harry und Mark immer höhere Beteiligungen anbot, lehnte Harry immer ab. Als Harry schließlich erkannte, was Bill Stein über ihn dachte, sagte er: »Herr Stein, Sie müssen irgendwann einsehen, daß ich mit Ihnen nicht um bessere Bedingungen verhandle. Als Christ muß ich den Prinzipien im Wort Gottes folgen und dazu gehört nun einmal auch, jedem Kunden einen fairen Preis zu machen. Aus diesem Grunde kann ich auch nicht einfach grundlos den Preis erhöhen, nur weil die Regierung mein Kunde ist. Ich könnte das auch bei keinem anderen Kunden machen.«

»Ich befürchte, ich verstehe nicht die Logik in dem Ganzen«, sagte Bill Stein. »Wenn Sie an dem Auftrag nicht interessiert sind, dann bekommt ihn eben ein anderer. Aber die Regierung gibt nun einmal grundsätzlich das gesamte Geld aus, das sie in ihrem Budget zur Verfügung hat.«

»Ich denke, daß sie auch für ihre Entscheidungen verantwortlich ist«, erwiderte Harry. »Ich werde aber deswegen meinen Überzeugungen nicht untreu werden.«

Einen Monat lang hörte Harry nichts mehr von Bill Stein. In der Zwischenzeit war Mark stets schlecht gelaunt gewesen. Er ging Harry nach Möglichkeit aus dem Weg und hatte nur böse Blicke für ihn übrig. Eines Tages rief Bill Stein an und fragte Harry, ob er sich mit Mark und ihm zum Mittagessen treffen könnte. Harry stimmte zu und hinterließ die Nachricht auf Marks Schreibtisch.

Kurz vor der Mittagspause versuchte Harry, Mark zu finden, als die Dame an der Rezeption ihm mitteilte, daß dieser schon gegangen war – ein klarer Hinweis darauf, daß er immer noch verärgert war. Als Bill Stein ankam, wartete Mark schon im vereinbarten Restaurant. Mark versuchte Harry so gut er konnte zu ignorieren, als dieser ganz bewußt an ihm vorbeiging, um ihn grüßen zu können.

»Ich werde sofort Klartext reden«, sagte Bill, als sie Kaffee bestellten. »Als ich vor einem Monat hier war, war ich sehr skeptisch, was Sie beide angeht. Ich war davon überzeugt, daß Sie nur mehr Gewinn machen wollten. Aber jetzt wird mir klar, daß Sie es mit Ihren moralischen Grundsätzen ernst meinen. Ich glaube, daß ich langsam abstumpfe, wenn ich mit so vielen Leuten arbeite, die keine moralischen Prinzipien mehr haben, und deren Gott das Geld ist. Ich wollte mich bei Ihnen entschuldigen und sagen, daß ich nach wie vor an Ihren Anlagen interessiert bin.« Er wandte sich zu Harry und sagte schnell: »Ich meine, zu Ihren Standardpreisen plus einem kleinen Zuschlag für den Papierkram für die Regierung. Dazu nur noch ein Wort – bei diesen Preisen wird uns lange Zeit keiner unterbieten können.«

Als Mark aus Verlegenheit rot wurde, verriet sein Gesichtsausdruck alles. Harry lächelte nur und betete leise ein Dankgebet an Gott, weil er sich darüber bewußt war, daß seine Entscheidung das Unternehmen auch hätte ruinieren können. Er war gerade damit beschäftigt gewesen, wie er das nächste Gehalt für seine Angestellten zusammenbekommen sollte.

»Ich weiß auch, daß Sie Zahlungsschwierigkeiten mit Ihren Zwischenhändlern haben – was es für mich noch beeindruckender gemacht hat, daß Sie sich geweigert haben, zu überteuerten Preisen zu verkaufen. Ich bin bereit, die ersten 500 000 Dollar für die ersten Anlagen aus dem Regierungsgeschäft im voraus zu bezahlen. Ich würde mich auch über eine Gelegenheit freuen, mich an Ihrer Firma beteiligen zu können – wenn es Ihnen recht ist. Ich treffe nicht oft ehrliche Menschen und glaube, was Harry gesagt hat, daß Gott Sie segnen wird. Ich würde auch gerne an diesem Segen teilhaben.«

Bill Stein investierte schließlich über zwei Millionen Dollar in Marks und Harrys Unternehmen und errichtete zusätzlich eine neue Fabrikhalle, die er ihnen unter Marktpreis vermietete. Zwei Jahre nach ihrem ersten Treffen betete Bill mit Harry und wurde Christ. Er wurde zu Ihrem treuesten und aktivsten Vorstandsmitglied und vermittelte ihnen zahlreiche große Aufträge, die dem Unternehmen zu Jahresumsätzen in Millionenhöhe verhalfen. So steht in Sprüche 15,6: »Im Haus des Gerechten gibt es reichen Vorrat, was der Frevler erwirbt, wird zerschlagen.«

TEIL III

Ihr Unternehmen und Ihr Privatleben

Kapitel 16

Körperschaften und Personengesellschaften

Jeder Christ, der sich entscheidet, ein Unternehmen zu leiten, wird täglich mit komplizierten Fragen konfrontiert. Oft ist den Eigentümern nicht bewußt, daß die ersten Entscheidungen schon getroffen worden sind, bevor sie das Unternehmen gegründet haben: Will ich Gesellschafter haben? Wer übernimmt die Geschäftsführung? Soll ich eine Körperschaft gründen? Wer haftet, wenn der Betrieb schließen muß? Wer übernimmt das Unternehmen im Todesfall? All diese Fragen können mit Hilfe der Bibel beantwortet werden. Wenn Sie bereits mitten im Geschäftsleben stehen, ist es vielleicht an der Zeit, daß Sie frühere Annahmen neu überdenken.

Ist es für Christen nicht unvertretbar, eine Körperschaft zu gründen?

Heute ist es rechtlich möglich, sich durch die Gründung einer Körperschaft gegen eine persönliche Haftung im Fall eines Bankrotts zu schützen. Aber rechtfertigt diese Absicht die Gründung einer Körperschaft? Sind Unternehmer, die Entscheidungsbefugnis haben und Maschinen und Material von anderen Unternehmern beziehen, von ihrer persönlichen Verantwortung entbunden, nur weil sie eine Körperschaft repräsentieren?

Ich glaube, daß die Frage der Verantwortung größtenteils von den Umständen abhängt, und daß es bei dieser Überlegung keine Rolle spielt, ob der Unternehmer in eigenem Namen oder in dem einer Körperschaft handelt.

Ich habe Fälle erlebt, in denen die Rechtsform der Körperschaft nur dazu benutzt wurde, um Geschäftspartner in eklatantem Maß zu betrügen. Ich kenne aber auch Fälle, in denen der Einsatz dieser Rechtsform zurecht zur Haftungsbegrenzung einer unschuldigen Partei gebraucht wurde. Wir werden uns kurz zwei Beispiele zur Unternehmenshaftung betrachten.

Alex war Maschinenbau-Ingenieur, der sein kleines Büro zu Hause hatte.

Er war in der Werkzeug- und Stanzmaschinenfabrik seines Vaters groß geworden, der ein kleines Maschinengeschäft besaß. Fast sechzehn Jahre hatte Alex in diesem Geschäft gearbeitet, bevor er genug Geld zur Seite geschafft hatte, um ein eigenes Maschinenbauunternehmen gründen zu können. Er leistete so gute Arbeit, daß er schon bald Aufträge von größeren Unternehmen bekam, weil er viele der von ihnen benötigten Maschinen für einen Bruchteil der Kosten konstruierte, die es die Unternehmen gekostet hätte, wenn sie diese Maschinen in ihrer eigenen Maschinenbauabteilung hätten konstruieren lassen.

Sobald sich Alex diesen guten Ruf erworben hatte, forderten andere Unternehmen auch seine Beratung an. Schließlich überstiegen die Konstruktionsaufträge seine Kapazität, so daß er seine Werkstatt schloß und sich nur noch der Beratungstätigkeit widmete.

Man bot ihm einen lukrativen Beratungsvertrag mit der Firma eines ehemaligen Automobilmanagers an, der ein eigenes Automobilunternehmen gegründet hatte. Das Vertragsvolumen war so groß, daß Alex alle laufenden Projekte einstellen mußte. Man bot ihm eine Beteiligung an der Firma und eine großzügige Prämie an, falls er das Projekt innerhalb eines Jahres abschließen konnte.

Alex arbeitete fast neun Monate lang mindestens zwölf Stunden am Tag am Entwurf der Werkzeuge und am Aufbau der entsprechenden Fabrikationsanlagen. Was er nicht wußte war, daß dieser Manager die Bemühungen von Alex nur dazu benutzte, um Banken und Investoren dazu zu bewegen, hohe Summen in das gewagte Unternehmen zu investieren. Das meiste Geld wurde durch eine Vielzahl von Subunternehmen abgezweigt. Alex bekam nur ein niedriges Gehalt, dafür aber große Versprechungen, die ihn zur Fortführung seiner Arbeit motivieren sollten.

Kurz vor Beendigung des Projekts stand Alex eines Tages vor verschlossenen und verriegelten Werkstoren. Der Besitzer, ein bekennender Christ, hatte den Betrieb eingestellt und Konkurs angemeldet. In Wirklichkeit hatte er nie vorgehabt, Autos herzustellen, sondern er war nur darauf aus gewesen, Geld aufzubringen. Damit hatte Alex nicht nur die Beteiligung an den Gewinnen verloren, die nie gemacht wurden, sondern er büßte auch Zehntausende Dollar aus Aufträgen ein, die ihm in dieser Zeit entgangen waren. Während dieser Zeit hatte er außerdem einen Kredit auf sein eigenes Unternehmen aufgenommen, weil der angehende Automobilhersteller angeblich kurzfristige Schwierigkeiten bei der Kapitalbeschaffung gehabt hatte. Dieser Möchtegern-Autohersteller konnte nicht persönlich zur Haftung gezogen werden, weil er alle Verträge im Namen der Firma abgeschlossen hatte. Die Rechtsform der Körperschaft wurde in diesem Fall eher als Keule gegen andere eingesetzt – was heutzutage bedauerlicherweise keine Seltenheit mehr ist.

Im zweiten Beispiel geht es um Don, der ein kleines, auf Büroausstattung spezialisiertes Import-Export-Unternehmen betrieb. Er vertrieb Produkte aus den verschiedenen Entwicklungsländern, die von den USA besonders unterstützt wurden, unter anderem Vorhangstoffe und Jalousien. Die Produkte, die er verkaufte, waren qualitativ hochwertig und die Geschäfte wurden über die offiziellen Import-Export-Unternehmen der anderen Regierungen abgewikkelt.

Don hatte mit einem Unternehmen der amerikanischen Regierung einen besonders großen Liefervertrag über Jalousien abgeschlossen, die wegen bestehenden örtlichen Sicherheitsbestimmungen aus feuerfesten Materialien gefertigt sein mußten. Daraufhin nahm er mit einem Regierungsvertreter eines seiner Zuliefererländer Verbindung auf und übermittelte ihm die Einzelheiten des Auftrags. Nach einer Woche erhielt er eine amtliche Bestätigung samt den angeforderten Gutachten des Testlabors. Aufgrund dieser Informationen kaufte die Firma für annähernd 125 000 Dollar Jalousien, die Don seinen bisher größten Gewinn in Höhe von ungefähr 45 000 Dollar einbringen sollten.

Einige Monate später brach in einem der Bürohäuser ein Feuer aus, bei dem die Rollos Flammen fingen und das Feuer sogar noch verbreiteten. Zahlreiche Leute wurden verletzt und verklagten die Firma, der das Gebäude gehörte, auf Schadenersatz in Millionenhöhe.

Die Firma testete einige der Jalousien und stellte nicht nur fest, daß sie den Sicherheitsanforderungen nicht entsprachen, sondern daß sie beim Verbrennen sogar giftige Dämpfe entwickelten. Daraufhin verklagte die Firma Don auf 25 Millionen Dollar Schadenersatz.

Vor Gericht konnte Don beweisen, daß er sich auf die Gutachten der ausländischen Regierung, die den Hersteller vertrat, ebenso verlassen hatte wie der Besitzer des Bürogebäudes. Die offizielle Stellungnahme der ausländischen Regierung aber lautete, daß das betreffende Unternehmen nicht mehr existiere und sie jede Verantwortung ablehnen würden.

Don verlor den Prozeß und wurde zur Zahlung von fünfzehn Millionen Dollar Schadenersatz verurteilt. Seine Versicherung bezahlte die 500 000 Dollar, für die sie haftete, der Rest ging zu Lasten von Dons Unternehmen, der daraufhin unfreiwilligen Bankrott anmelden mußte, weil er keine entsprechenden Vermögenswerte besaß.

Don blieb aber von den Forderungen des Bürobesitzers verschont, weil die Rechtsform der Körperschaft ihn vor einem direkten Durchgriff auf sein persönliches Vermögen bewahrte. In diesem Fall hatte die Rechtsform der Körperschaft ihren eigentlichen Zweck erfüllt: die unschuldige Partei zu schützen.

Sind Personengesellschaften biblisch?

Die nächste große Frage ist, ob man Personengesellschaften gründen oder lieber als Einzelunternehmer tätig sein sollte. Wenn ja, was sind dafür die biblischen Richtlinien?

Die Frage, was eine Personengesellschaft bedeutet, kann dadurch am besten erläutert werden, wenn man die biblische Definition von einem »Joch« näher betrachtet. Der Apostel Paulus gebrauchte diese Illustration, als er die Gläubigen anwies, sich nicht zusammen mit Ungläubigen unter ein Joch beugen (binden) zu lassen. Als Paulus das Wesen einer Teilhaberschaft – darum geht es bei Personengesellschaften – erläuterte, benutzte er das griechische Wort zugo. Mit dem Wort *zugo* wurde ein stabiles Gerät bezeichnet, mit dem man zwei Tiere, in der Regel Ochsen, aneinanderband, um sie eine Last gemeinsam ziehen zu lassen.

Zu der Zeit in der Paulus lebte, war das Joch ein Sinnbild für eine ausgeglichene Partnerschaft, wie beispielsweise die Ehe. Wegen der Last, die sie zusammen ziehen sollten, mußten die Tiere mit großer Sorgfalt ausgesucht werden. Sobald ein Tier größer war als das andere, lastete das Joch zu schwer auf dem kleineren der beiden Tiere, und es konnte sogar passieren, daß es unter dem ungleich verteilten Gewicht zusammenbrach. Die Tiere mußten auch ein ausgeglichenes Temperament haben. Es durfte nicht mehr und nicht weniger als ein Leittier geben. Wenn beide Ochsen Leittiere waren, dann kämpften sie oft um die Führungsrolle und ermüdeten deswegen rascher. Wenn kein Tier leiten wollte, kam es vor, daß sie unerwartet anhielten und vom Weg abbogen. Somit ist mit dem Prinzip, daß man das gleiche Joch tragen soll, gemeint, daß beide Partner ebenbürtig und harmonisch sein sollten.

In 2. Korinther 6,14 sagt Paulus: »Beugt euch nicht mit Ungläubigen unter das gleiche Joch! Was haben denn Gerechtigkeit und Gesetzwidrigkeit miteinander zu tun? Was haben Licht und Finsternis gemeinsam?« Diese Stelle wird auf viele Weisen ausgelegt, aber die naheliegendste Auslegung dürfte sein »in eine gemeinsame Aufgabe eingespannt zu sein«. In der Bibel dient die Ehe als häufigstes Beispiel für so eine Beziehung. In einer Ehe verpflichten sich beide Partner, ihrer gemeinsamen Absicht treu zu bleiben, eine Familie zu gründen.

In der Geschäftswelt ist dafür das häufigste Beispiel eine offene Handelsgesellschaft. Bei dieser Rechtsform ist jeder Partner (Gesellschafter) an alle geschäftlichen Handlungen gebunden, die der andere (die anderen) Gesellschafter eingeht (eingehen). Wenn also ein Gesellschafter einen Vertrag im Namen der Gesellschaft abschließt, sind alle anderen Gesellschafter sowohl einzeln als auch gemeinsam zur Erfüllung dieses Vertrages verpflichtet.

Der Hintergedanke, weshalb der Apostels davor warnte, mit Nichtgläubigen in eine solche Beziehung einzutreten, liegt in dem möglichen Wertekonflikt. In einer Ehe, in der nur ein Partner bekennender Christ ist, ist die Wahrscheinlichkeit sehr hoch, daß es häufig zu Konflikten und Kompromissen kommt. Da ich selbst kein Christ war und meine Frau sich viele Jahre vor mir bekehrte, weiß ich, wovon ich rede. Ich war kein Atheist. Ich glaubte an einen Gott, der das gesamte Universum geschaffen hatte. Aber meine Beziehung zu ihm erschöpfte sich in meiner passiven Gleichgültigkeit. Ich glaubte schon immer, daß Gott, wann auch immer er wollte, in der Lage wäre, mir mein Leben wieder zu nehmen. Also versuchte ich nichts zu tun, was ihn ärgern könnte.

Als meine Frau auf die Idee kam, ihren Zehnten an ihre Gemeinde zu geben, wußte ich diese Dummheit zu verhindern. Als sie wollte, daß unsere Kinder einen christlichen Kindergarten besuchten, stimmte ich zu (ein bißchen Religion hat noch niemand geschadet). Aber als sie unsere Jungen auf eine christliche Schule schicken wollte, wurde ich stutzig. Schließlich gab es ja genügend gute öffentliche Schulen, die keinen Pfennig kosteten. Die nächsten drei Jahre unserer Ehe waren von vielen Meinungsverschiedenheiten dieser Art durchzogen. Ich liebte meine Frau, aber meiner Meinung nach kosteten mich ihre Vorschläge nur viel Geld, und ihre Erziehung unserer Kinder hielt ich auch für falsch.

Ganz ehrlich, ich weiß nicht, worauf alles hinausgelaufen wäre, wenn ich nicht Christ geworden wäre. In den drei Jahren Ehe, in denen ich als Nichtchrist mit einer Christin verheiratet war, lernte ich etwas, das ich mittlerweile in allen anderen Partnerschaften zwischen Christen und Nichtchristen beobachten konnte: Die Partnerschaft geht nur dann nicht in die Brüche, wenn der Christ lernt, bezüglich dem Weg, den Gott mit ihm gehen will, Kompromisse einzugehen. Und es ist egal, ob es sich bei dieser Problematik um eine Ehe oder um eine geschäftliche Partnerschaft handelt.

Ein ungleiches Gespann kann nicht gut arbeiten

Nur wenige kluge Christen sind dazu bereit, einen Nichtgläubigen zu heiraten (obwohl es einige dummerweise trotzdem tun). Aber viele Christen gründen mit Ungläubigen Handelsgesellschaften oder treten als Gesellschafter in eine solche ein.

Normalerweise funktioniert eine solche »Ehe« nur, wenn die Gesellschafter, die Christen sind, nicht daran festhalten, das Unternehmen nur nach biblischen Prinzipien zu führen. Sie rechtfertigen dann ihre Art der Geschäftsführung gerne durch »wirtschaftliche Notwendigkeit« und nicht mit biblischen Prinzipien.

Verstehen Sie mich bitte nicht falsch. Ich glaube nicht, daß Christen immer moralischer und ehrlicher handeln als Nichtchristen (obwohl sie es sollten). Gott hat den Juden sicherlich nicht deshalb geboten, sich nicht mit ihren Nachbarvölkern zu vermischen, weil er von ihrer unerschütterlichen Treue und hohen Moral überzeugt war! Gott wollte sie aus dem Grund von den Nachbarvölkern trennen, weil er nicht wollte, daß sie durch Götzenanbetung zu Fall kommen. In unserer Gesellschaft haben sich die Christen schon so sehr an die breite Masse angepaßt, daß sie sich kaum noch von ihr abheben. Für den entschiedenen Christen stellt sich die Frage: »Diene ich Gott oder den Menschen?«

Dale war ein Arzt, der erst vor kurzem sein praktisches Jahr auf der Entbindungsstation und der Gynäkologie eines Marinekrankenhauses beendet hatte. Für die Zeit nach der Armee hatte er mehrere Angebote von Entbindungskliniken aus den Orten vorliegen, in denen er leben wollte. Soweit er wußte, war keine der Kliniken christlich geführt. Er erkundigte sich sorgsam bei jedem der geschäftsführenden Gesellschafter bezüglich Abtreibungen und anderen Praktiken, die er nicht unterstützen konnte. Er erklärte ihnen auch seine christlichen Überzeugungen und versicherte sich, daß sich keiner an seinem Glauben störte. Die Liste der Kliniken, die danach noch bereit waren ihn anzustellen, war auf drei geschrumpft, und er entschloß sich für jene, die bei den Krankenschwestern des örtlichen Krankenhauses den besten Ruf hatte. Er ging voll Elan an seine Arbeit mit dem Willen, als Mediziner gute Leistungen zu erbringen.

Was die Qualität seiner Arbeit und die Betreuung von gemeinsamen Patienten betraf, hatte Dale mit den anderen Ärzten zunächst keine Schwierigkeiten. (Es ist nicht unüblich, daß unter Kollegen ein Arzt die Patienten des anderen betreut. Das kommt auf Entbindungsstationen sogar oft vor, wo der diensthabende Arzt die Babys zur Welt bringt, die in seiner Schicht geboren werden.) Nach einem Jahr allerdings begann im Büro das Gerücht herumzugehen, daß er immer mehr Schwierigkeiten mache. Dale hatte während vieler Geburten die Gelegenheit genutzt, um mit den Patienten über Christus zu sprechen, und tatsächlich hatten viele mit ihm zusammen gebetet, um Christus ihr Leben zu übergeben.

Einer der Ärzte sprach Dale direkt darauf an und verlangte, daß er aufhören solle, seine Patienten »anzupredigen«. Eine jüdische Patientin hatte sich anscheinend darüber beschwert, daß Dale sie evangelisieren wolle.

»Es tut mir leid, wenn sie sich verletzt gefühlt hat, Fred«, sagte Dale auf die Kritik seines Mitgesellschafters. »Aber ich habe nichts getan, was der Geburt des Kindes hätte schaden können.«

»Nun, sie sagte, daß sie Angst hatte, daß du ihr Kind nicht richtig behandeln würdest, wenn sie nicht so reagiert, wie du es dir vielleicht wünschst«, sagte der Arzt offensichtlich verärgert. »Warum überläßt du das Evangelisieren nicht einfach Billy Graham und konzentrierst dich auf deine Arbeit?«

»Das ist nicht fair, und das weißt du«, wehrte sich Dale. »Ich mache meine Arbeit in der Praxis und oft übernehme ich noch andere Aufgaben. Ich würde nie zulassen, daß mein Christsein meine professionelle Einstellung gegenüber einem Patienten beeinträchtigt.«

»Hör mal, ich persönlich möchte auch keinen Psalmen singenden Evangelisten vor meiner Haustüre haben, deshalb weiß ich, wie sich die Patienten fühlen, wenn du versuchst, sie in einem der intensivsten Momente ihres Lebens in die Enge zu treiben. Also hör bitte damit auf, meine Patienten zu evangelisieren, okay?«

Dale versuchte das möglichste, seine Evangelisationstätigkeiten auf seine eigenen Patienten zu beschränken, aber wenn er eine offensichtliche Notlage in dem Leben eines Patienten erkannte, erzählte er ihm die Antwort, die er darauf kannte – Jesus Christus. Der Tropfen, der das Faß endgültig zum Überlaufen brachte, fiel, als eine Teilhaberversammlung einberufen wurde, bei der es um einen Vorfall des vorigen Tages gehen sollte. Die Versammlung wurde vom Hauptgeschäftsführer, dem Chefarzt Roy Andrews, persönlich geführt.

»Dale, haben Sie Frau Kinner gesagt, daß ihr Baby eine lebendige Person sei, und daß ein Schwangerschaftsabbruch aufgrund der im Fruchtwasser festgestellten Abnormitäten der Chromosomen, eine Sünde sei?«

»Ja, das habe ich getan«, antwortete Dale. »Ich dachte, es wäre die Position unserer Klinik, Abtreibungen zu verhindern.«

»Das ist generell auch richtig«, erwiderte Dr. Andrews, während er auf eine Auswertungstabelle blickte, die vor ihm lag. »Aber die Fruchtwasseruntersuchung zeigt, daß der Fötus einen schweren Gehirnschaden haben wird.«

»Nicht ganz, Herr Doktor«, erwiderte Dale. »Der Test läßt einen schweren Gehirnschaden vermuten. Wie Sie wissen, ist die Sicherheit bei diesen Tests nicht absolut.«

»Richtig bemerkt, Herr Doktor«, stimmte der ältere Arzt zu. »Aber die Wahrscheinlichkeit einer schweren Behinderung ist sehr groß. Wenn wir der Mutter empfehlen, ihr Kind auszutragen, und es danach schwer behindert ist, laufen wir Gefahr, verklagt zu werden.«

»Aber selbst wenn das Kind behindert sein sollte. Sind wir der Richter, der darüber entscheiden darf, ob jemand mit einem von Gott zugelassenen Zustand leben darf oder nicht?« Am Gesicht seiner Kollegen konnte Dale ablesen, daß sie andere Vorstellungen von diesen Entscheidungen über Leben und Tod hatten als er.

Bevor er weiterreden konnte, warf Fred Rider ein: »Ist das eine weitere Ihrer religiösen Philosophien, Herr Doktor?«

»Wie meinen Sie das ... ja, es ist eine«, antwortete Dale, und begann erst in diesem Augenblick darüber nachzudenken, was er gerade gesagt hatte. »Jedes Leben ist in den Augen Gottes wertvoll, auch das der Behinderten. Wer kann schon sagen, ob dieses Kind nicht ein zweiter Mozart wird? Und selbst wenn es keiner wird, haben wir nicht das Recht, darüber zu entscheiden, wie wertvoll sein Leben für ihn und seine Eltern sein wird.«

»Habe ich Ihnen nicht gesagt, daß uns seine fanatischen Ideen am Ende noch teuer zu stehen kommen werden?« sagte Fred Rider bissig. »Wir brauchen keinen Stationsprediger. Wenn er bleibt, dann gehe ich.«

»Beruhigen Sie sich, Fred«, sagte Roy Andrews, als er die Krankenakte zuklappte. »Ich bin sicher, wir bekommen die Angelegenheit gelöst. Stimmt's, Dale?«

»Das glaube ich nicht, Roy«, antwortete Dale und schaute in die Runde. »Sie alle sind sehr gute Ärzte, und ich weiß, daß Sie für Ihre Patienten das tun wollen, was für sie das beste ist. Ich glaube aber, daß es das Wichtigste ist, daß sie Jesus kennenlernen und ihm ihr Leben übergeben. Für mich ist die Medizin ein Hilfsmittel, das mir die Türe öffnet, um mit anderen über Jesus Christus sprechen zu können. Jetzt erst erkenne ich, daß wir uns deswegen immer in die Haare bekommen werden. Fred hat recht, wenn er sagt, daß meine Einstellung letzten Endes immer Auswirkungen auf unsere Zusammenarbeit haben wird. Wenn wir einer Meinung wären, dann gäbe es keine Schwierigkeiten. Aber da wir nicht auf einem Nenner sind, werden Reibereien unvermeidbar sein.«

Mit diesen Worten reichte Dale seine Kündigung ein und begann seine Arbeit den anderen Ärzten zu übergeben. Er hätte für immer in dem Krankenhaus arbeiten und finanziell abgesichert sein können. Aber dafür hätte er sein Leben anders leben müssen, als Gott es für ihn vorgesehen hatte, und Dale war nicht bereit, diesen Preis zu bezahlen.

Was ist mit schon bestehenden Partnerschaften?

Oft werde ich bezüglich schon existierender Partnerschaften zwischen Christen und nichtgläubigen Familienmitgliedern um Rat gebeten. Die Prinzipien in Gottes Wort unterscheiden bei Partnerschaften nicht zwischen Familienmitgliedern und Freunden. Paulus sagt in 1. Korinther 7,10–15 daß, wenn ein nichtgläubiger Partner mit seinem Partner der Christ ist, weiterhin zusammenleben will, der Christ diesem Wunsch zustimmen soll, und daß wenn dieser den Partner verlassen will, der Christ ist, der Christ ihn gehen lassen soll. Wenn Partnerschaften schon bestehen, dann sollte ein Christ so lange an der Beziehung festhalten, bis die Beziehung ihn dazu zwingt, in seinen geistlichen Überzeugungen Kompromisse eingehen zu müssen.

Dort wo der Vater oder die Mutter der nichtgläubige Partner ist, glaube ich aber, daß es noch wichtigere Prinzipien gibt, die für diese Beziehung gelten. Gott sagte in Matthäus 15,4: »Gott hat gesagt: Ehre Vater und Mutter! und: Wer Vater oder Mutter verflucht, soll mit dem Tod bestraft werden.« Deshalb ist das Gebot, daß wir Vater und Mutter ehren sollen, wichtiger als die Anweisung sich nur auf Partnerschaften einzulassen, in denen alle das gleiche Ziel haben. Natürlich darf ein Christ selbst seinen Eltern nicht erlauben, ihn oder sie zu einer Sünde zu zwingen. Aber solange das nicht der Fall ist, rate ich Ihnen: Werfen Sie Ihren Vater nicht aus Ihrer Firma hinaus.

Richtlinien, um eine Gesellschaft einschätzen zu können

Es gibt zwei fundamentale Fragen, die sich jeder Christ, der als Gesellschafter in eine Gesellschaft eintreten möchte, stellen sollte: Wer hat die letzte Entscheidungsbefugnis?; und: Sind wir uns in den grundsätzlichen Werten und Zielen einig?

1. Wer leitet?

Oft wird diese Frage während der Gründungsphase einer Handelsgesellschaft ausgeklammert, weil ein Christ den anderen nicht in Verlegenheit bringen möchte. Solange das gemeinsame Unternehmen gleichmäßig läuft, gibt es normalerweise keine Probleme. Aber sobald es sehr erfolgreich ist oder in große Schwierigkeiten gerät, wird diese Frage zentral.

Die Macht, die mit der Leitung einer erfolgreichen Firma einhergeht, wird jeden Christen in seinen Überzeugungen auf die Probe stellen. Wenn die Frage der Leitung nicht von vornherein geklärt ist, kann es leicht zu schweren Spannungen in der Gesellschaft kommen.

Umgekehrt, wenn das Unternehmen in finanzielle Schwierigkeiten gerät, braucht es eine starke und entscheidungsfähige Leitung. Sonst kann es nicht aus dem Tief gezogen werden. Um ein Unternehmen zu retten, kann es sogar manchmal erforderlich sein, Familienmitglieder zu entlassen, die im Unternehmen mitarbeiten, um die Ausgaben einzuschränken. Im Falle, daß die Gesellschaft nicht mehr zwei (oder mehr) Leute tragen kann, kann ein Gesellschafter nur dann von seinem Mitgesellschafter verlangen, aus der Gesellschaft auszutreten, wenn die Frage der Leitung schon von Anfang an geklärt war.

Richard besaß die Hälfte einer Elektronikfirma. Sein Partner, Gene, war ein ausgezeichneter Ingenieur, der schon mehrere patentierte Produkte entwickelt hatte, die sie entweder selber herstellten oder an andere Firmen verkauften.

Das Unternehmen teilte sich in zwei Zweige auf: Gene leitete den Bereich Forschung und Entwicklung. Der Verkauf stand unter Richards Autorität. Gene und Richard wollten gleichberechtigte, aber voneinander getrennte Verantwortungsbereiche haben – ein ausgezeichnetes Konzept, das selten, wenn überhaupt, funktioniert. Drei Jahre lang konnte das Unternehmen nur mit Mühe überleben. Richard erledigte das Geschäftliche und der andere Gesellschafter die technische Seite. Dann hatte eines ihrer Produkte großen Erfolg, und das Unternehmen schaffte den großen Durchbruch. Zum ersten Mal hatten sie die Mittel, um in ein Gebäude ziehen zu können, das schöne Büros und eine genügend große Fabrikhalle besaß. Und schon begannen sich Richard und Gene wegen dem Problem zu streiten, ob sie nun weitere Testgeräte oder eine andere Büroausstattung kaufen sollten.

Er begreift anscheinend nicht, daß wir eine Arbeitsatmosphäre in den Büros schaffen müssen, in denen sich unsere Angestellten wohl fühlen können, dachte Richard nach einem Treffen, und ging in Gedanken das soeben geführte Gespräch noch einmal durch.

»Hör mal, Richard«, hatte Gene gesagt. »Ich verstehe nicht, warum wir 20 000 Dollar für Büromöbel und einen neuen Teppichboden ausgeben sollen, wenn ich im Moment alles uns zur Verfügung stehende Geld brauche, um die neue computergestützte Version unserer Geräte zu entwickeln.«

»Aber wir haben doch erst mit dem Verkauf des letzten Modells begonnen«, entgegnete Richard. »Wenn wir jetzt schon wieder ein neues Modell anbieten, verkaufen wir die anderen Geräte nicht mehr. Ich schlage vor, daß wir mit der Entwicklung der computergestützten Version noch eine Weile warten. Außerdem brauchen die meisten unserer Kunden sowieso keine computergestützte Version. Sie haben nicht den Umsatz, der schon wieder höhere Ausgaben rechtfertigen würde.«

»Ich will anfangen, am neuen Modell zu arbeiten«, sagte Gene mit abschließendem Ton. »Dieses Unternehmen ist Ergebnis meiner Konstruktionen, und nun habe ich endlich genug Geld, um wirklich forschen zu können.«

»Das können Dupont oder GE machen«, antwortete Richard. »Sie haben eine Produktbasis, die ihnen solche Forschungsausgaben erlaubt. Wir können das aber nicht. Wir müssen das verkaufen, was wir haben und uns darauf konzentrieren, dieses auch für kleinere Unternehmen zugänglich zu machen.«

»Ich werde meine Zeit nicht damit verbringen, unsere Hardware zu überarbeiten, Richard. Ich muß an meinen neuen Ideen arbeiten. Ich weiß, daß du einen Markt für sie finden wirst. Mach dir nichts daraus, wir könnten die Büros doch auch noch nächstes Jahr neu einrichten, wenn diese neue Produktlinie fertig ist.«

Richard merkte, daß Gene ihn als den schwächeren Partner betrachtete, weil ihm das technische Wissen fehlte. Er wußte aber auch, daß das beste Produkt der Welt nichts wert ist, solange es von niemand gebraucht wird. Und Gene war nur darauf bedacht, seinen eigenen Interessen nachzugehen, ohne danach zu fragen, ob dafür überhaupt ein Markt existiert. Rückblickend stellte Richard auch fest, daß sie es wohl deshalb immer vermieden hatten, über die Einzelheiten ihres Gesellschaftsvertrages zu reden, weil sie beide Christen waren und deshalb davon ausgingen, für alle Schwierigkeiten immer eine Lösung finden zu können. Jetzt sah er die andere Seite seines Partners. Die Firma war für Gene nur ein Vehikel, um seine Ideen verwirklichen zu können: Die Konstruktion und Entwicklung neuer Anlagen. Richard war nur dazu da, um Genes Produkte zu verkaufen, damit er wieder neue entwickeln konnte.

Richard kam zu dem Schluß, daß ihm drei Möglichkeiten offenstanden: (1) aus der Gesellschaft auszutreten; (2) um seine Gleichberechtigung als Gesellschafter zu kämpfen oder (3) seinem Partner die alleinige Geschäftsführung zu überlassen.

Nachdem er mit seiner Frau über diese Entscheidung gesprochen und gebetet hatte, beschloß er, einen Teil seiner Gesellschaftsanteile seinem Partner zu geben, um auf diese Weise seinem Partner die Position als einziger geschäftsführender Gesellschafter zu sichern. Als Gene am nächsten Morgen in sein Büro kam, fand er auf seinem Schreibtisch einen Umschlag mit Gesellschaftsanteilen.

Gene war verwirrt. Er hatte erwartet, daß Richard mit ihm um die Führung der Firma kämpfen würde. Er hatte mit seiner Frau den Fall besprochen, und sie hatten sogar daran gedacht, im Notfall die Geschäftsführung gerichtlich zu erzwingen. Beim Anblick der Gesellschaftsanteile begriff er, daß Richard freiwillig etwas getan hatte, zu dem ihn kein Gericht hätte zwingen können. Er ging zum Büro seines neuen Juniorpartners.

»Richard, warum hast du das getan?« fragte er verlegen, mit den Gesellschaftsanteilen in seiner Hand.

»Nun, ich habe dieses Problem im Gebet vor Gott gebracht und Donna und ich haben beschlossen, daß wir entweder glauben, was in der Bibel steht oder es bleibenlassen. In Philipper 2,3 schrieb Paulus: ›Daß ihr nichts aus Ehrgeiz und nichts aus Prahlerei tut. Sondern in Demut schätze einer den anderen höher ein als sich selbst.‹ Wir wissen beide seit gestern, daß es keine zwei geschäftsführenden Gesellschafter geben kann, deswegen dachte ich mir, daß es das Beste ist, unser Problem auf diese Art zu lösen. Du sagst mir ab jetzt, was ich tun soll, und ich werde es tun, Chef.«

Gene stand fast eine Minute sprachlos da. Er wußte, daß Gott ihm durch seinen Partner gerade eine Lektion über Demut beigebracht hatte. Er erwiderte: »Ich glaube, ich hätte es gerne, wenn du jetzt für mich betest, Richard. Du weißt, daß ich immer mit meinem Stolz zu kämpfen hatte. Ich hätte das nie fertiggebracht, nicht einmal unter gerichtlicher Anordnung. Ich fühle mich wie ein Riese, der in seiner Kriegsrüstung gegen ein Kind mit einer Steinschleuder in den Kampf gezogen ist.«

Richard und Gene verbrachten die nächste halbe Stunde auf den Knien und beteten gemeinsam. Das wurde in den folgenden drei Jahren, in denen sie zusammenarbeiteten, zu ihrer Gewohnheit. Seit jenem Tag versuchte Gene nie wieder, Richard etwas vorzuschreiben. Statt dessen erläuterte er ihm seine Ideen und bat Richard um seine Meinung. Er stellte sich total hinter Richards Geschäftsführung – einschließlich dem Budget für Forschung und Entwicklung. Am Ende wurde das Unternehmen von einer größeren Firma gekauft, die Richard zum Marketing-Direktor und Gene zum Leiter der Forschungsabteilung machte. So steht in Sprüche 22,4: »Der Lohn für Demut und Gottesfurcht ist Reichtum, Ehre und Leben.«

2. Was sind Ihre absoluten Werte?

Eine der besten Übungen, die Sie in der Vorbereitung auf einen möglichen Einstieg in eine Gesellschaft machen können, ist, einige Zeit (eine Menge Zeit!) damit zu verbringen, Ihre eigenen Wertvorstellungen kennenzulernen und festzulegen. Das sollten die Prinzipien sein, nach denen Sie arbeiten und bei denen Sie keinerlei Kompromisse eingehen. Beim ersten Versuch werden Ihnen nicht auf Anhieb alle Werte bewußt werden, aber je öfter Sie diese Übung machen, desto mehr wird an die Oberfläche kommen.

Ich vermute stark, daß die Männer und Frauen aus Politik oder in kirchlichen Ämtern, die in Sünde gefallen und dabei entdeckt worden sind, sich nie die Zeit genommen haben, um ihre Werte zu festigen. Später merkten sie, daß sie gegenüber ihrer Überzeugung faule Kompromisse eingegangen waren. Aber dann war es schon zu spät.

Wenn Sie mit jemand anderem eine offene Handelsgesellschaft gründen wollen, dann sollten Sie beide von Anfang an über die Überzeugungen ihres Partners im Bilde sein. In der Bibel lassen sich keine Anhaltspunkte dafür finden, daß es Christen verboten sei, eine Handelsgesellschaft zu gründen. Aber wie Paulus schon in 1. Korinther 10,23 sagte: »Alles ist erlaubt – aber nicht alles nützt. Alles ist erlaubt – aber nicht alles baut auf.« In anderen Worten: Man darf mit einem anderen Christen eine Gesellschaft gründen, aber diese Gesellschaft muß deswegen nicht unbedingt erfolgreich sein. Gehen Sie sicher, daß, egal, welchen Partner Sie haben, dieser auch Ihre persönlichen Wertvorstellungen und Überzeugungen teilt.

Einige der Werte und Überzeugungen, die mit jedem potentiellen Gesellschafter besprochen werden sollten, sind:

1. Sind beide entschlossen, Gewinne aus dem Unternehmen für das Reich Gottes und für wohltätige Zwecke zu spenden? Wenn ja, wieviel und an wen?
2. Werden wir Forderungen einklagen?
3. Werden wir Familienangehörige beschäftigen?
4. Werden wir nichtchristliche Manager oder Angestellte einstellen?
5. Wie viele Stunden werden wir wöchentlich in das Unternehmen investieren?
6. Wieviel Zeit werden wir auf Geschäftsreisen sein (und deswegen nicht mit der Familie verbringen können)?
7. Werden wir mit unserem Unternehmen evangelisieren?
8. Werden wir das Unternehmen irgendwann in der Zukunft verkaufen?
9. Was geschieht mit dem Gesellschaftsvermögen, wenn ein Gesellschafter stirbt?
10. Sind wir bereit, uns gegenseitig und auch einer außenstehenden Gruppe gegenüber Rechenschaft abzulegen?

Wie Sie die Fundamente für eine erfolgreiche Gesellschaft legen

Ich kann ehrlich sagen, daß mir schon einige sehr erfolgreiche Gesellschaften begegnet sind. Allerdings habe ich viel öfter beobachtet, daß Gesellschaften sich wieder aufgelöst haben, als daß sie dauerhaft Erfolg hatten. Für gewöhnlich hängt der Erfolg oder Mißerfolg einer Gesellschaft davon ab, ob die angehenden Gesellschafter von Anfang an bereit sind, völlig ehrlich zueinander zu sein, und ob sie sich an die gegenseitige Verpflichtung halten, sich nach den Prinzipien zu richten, die in der Bibel stehen.

Den besten Rat, den ich Ihnen bezüglich Gesellschaften geben kann, ist, sie mit größter Vorsicht anzugehen. Meistens bringt die Auflösung einer Gesellschaft nicht weniger Schmerzen mit sich als eine Scheidung. Es ist besser, die Gefühle eines anderen schon im Vorfeld zu verletzen, indem man eine schon geplante Gesellschaftsgründung wieder absagt, als daß diese Person auf der Strecke bleibt, wenn die Gesellschaft bankrott geht.

Wenn es Ihnen, was eine geplante Gesellschaftsgründung angeht, gelingt, mit Ihrem Partner zu einer beidseitig zufriedenstellenden Übereinkunft zu gelangen, dann empfehle ich Ihnen, alle Einzelheiten schriftlich festzuhalten. Es ist bekannt, daß sich die meisten von uns nur noch an zehn Prozent von dem erinnern können, was sie vor einem Monat gehört haben. Wenn man dann noch die Tatsache einkalkuliert, daß man den anderen oft mißversteht, ist es leicht verständlich, warum so viele Geschäftspartner hinterher Schwierigkeiten haben, ihre mündlichen Absprachen auf einen Nenner zu bringen. Dieses Problem lösen Sie am einfachsten dadurch, daß Sie einen schriftlichen Vertrag aufsetzen, den alle Vertragsparteien unterschreiben. Das wird zwar nicht alle Mißverständnisse verhindern können, aber es wird dabei helfen – und Sie sind auf jeden Fall in einer besseren Ausgangsposition als die üblichen christlichen Gesellschaften. Wenn ein potentieller Mitgesellschafter durch Ihren Vorschlag, alles schriftlich festzuhalten, beleidigt ist, dann ist es besser, wenn Sie diese Einstellung Ihres Partners schon von Anfang an kennen.

Ist eine Kommanditgesellschaft eine echte Gesellschaft?

In den 70er und 80er Jahren etablierte sich in den Vereinigten Staaten eine neue Gesellschaftsform, die Kommanditgesellschaft. Der Vorteil dieser Gesellschaftsform ist, daß Personen die Möglichkeit haben, Geld in ein Unternehmen zu investieren und die Steuervorteile einer Gesellschaft in Anspruch nehmen zu können, ohne gesamtgesellschaftliche Haftung auf sich nehmen zu müssen.

In einer solchen Geschäftsbeziehung sind die Investoren (Kommanditisten) sowohl in ihrer Haftung als auch in ihren Befugnissen beschränkt. Der geschäftsführende Gesellschafter, Komplementär genannt, hat laut § 164 im Handelsgesetzbuch die alleinige Geschäftsführungsbefugnis. Er haftet auch persönlich für alle Verbindlichkeiten der Gesellschaft. Die Kommanditisten haften nur in Höhe ihrer in das Handelsregister eingetragenen Einlage.

Zweifellos sind viele, wenn nicht alle dieser Kommanditgesellschaften, eine schlechte Investition, bei der viele Leute Geld durch wertlose Beteiligungen verloren haben. Aus diesem Grund haben manche christliche Finanzberater Kommanditgesellschaften als unbiblisch abgestempelt, weil Kommanditisten und Komplementäre nicht das gleiche Joch zu tragen haben.

Ich bin auch der Meinung, daß Christen schlechte Investitionen vermeiden sollten, und daß Christen, die ihr Geld bei einem Nichtgläubigen investieren, Gefahr laufen, abhängig von den durchgeführten, und von ihnen nicht beeinflußbaren Investitionen, Kompromisse einzugehen. Ich glaube aber nicht, daß eine Kommanditgesellschaft ein »ungleiches Joch« ist. Hätte man diese Rechtsform »Investition mit begrenzter Haftung« genannt, hätten die meisten christlichen Lehrer und Berater keine Schwierigkeiten mit einer Kommanditgesellschaft. Weil es aber das Wort *Gesellschaft* enthält, entstehen sofort Debatten.

Ich empfehle Christen auf jeden Fall, bei bestimmten Kommanditgesellschaften eine Beteiligung deshalb nicht in Betracht zu ziehen, weil wir das uns anvertraute Geld gut verwalten sollen. Wenn man es trotzdem tut, mag das ein schlechtes Geschäft sein, aber deshalb sind Kommanditgesellschaften noch lange kein Joch.

Die Beziehung zwischen Arbeitgeber und Arbeitnehmer

Viele Christen machen sich unnötig große Sorgen wegen der Frage, ob sie sich nicht unter ein »ungleiches Joch« zwingen lassen, wenn sie für Nichtgläubige arbeiten oder Nichtgläubige anstellen. Eine solche Beziehung hat nicht den Charakter einer Gesellschaft oder den eines Jochs. In der Beziehung zwischen Arbeitgeber und Arbeitnehmer ist es klar definiert, wer der Chef und wer der Untergeordnete ist. Solange der Arbeitnehmer bezüglich seinen oder ihren christlichen Grundsätzen keine Kompromisse eingehen muß, gibt es keine biblische Warnung vor einer solchen Art von Autoritätsbeziehung.

Hat Aktienbesitz den Charakter eines Jochs?

Es läßt sich nicht so einfach entscheiden, ob man im biblischen Sinne ein Joch trägt, wenn man im Besitz von Aktien eines Unternehmens ist. Wenn jemand einige Aktien von IBM oder GE kauft, ist er nicht sofort mit diesem Unternehmen unter einem Joch. Er oder sie hat nur ein Recht auf anteilige Gewinnausschüttung und anteilige Stimmrechte auf der Jahreshauptversammlung erworben.

Aber was ist, wenn eine Aktiengesellschaft zwei Leuten mit gleichen Anteilen gehört? Kann man in diesem Fall von einem gemeinsamen Joch sprechen oder nicht? Wenn die Absicht bestand, eine Aktiengesellschaft zu gründen, die von beiden Aktionären zu gleichen Teilen getragen und geführt wird, dann liegt eine Partnerschaft in genau dem Sinn vor, in dem das Wort *Partnerschaft* gebraucht wird.

Die einfachste Lösung, wie man sich des »ungleich verteilten Jochs« einer schon gemachten Übereinkunft entledigen kann, ist der Weg, den Richard ging: den (die) anderen Partner zu fragen, ob er oder sie einen Teil der eigenen Anteile übernehmen wollen, damit eine klare Hierarchie besteht. Ich glaube, daß ein solcher Schritt für viele nichtchristliche Partner der erste auf ihrem Weg zu Jesus sein könnte. Und wenn er es nicht ist, dann wird er für viele Christen der erste auf dem Weg sein, Gottes Wort als absolute Autorität zu akzeptieren.

Kapitel 17

Das Unternehmen und der Zehnte

Das Prinzip, daß ein Unternehmen seinen Zehnten geben sollte, unterscheidet sich kaum von dem, daß man von seinem Privateinkommen seinen Zehnten geben sollte. Eigentlich beziehen sich die meisten alttestamentlichen Texte zum Thema »Geben« auf Erträge, die durch Betriebe erwirtschaftet wurden, denn zu jener Zeit gab es nur wenige Leute, die im heutigen Sinne Angestellte waren. Ähnlich wie in den USA noch bis vor 1950, arbeitete auch damals der Großteil der Menschen in der Landwirtschaft.

Ich habe das Prinzip des Zehnten schon in anderen Büchern erläutert, würde aber trotzdem gerne noch einmal auf die Fragen eingehen, die mir von Geschäftsleuten am häufigsten gestellt werden:

Gilt das Prinzip des Zehnten auch für Christen?

Einige bekannte christliche Lehrer sind der Meinung, daß das Gebot, daß man den Zehnten von seinem Einkommen geben soll, deshalb nicht für Christen Gültigkeit besitzt, weil es sich dabei um ein Gesetz aus dem Alten Testament handelt, und daher ausschließlich für das jüdische Volk gilt. Ich glaube, daß diese Lehre ebenso falsch ist wie der entgegengesetzte Standpunkt, daß das Geben des Zehnten für das Volk Gottes ein absolutes Gebot sei. Ich glaube nicht, daß Gott seinem Volk geboten hat, den Zehnten von jedem Ertrag zu geben, und der Zehnte ist auch nicht eine Art Eintrittsgeld ins Christentum. Aber nachdem ich das gesagt habe, muß ich hinzufügen, daß ich auch nicht glaube, daß man das eine Extrem durch das andere ersetzen sollte.

Die Abgabe des Zehnten war nie ein »Gesetz«. Obwohl in den fünf Büchern Mose fünfzehn mal vom Zehnten die Rede ist, wird an keiner Stelle eine Strafe für den Fall angedroht, daß man seinen Zehnten nicht gibt. Wenn Sie die Gesetze, die Gott den Menschen gegeben hat, genauer untersuchen, dann werden Sie auf viele harte Strafen stoßen, die Gott durch andere Menschen ausführen ließ, wenn man gegen seine Gesetze verstieß. Aber kein Jude durfte einen anderen bestrafen, weil dieser seinen Zehnten nicht gegeben hatte.

Natürlich hat Gott die Juden, wie in Mal. 3,9, auch über die Konsequenzen aufgeklärt, die sie zu tragen haben, wenn sie ihm den Zehnten nicht geben: »Dem Fluch seid ihr verfallen, doch ihr betrügt mich weiter, ihr, das ganze Volk.« Der Zehnte war, wie es Paulus unzweideutig in 2. Kor. 9,7 schreibt, immer als ein freiwilliger Beitrag für die Arbeit im Reich Gottes gedacht: »Jeder gebe, wie er es sich in seinem Herzen vorgenommen hat, nicht verdrossen und nicht unter Zwang; denn Gott liebt einen fröhlichen Geber.«

Immer wenn Jesus oder einer seiner Apostel ein Thema aus der Bibel behandelte, wurden eventuelle Änderungen gegenüber dem Alten Testament deutlich herausgearbeitet. Beispiele dafür sind die Themen Scheidung, Opfer, Vergeltung und der Sabbat. Wenn für die Christen, die in der Zeit von Paulus lebten, das Prinzip des Zehnten in Frage gestanden wäre, dann bin ich mir sicher, daß Paulus die Änderungen scharf abgehoben hätte, die notwendig gewesen wären, um die Lehren aus dem Alten Testament an den Willen Gottes für Christen anzugleichen.

In anderen Worten: Dieses Prinzip des Zehnten gilt für die Christen des 20. Jahrhunderts genauso, wie es für Abraham galt, der Gott schon 430 Jahre bevor Moses diese Anweisung an die Menschen weitergab (1. Mose 14,20), seinen ersten Zehnten gab. Der Zehnte ist ein Ausdruck dafür, daß wir Gottes Herrschaft über alles, was wir sowohl geistlich als auch materiell haben, anerkennen.

Ich bin mit J. Oswald Sanders einig, der in seinem Buch *Enjoying Intimacy with God* (Die Freude über die vertraute Beziehung mit Gott) sagt: »Wird ein Christ, der die enge Vertrautheit mit Gott kennt, einen Vorteil aus der Gnade ziehen wollen, die Gott ihm schenkt, und weniger Geld in das Reich Gottes investieren wollen, als die weniger privilegierten Juden, die nichts über das Opfer von Golgatha wissen?« Ich denke, wohl kaum.

Sollte ich den Zehnten von meinem Gewinn oder von meinen Erträgen geben?

Ron war noch nicht lange Christ und nahm an einem Bibelstudium mit anderen Geschäftsleuten aus der Stadt teil. Er war Agnostiker gewesen und wußte bis auf das, was er als Kind mitbekommen hatte, wenig über Gott. Ihm ging nicht aus dem Kopf, daß er Gott etwas von seinen »ersten Früchten« geben sollte. Also fragte er die Gruppe: »Will Gott, daß ich ihm den Zehnten von meinem Bruttoeinkommen oder von meinem Nettoeinkommen gebe?«

Die meisten Männer antworteten ihm: »Den Zehnten gibt man immer vom Bruttoeinkommen.«

»Zahlt ihr den Zehnten wirklich vom Bruttoumsatz eures Unternehmens?« fragte er mit der unangenehmen Ehrlichkeit, die die meisten jungen Christen auszeichnet.

Es wurde vollkommen still in der Gruppe. John Gray, einer der Geschäftsmänner der Gruppe, sagte: »Nun, auf Unternehmensebene kann man den Zehnten nicht vom Bruttoumsatz bezahlen, das ist unmöglich. Deswegen bezahlt man den Zehnten vom Jahresüberschuß.«

»Aber warum soll ich auf privater Ebene den Zehnten von meinem Bruttoeinkommen bezahlen, und Unternehmen müssen den Zehnten nur von ihrem Jahresüberschuß geben?« fragte Ron. »Gilt für Firmen ein anderes Prinzip?«

»Man muß das von der praktischen Seite angehen«, sagte ein anderer aus der Gruppe. »Man kann nicht vom Bruttoumsatz ausgehen, weil die meisten Unternehmen keine zehn Prozent Reingewinn erwirtschaften.«

Ron ging mit diesen Antworten sehr unzufrieden nach Hause. Er wollte nicht akzeptieren, daß Gott in seinem Wort mit Privateinkommen anders umging als mit Unternehmenserträgen. Deshalb rief er mich an und fragte, ob er vorbeikommen könne, um mit mir über das Thema zu sprechen. Ich lud ihn ein und gab zu, daß ich mit der Frage auch zu kämpfen gehabt hätte, aber jetzt der Meinung sei, doch einige Antworten gefunden zu haben.

Sobald er in meinem Büro stand, stellte mir Ron die große Frage: »Soll ich den Zehnten von meinem Bruttoumsatz oder von meinem Jahresgewinn geben?«

»Ich will Sie zunächst etwas fragen«, erwiderte ich. »Fragen Sie, weil Sie wirklich geben *wollen,* oder suchen Sie nur ein Schlupfloch im Wort Gottes, das Ihnen gestattet, weniger zu geben?«

Ron war über meine Frage etwas verblüfft und antwortete leicht beleidigt: »Ich würde gerne das tun, was im Wort Gottes steht, aber ich kann nicht erkennen, was ich tun soll, es scheint unmöglich zu sein.«

»Ron, ich habe Ihnen die Frage nur deswegen gestellt, weil ich glaube, daß Geben immer ein freiwilliger Akt von Gottes Volk war und das auch bleiben sollte. Wenn Christen nicht gern geben, ermutige ich sie immer dazu, es einfach bleibenzulassen.«

»Wie kommen Sie denn darauf? Ich dachte, daß Gott uns in seinem Wort befiehlt, den Zehnten zu geben«, sagte Ron.

»Das stimmt auf keinen Fall. Gott liebt einen fröhlichen Geber, wie der Apostel Paulus in 2. Korinther 9,7 sagt. Daran hat sich nichts geändert, seit Abraham Gott den ersten Zehnten in 1. Mose 14,20 gab – 430 Jahre bevor durch Moses das Gesetz den Menschen gegeben wurde.«

»Aber was ist mit der Forderung, den Zehnten geben zu sollen, die in Maleachi steht?« fragte Ron.

»Gott gab Maleachi den Auftrag, die Israeliten zu fragen, weshalb sie ihn bestahlen: ›Darf der Mensch Gott betrügen? Denn ihr betrügt mich. Doch ihr sagt: Womit betrügen wir dich? Mit den Zehnten und Abgaben!‹ (Mal. 3,8). Gott hat aber nie jemanden bestrafen lassen, nur weil er seinen Zehnten nicht gab. Sicher, Ungehorsam hat immer Konsequenzen, und Maleachi macht das in Vers 9 ja auch deutlich: ›Dem Fluch seid ihr verfallen.‹ Gott will von uns aber keine Gaben, die wir ungern geben. Aber letztendlich soll Geben doch ein Ausdruck dafür sein, wie sehr wir Gottes Herrschaft über unserm Leben respektieren, und wie dankbar wir ihm dafür sind, oder?«

»Wahrscheinlich schon. Ich habe es nur noch nie so betrachtet«, antwortete Ron. »Aber wie soll ich ein Zehntel von meinen Bruttoumsätzen geben, wenn mein Unternehmen gar keine so hohen Gewinne erzielt?«

»Machen Sie nicht genug Gewinn, oder liegt es nicht vielmehr daran, daß Sie die Gewinne nicht behalten können?«

»Ich verstehe den Unterschied nicht so ganz«, erwiderte Ron mit verwirrter Miene. »Wenn ich zehn Prozent meiner Erlöse abgebe, kann ich meine Rechnungen nicht bezahlen.«

»Wieviel Steuern bezahlen Sie jährlich?« fragte ich.

»Gute Frage. Das weiß ich nicht genau, aber es sind ungefähr zwanzig Prozent«, antwortete Ron.

»Wie sind Sie in der Lage, zwanzig Prozent Einkommensteuer zu bezahlen?«

»Nun, der Staat verlangt es eben«, erwiderte Ron und begann, den Zusammenhang zu erkennen.

»Wie steht es mit Zinsen, Ron? Wieviel Prozent Ihres Umsatzes müssen Sie wegen aufgenommener Kredite an Ihre Gläubiger bezahlen?«

»Das weiß ich jetzt wirklich nicht. Aber ich schätze, daß es im Durchschnitt zwischen zehn und zwölf Prozent sind«, antwortete er.

»Dann wissen Sie ja bereits, an wen der Zehnte geht. Zum einen geht er an den Staat, der viele Aufgaben übernommen hat, die eigentlich die Aufgaben des Volkes Gottes waren. Der Rest geht in Form von Zinsen an Kredithaie. Wenn wir Kredite aufnehmen, ist das eine Folge davon, daß wir nicht Gottes Gebote und Grundsätze beachtet haben, wie Gott es in 5. Mose 28,43 gesagt hat.« Ich zog meine Bibel heraus und las den Abschnitt vor:

»Der Fremde, der in deiner Mitte wohnt, steigt immer höher nach oben, hoch über dich hinaus, und du steigst immer tiefer hinab. Er leiht dir aus, und du kannst ihm nichts ausleihen. Er wird zum Kopf, und du wirst zum Schwanz. Alle diese Verfluchungen werden über dich kommen, dich verfolgen und dich erreichen, bis du vernichtet bist, wenn du auf die Stimme des Herrn, deines Gottes, nicht hörst und nicht auf seine Gebote und Gesetze, auf die er dich verpflichtet hat, achtest.«

»Sie meinen, daß weil das Volk Gottes sich entschlossen hat, Gottes Prinzipien nicht zu beachten und ihren eigenen Weg zu gehen, Gott der Regierung und den Gläubigern erlaubt hat zu kommen, und Gottes Anteil an sich zu nehmen?« fragte Ron, als er über diese »Offenbarung« nachdachte.

»Ja, ich glaube, daß es sich im wesentlichen so verhält. Wir haben uns der Welt um uns herum so sehr angepaßt, daß wir heute eher ihren Maßstäben anstatt Gottes Prinzipien folgen. Wenn wir nicht so viel geben können, dann ist das ein Symptom unseres Ungehorsams und nicht dessen Ursache.«

»Aber wie kann ich denn aus der Falle herauskommen, in der ich jetzt stecke?« fragte Ron. »Ich möchte Gott mit meinem Leben und mit meinen Finanzen wirklich ehren.«

»Es scheint, als ob wir im Moment nicht viel gegen die Steuern für die Regierung unternehmen können«, antwortete ich, »also wird es wohl das beste sein, daß wir unsere Schulden abbezahlen und diesen Teil dann Gott geben.«

»Aber das kann in meinem Fall noch Jahre dauern«, wandte Ron ein. »Was kann ich in der Zwischenzeit tun?«

»Tun Sie, was Sie können, Ron. Wenn Sie nicht gleichzeitig den Zehnten geben und Ihre Gläubiger befriedigen können, geben Sie, was Sie geben können. Setzen Sie sich aber das Ziel, möglichst schnell schuldenfrei zu werden und investieren Sie dann die Zinsen, die Sie bisher bezahlen mußten, in das Reich Gottes.«

Ron begann mit einem kleinen Prozentteil seines Jahresumsatzes, während er weiterhin den Zehnten von seinem Gehalt gab. Er brauchte fast sieben Jahre, um alle seine Schulden beglichen zu haben. In dieser Zeit mußte er viele gute Angebote ausschlagen, die er unter Inkaufnahme eines höheren Verschuldungsgrades hätte wahrnehmen können.

Die meisten seiner christlichen Freunde dachten, daß er verrückt geworden sei, als er auf meinen Rat hörte. Ihr Standardargument lautete: »Du kannst doch viel mehr Geld verdienen und später dann mehr Geld geben.« Ich habe aber festgestellt, daß die meisten Leute es später irgendwie doch nicht schaffen, mehr zu geben.

Ron ist heute schuldenfrei und spendet fast zwanzig Prozent seines Jahresumsatzes. Er wird wohl nie auf den Milliardärslisten unserer Gesellschaft erscheinen, aber dafür steht sein Name wahrscheinlich auf einer viel wichtigeren Liste ganz obenauf.

Sprüche 3,9 lautet: »Ehre den Herrn mit deinem Vermögen, mit dem Besten von dem, was du erntest.« Das Allererste, was man produziert, kann auch als »Ernte« betrachtet werden. Wenn ein Landwirt erntet, hat er Ausgaben, wie Löhne für seine Arbeiter und Zahlungen an seine Lieferanten und Gläubiger. Heutzutage sind die Kosten eines Landwirts so hoch und seine Gewinne so niedrig, daß er nicht einmal einen Bruchteil seines Zehnten geben könnte. Dennoch kenne ich mehrere Landwirte, die ihren Zehnten geben können und trotzdem einen hohen Lebensstandard haben. Diese Landwirte haben nur das eine gemeinsam: Sie haben keine Schulden mehr. Sie nehmen weder zum Anbau noch zur Zahlung von Rechnungen Kredite auf. Sie nehmen Kredite nur auf, um ihre Effizienz zu vergrößern, und wenn sie weiteres Land kaufen, stellen sie ihr Eigentum nie als Sicherheit.

Viele Christen glauben heute, daß es einfach nicht möglich sei, den Zehnten ihres Jahresumsatzes zu geben. Und das stimmt, solange ein Christ sein Unternehmen nach den Regeln der Welt führt. Aber ist es nicht interessant, wie das, was die einen als unmöglich betrachten, für andere zu ihrem wichtigsten Zeugnis wird?

Die zwei Männer, die im 20. Jahrhundert aufgrund ihrer Spendenfreudigkeit wahrscheinlich am bekanntesten waren, sind R. G. Le Tourneau und Stanley Tamm. Ich konnte Herrn Le Tourneau leider nie kennenlernen, weil er schon bevor ich Christ wurde, gestorben war. Aber dafür bin ich Stanley Tamm mehrmals begegnet. Er ist ein guter Geschäftsmann, der eine sehr erfolgreiche Firma (U.S. Plastics) aufgebaut und den größten Teil der Erträge in das Reich Gottes investiert hat.

Diese Männer haben sich nie die Frage gestellt, ob sie ihren Zehnten vom Jahresumsatz oder vom Jahresüberschuß geben sollten. So schrieb Le Tourneau in seinem Buch *Movers of Men and Mountains* (Von Leuten, die Menschen und Berge versetzen): »Ich schaufle das Geld raus, und Gott schaufelt es wieder rein – mit dem Unterschied, daß Gott eine größere Schaufel hat als ich.« Auch diese Männer hatten eine Gemeinsamkeit: Ihre Unternehmen waren stets unverschuldet, und sie waren deswegen immer in der Lage, die Zinsen, die sie sonst an Gläubiger hätten bezahlen müssen, in das Reich Gottes zu investieren. Das mag für uns radikal klingen, aber beide Männer lebten noch in einer Zeit, in der es die Regel und nicht die Ausnahme war, sein Unternehmen auf diese Weise zu führen. Ich bin aber überzeugt, daß ihr Denken auch heute noch funktioniert.

Wie kann ich Vermögensgegenstände spenden?

Ich werde oft gefragt: »Wie soll ich einen Teil meines Jahresertrages geben, wenn er fast nur aus Vermögensgegenständen besteht?«

Die Landwirtschaft ist für diese Problematik ein gutes Beispiel. Ein Farmer kann, obwohl er einen Mähdrescher, einen neuen Traktor und eine neue Scheune gekauft hat, sagen: »Dieses Jahr habe ich fast nichts verdient.« Er hat auch in diesem Fall Gewinne gemacht, nur nicht in Form von Bargeld. Wie kann man in so einer Situation Geld spenden?

Für viele Christen wird die Antwort auf diese Frage darin liegen, daß sie einfach einen Anteil an ihrem Unternehmen spenden. Wenn in diesem Fall das Unternehmen wächst, wächst auch der Anteil, der Gott gehört.

Auch Stanley Tamm ging diesen Weg. Er übertrug ein Aktienpaket an eine eigens gegründete Stiftung, die die Aufgabe hatte, das Geld in das Reich Gottes zu geben. Bei einer Gewinnausschüttung bekam die Stiftung ihren Anteil. Wenn das Unternehmen jemals verkauft wird, dann bekommt die Stiftung ebenfalls ihren Anteil.

Im Fall von Vermögensgegenständen wie Immobilien, Lastwagen und ähnlichem ist es genauso einfach, den Zehnten von seinen Einkünften zu geben, wie bei der Übertragung von Unternehmensanteilen an eine Gemeinde oder eine andere christliche Organisation. Wenn ein Besitzer dies tun und nicht die Entscheidungsbefugnis über die Wertgegenstände verlieren will, dann kann er das durch eine Spende von nicht stimmberechtigten Anteilen tun.

Zahlreiche christliche Unternehmer haben auch schon ihre Produkte gespendet. Als wir unsere Büros renovierten, spendete uns zum Beispiel der Eigentümer einer Rolladenfabrik sämtliche Jalousien. Andere Christen haben Lastwagen, Flugzeuge, Essen und Büroausstattung an die verschiedensten christlichen Werke gespendet. Diese Spenden stellen Aufwendungen dar, die von den Empfängern nicht getragen werden mußten. Wenn man seinen Zehnten auf diese Weise gibt, ist das sogar oft die beste Form, die ein Geschenk haben kann. Jedesmal wenn ich die Jalousien an unseren Bürofenstern sehe, versuche ich daran zu denken, wie dankbar ich Gott für diesen Geschäftsmann bin, der Zeit und Energie investiert hat, um unsere Arbeit zu fördern. Ich bete auch regelmäßig für sein Unternehmen.

Wenn eine Aktiengesellschaft Aktien spendet, dann kann das sowohl für den Empfänger als auch für den Geschäftsmann von Nutzen sein. Da es die momentane Steuergesetzgebung erlaubt, den Wert einer bargeldlosen Spende zu ihrem Marktwert anzugeben, kann der Spender einen weitaus höheren Steuerabzug bekommen, als die Spende ihn oder sie eigentlich gekostet hat. Wenn die Aktien eines Spenders zum Beispiel einen Nominalwert von zehn Dollar haben, der aktuelle Marktwert aber hundert Dollar beträgt, liegt der steuerlich abzugsfähige Betrag der Spende bei hundert Dollar. Da der Spender die Aktien nicht verkauft hat, muß er auch keine Einkommensteuer bezahlen, und das gesamte Geschenk ist abzugsfähig. Hätte er die Aktien verkauft und dann erst den Erlös gespendet, hätte er zunächst den Verkauf in seiner Umsatzsteuererklärung deklarieren müssen und erst dann als Steuerabzug geltend machen können. Man kann daher viel Geld sparen, wenn man die Aktien spendet, anstatt sie zu verkaufen. Wenn der Empfänger eine gemeinnützige Organisation ist, dann kann diese die Aktien sogar verkaufen, ohne Kapitalertragsteuer und Börsenumsatzsteuer zu bezahlen. (In Deutschland muß auch eine gemeinnützige Organisation beim Verkauf von Aktien Börsenumsatzsteuer bezahlen. Anm. d. Übersetzers)

Noch eine interessante Nebenbemerkung an dieser Stelle: Viele Unternehmenseigner machen solche Spenden auch, um Schenkungssteuer zu sparen, wenn sie die Aktien der im Familienbesitz befindlichen Gesellschaft auf ihre Erben übertragen. Weil bekannt ist, daß der »Internal Revenue Service« (IRS = Staatliche Behörde zur Bemessung des Steueraufkommens) die Aktien von Familienunternehmen, die an gemeinnützige Organisationen gespendet werden, in der Regel stark unterbewertet, werden oft Aktien an solche Organisationen gespendet und danach die IRS gebeten, den Wert der gespendeten Aktien zu schätzen. Sobald die offizielle Schätzung für die gespendeten Aktien vorliegt (die unter Wert ist), werden die Aktien auf die Erben überschrieben.

Ihr Wert wird natürlich mit dem erst kürzlich festgelegten, »offiziellen« Wert angegeben.

Gegen diese Vorgehensweise kann die Regierung kaum Einwände erheben, denn sie hat die Bewertung der Aktien ja selbst vorgenommen. (Auch dieses Beispiel findet in Deutschland keine Parallele, weil in Deutschland der Wert einer Aktie immer durch den am Verkaufs-/Schenkungstag notierten, offiziellen Börsenkurs und nicht durch eine staatliche Bemessungsbehörde festgesetzt wird. Anm. d. Übersetzers)

Erbschaft

In christlichen Kreisen ist schon viel darüber geredet worden, ob man seinen Besitz christlichen Werken und Organisationen vermachen soll oder nicht. Das ist für Menschen, die schon in Bälde mit ihrem Ableben rechnen, eine gute Idee. Es ist aber weitaus empfehlenswerter, »in seinem Leben zu geben, damit man erfährt, wen man ernährt«, wie es ein guter Freund einmal versuchte, in Reime zu fassen. Christliche Leiter kommen und gehen, und meistens kommen und gehen ihre Organisationen mit ihnen. Eine Organisation, die vollkommen gesund und lebensfähig ist, kann nach dem Weggang ihres Gründers/ihrer Gründerin in kürzester Zeit zusammenbrechen. Ich bin der Meinung, daß es besser ist, wenn Sie Ihre Spende einer solchen Organisation dann zukommen lassen, wenn sie in ihrer Wachstumsphase ist, anstatt zu warten, bis Sie gestorben sind. Natürlich ist es trotzdem sowohl sinnvoll als auch biblisch, für einen unerwarteten Todesfall Vorkehrungen getroffen zu haben.

Aufgrund meiner Beobachtungen bin ich zu der persönlichen Überzeugung gelangt, daß ein Christ keine Organisation über seinen Tod hinaus unterstützen sollte. Eine vielunterstützte Organisation wird selbstzufrieden, und Selbstzufriedenheit trägt den Keim von Liberalismus in sich. Die gutbetuchten christlichen Universitäten im Nordwesten belegen diese Beobachtung. Ein Blick auf die Mehrheit der Konfessionen, die schon länger als hundert Jahre existieren, wird diese Tendenz ebenfalls bestätigen. Ich vermute, daß viele Heilige vergangener Jahre entsetzt wären, wenn sie sähen, wie ihre Stiftungen zur Förderung sämtlicher antichristlicher Ideen, von Abtreibung bis Homosexualität, mißbraucht werden.

Denken Sie daran, daß nur Gott die Zukunft kennt. Geben Sie, solange Sie noch verfolgen können, was mit Ihren Gaben geschieht. »Wer wohltätig ist, wird reich gesättigt, wer andere labt, wird selbst gelabt« (Sprüche 11,25).

Kapitel 18

Der Ruhestand

»Noch ein wenig schlafen, noch ein wenig schlummern, noch ein wenig die Arme verschränken, um auszuruhen.«

Ich frage mich, wie viele amerikanische Christen Sprüche 6,10 und Dutzende ähnlicher Bibelstellen mit dem Ruhestand in Verbindung bringen. Nicht viele, vermute ich – und dennoch entspricht das Lebensgefühl das in diesem Vers ausgedrückt wird, der Vorstellung der meisten US-Bürger (Christen inbegriffen) über den Ruhestand. Ihr Lebensziel ist, gerade genug zu arbeiten, um sich zur Ruhe setzen und dann das tun zu können, wozu sie Lust haben. Viele Menschen sind in sinnlosen Laufbahnen gefangen und versuchen ihnen durch ihre Pensionierung zu entfliehen. Das bedeutet, daß viele wertvolle Jahre verschwendet werden.

Was den Ruhestand betrifft, hat man uns eine Lüge verkauft – vor allem den christlichen Unternehmern. Ich fordere jeden Christen dazu auf, (auf der Grundlage der Heiligen Schrift) die Millionen von Dollar zu rechtfertigen, die für das, was wir »Ruhestand« nennen, gehortet werden.

Was sagt die Bibel zum Thema Ruhestand?

Es ist interessant, wenn man entdeckt, daß es in der ganzen Bibel nur einen einzigen Hinweis auf den Ruhestand gibt, in 4. Mose 8,25: »Mit fünfzig Jahren endet seine Verpflichtung, und er braucht keinen Dienst mehr zu tun.« Das ist nicht gerade die beste Basis, um ein milliardenschweres Rentensystem wie das unsere zu rechtfertigen – und schon gar nicht, wenn man weiß, daß die Priester, auf die diese Schriftstelle sich bezieht, danach andere priesterliche Aufgaben übernahmen.

Jeder denkende Christ müßte zu dem Schluß kommen, daß unser Rentensystem auf keiner biblischen Grundlage aufbaut und daher nur eine vorübergehende Modeerscheinung ist. Zur Begründung unseres Rentensystems hat man mir schon einmal die Tatsache angeführt, daß man heutzutage länger lebt und sich, weil man nicht mehr produktiv ist, zurückziehen muß. Das trifft bis zu einem gewissen Maß zu. Wenn man jedoch die Lebenserwartung eines durchschnittlichen US-Amerikaners mit der der ersten Generationen im 1. Buch Mose vergleicht, dann ist unser ältester Mensch im Vergleich zu den Menschen damals ein junger Bursche. Anscheinend blieb man damals einige Jahrzehnte länger produktiv und nützlich.

Ich glaube, daß einige der Prinzipien, die wir in den Sprüchen finden, auf unser Thema Ruhestand anwendbar sind. Ruhestand aber nicht als Nichtstun, sondern als Verminderung der Arbeitsleistung verstanden, die mit zunehmendem Alter unvermeidlich ist.

In Sprüche 6,6–8 steht:

»Geh zur Ameise, du Fauler, betrachte
ihr Verhalten, und werde weise!
Sie hat keinen Meister, keinen Aufseher
und Gebieter,
und doch sorgt sie im Sommer für Futter,
sammelt sich zur Erntezeit Vorrat.«

Laut Statistik liegen die »Sammeljahre« im Leben der meisten im Alter zwischen 25 und 60 Jahren. Daher ist es klug und weise, einige Überschüsse für den letzten Abschnitt unseres Lebens zurückzulegen, in dem unsere Erwerbsfähigkeit abnimmt. Und außerdem will niemand seinen Kindern zur Last fallen.

Allerdings muß dieser Gedankengang gegen die Anweisung abgewogen werden, die Jesus uns im Gleichnis des sogenannten törichten Reichen gegeben hat:

»Auf den Feldern eines reichen Mannes stand eine gute Ernte. Da überlegte er hin und her: Was soll ich tun? Ich weiß nicht, wo ich meine Ernte unterbringen soll. Schließlich sagte er: So will ich es machen: Ich werde meine Scheunen abreißen und größere bauen; dort werde ich mein ganzes Getreide und meine Vorräte unterbringen. Dann kann ich zu mir selber sagen: Nun hast du einen großen Vorrat, der für viele Jahre reicht. Ruh dich aus, iß und trink, und freu dich des Lebens! Da sprach Gott zu ihm: Du Narr! Noch in dieser Nacht wird man dein Leben von dir zurückfordern. Wem wird dann all das gehören, was du angehäuft hast? So geht es jedem, der nur für sich selbst Schätze sammelt, aber vor Gott nicht reich ist« (Lukas 12,16–21).

Ab welchem Punkt wird gute Planung zum Horten? Ich glaube, daß es spätestens dann der Fall ist, wenn das Zurückgelegte ausreicht, um Ihre Bedürfnisse weitere hundert Jahre befriedigen und Ihre Wünsche weitere fünfzig Jahre erfüllen zu können (das ist meine persönliche Definition).

Bedenken Sie das Beispiel des Apostels Paulus. Er hatte Gott schon lange gedient, bevor er zu seiner dritten Missionsreise aufbrach. Niemand hätte es ihm verübelt, wenn er sich in Korinth oder Ephesus zur Ruhe gesetzt und seine Memoiren geschrieben hätte. Er hätte auch in seine Heimat ans Mittelmeer in die Nähe der Stadt Tarsus zurückkehren und den Rest seines Lebens in Frieden verbringen können. Statt dessen schildert uns Apostelgeschichte 21 seine letzten Reisen, nachdem er den Ältesten der Gemeinde in Ephesus gesagt hatte, daß er nach Jerusalem zurückgehen und sie ihn nie mehr wiedersehen würden. Paulus war wahrscheinlich Ende 60 – das ist selbst für heutige Verhältnisse schon alt, und für damalige war es uralt. Es heißt, daß Paulus wegen seiner immer schwächer werdenden Augen einen ständigen Begleiter brauchte. Trotzdem verschwendete er nicht einen Gedanken daran, sich zurückzuziehen, solange er noch die Aufgaben erfüllen konnte, die Gott ihm aufgetragen hatte. Wenn der Ruhestand ein biblisches Prinzip ist, dann hat Gott anscheinend vergessen, es Paulus mitzuteilen.

Ich erinnere mich, was R. G. Le Tourneau zu seinem langjährigen Freund, Dr. Robert Barnhouse, über seine Pensionierung sagte: »Vielleicht setze ich mich eines Tages zur Ruhe, aber im Moment bin ich viel zu beschäftigt.« Damals war er etwa 80 Jahre alt.

Im letzten Jahr seines Lebens reiste Le Tourneau durch die USA und Südamerika. Er verkündete das Evangelium und half, Christen aus der dritten Welt die Fertigkeiten beizubringen, die sie brauchten, um sich selbst ernähren zu können. Offensichtlich war er der Überzeugung, daß er in der Ewigkeit genug Zeit zum Ausruhen haben würde. Das ist eine Perspektive, die für viele Christen heutzutage hilfreich wäre.

Denken Sie an Gottes Worte in Matthäus 24,44–46: »Darum haltet auch ihr euch bereit! Denn der Menschensohn kommt zu einer Stunde, in der ihr es nicht erwartet. Wer ist nun der treue und kluge Knecht, den der Herr eingesetzt hat, damit er dem Gesinde zur rechten Zeit gibt, was sie zu essen brauchen? Selig der Knecht, den der Herr damit beschäftigt findet, wenn er kommt!« Wenn Sie wirklich glauben, daß Sie Gott in Ihrem Ruhestand besser dienen können, dann halten Sie daran fest. Wenn nicht, dann sollten Sie Ihre Ziele noch einmal neu überdenken.

Eine kürzliche Studie der Harvard Universität unterstützt diese biblische Perspektive. (Es ist ohne Zweifel schon lange her, daß Forschungsergebnisse von Harvard dem Christentum dienlich gewesen sind und die Aussagen der Bibel unterstützt haben.) Die Studie umfaßte zwei Gruppen von ehemaligen Harvard-Studenten im Alter zwischen 65 und 75 Jahren. Die eine Gruppe bestand aus hundert Personen, die sich im Alter von 65 zur Ruhe gesetzt hatten, die andere Gruppe bestand aus hundert Personen, die noch im Alter von 75 arbeiteten. (Um die Unsicherheiten dieser Studie möglichst einzuengen, wurden Männer ausgeschlossen, die schon vor ihrem 65. Lebensjahr an schweren gesundheitlichen Problemen litten.)

In der ersten Gruppe – diejenigen, die sich mit 65 pensionieren ließen –

waren ungefähr 87 Prozent der beobachteten Personen bis zum 75sten Lebensjahr gestorben. In der zweiten Gruppe – bei denen, die weiterhin arbeiteten, – waren nur ungefähr 14 Prozent der beobachteten Personen gestorben. Die Schlußfolgerung, die aus dieser Studie gezogen wurde, ergab also, daß ein zu früher Ausstieg aus dem Berufsleben die Wahrscheinlichkeit, die zusätzlichen zehn Jahre (oder mehr) zu leben, um das Sechsfache reduziert!

Es ist natürlich möglich, daß diese Studie nicht für unsere gesamte Gesellschaft repräsentativ ist, weil so viele Menschen Arbeiten verrichten, die ihnen nicht gefallen. Was also den Streß betrifft, ist es wahrscheinlich egal, ob sie aufhören oder weitermachen. (Dieses Thema wäre aber Gegenstand für ein ganzes Buch.)

Soll man seine Firma verkaufen?

Sobald ein Unternehmer in das Pensionsalter kommt, drängt sich ihm die logische Frage auf: »Soll ich verkaufen?«

Eine Firma wird in der Regel an den Meistbietenden verkauft. Das ist für Besitzer und Großaktionäre natürlich großartig. Was ist aber mit denen, die lange und viel gearbeitet haben, um dem Unternehmen zum Erfolg zu verhelfen? Und was ist mit denen, die nie die Möglichkeit hatten, in einem christlichen Betrieb zu arbeiten und es wahrscheinlich auch nie tun werden? Wenn der Meistbietende kein Christ ist, geht das Unternehmen für Gott als Werkzeug verloren.

Ich würde gerne einen radikal anderen Ansatz zu diesem Thema vorstellen. Wenn Sie als Christ ein Unternehmen leiten, das Sie Gott geweiht haben, besitzen Sie nicht mehr das Recht, es nur aus Profitgründen an einen Nichtchristen zu verkaufen. Entweder glauben Sie (schon wieder dieses Wort), daß das Unternehmen Gott gehört, oder Sie glauben es nicht.

In dem Fall, daß Sie an diesem Konzept Anstoß nehmen, sollten Sie Ihre Haltung als Verwalter gründlich überprüfen. Verwalter besitzen das Vermögen nicht, das ihnen anvertraut wurde, sie managen es lediglich für einen anderen. Wenn Sie die Prämisse akzeptieren, daß Gott alles gehört, dann wird es schwer, den Verkauf einer Firma, die Gott gehört, an Ungläubige zu rechtfertigen. Ich habe viele Christen gekannt, die lange Zeit so taten, als ob sie Gott alles übergeben hätten, deren Hingabe aber letztlich nur soweit reichte, bis sie die Chance bekamen, das Unternehmen mit einem ansehnlichen Gewinn zu veräußern.

Natürlich ist es möglich, daß die Entscheidung, an wen das Unternehmen verkauft wird, überhaupt nicht in Ihren Händen liegt. Das wird vor allem dann der Fall sein, wenn besagtes Unternehmen eine Kapitalgesellschaft ist, oder Sie nicht den Großteil der Firmenanteile halten. Denken Sie daran, daß Gott Sie nur für das verantwortlich macht, was Sie tun können und nicht für das, was Sie nicht entscheiden können.

Für mich ist es ein absoluter Widerspruch, wenn ein Christ daran arbeitet, christliche Prinzipien in seinem oder ihrem Unternehmen zu etablieren und es dann an Nichtchristen verkauft, die buchstäblich alles abschaffen werden, was im Namen Jesu getan wurde. Es ist nicht schwer zu erraten, warum ein solches Vorgehen bei den Angestellten ein schlechtes Zeugnis hinterläßt: »Du sagst zwar das eine, tust aber das Gegenteil.« Sie wären wie der Arbeiter, den Jesus in Lukas 14,28 beschreibt, welcher anfing, einen Turm zu bauen, ohne über die Kosten nachgedacht zu haben.

Adam war am Aufbau eines Chemieunternehmens beteiligt gewesen, das nun Umsätze in Millionenhöhe machte. Als sich vor einigen Jahren sein Partner pensionieren ließ, hatte er seine Anteile übernommen. Das war auch der Grund, warum Adam in den letzten zehn Jahren im wahrsten Sinne des Wortes der Herr und Gebieter über sein Unternehmen gewesen war. Er traf praktisch alle Entscheidungen selbst und regierte die Firma mit eiserner Hand. Er war als Diktator und Tyrann bekannt, der sehr gute Löhne bezahlte. Das mußte er auch, sagten seine Angestellten, weil sonst niemand für ihn gearbeitet hätte.

Als Adam fast fünfzig Jahre alt war, starb seine Frau an Krebs, und auf einmal begann sein ganzes Wertesystem zusammenzubrechen. Er fing an, Gottesdienste zu besuchen, und durch einen Geschäftspartner bekehrte er sich auch. In den folgenden Monaten nahm er an praktisch jedem Seminar, von dem er in seiner Gemeinde erfuhr, teil und begann durch das Bibelstudium geistlich zu wachsen und reifer zu werden. Während diesem Prozeß änderte sich seine Haltung zu Menschen. Seine Angestellten erlebten sogar, daß er ihnen zulächelte, wenn er den Flur entlangging. Bei einer dieser Bibelstunden erfuhr er dann von einem Seminar zum Thema, wie man sein Unternehmen nach Gottes Prinzipien führen kann, und beschloß, daran teilzunehmen.

Auf dem »Management auf biblischer Grundlage«-Seminar erfuhr er, daß es christliche Geschäftsleute gibt, die ihr Unternehmen Jesus geweiht hatten und dennoch extrem erfolgreich waren. Als er das gehört hatte, legte er ein Gelübde ab, in seiner Firma das gleiche zu tun.

In den folgenden Jahren erzählte Adam seinen Angestellten, Kunden und Partnern von Jesus. Er führte viele Veränderungen in seiner Firma als Beweis dafür ein, daß er sich um seine Angestellten kümmerte. Dazu gehörten unter anderem eine tägliche Gebetszeit in der Firma, kostenlose Seminare und eine Bibliothek für Audiokassetten mit Lehrvorträgen. Mit den Jahren bekehrten sich zahlreiche Angestellte, wie auch die meisten seiner Manager. Andere wiederum gingen, weil sie sein Handeln nicht mehr nachvollziehen konnten. Innerhalb von fünf Jahren waren alle Manager Christen.

Aber als Adam bemerkte, daß seine Angestellten in ihrem geistlichen Wachstum keine großen Fortschritte machten, verlor er zusehends seinen Elan. Obwohl er so viel Zeit und Geld investiert hatte, lebten die meisten auf die gleiche Art weiter, wie vor seinen Veränderungen. Deswegen verlagerte er sein Engagement zunehmend nach außen, wo er mit Gleichgesinnten und anderen Christen zusammenkommen konnte, die bereit waren, Gott zu dienen. (Anders ausgedrückt, er wollte dort angeln, wo es Fische gab.) Sein Schritt wurde sofort belohnt, denn er fand Hunderte von gleichgesinnten christlichen Geschäftsleuten, die ihm aufmerksam zuhörten.

Innerhalb weniger Monate hatte Adam keine Freude mehr an der Arbeit in seinem Unternehmen und fühlte sich nun »berufen«, anderen Gruppen geistlich zu dienen. Sobald sich die Möglichkeit ergab, verkaufte er das Unternehmen. Der Käufer war ein nichtchristlicher Mischkonzern, der mit dem Kauf seines Unternehmens seinen Geschäftsbereich ausweiten wollte – der Konzern war nur an den hohen Gewinnen interessiert, die in der Chemiebranche erzielt werden konnten. Schon nach einem Monat hatten sie alles abgeschafft, was an ein ehemals christlich geführtes Unternehmen hätte erinnern können und ersetzten auch die meisten Manager durch ihre eigenen. Innerhalb von Tagen waren Adams zehnjährige Bemühungen zunichte gemacht. Viele von denen, die Adams Vision aufgegriffen hatten, waren nun arbeitslos.

Adam hatte aus dem Verkauf der Unternehmensanteile mehrere Millionen Dollar verdient, mit denen er »Gott dienen« konnte. Wir haben weder das Recht noch die Aufgabe, darüber zu urteilen, ob jemand das Recht hat, sein Unternehmen zu verkaufen oder nicht. Aber ich bezweifle, ob es dem nächsten Arbeitgeber von Adams Managern gelingen wird, ihnen sein »persönliches Zeugnis« glaubhaft zu vermitteln. Wie schon Jakobus sagt: »Hört das Wort nicht nur an, sondern handelt danach; sonst betrügt ihr euch selbst« (Jak. 1,22).

Niemand kann einem Eigentümer das gesetzlich festgelegte Recht absprechen, sein oder ihr Unternehmen an wen er oder sie will, zu verkaufen. Aber eine solche Haltung verleugnet unsere Berufung, Verwalter zu sein, die sich um das Eigentum Gottes kümmern sollen. Beachten Sie, was Paulus in Philipper 2,4–5 geschrieben hat: »Jeder achte nicht nur auf das eigene Wohl, sondern auch auf das des anderen. Seid untereinander so gesinnt, wie es dem Leben in Christus Jesus entspricht.«

Pensionszuschüsse für Angestellte

Unternehmer sind natürlich nicht die einzigen Leute, die irgendwann in Rente gehen. Wenn ich an die Pensionierung der Angestellten denke, fällt mir immer die Bibelstelle in Philipper 2,3 ein: »Daß ihr nichts aus Ehrgeiz und nichts aus Prahlerei tut. Sondern in Demut schätze einer den anderen höher ein als sich selbst.«

Wenn Sie als Arbeitgeber Rücklagen für Ihren eigenen Ruhestand bilden oder diese Rücklagen als Zusatzeinkommen für spätere Jahre gebrauchen wollen, dann sollten Sie auch eine entsprechende Summe für jene zur Seite legen, die unter Ihrer Obhut sind. Weil die Mehrheit Ihrer Angestellten in den anfänglichen Arbeitsjahren nicht so gute Verdienstmöglichkeiten haben wie Sie, werden sie in ihrem Ruhestand wahrscheinlich sogar mehr Geld benötigen.

Es ist leicht, sich der gängigen Meinung anzupassen – »Dem Sieger gehört die Beute«, in anderen Worten: »Ich habe das Unternehmen aufgebaut, also habe ich mir auch eine gute Altersversorgung verdient.« Aber sollte nicht jeder von uns dankbar darüber sein, daß Gott nicht die gleiche Einstellung hat? Schließlich gehört ihm ja alles und er hätte auch das Recht, alles für sich zu behalten, oder?

Es ist eine Schande für das Volk Gottes, daß sich in unserer Generation die säkulare Welt und nicht die christlichen Unternehmer um die Rechte der Durchschnittsarbeiter kümmert. Früher konnte man sich noch dadurch rechtfertigen, indem man behauptete, daß die Mittel fehlen, um jedem genügend geben zu können. Dieses Argument ist heute nicht mehr haltbar! Werfen Sie doch einmal ein Auge auf die »gefüllten Scheunen« der Unternehmer. Vielleicht werden fehlende Mittel wieder zu einem gültigen Argument, wenn unsere Wirtschaft, die auf Treibsand gebaut ist, zusammenbricht. Aber in der Zwischenzeit könnten die meisten erfolgreichen Unternehmen einen Beitrag zur Deckung der laufenden und zukünftigen Bedürfnisse ihrer Mitarbeiter leisten.

Sie müssen Ihre Entscheidungen auf der Grundlage der Prinzipien der Heiligen Schrift und nicht aufgrund dem, was in Gemeinden und christlichen Organisationen üblich ist, treffen. Ich kenne nur wenige Unternehmen, die nach so unbiblischen Prinzipien arbeiten wie zahlreiche christliche Organisationen, die ich kennengelernt habe. Ihre Leiter sind aufgrund ihrer Begabung, Geld zu sammeln, in der Lage, großartige Gebäude zu errichten, während ihre Mitarbeiter dazu gezwungen sind, am Existenzminimum (oder noch darunter) zu leben.

Das klassische Beispiel dafür sind die christlichen Schulen in unserem Land. Diejenigen, denen wir die kommende Generation anvertraut haben, sind dazu gezwungen, in Armut zu leben! Können Sie jetzt verstehen, warum Schüler und Studenten das Christentum oft nur noch als eine Religion für »Verlierer« betrachten?

Viele Christen, die in einem vollzeitlichen Dienst stehen, denken besorgt an ihren Lebensabend, weil sie weder Rentenansprüche haben noch Ersparnisse besitzen. Schauen Sie sich um, und suchen Sie nach jemand, der im vollzeitlichen Dienst steht und den Sie unterstützen können. Lukas schrieb in der Apostelgeschichte 4,32: »Die Gemeinde der Gläubigen war ein Herz und eine Seele. Keiner nannte etwas von dem, was er hatte, sein Eigentum, sondern sie hatten alles gemeinsam.«

Diese Prinzipien sind heute genauso anwendbar wie im ersten Jahrhundert. Es ist alles nur eine Frage der Umsetzung, wie Ben, ein Arzt und Freund von mir, entdeckte.

Ben war Teilhaber an einer großen Gemeinschaftspraxis mit über zwanzig Angestellten. Er verdiente über 200 000 Dollar im Jahr und war deswegen immer in der höchsten Steuerklasse. Um Steuern zu sparen, trat er dem Pensionsfonds der Gemeinschaftspraxis bei, in den er im Jahr fast 50 000 Dollar einbezahlte. Dann änderte sich die Rentengesetzgebung und sie wurden gezwungen, in ihren Rentenfonds auch ihre Angestellten aufzunehmen. Sie beauftragten die besten Anwälte der Stadt, um in den neuen Gesetzen irgendeine Hintertür zu finden.

»Ich glaube, der Anwalt hat einen ungewöhnlichen Weg gefunden, wie wir unseren Anteil an der Angestelltenrente reduzieren können«, eröffnete Dr. Rolls seinen Partnern auf ihrer wöchentlichen Besprechung. »Es gibt die Möglichkeit, den Angestellten unseren Anteil dadurch vorzuenthalten, daß wir die Beiträge zum Rentenfonds auf Grundlage der Sozialversicherungsabgaben einzahlen.«

»Großartige Idee«, sagte einer der Ärzte begeistert. »Das heißt, Angestellte mit niedrigem Lohn haben keinen so hohen Anspruch, und unser Anteil wird der größte sein, weil wir ja auch die höchsten Beiträge zur Sozialversicherung bezahlen müssen.«

»Ja, genau das sagen auch die Anwälte. Sie sind sich sicher, daß die IRS gegen diese Methode nichts einwenden kann, weil wir uns schließlich auf das Verteilungssystem der Regierung berufen können.«

»Ich finde das genial«, sagte Dr. Kenney, der älteste Teilhaber. »Mir hat der Gedanke noch nie gefallen, daß unser sauer verdientes Geld einfach an Schmarotzer gegeben wird.«

Weil Ben als Gesellschafter später hinzugekommen war und nur einen kleineren Anteil an der Gemeinschaftspraxis hielt, sagte er zunächst nichts, aber er war sich nicht sicher, ob er die Philosophie seiner Geschäftspartner teilen konnte. Schließlich fragte er doch: »Können wir mit Sicherheit sagen, daß das fair ist?«

Die Ärzte schauten ihn an, als ob er ihnen soeben eröffnet hätte, daß er an Lepra erkrankt sei. Dr. Kenney antwortete: »Ben, Sie sind neu in unserer Gemeinschaftspraxis und wissen noch nicht, wie es in Wirklichkeit aussieht. Aber wenn Sie dem Fußvolk den kleinen Finger reichen, dann nehmen sie gleich die ganze Hand. Wir bezahlen unsere Angestellten, und sie arbeiten dafür. Mehr steht ihnen nicht zu.«

»Wenn das Gesetz uns aber vorschreibt, für unsere Angestellten einen Pensionsfonds einzurichten und wir auch das Geld dafür haben, ist es dann nicht falsch, einen Ausweg zu suchen?«

»Machen Sie Witze?« erwiderte Dr. Kenney. »Hören Sie mal, wenn diese Schwachköpfe in Washington eine Chance sehen würden, ein entsprechendes Gesetz durchdrücken zu können, dann würden sie uns doch am liebsten den letzten Penny abnehmen und das Geld den Leuten nachwerfen, die lieber zu Hause bleiben und Sozialhilfe empfangen, während wir arbeiten.

Wir müssen das Gesetz befolgen, aber wir müssen uns nicht zu Idioten machen lassen!«

Enttäuscht über sich selbst, ging Ben an diesem Abend nach Hause. Wenn er an die Entscheidung der Gesellschafter dachte, die die Rentenbeiträge für Angestellte so gering wie möglich halten wollten, überkam ihn kein gutes Gefühl. Er wußte, daß er dem Druck der Gesellschafter nachgegeben und für einen Plan gestimmt hatte, hinter dem er nicht mit seiner ganzen Person stehen konnte.

Wie es eben so ist, lösten sich auch diesmal die Schuldgefühle im Laufe der Zeit in Luft auf. Schließlich hatte Ben den Vorfall tatsächlich vergessen.

Etwa ein Jahr später wurde die Firma, in der sein Vater über dreißig Jahre gearbeitet hatte, an einen großen Mischkonzern verkauft. Die neuen Eigentümer begannen praktisch sofort damit, das alte Management durch eigene Leute zu ersetzen.

Bens Vater, der schon über 60 Jahre alt war, »wurde« schließlich mehr oder weniger »gekündigt«. Während der Jahre, die er für den vorigen Eigentümer gearbeitet hatte, hatte er immer die Beiträge zu dem Rentenfonds der Firma geleistet, deren Höhe sich an seinem Einkommen orientierte. Plötzlich stand er mit einer Rente, die zusammen mit Sozialhilfe nicht einmal 800 Dollar im Monat betrug, auf der Straße. In nur wenigen Tagen mußte er mit einem Einkommensverlust von über 50 Prozent zurechtkommen, und weil er sich der neuen Situation nicht so schnell anpassen konnte, war er gezwungen, sich eine neue Arbeit zu suchen.

Ganz praktisch wurde Ben nun mit einer Situation konfrontiert, die sich nur dadurch von der auch von ihm getragenen Entscheidung der Gemeinschaftspraxis unterschied, daß dieses Mal seine eigene Familie betroffen war. Sein Vater war zwar nicht verbittert, aber wegen seiner Entscheidung bezüglich des Rentenfonds der Gemeinschaftspraxis wurde Ben nun wieder von schweren Schuldgefühlen geplagt.

Innerhalb von zwei Jahren wurden die Rentengesetze erneut überarbeitet, um die Ungerechtigkeiten zu mildern, die von Gruppen wie der von Bens Gemeinschaftspraxis in die Welt gesetzt wurden. Daraufhin beschlossen Bens Partner, den Fonds aufzulösen und auf individuelle Rentenversicherungen umzusteigen, um ihren Angestellten nicht einen angemessenen Anteil zukommen lassen zu müssen. Ben verließ die Gesellschaft, gründete eine Gemeinschaftspraxis nach seinen eigenen Vorstellungen und schüttete an seine Angestellten sogar eine Gewinnbeteiligung aus.

Bis jetzt haben wir in diesem Buch sehr viele Themen behandelt. Ich erinnere mich dabei immer an das, was mir ein Geschäftsmann einmal nach einem dreitägigen »Management auf biblischer Grundlage«-Seminar gesagt hatte: »Ich fühle mich gerade so, als ob ich einen Schluck aus einem Hydranten getrunken hätte.« Zu einem gewissen Teil ist das auch wahr. Sie können unmöglich alles bis jetzt Besprochene in Ihrem Unternehmen umsetzen – zumindest nicht sofort. Aber in dem nachfolgenden, letzten Kapitel, werde ich versuchen, Ihnen einen realistischen Plan zu unterbreiten, wie Sie mit der Umsetzung beginnen können.

Kapitel 19

Wie Sie Gottes Plan in Ihrem Unternehmen verwirklichen können

Ein altes Sprichwort sagt: »Information ohne Anwendung führt zu Frustration.« Sie haben jetzt ebenfalls viel neue Information bekommen, die Sie prüfen und auswerten müssen. Die nächste Frage, die Sie entscheiden müssen, lautet: Wie will Gott, daß Sie auf diese Information reagieren? Ich glaube, daß die Reaktionen auf die vorgestellte Information in drei Gruppen eingeteilt werden können.

Eine Gruppe wird zu dem Schluß kommen, daß das, was ich Ihnen unterbreitet habe, unlogisch, unmöglich oder nicht anwendbar ist. Sie werden dieses Buch weglegen, ohne sich verändert zu haben. Und bis auf die Gewissensbisse, die Sie hin und wieder bekommen werden, wenn Sie jemand entlassen oder einen Kunden bei einem Verkauf belügen, wird sich auch in Zukunft nichts bei Ihnen verändert haben.

Die zweite Gruppe wird diese Prinzipien für bare Münze nehmen und den echten Wunsch haben, in jedem Bereich ihres Lebens, ihr Berufsleben eingeschlossen, die Richtlinien, die im Wort Gottes stehen, umzusetzen. Aber dann passiert mit ihnen das, wovor uns Jesus gewarnt hat: »Aber dann ersticken es die Sorgen dieser Welt und der trügerische Reichtum, und es bringt keine Frucht« (Matth. 13,22). Diese Gruppe wird sogar die größte Enttäuschung wegstecken müssen, denn es ist in der Regel schlimmer (zumindest in diesem Leben), die Wahrheit zu kennen und sich nicht nach ihr zu richten, als sie zu ignorieren. Es scheint einfach, das Wort Gottes innerhalb der Grenzen des eigenen Büros oder des Bibelstudiums ernst zu nehmen. Schließlich ist es ja eine gute Sache, wenn Sie den Zehnten Ihrer Unternehmenseinkünfte spenden oder Ihrem Ehepartner versprechen, ihn ab heute an geschäftlichen Entscheidungen zu beteiligen. Aber es ist etwas völlig anderes, wenn Sie es Christus täglich von neuem erlauben, über Ihre Gedanken und Taten zu herrschen.

Wegen dieser dritten Gruppe lege ich meine Feder noch nicht zur Seite: Sie sind diejenigen, die das Wort Gottes auch tun. Wenn Sie zu dieser Gruppe zählen, dann sind Sie bereits zu dem Schluß gekommen, daß Gott von Ihnen will, daß Sie etwas tun, und Sie haben sich bereits entschlossen, es in die Tat umzusetzen. Der Rest dieses Buches ist ausschließlich für Sie geschrieben, denn er enthält praktische Vorschläge, wie Sie den Plan in die Tat umsetzen können, den Gott für Ihr Unternehmen hat.

Zunächst möchte ich jedoch ein Abschiedswort an jene richten, die dieses oder jedes andere Buch über biblische Grundsätze beiseite legen werden, ohne sich verändert zu haben. Sie müssen wenigstens die Worte Jesu in Matthäus 16,24–26 ernst nehmen:

»Darauf sagte Jesus zu seinen Jüngern: Wer mein Jünger sein will, der verleugne sich selbst, nehme sein Kreuz auf sich und folge mir nach. Denn wer sein Leben retten will, wird es verlieren; wer aber sein Leben um meinetwillen verliert, wird es gewinnen. Was nützt es einem Menschen, wenn er die ganze Welt gewinnt, dabei aber sein Leben einbüßt? Um welchen Preis kann ein Mensch sein Leben zurückkaufen?«

Als Jesus in Kapitel 19 einem jungen Mann antwortete, der zwar alle religiösen Gebote gehalten hatte, aber immer noch das Gefühl hatte, daß ihm irgend etwas in seinem Leben fehlt, fuhr er mit seinen Anweisungen fort:

»Jesus antwortete ihm: Wenn du vollkommen sein willst, geh, verkauf deinen Besitz und gib das Geld den Armen; so wirst du einen bleibenden Schatz im Himmel haben; dann komm und folge mir nach. Als der junge Mann das hörte, ging er traurig weg; denn er hatte ein großes Vermögen. Da sagte Jesus zu seinen Jüngern: Amen, das sage ich euch: Ein Reicher wird nur schwer in das Himmelreich kommen.«

Ich hörte einmal, wie ein Reporter Senator Harold Hughes fragte, wie er denn zu der Sicherheit komme, »wiedergeboren« zu sein. Etwas hatte Senator Hughes verändert – das war offensichtlich. Er antwortete auf die Frage des Reporters wie folgt: »Mein Freund, alles was ich Ihnen sagen kann, ist, daß ›ich einmal blind war, aber jetzt kann ich wieder sehen‹.« Wenn Sie diese Gewißheit in Ihrem Leben nicht haben, dann sollten Sie einmal über die Worte von Paulus nachdenken: ›Denn wenn du mit deinem Mund bekennst: Jesus ist der Herr und in deinem Herzen glaubst, daß Gott ihn von den Toten auferweckt hat, so wirst du gerettet werden. Wer mit dem Herzen glaubt und mit dem Mund bekennt, wird Gerechtigkeit und Heil erlangen.‹« (Röm. 10,9–10).

Verschwenden Sie nicht Ihr ganzes Leben in dem Irrglauben, daß Sie sich auf irgendeine Art und Weise in das Reich Gottes »hineinarbeiten« können; vergessen Sie es! Der einzige Weg in das Reich Gottes ist immer noch der gleiche, den bisher jeder Gläubige seit Beginn der Zeitrechnung gehen mußte: Sie müssen Ihr Leben und Ihren Besitz an Gott ausliefern und seinem Heiligen Geist erlauben, Ihr Leben zu leiten und zu kontrollieren.

Sie können nicht alles machen

Wenn Sie sich selbst und die Menschen in Ihrem Umfeld so schnell wie möglich frustrieren wollen, dann rate ich Ihnen, den Versuch zu wagen, den Inhalt dieses Buches innerhalb eines Monats in die Tat umzusetzen. Sie werden von dem Erfolg überwältigt sein. Natürlich meine ich das ironisch, denn es käme dem Versuch gleich, schon einen Tag nach der Bekehrung das Leben eines reifen Christen leben zu wollen – es geht einfach nicht. Wir alle wachsen und reifen kontinuierlich. Sogar der Apostel Paulus verbrachte seine ersten Jahre als Christ in der Wildnis, um Jesus kennenzulernen. Je mehr wir auf Gottes Stimme hören, desto schneller erkennen wir, wann er zu uns spricht. Das ist ein Beispiel des »Assimilationsphänomens«. Ihre Gedanken werden sich auf die Dinge richten, die Sie interessieren und solche herausfiltern, die Ihnen egal sind. Je mehr Sie sich auf Gottes Weg einlassen, um so mehr wird er Ihnen zeigen können.

Ich empfehle Ihnen, daß Sie sich zunächst auf einen bestimmten Bereich konzentrieren, den Sie momentan in Ihrem eigenen Leben für den wesentlichsten halten. Vielleicht heißt das für Sie, daß Sie sich zuerst mit der Entwicklung guter Anstellungskonzepte beschäftigen, damit Sie Ihre Leute entsprechend ihren Fähigkeiten einsetzen können. Oder vielleicht ist Ihre wichtigste Aufgabe, daß Sie es lernen, Ihre Nächsten, auch wenn sie in der Unternehmenshierarchie mehrere Stufen unter Ihnen stehen, als geistlich gleichwertige Personen zu behandeln.

Es gibt einige Dinge, die Sie sofort umsetzen können und andere, bei denen das nicht so schnell möglich ist. Wenn Ihr Unternehmen zum Beispiel durch Tarifverträge mit einer Gewerkschaft gebunden ist und die Gewerkschaftsregeln und Verträge es Ihnen verbieten, die gleiche Arbeit unterschiedlich zu entlohnen, dann wird es für Sie unmöglich sein, ein Programm zu verwirklichen, das es Ihnen erlaubt, Ihre Angestellten in dringenden Notlagen zu unterstützen. Anstatt das System sinnlos zu bekämpfen, sollten Sie dort anfangen, wo es Ihnen möglich ist. Gründen Sie mit Ihrem eigenen Geld und vielleicht sogar zusammen mit dem Ihrer Angestellten, einen Wohltätigkeitsfonds. Danach beginnen Sie damit, Ihren Mitarbeitern deutlich zu machen, daß Sie sich ihrer Nöte annehmen und ihnen helfen wollen, wo immer sich eine Gelegenheit ergibt. Können Sie sich eine Gewerkschaft vorstellen, die ihre Mitglieder davon zu überzeugen versucht, daß diese Idee nicht gut sei?

Wenn die Beziehung und die Verständigung mit Ihrem Ehepartner nicht so gut ist, dann rate ich Ihnen davon ab, Ihren Partner gleich zu Beginn in eine detaillierte Diskussion über betriebswirtschaftliche Spezialprobleme zu verwickeln. Fangen Sie doch mit der Teilnahme an einem guten Seminar an.

Was ich damit sagen will ist: Es geht darum, daß Sie dort anfangen, wo Sie im Moment stehen. Nicht da, wo Sie in ein oder zwei Jahren gerne sein wollen. Denn wenn Sie nie damit anfangen, dann sind Sie in einem Jahr keinen Schritt weiter als heute.

Beginnen Sie mit Ihrem eigenen Leben

Die einzige Sache, an deren Umsetzung Sie weder eine Gewerkschaft, noch ein nichtgläubiger Ehepartner, noch ein unkooperatives Management, noch fehlende Mittel hindern können, ist, die biblischen Prinzipien in Ihrem eigenen Leben anzuwenden. Entscheiden Sie sich dazu, Ihre Nächsten zu lieben, selbst jene, die Sie nicht mögen – oder vielleicht besonders jene, die Sie nicht mögen. Wenn Sie dazu neigen, sich in einem »Elfenbeinturm« einzuschließen und auf die Arbeitermassen herabzuschauen, dann sollten Sie vielleicht darüber nachdenken, einmal mit Ihrem Pförtner das Büro zu tauschen und sich in die Menge zu begeben. So ein Schritt wird Ihre Nächsten zumindest davon überzeugen, daß sich in Ihrem Leben etwas Ungewöhnliches ereignet hat! Vielleicht glauben manche zunächst, daß sie in ihre Midlife-crisis gekommen sind, aber wenn Sie nicht mit einer schwarzen Lederjacke auf einem Motorrad erscheinen, werden Sie irgendwann merken, daß in Ihnen andere Dinge vorgehen!

Führen Sie in Ihrer Firma eine Firmengebetszeit ein

Fast jeder Unternehmer kann eine regelmäßige Firmengebetszeit einführen. Das ist so lange legal, wie die Teilnahme daran freiwillig ist. Wer während der Firmengebetszeit weiterarbeiten möchte, darf es tun. Ich empfehle Ihnen, Referenten in die Firma einzuladen, die über kritische Themen wie Drogen, Erziehung, Kommunikation in der Ehe oder Haushaltsplanung sprechen. Solche Themen interessieren fast jeden, und wenn die Redner auf ihren Gebieten gut sind, werden Sie dadurch Angestellten helfen können, die in Schwierigkeiten sind. Jene, denen geholfen wurde, werden anderen davon erzählen, und immer mehr Angestellte werden zu den Firmengebetszeiten kommen.

Seien Sie ein Zeuge Jesu

Vielleicht wollen Sie auch damit beginnen, vor Ihren Angestellten, Gläubigern und Kunden Zeugnis abzulegen. Aber ich warne Sie. Solange Sie nicht

Ihre Angestellten mit Liebe behandeln, Ihre Gläubiger pünktlich bezahlen und Ihren Kunden gute Produkte anbieten, sollten Sie sich darauf beschränken, nur Zeugnis von den Veränderungen in Ihrem eigenen Leben abzulegen. Sobald Sie einmal bewiesen haben, daß sich Ihr Christentum nicht nur auf große Worte beschränkt, können Sie damit beginnen, über offensichtlichere Wege der Verkündigung nachzudenken, die sich vielleicht schon bei anderen Unternehmern als wirksam erwiesen haben. Nicht jede Idee, wie man von Jesus Zeugnis ablegen kann, wird zu jeder Person oder Firma passen, aber eine paßt meistens.

Stanley Tamm, der Eigentümer von U.S. Plastics in Lima, Ohio, hat einmal einen Schriftzug auf die zur Autobahn zugewandte Seite seines Fabrikgebäudes malen lassen, auf dem zu lesen war: »Gott liebt euch, und wir lieben euch auch.«

Als ich als junger Christ in der Wirtschaft davon erfuhr, dachte ich mir: *Das ist ja ganz gut, wenn er so etwas macht, aber was will er damit bezwecken? Ich meine, wie viele Menschen werden schon dadurch gerettet, daß sie ein Schild an einem Gebäude lesen?*

Dann hörte ich aber, wie Stanley die Berichte von Dutzenden von Menschen erzählte, die das Schild beim Vorbeifahren lasen, ihn in der Firma aufsuchten und sich bei ihm bekehrten. Daraufhin kam ich zu dem Schluß, daß wenn es funktioniert, es eben funktioniert. Punkt!

Die Edwards Baking Company aus Atlanta stanzt Bibelverse in die Aluminiumschalenverpackung ihrer köstlichen Erzeugnisse. Ich kenne einen Geschäftsmann, der eines Abends in seiner Küche einen solchen Vers las und sich daraufhin bekehrte. Seine Frau, sie war Christin gewesen, war nach langer Krankheit gestorben. An ihrem Todestag hatte sie noch einen Edwards-Kuchen bestellt und ihn für ihren Mann in den Kühlschrank gelegt. Kurz bevor sie starb, sagte sie zu ihrem Mann: »Ich habe im Kühlschrank eine Überraschung für dich, Schatz. Lies sie aufmerksam.« Der eingestanzte Vers war aus dem Römerbrief, Kapitel 8,28: »Wir wissen, daß Gott bei denen, die ihn lieben, alles zum Guten führt, bei denen, die nach seinem ewigen Plan berufen sind.«

Ein Chemieunternehmen aus Birmingham, Alabama, legt in jede Kiste die das Unternehmen verläßt, ein Bibeltraktat. Als der Vorsitzende dieses Unternehmens nur selten von Menschen hörte, die die Traktate gelesen hatten, begann er an der Wirksamkeit dieser Methode zu zweifeln und ordnete an, den Versand der Traktate einzustellen. Innerhalb eines Monats erhielt er über ein Dutzend Briefe, in denen gefragt wurde, ob das Unternehmen verkauft worden sei. Viele Menschen berichteten begeistert davon, wie die Traktate ihnen dabei geholfen hätten, Kollegen in eine lebendige Beziehung zu Jesus zu führen und betonten immer wieder, wie sehr die Tatsache, daß er sich als erfolgreicher Unternehmer so stark für Jesus einsetzte, für andere ein Zeugnis war.

Ein Transportunternehmen im Mittelwesten beschriftete ihre Lastwagen mit: »Wir fahren für Jesus! Auskünfte unter 1-800-...« (Die Serviceleistung eines Unternehmens besteht durch die Vorwahl -800- darin, daß der Angerufene die Gesprächsgebühren bezahlt. Anm. d. Übersetzers) Sie erhalten jährlich sowohl von Christen als auch von Nichtchristen durchschnittlich etwa 500 bis 600 Anrufe mit der Bitte um mehr Information.

Als der Besitzer einer Kette von »Gemischtwarenläden« Christ wurde, beschloß er, Zigaretten und Alkohol aus seinem Angebot zu nehmen. Entgegen aller Statistiken, die besagen, daß Gemischtwarenläden ohne den Verkauf von Alkohol und Zigaretten nicht überleben können, blühen seine Geschäfte. Sein Zeugnis ist sogar für die Kinder sichtbar, die in der Nachbarschaft der Geschäfte wohnen.

Wie ich vorher schon erwähnt habe, kann niemand alle die Methoden anwenden, die andere eingesetzt haben, um sich zu Jesus Christus zu bekennen. Versuchen Sie den Plan zu finden, den Gott für Ihr Leben und Ihr Unternehmen hat und Sie werden sehen, daß er funktioniert.

In den USA gibt es annähernd 250 000 Unternehmen, die entweder Christen gehören oder von ihnen geführt werden. Wenn nur zehn Prozent dieser Unternehmen als Werkzeug eingesetzt werden würden, um das Evangelium von Jesus Christus zu verbreiten, dann hätte das einen enormen Einfluß auf die Gesellschaft. Wenn man diesen Schritt gehen will, dann verlangt das völlige Selbstaufgabe und die Bereitschaft, den Spott derer zu ertragen, die Gott hassen. Aber so ist es eigentlich immer schon gewesen, außer daß die Christen in den USA heute »so viel mehr« zu verlieren haben.

Um von Gott gebraucht zu werden, müssen wir bereit sein, für ihn zu sterben. Paulus schreibt in Philipper 3,7–8: »Doch was mir damals ein Gewinn war, das habe ich um Christi willen als Verlust erkannt. Ja, noch mehr: ich sehe alles als Verlust an, weil die Erkenntnis Christi Jesu, meines Herrn, alles übertrifft. Seinetwegen habe ich alles aufgegeben und halte es für Unrat, um Christus zu gewinnen.«

Abschließend möchte ich Ihnen noch eine letzte Frage stellen: Glauben Sie das? Oder behaupten Sie nur, daß Sie es glauben?